国家社科基金重点项目"一带一路"背景下中国价值观国际传播研究（项目号：17AKS021）最终成果
四川大学马克思主义学院"领军人才"培育计划项目（SQ2019-MY04）阶段性成果

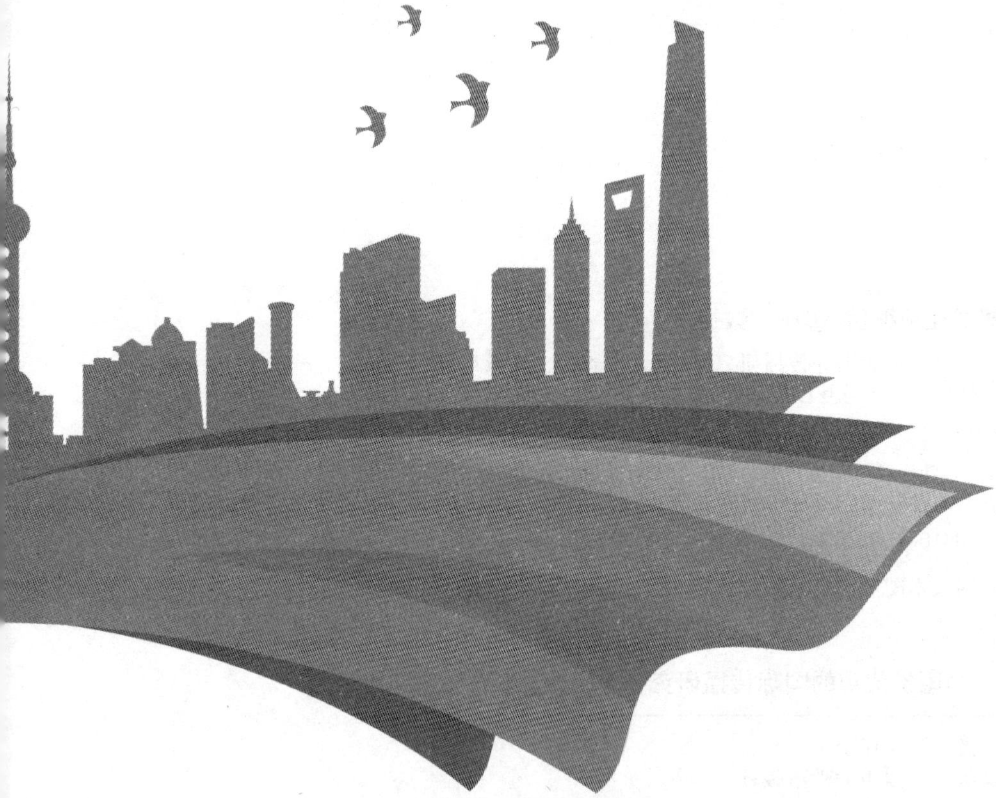

中国价值观的国际传播研究
ZHONGGUO JIAZHIGUAN DE GUOJI CHUANBO YANJIU

李辽宁 ◎ 著

项目策划：梁　平
责任编辑：陈克坚
责任校对：傅　奕
封面设计：璞信文化
责任印制：王　炜

图书在版编目（CIP）数据

中国价值观的国际传播研究 / 李辽宁著. — 成都：四川大学出版社，2021.12
ISBN 978-7-5690-4865-0

Ⅰ．①中… Ⅱ．①李… Ⅲ．①社会主义建设－价值论－研究－中国②中华文化－文化传播－国际交流－研究 Ⅳ．① D616 ② G125

中国版本图书馆 CIP 数据核字（2021）第 152366 号

书名	中国价值观的国际传播研究
著者	李辽宁
出版	四川大学出版社
地址	成都市一环路南一段24号（610065）
发行	四川大学出版社
书号	ISBN 978-7-5690-4865-0
印前制作	四川胜翔数码印务设计有限公司
印刷	郫县犀浦印刷厂
成品尺寸	170mm×240mm
印张	20.5
字数	411千字
版次	2022年5月第1版
印次	2022年5月第1次印刷
定价	95.00元

版权所有 ◆ 侵权必究

◆ 读者邮购本书，请与本社发行科联系。
电话：(028)85408408/(028)85401670/
(028)86408023　邮政编码：610065
◆ 本社图书如有印装质量问题，请寄回出版社调换。
◆ 网址：http://press.scu.edu.cn

四川大学出版社
微信公众号

自　序

打篮球的人都知道，要想"带球过人"，就要不断变换两只脚的位置，以期骗过对方防守的方向，伺机突破；但无论如何变换，他始终要有一只"支撑脚"，不能两只脚同时移动，否则就是"走步"。学术研究与此相似：一方面要坚守自己的研究本行（"支撑脚"），不能"耕别人的田，荒自己的地"；另一方面要扩大学术视野，在相关学科之间"游走"。

自从在导师指导下踏上学术道路以来，我试图在不同学科之间"游走"：博士毕业的那一年（2006年），出于对约瑟夫·奈的"软权力"（Soft Power）理论的兴趣，我走进政治学，将这一国际政治的概念与国内社会治理联系起来，开始认识到思想政治教育就是"社会整合的软权力"，并以"执政软权力"为题从事博士后研究（2008年）。2010年出站的时候，偶然发现思想政治教育需要关照到不同社会阶层的需要，于是踏进社会学领域，以"社会分层结构变迁与思想政治教育互动研究（1978—2012）"为题申报教育部项目。在此过程中，我始终没有离开自己的"主业"——思想政治教育。于是我一边从事教育部项目研究，一边关注社会思潮前沿问题。2012年以"非意识形态化思潮对社会主义核心价值体系建设的影响研究"为题申报国家社科基金并从事相关研究。研究过程中，我感到意识形态建设必须统筹好国际和国内两个大局，同时由于工作的原因，几位志同道合者共同发起并成立"海南公共外交研究中心"，于是对国际政治的研究兴趣再次被点燃。以此为基础，2017年我成功申报国家社科重点项目"'一带一路'背景下中国价值观国际传播"。2020年，在领导和同事的鼓励下，我有幸获得国家社科重大项目"推动青年理想信念教育常态化制度化研究"，再次将重心放在思想政治教育上。

"做得好还要说得好"，这是我在从事本课题研究过程中的最大感受。本课题的研究起点与"一带一路"倡议的提出、新时代的起点大致同步，见证着我国近年来的快速发展以及国际影响力的巨大提升。"一带一路"倡议和构建"人类命运共同体"理念，都是中国对于21世纪全球治理的重大贡献。面对中国的快速发展，西方国家特别是美国表现出与日俱增的焦虑，这种焦虑表现在行动上就是对中国的遏制和抹黑。这在客观上影响了国际秩序的公平正义，也增加了"一带一路"倡议实施的难度。在"一带一路"倡议的"五通"（政治沟通、设施联通、贸易畅通、资金融通、人心相通）中，最难的就是"人心相通"。我国一贯坚持国家之间平等友好，合作共赢，共同构建一个"持久和平、普遍安全、共同繁荣、开放包容、清洁美丽"的世界。这些理念已经得到世界上大多数国家的认同和支持，未来还需要进一步加强传播，进一步讲好中国故事，让世界了解一个客观真实、开放进取、和平友好的中国。"中国的发展有利于世界"，这是我们这一代人以及我们的下一代、下下一代都需要不断向世界讲清楚的道理。

是为序。

目　录

导论　"讲好中国故事"：我国意识形态建设新课题 …………………（1）
  第一节　问题的提出………………………………………………（1）
  第二节　研究背景和研究意义……………………………………（4）
  第三节　研究现状与简要评述……………………………………（14）
  第四节　研究思路与研究方法……………………………………（55）

第一章　"一带一路"与全球化时代 ………………………………（57）
  第一节　世界历史视野中的"一带一路"………………………（57）
  第二节　"一带一路"与人的解放………………………………（63）
  第三节　"一带一路"：构建人类命运共同体的实践探索 ……（74）
  第四节　中国价值观国际传播的文化旨归………………………（87）

第二章　中国价值观国际传播的内在机理 …………………………（92）
  第一节　集体认同与多边合作：文化与价值观推动国际新秩序构建
    ………………………………………………………………（92）
  第二节　中国价值观国际传播的基本过程及其影响因素………（97）
  第三节　话语权、国家形象与国家价值观的国际传播…………（104）
  第四节　互生共荣："一带一路"与中国价值观国际传播的关系论析
    ………………………………………………………………（120）

第三章　中国价值观国际传播面临的现实挑战 ……………………（123）
  第一节　传播主体及其面临的挑战………………………………（123）
  第二节　传播受众对"一带一路"倡议的态度及其对中国价值观国际
    传播的影响………………………………………………（129）
  第三节　国内主流媒体对"一带一路"的对外宣传及其面临的挑战
    ………………………………………………………………（137）

第四章　中国价值观国际传播的话语体系构建……………………(145)
第一节　话语体系的内在结构及其相互关系………………………(145)
第二节　"一带一路"背景下中国价值观的基本内涵及其与相关概念的关系……………………………………………………………(147)
第三节　"一带一路"背景下中国价值观国际传播的总体目标……(153)
第四节　"一带一路"背景下中国价值观国际传播的主要内容……(157)
第五节　"一带一路"背景下中国价值观国际传播的话语选择……(169)

第五章　政府外交与中国价值观国际传播…………………………(176)
第一节　政府外交与国家价值观国际传播的理论阐释……………(176)
第二节　新中国外交理念与价值观传播的发展历程………………(182)
第三节　"一带一路"背景下以政府外交传播中国价值观面临的机遇与条件……………………………………………………………(187)
第四节　"一带一路"背景下以政府外交传播中国价值观面临的困难与挑战……………………………………………………………(191)
第五节　"一带一路"背景下以政府外交传播中国价值观的优化策略………………………………………………………………………(194)

第六章　公共外交与中国价值观国际传播…………………………(200)
第一节　公共外交：概念及内涵解读………………………………(200)
第二节　公共外交与价值观国际传播的内在耦合…………………(205)
第三节　我国公共外交的类型分析…………………………………(207)
第四节　当前我国公共外交传播中国价值观所面临的机遇与挑战……(221)
第五节　强化公共外交传播中国价值观的对策举措………………(225)

第七章　网络安全与中国价值观国际传播…………………………(228)
第一节　网络科技发展是中国价值观国际传播面临的全新境遇……(228)
第二节　网络安全的内涵及其影响因素……………………………(236)
第三节　网络环境下中国价值观国际传播面临严峻挑战…………(239)
第四节　在维护网络安全中加强中国价值观国际传播……………(246)

第八章　危机应对下的中国价值观国际传播
　　——以中美贸易战为例………………………………………(254)
第一节　危机的特点及其发生机理…………………………………(255)
第二节　"中美贸易战"的过程回顾与本质透视……………………(261)

第三节　"中美贸易战"的危机和风险因素分析……………………(269)
　　第四节　"中美贸易战"中的中国价值观国际传播………………(274)
　　第五节　从"中美贸易战"看危机背景下中国价值观国际传播的反思
　　　　　　与强化……………………………………………………(279)

第九章　全面提升中国价值观国际传播质量的路径选择……………(284)
　　第一节　加强顶层设计，优化中国价值观国际传播的战略布局……(284)
　　第二节　坚持教育为本，在对外交往中提高民众国际化素质………(288)
　　第三节　发挥特色优势，打造中国价值观国际传播的精品名牌……(292)
　　第四节　优化传播策略，提升中国价值观国际传播的综合效能……(295)
　　第五节　坚持科学设计，建立中国价值观国际传播评估指标体系……(300)

结　　语……………………………………………………………………(307)

主要参考文献………………………………………………………………(313)

后　　记……………………………………………………………………(318)

导论 "讲好中国故事":我国意识形态建设新课题

> 问题就是时代的口号,是它表现自己精神状态的最实际的呼声。[①]
>
> ——马克思

第一节 问题的提出

2013年9月7日上午,中华人民共和国国家主席习近平在哈萨克斯坦纳扎尔巴耶夫大学作演讲,提出共同建设"丝绸之路经济带"。2013年10月初,习近平主席在出访印尼等东南亚国家期间,提出共建"21世纪海上丝绸之路"的倡议。"丝绸之路经济带"和"21世纪海上丝绸之路"(简称"一带一路")倡议受到国际社会高度关注。同年12月30日,习近平总书记在中共中央政治局第十二次集体学习时强调,要加强提炼和阐释,拓展对外传播平台和载体,把当代中国价值观念贯穿于国际交流和传播方方面面。2016年5月17日,习近平总书记在哲学社会科学工作座谈会上的讲话中指出:"面对世界范围内各种思想文化交流交融交锋的新形势,如何加快建设社会主义文化强国、增强文化软实力、提高我国在国际上的话语权,迫切需要哲学社会科学更好发挥作用。"[②] 2017年1月18日,习近平主席在联合国演讲中提出构建"人类命运共同体"的理念得到各国认同,并被写入联合国决议文件。习近平总书记的系列讲话及其产生的良好效果表明,讲好中国故事,提出中国方案,贡献中国智慧,对于传播好中国价值观具有重要意义。"一带一路"的顺利推进,离不开

[①] 中共中央马克思恩格斯列宁斯大林著作编译局:《马克思恩格斯全集》(第40卷),北京:人民出版社1982年版,第289~290页。

[②] 《习近平主持召开哲学社会科学工作座谈会强调 结合中国特色社会主义伟大实践 加快构建中国特色哲学社会科学》,《人民日报》2016年5月18日,第1版。

沿线国家对于中国价值观的认知、理解和认同,并在相互尊重的基础上达到合作共赢。站在新时代的历史新起点上,科学研判当代中国所处的历史方位,研究中国价值观及其国际传播策略,是实施"一带一路"倡议过程中树立中国良好形象进而实现"中国梦"的重大课题。

讲好中国故事,掌握国际话语权,对于树立良好国际形象、维护国家利益具有重要意义。2020年春节期间,新冠病毒引发的肺炎疫情肆虐湖北武汉,引发国际高度关注。美国政府在第一时间中断中美航班,部分西方媒体对中国在防控疫情中的"封城"举措冷嘲热讽。在中国人民的众志成城之下,疫情很快得到了遏制。之后随着疫情在世界的蔓延,中国政府在做好国内疫情防控的基础上,与世界各国政府密切合作,为防控疫情作出了巨大贡献。但是即使这样,一些西方媒体特别是美国右翼政客纷纷"甩锅"中国,污名化中国,炮制各种类似"中国病毒""武汉病毒"等不实言论,企图蒙骗其国内民众,误导世界舆论,为其应对疫情防控不力开脱罪责。这些无理取闹和流氓行径遭到中国政府的严厉驳斥,也受到国际社会正义之士的广泛批评。此次疫情防控中的舆论保卫战留给我们的重大启示是"做得好还要说得好",在国家安全体系建构中,中国价值观国际传播能力建设极其重要,中国国际传播话语体系构建任重而道远。

中国价值观国际传播是中国意识形态建设的新课题。通常来讲,一个国家的意识形态建设主要是指在国内对本国国民进行意识形态教育和宣传,目的在于凝聚群众力量,齐心合力建设国家,即发挥意识形态的凝聚功能。对于国外民众的宣传就是对外宣传或国际传播,目的在于树立国家良好形象,为国家对外交往营造有利的国际舆论环境。这两者相辅相成:国外因素对于国家的意识形态建设有重大影响,在不同的国际形势下,意识形态建设的价值取向、建设重点、发展策略不同(比如在苏联解体、东欧剧变以后,更需要强化意识形态工作来防止西方的"和平演变"图谋)。因此,在讨论意识形态建设问题的时候,也要考虑到国际形势和国际关系。反过来,当国内意识形态取向影响到国家政策的时候,它也会给国际关系带来重要影响。比如,以美国前总统唐纳德·特朗普(Donald Trump)为代表的美国保守意识形态回归及其相关政策的实施,不仅直接影响到美国与其邻国墨西哥的关系,影响到美国与中东地区的关系,甚至影响到美国和其欧洲传统盟友的关系。可见,在思考国家意识形态建设的时候,要有国际和国内两个维度,统筹好两个大局。

意识形态在国际关系和国家形象建设中发挥着重要角色。作为观念和政治上层建筑的范畴,意识形态(核心是国家价值观)反映了一个国家的软实力,是一个国家对外发挥影响力的重要方式（即软权力）。按照美国学者约瑟夫·奈（Joseph Nye）的说法，一个国家的硬权力（Hard Power）主要是运用军事和经济手段迫使他国服从；软权力（Soft Power）则主要依靠意识形态和价值观、提出国际议题和塑造国际规则等方式，使别的国家自愿追随。这两种方式都很重要，最好二者能够有机结合为"巧实力"（Smart Power）。就二者的比较而言，硬权力也许能够在较短的时间内迅速解决问题（有时候效果也不好），但是从长远来看，软权力具有更持久和更深远的影响力。

中国发展到现在这个阶段，急需从经济影响力转换到价值观影响力。换句话说，要从主要依靠"经济硬权力"调整为"文化软权力"（核心是价值观）和"经济硬权力"并重。数据显示，按照2010年美元不变价计算，2011年到2015年，中国增长的贡献率分别为28.6%、31.7%、32.5%、29.7%、30.0%，而美国分别为11.8%、20.4%、15.2%、19.6%、21.9%。2016年中国经济增长对世界经济增长的贡献率达到33.2%，仍居首位。[①] 2017年至2019年，我国经济对世界经济增长的贡献率分别为34%[②]、27.5%[③]和30%[④]。作为当今世界为数不多的社会主义国家，中国的发展具有双重效应：其一，中国是最大的发展中国家，中国的发展对广大发展中国家具有一定的示范作用；其二，中国特色社会主义现代化建设的巨大成就具有意识形态效应，它表明一个国家在选择发展道路的时候，一定要符合本国国情，而不是一味地以西方国家马首是瞻。正是后者，体现了国家价值观的影响力。

"一带一路"与中国价值观的国际传播是一种共生互荣的关系：一方面，"一带一路"倡议的顺利实施离不开沿线国家的合作，但这种合作不能仅靠经济利益来驱动，还需要情感认同和价值观认同；另一方面，"一带一路"倡议本身彰显着中国价值观的魅力，其实施过程更是为中国价值观的国际传播提供了广阔舞台。关于这一点，将在后文中详细讨论。正因如此，在实施"一带一路"过程中要充分考虑国际和国内因素，加紧研究"一带一路"倡议的实施与中国价值观国际传播的良性互动机制，拓展中国价值观的国际传播渠道，充分认识和客观评估其中的机遇与风险，为中国价值观的国际传播提供及时、精准、全面的参考与借鉴。

---

① 郭同欣：《中国对世界经济增长的贡献不断提高》，《人民日报》2017年1月13日，第9版。
② 马佳丽·席尔瓦，陈效卫，阿利里奥·波尔斯布鲁克：《中国改革开放创造人类发展史上的奇迹（风从东方来——国际人士亲历改革开放）》，《人民日报》2018年11月13日，第23版。
③ 《13年！中国对世界经济贡献率居世界第一》，《北京青年报》2019年8月30日，第1版。
④ 《中国经济保持中高速增长》，《人民日报》2020年9月28日，第6版。

第二节　研究背景和研究意义

兵法云：知己知彼，百战百胜。讲好中国故事，需要我们对自己有充分的了解，能够科学研判中国所处的历史方位，客观全面研判国际国内形势和背景。

一、科学研判当代中国所处的历史方位

科学研判中国所处的历史方位，需要追问两个问题：中国是如何一步一步走到今天的？如何看待当代中国的成就和问题？

对于第一个问题的回答需要联系世界历史。从大历史观来看，中华民族在五千年的大部分时间里都处于世界的前列。直到明朝中叶以后，由于奉行闭关自守政策，中国逐步落后于西方。邓小平指出："如果从明朝中叶算起，到鸦片战争，有三百多年的闭关自守，如果从康熙算起，也有近二百年。长期闭关自守，把中国搞得贫穷落后，愚昧无知。"[①] 1840 年鸦片战争以后，天朝帝国一下子从"云端"跌到"深谷"，彻底丢掉了昔日的光环，后来竟在甲午战争中惨败给一直以己为师的邻国日本。在内忧外患的双重打击下，中国逐步沦为半殖民地半封建社会。于是，"救亡图存"成为近代以来中国社会的"主旋律"。"自从一八四〇年鸦片战争失败那时起，先进的中国人，经过千辛万苦，向西方国家寻找真理。洪秀全、康有为、严复和孙中山，代表了在中国共产党出世以前向西方寻找真理的一派人物。……西方资产阶级的文明，资产阶级的民主主义，资产阶级共和国的方案，在中国人民的心目中，一齐破了产。……资产阶级的共和国，外国有过的，中国不能有，因为中国是受帝国主义压迫的国家。唯一的路是经过工人阶级领导的人民共和国。"[②] 经过艰苦卓绝的斗争，中国人民终于推翻了压在头上的"三座大山"，建立了新中国。1949 年 10 月 1 日，毛泽东在天安门城楼上庄严宣告：中华人民共和国中央人民政府成立了！这个宣告被认为是中国人民"站起来"的重要标志。

---

① 邓小平：《邓小平文选》（第 3 卷），北京：人民出版社 1993 年版，第 90 页。
② 毛泽东：《毛泽东选集》（第 4 卷），北京：人民出版社 1991 年版，第 1469~1471 页。

新中国成立以后，经过"一化三改"，逐步建立起社会主义生产关系，开启了探索社会主义道路的新征程。在此过程中，既取得了一系列重大成就，也遭遇了严重的挫折，特别是十年"文化大革命"给中国经济社会发展带来巨大损失。党的十一届三中全会以后，中华大地掀起了改革开放和现代化建设的大潮，各项事业显示出勃勃生机。然而，20世纪80年代末90年代初东欧剧变和苏联解体以后，社会主义阵营分崩离析，世界社会主义运动遭遇重大挫折，也影响到中国社会主义建设的节奏。以邓小平南方谈话和中共十四大为标志，改革开放和现代化建设事业进入从计划经济体制向市场经济体制转变的新阶段，由此掀开了中国发展的崭新局面。1997年9月12日，中共十五大报告首次提出"两个一百年"奋斗目标："到建党一百年时，使国民经济更加发展，各项制度更加完善；到世纪中叶建国一百年时，基本实现现代化，建成富强民主文明的社会主义国家。"① 此后，党的十六大、十七大均对"两个一百年"奋斗目标作了强调和安排。2012年，中共十八大描绘了全面建成小康社会、加快推进社会主义现代化的宏伟蓝图，向中国人民发出了向实现"两个一百年"奋斗目标进军的时代号召。"两个一百年"自此成为一个固定关键词，成为全国各族人民共同的奋斗目标。2017年10月18日，习近平总书记在中共十九大报告中指出："中国特色社会主义进入了新时代，这是我国发展新的历史方位。"②

以上是中国自近代以来的实践历程，其中的理论逻辑、实践逻辑和历史逻辑是学界研究的热点。无论哪一种逻辑，都离不开对于中国国情的准确把握。新中国成立以来特别是改革开放以来，中国社会经历了巨大的社会变迁，从一个积贫积弱的农业国发展成为一个经济总量居世界第二、工业生产能力跃居世界前列的大国，创造了人类社会发展的"中国奇迹"。解读"中国奇迹"的奥秘，不能靠西方理论和西方话语，只能靠马克思主义和中国话语，由此必须深入中国经济社会发展的内部，其中的一个关键词就是"中国特色社会主义"。

1982年9月1日，邓小平在《中国共产党第十二次全国代表大会开幕词》中指出："我们的现代化建设，必须从中国的实际出发。无论是革命还是建设，都要注意学习和借鉴外国经验。但是，照抄照搬别国经验、别国模式，从来不能得到成功。这方面我们有过不少教训。把马克思主义的普遍真理同我国的具

---

① 江泽民：《高举邓小平理论伟大旗帜 把建设有中国特色社会主义事业全面推向二十一世纪——在中国共产党第十五次全国代表大会上的报告》，北京：人民出版社1997年版，第4页。

② 习近平：《决胜全面建成小康社会 夺取新时代中国特色社会主义伟大胜利——在中国共产党第十九次全国代表大会上的报告》，北京：人民出版社2017年版，第10页。

体实际结合起来，走自己的道路，建设有中国特色的社会主义，这就是我们总结长期历史经验得出的基本结论。"① "有中国特色的社会主义"是 20 世纪 80 年代党中央使用的专有名词。到了 90 年代，这个概念改成"有中国特色社会主义"。1992 年 10 月 12 日，江泽民在中共十四大上做的政治报告的题目是《加快改革开放和现代化建设步伐，夺取有中国特色社会主义事业的更大胜利》②。1997 年 9 月 12 日，江泽民在中共十五大上做的政治报告的题目是《高举邓小平理论伟大旗帜，把建设有中国特色社会主义事业全面推向二十一世纪》③。21 世纪以后，这个概念进一步优化为"中国特色社会主义"。2002 年 11 月 8 日，江泽民在中共十六大上做的政治报告的题目是《全面建设小康社会，开创中国特色社会主义事业新局面》④。至此，"中国特色社会主义"作为一个极其重要的专有名词固定下来。

在关于"中国特色社会主义"的内在规定中，邓小平提出的"一个中心、两个基本点"可谓是"定海神针"。改革开放以来，在我国意识形态领域始终存在着一些关于"姓资姓社"的争论。邓小平则强调发展是硬道理，"不搞争论，是我的一个发明。不争论，是为了争取时间干"⑤。有人认为邓小平不重视意识形态建设，这显然是理解错误甚至是污蔑。在他一贯强调要坚持的"四项基本原则"中明确规定："第一，必须坚持社会主义道路；第二，必须坚持无产阶级专政；第三，必须坚持共产党的领导；第四，必须坚持马列主义、毛泽东思想。"⑥

除了"中国特色社会主义"以外，还有一个关键词，即"社会主义初级阶段"。这个阶段不是泛指任何国家进入社会主义都会经历的起始阶段，而是特指我国生产力落后、商品经济不发达条件下建设社会主义必然要经历的特定阶段，即从 1956 年社会主义改造基本完成到 21 世纪中叶社会主义现代化基本实现的整个历史阶段。这个过程大致有 100 年。站在"新时代"的历史新方位上，如何看待"新时代"和"社会主义初级阶段"的关系？在社会主义现代化基本实现以后，中国是否进入"社会主义中级阶段"？如何给"社会主义初级阶段"之后的阶段进行"定性"和"定量"的描述？这是摆在理论界面前的重

---

① 邓小平：《邓小平文选》（第 3 卷），北京：人民出版社 1993 年版，第 2~3 页。
② 江泽民：《江泽民文选》（第 1 卷），北京：人民出版社 2006 年版，第 210 页。
③ 江泽民：《江泽民文选》（第 2 卷），北京：人民出版社 2006 年版，第 1 页。
④ 江泽民：《江泽民文选》（第 3 卷），北京：人民出版社 2006 年版，第 528 页。
⑤ 邓小平：《邓小平文选》（第 3 卷），北京：人民出版社 1993 年版，第 374 页。
⑥ 邓小平：《邓小平文选》（第 2 卷），北京：人民出版社 1994 年版，第 164~165 页。

大课题。关于这些问题的讨论不是本书的主旨，在此暂不赘述。

对于第二个问题的回答需要辩证思维和历史思维。从辩证思维来看，中国的发展成就是主要的，问题是次要的。新中国成立 70 多年特别是改革开放 40 多年来，中国发生了天翻地覆的变化，发展成就举世瞩目。根据庆祝改革开放 40 周年的相关资料，仅以经济为例，与改革开放之前相比，"我国国内生产总值由 3679 亿元增长到 2017 年的 82.7 万亿元，年均实际增长 9.5％，远高于同期世界经济 2.9％左右的年均增速。我国国内生产总值占世界生产总值的比重由改革开放之初的 1.8％上升到 15.2％，多年来对世界经济增长贡献率超过 30％"[1]。到 2019 年，我国 GDP 总量达到 99.0865 万亿元，比上年增长 6.1％；按年平均汇率折算，人均 GDP 突破 1 万美元大关，达到 10276 美元，相当于世界平均水平的 90％。[2] 在民生建设方面的成就巨大，"全国居民人均可支配收入由 171 元增加到 2.6 万元，中等收入群体持续扩大。我国贫困人口累计减少 7.4 亿人，贫困发生率下降 94.4 个百分点，谱写了人类反贫困史上的辉煌篇章。……九年义务教育巩固率达 93.8％。我国建成了包括养老、医疗、低保、住房在内的世界最大的社会保障体系，基本养老保险覆盖超过 9 亿人，医疗保险覆盖超过 13 亿人。常住人口城镇化率达到 58.52％，上升 40.6 个百分点。居民预期寿命由 1981 年的 67.8 岁提高到 2017 年的 76.7 岁。我国社会大局保持长期稳定，成为世界上最有安全感的国家之一"[3]。但是与此同时，我们工作中还存在一些不足和问题："发展不平衡不充分的一些突出问题尚未解决，发展质量和效益还不高，创新能力不够强，实体经济水平有待提高，生态环境保护任重道远；民生领域还有不少短板，脱贫攻坚任务艰巨，城乡区域发展和收入分配差距依然较大，群众在就业、教育、医疗、居住、养老等方面面临不少难题；社会文明水平尚需提高；社会矛盾和问题交织叠加，全面依法治国任务依然繁重，国家治理体系和治理能力有待加强；意识形态领域斗争依然复杂，国家安全面临新情况；一些改革部署和重大政策措施需要进一步落实；党的建设方面还存在不少薄弱环节。"[4]

---

[1] 习近平：《在庆祝改革开放 40 周年大会上的讲话》，北京：人民出版社 2018 年版，第 12 页。

[2] 陆娅楠：《我国人均 GDP 突破 1 万美元》，《人民日报》2020 年 1 月 18 日，第 1 版。

[3] 习近平：《在庆祝改革开放 40 周年大会上的讲话》，北京：人民出版社 2018 年版，第 14～15 页。

[4] 习近平：《决胜全面建成小康社会 夺取新时代中国特色社会主义伟大胜利——在中国共产党第十九次全国代表大会上的报告》，北京：人民出版社 2017 年版，第 9 页。

从历史思维来看，对于这些社会问题需要从"现代化"的视角来考察中国历史和世界历史。一方面，中国的现代化与西方的现代化具有"质"和"量"的差异：在"质"上，西方是"内生型"的、主动的现代化进程；旧中国是"外部压迫型"、被动的现代化进程，新中国成立后也深感"落后就要挨打"。在"量"上，西方经历了几百年的现代化发展，中国的现代化进程要远远落后于西方。如果计算有效的现代化时间，从1840年鸦片战争到1949年新中国成立，这109年基本都是在战争中度过的，中国现代化的进程很慢。新中国成立以后的前30年，对于社会主义的探索取得了一些成就，但是现代化速度仍然十分缓慢。真正快速的现代化发展是在改革开放以后的40多年。中国改革开放以后的现代化成果是巨大的，它取得了西方国家几百年才取得的成果。另一方面，西方在发展过程中遇到的问题是在漫长的几百年时间里逐步消化和解决的。中国既然在短短的几十年中快速走过西方几百年现代化的历程，那么在取得成就的同时，也要在短短几十年内消化掉西方在漫长时间里需要解决的现代化问题。这就使得中国面临的问题"密度高""强度大"。这就是"成长的烦恼"，也是发展的代价。但这些问题都是前进中的问题，必将随着经济社会的发展和改革的深度推进而逐步得到解决。对此，我们应该充满信心。

研判当代中国发展的历史方位既需要"自我"的视角，也需要"他者"的视角。在此，我们可以从美国人心目中的中国形象看出其中的差异。

2011年，《凤凰周刊》执行主编玛雅在文章中指出："在美国人乃至西方人眼里，中国是个异类，体现在四个层面：第一，中国是共产党领导的社会主义国家，和西方是不同的政治制度；第二，中国在经济上已经成为一个竞争者，为了维护西方的利益，要想方设法限制中国发展；第三是宗教意识，13亿人的大国，不在基督教的脉络里；第四，种族。"[①] 可以看出，其中任何一条都可以成为美国对中国指手画脚的借口，而中国同时具备四条。自1949年新中国成立以来的大多数时期，美国民意对中国充满敌意。民调显示，1954年，只有7%的美国人支持中国的联合国席位；到1970年也只有51%。1967年，当被问到中国和苏联哪一个对美国构成的威胁更大时，超过70%的美国人认为是中国。1971年，认为最大威胁是中国的仍有50%，认为是苏联的占30%。2005年4月一项民调显示，31%的美国人认为"中国很快会支配世界"。2009年，CNN民调显示，绝大多数美国人视中国为威胁——71%的受访者认为，中国对美国构成经济威胁；51%的受访者认为，中国对美国构成军

---

① 玛雅：《中国不可能复制美国模式》，《红旗文稿》2011年第5期，第7页。

事威胁。① 2018年3月，美国民调公司盖洛普发表美国人如何看中国、日本的调查报告。数据显示，美国人对中国的好感度为53%，达到近30年来最高水平。美国人对中国的好感度近两年增长飞快，2017年为50%，2016年只有44%。②

美国全国公共广播电台（NPR）在一篇报道中提道，2019年4月，美国总统唐纳德·特朗普给95岁的前总统吉米·卡特打电话时说"中国正在超越美国"，这令他感到不安。卡特表示，美国在战争上花费了3万亿美元，而中国这些年来从未向任何国家发动战争，同时大力兴建基础设施。从这番通话可以看出，面对中国的崛起，美国是焦虑的。2019年10月16日上午，著名国际政治理论家、芝加哥大学"温得尔·哈里森杰出贡献"政治学教授约翰·米尔斯海默（John Mearsheimer）在北京外国语大学发表了一场题为《特朗普时代，美国在全球扮演的角色》的演讲。他在演讲中指出，国际秩序仍由大国力量主导，正在崛起的力量必然会挑战主宰世界的力量，主宰世界的力量必然会阻止这种挑战。③ 中国和美国互相竞争，正是源于各自力量的不断壮大。可见，中美竞争不具有特殊性，只要是新兴力量崛起，就会被美国视为"威胁"。"不论中国发展前景如何，美国都将按照大国竞争规则出牌，视中国为对手，力图阻止中国变强。"④ 在他看来，只有那些力量强大的国家才能制定规则，从而主导国际秩序。"中国主导的亚洲基础设施投资银行（AIIB，简称亚投行）等机构和美国人创建的机构并没有本质上的差别。"这种观点是对亚投行的污蔑，其逻辑之荒谬不值一驳。从中我们清醒地看到，"今天的中国不再是原来的中国"，这句话在我们自己看来和在外人看来有很大的差别：我们看到的是自信，外人看到的是威胁。当我们沉浸在"大国崛起"的自豪时，西方国家马上操起"中国称霸"的陈词滥调，企图在国际道义上打压中国，而"逢强必霸"就是他们的理论逻辑。面对这一背景，向世界讲述一个真实的中国，传播好中国价值观，是摆在每一个中国人特别是广大哲学社会科学研究者面前的十分重大而紧迫的任务。

---

① 玛雅：《中国不可能复制美国模式》，《红旗文稿》2011年第5期，第7页。
② 《盖洛普民调：美国人对中国好感度53%》，《环球时报》2018年3月9日，第3版。
③ 作为"进攻性现实主义"理论的奠基人，米尔斯海默的观点与所谓"修斯底德陷阱"异曲同工，在美国精英阶层中拥有广泛的影响力。
④ 《大国政治回归将重塑中美关系——专访美国知名学者约翰·米尔斯海默》，《参考消息》2019年1月25日，第11版。

二、"一带一路"倡议面临的国际背景

自第二次世界大战以来,国际关系和国际秩序总体上是平稳的,没有出现大规模的世界大战。在此过程中,世界秩序经历两次重大的变化:第一次是20世纪90年代前后的东欧剧变、苏联解体,这次急剧的变化导致社会主义阵营的迅速解体,以西方资本主义意识形态的"完胜"暂告一个段落;第二次就是全世界正在经历的"特朗普漩涡"①,整个国际秩序处于新旧交替之际,大国博弈在更深层次展开。如果说第一次主要是"意识形态主导权之争"的话;第二次则主要是"国际秩序话语权之争",即在"建设一个怎样的世界"这个问题上,谁更具有话语权。与前一次不同的是,此次大国之间的博弈不是在美国和苏联之间展开,而是在美国与世界主要大国之间展开,即以美国为一方,以世界其他主要大国为另一方。美国企图以"美国优先"为标准来衡量一切国际组织和国际规则的合法性和正当性,建立以美国霸权为核心的国际秩序,在国际事务中奉行单边主义;与此针锋相对的是,世界其他主要国家特别是新兴发展中国家,坚定奉行多边主义,力求建立一个更加公平公正、平等开放的国际新秩序。2020年新冠肺炎疫情的全球大流行对世界格局产生巨大影响,有人认为,新冠肺炎疫情会终结美国全球领导地位,中美俄三阵营正在形成。已有记者提出"两个半极世界"这一概念。两极是美国和中国,还有半个极是俄罗斯。这是同冷战结束后局面完全不同的一种新现实。②

这就是我们讨论问题的宏观背景。在这个背景中,前后两次变化是相互关联的,不仅在时间上相互承接,而且在逻辑上前后一致:正是因为第一个变化,美国取得了"唯一超级大国"的地位;也因为想保持这个地位,美国不惜对其认为不利于美国的各种现象和组织说"不",包括各种"退群"。③ 这第二

---

① 本书用"特朗普漩涡"来表达这样一种状况:由于特朗普坚持"美国优先"逻辑而不顾大国责任和国际道义,导致许多国际规则失效,从而给整个世界秩序带来伤害。如果不加制约,"模仿者"会越来越多,衍生出"欧洲优先""白人优先"等各种话语,从而由"浪花"变成"漩涡",使世界陷入困境。

② 玛丽亚·别兹恰斯纳娅:《俄媒文章:疫情催生"两个半极世界"》,《参考消息》2020年7月6日,第10版。

③ 这一系列"退群"包括:2017年1月20日,特朗普就职当天宣布退出TPP;2017年6月1日,特朗普宣布美国退出《巴黎协定》,称《巴黎协定》给美国带来"苛刻财政和经济负担";2017年10月12日,美国国务院宣布美国退出联合国教科文组织,但仍愿作为观察员国继续参与该组织;2018年5月8日,特朗普宣布退出《联合全面行动计划》(即旨在解决伊朗核问题协议),恢复对伊朗进行制裁等。

个变化暴露了美国的帝国主义本质,这既得益于特朗普的"坦率",也因为美国"相对衰弱"的事实。如果从大国之间的力量对比来看,美国虽然仍是"超级大国",实力上遥遥领先于其他国家,但是总体上处于衰落期。多年前,挪威著名学者约翰·加尔通(John Galton)在其《美帝国的崩溃》一书中指出,美帝国面临一系列的矛盾,"每减轻一个矛盾,美帝国将进一步走向衰落;每消除一个矛盾,美帝国将进一步走向崩溃"①。相比之下,新兴发展中国家特别是中国的崛起,给美国民众带来一定程度的心理焦虑,各种"中国威胁论"在美国国内广为流行。正因如此,特朗普的"退群"行为得到了美国国内保守势力的支持。在这个意义上,我们可以把特朗普的一系列做法看作美国为保持自己"霸主地位"的"自我救赎"。

问题在于,特朗普不是传统的政治家,商人出身的背景给他烙下了深深的"以看得见的物质利益为重"的印记,他全然置国际道义和国际责任于不顾。2020年3月下旬,当美国国内新冠肺炎疫情已经很严重时,他还坚持在复活节时要全国复工,声称不能容忍"经济发展因疫情而停滞"。这种"经济比生命健康更重要"的态度招致卫生专家的反对和批评。而他"敢于赌博"②的个性更加强化了其重利原则,使得他敢于对各种批评置之不理,甚至带着"挑衅"的口吻在推特上与任何人(包括媒体记者)进行辩论。为了摆脱其国内应对疫情不力导致的困境,继续谋求连任,特朗普政府歇斯底里地"甩锅"中国,企图转移其国内矛盾。美国国内一些经济学家也呼吁美国企业"撤离"中国,鼓吹"中美脱钩"。美国国内舆论正在重演20世纪30年代的"麦卡锡主义"。如果任由这种态势发展下去,中美关系将面临更加困难乃至危险的局面,这对于世界来讲都不是好事。

与美国的"退群"形成鲜明对比的是中国提出的"一带一路"倡议。不过,"一带一路"倡议提出的时间是在特朗普当选美国总统之前,二者并没有必然的关联。与"一带一路"有一定关联的恰恰是特朗普的前任总统奥巴马和美国前任国务卿希拉里。

与奥巴马相关联是因为他提出了把美国的战略重心转到亚太,并精心构筑针对中国的"跨太平洋伙伴关系协定"(Trans-Pacific Partner Ship Agreement,简称"TPP")。早在2002年,亚太经济合作会议成员国中的新西兰、新加坡、

---

① 约翰·加尔通:《美帝国的崩溃》,阮岳湘译,北京:人民出版社2013年版,第58页。
② 2007年特朗普和WWE(世界摔跤娱乐)总裁文斯·麦克马洪(Vince McMahon)打赌,两人约定各选一名代表对战,输的人在节目现场被对方剃光头。最后特朗普完胜,当场摆倒麦克马洪。

智利和文莱四国便发起酝酿建立一组多边关系的自由贸易协定,原名为亚太自由贸易区,旨在促进亚太地区的贸易自由化。由于当时只有四个国家参与谈判,因而被称为"P4"。2005年正式签署协议并生效。2009年11月14日,美国总统奥巴马在其亚洲之行中正式宣布美国将参与TPP谈判,强调将以此促进美国的就业和经济繁荣,为设定21世纪贸易协定标准做出重要贡献,要建立一个高标准、体现创新思想、涵盖多领域和范围的亚太地区一体化合作协定。与此同时,秘鲁、越南和澳大利亚也宣布加入TPP谈判,TPP谈判由此从"P4"变成"P8"。但是这一协议并没有打算让中国加入,甚至可以看作专门针对中国。根据TPP协议,TPP成员国家的政治体制必须尊重自由、民主、法制、人权和所谓的"普世价值"观。同时,TPP统一监管标准包括:贸易和服务自由、货币自由兑换、税制公平、国企私有化、保护劳工权益、保护知识产权、保护环境资源、信息自由(包括新闻自由、互联网自由等)。显然,TPP中包含的意识形态对于中国极为不利,难怪也被称作"经济北约"。或许正是在TPP的压力下,中国寻求新的突破之路,而"一带一路"正是这一突破的策略选择。令人想象不到的是,当2016年2月4日美国和日本等12个国家在奥克兰签署跨太平洋伙伴关系协定协议后不到一年,2017年1月23日,美国总统特朗普签署行政命令,正式宣布美国退出TPP,这也省去了TPP在美国国会的争论。

与希拉里有关联是因为她提出的"新丝绸之路计划"(New Silk Road Initiative)。"新丝绸之路计划"最早的构想来自美国约翰·霍普金斯大学学者费雷德里克·斯塔(Frederick Starr),该计划强调在处理阿富汗问题上要更加注重"软件"而不是"硬件",之后这一理念被美国中央司令部官员看中,认为有助于阿富汗的长期稳定。2011年7月,美国国务卿希拉里在印度参加第二次美印战略对话期间正式提出了"新丝绸之路计划":以阿富汗为中心,通过中亚、南亚在政治、安全、能源、交通等领域的合作,建立一个由亲美的、实行市场经济和世俗政治体制的国家组成的新地缘政治板块,推动包括阿富汗在内的中亚地区国家的经济社会发展,服务于美国在该地区的战略利益。同年10月,美国国务院向美国驻有关国家大使馆发出电报,要求将美国的中亚、南亚政策统一命名为"新丝绸之路"战略,并将其向国际伙伴通报。这标志着"新丝绸之路计划"正式成为美国的官方政策。但是,由于这一计划没有得到很好的实施,外界对其并不十分熟悉。2015年9月21日,中国商务部部长高虎城在《人民日报》上发表署名文章,称中国政府大力推动共建的"一带一路",与美国的"新丝绸之路计划"也可以找到利益交汇点。①

自"一带一路"倡议提出以后,在沿线国家得到有效实施并取得令人瞩目的成就。作为"一带一路"倡议的提出者,中国不仅向世界贡献了一个卓有成效的发展模式,更是身体力行,积极投身于沿线国家的发展实践中。作为一个新兴的发展中国家,中国处在国家崛起的关键时期。在此过程中,中国需要向世人展现良好的国家形象,而"一带一路"恰恰给了中国展现负责任大国形象的良好机会,中国当然不会错过。正是基于这一点,加强中国价值观的国际传播,讲好中国故事,成为中国推进"一带一路"倡议的题中之义。

三、本选题的学术价值、应用价值和社会意义

(一)学术价值:有利于拓展和深化对"一带一路"倡议以及中国价值观国际传播的哲学研究

过去的研究主要集中在"当代中国价值观"以及"当代中国价值观的国际传播"等方面,对于"一带一路"的研究也主要是在工具理性层面进行的,在价值层面的研究很不够。本选题将在三个方面深化和拓展相关领域的学术研究:一是深化和拓展对"中国价值观"的研究。由于把"中国价值观"与"一带一路"的背景相连接,国际传播中无论在内涵还是在形式上都需要有创新;二是从马克思世界历史思想的高度对"一带一路"和"中国价值观的国际传播"进行哲学解读,将有利于深化对"一带一路"本身以及对中国价值观国际传播的意义的认识;三是本选题的深入开展,将在学科建设和人才培养方面发挥重要的推进作用,有利于促进不同学科之间的理论结合、资源融合和力量整合。

(二)应用价值:有利于推进"一带一路"沿线国家的有效合作以及该倡议的顺利实施

"一带一路"倡议的目标之一就是要实现"民心相通",这里的"民心"内容丰富,既包括社会心理,也包括文化传统、宗教信仰、风俗人情,甚至还包括政治生态和社会舆论等。为了达到"相通",就必须进行有效的沟通和交流,

---

① 高虎城:《"一带一路"顺应和平、发展、合作、共赢的时代潮流 促进全球发展合作的中国方案》,《人民日报》2015年9月18日,第7版。

而交流内容的最高层次就是价值观交流。因此，本选题的研究有利于了解和掌握沿线不同国家对于"一带一路"以及中国价值观的看法和态度，从而为有效地传播中国声音、促进相互之间的了解与合作发挥积极作用。

（三）社会价值：有利于提高广大民众的国际传播意识和能力，从而更好地讲好中国故事

"一带一路"倡议的实施，不仅仅是政府部门和相关企业的事情，还需要全体国民的共同努力。随着我国经济的发展和对外开放的推进，广大民众出国旅游和学习的机会大大增多，这些都为对外传播中国声音、讲好中国故事提供了广阔的途径。但是由于许多人的国际传播意识不足，虽然作为公共外交的角色，但是没有这方面的意识和能力，影响了中国国家形象的建构和传播。本选题将极大地推动人们对这方面问题的关注，有意识地加强国际传播意识和能力的培养，从而为树立大国公民形象提供强大的动力。

第三节　研究现状与简要评述

自 2013 年习近平总书记提出"一带一路"倡议以后，其引起国际和国内理论界、学术界的极大关注，许多国家和国际组织的要员也纷纷加入讨论。伴随着"一带一路"的推进，相关问题的讨论已成为人们日常关注的话题。在此，我们从国内和国际两个维度将相关研究成果进行梳理，从中可以看到中外学者对于该问题在认识和理解上的共性和差异。

一、国内研究现状

国内关于本主题的研究已形成了十分丰硕的研究成果，内容涵盖"一带一路"本身及其相关基本问题。根据本课题研究需要，我们从"一带一路"和"中国价值观国际传播"两个维度进行文献综述。

（一）关于"一带一路"及其相关问题的研究

学界关于"一带一路"的研究非常丰富，代表性的著作主要有：《读懂"一带一路"》（厉以宁，商务印书馆，2017 年）、《改变世界经济地理的"一带一路"》（葛剑雄等，上海交通大学出版社，2015 年）、《外国人眼中的"一带

一路"》（曹卫东，人民出版社，2016年）、《国外智库看"一带一路"》（王灵桂，社会科学文献出版社，2015年）、《"一带一路"大数据报告》（国家信息中心"一带一路"大数据中心，商务印书馆，2016年）、《"一带一路"沿线国家安全风险评估》（"一带一路"沿线国家安全风险评估编委会，中国发展出版社，2015年）、《"一带一路"案例实践与风险防范——文化篇》（龙永图等，海洋出版社，2017年）、《"一带一路"沿线国家主权信用风险报告》（毛振华，经济日报出版社，2015年）、《"一带一路"引领中国》（金立群、林毅夫等，中国文史出版社，2015年）、《世界是通的："一带一路"的逻辑》（王义桅，商务印书馆，2016年）、《"一带一路"：机遇与挑战》（王义桅，人民出版社，2015年）、《一带一路：中国的文明型崛起》（赵磊，中信出版社，2015年）、《各国大使眼中的"一带一路"》（中信出版集团，2020年）等。此外还有大量的研究论文，这些论文主要集中在几个方面。

1. 关于"一带一路"的提出背景

"丝绸之路"（德文 Seidenstrassen，英文 Silk Road）是德国历史地理学家费迪南·冯·李希霍芬于1877年在其著作《中国——一个人旅行的结果及其在此基础上的研究》中提出来的一个概念。王冀青从学术史的角度考察了托勒密的《地理志》和玉尔的《中国和通往中国之路》中对于"赛里斯之路"的研究，认为这是李希霍芬创造"丝绸之路"一词的学术基础。[①] 关于"一带一路"的提出背景，有学者认为，"一带一路"的提出并非偶然事件，而是有着深刻的社会历史原因。从人类历史来讲，"一带一路"是对古代丝绸之路的继承和发展。"丝绸之路"——这条1877年被命名的古道，自古以来就是中国历史上最早的外交、贸易、宗教、文化和科学技术交流的窗口，是中外文明的历史交汇带。[②] 从国际环境来看，"一带一路"也是加快沿边开放步伐，形成全方位开放新格局的客观需要，实质上是中国"引进来"和"走出去"战略逻辑的必然延伸[③]。

我们认为，"一带一路"倡议的提出，离不开"人类命运共同体"理念。早在2011年，《中国的和平发展》白皮书就指出："经济全球化成为影响国际关系的重要趋势。不同制度、不同类型、不同发展阶段的国家相互依存、利益

[①] 王冀青：《关于"丝绸之路"一词的词源》，《敦煌学辑刊》2015年第2期，第21页。
[②] 雷茂奎、李竞成：《丝绸之路民族民间文学研究》，乌鲁木齐：新疆人民出版社1994年版，第1页。
[③] 石泽：《"一带一路"与理念和实践创新》，《中国投资》2014年第10期，第43页。

交融，形成'你中有我、我中有你'的命运共同体。"① 这是中国首次提出"命运共同体"的概念。2012 年，中共第十八次全国代表大会报告向世界郑重宣告：合作共赢，就是要倡导人类命运共同体意识，在追求本国利益时兼顾他国合理关切，在谋求本国发展中促进各国共同发展，建立更加平等均衡的新型全球发展伙伴关系，同舟共济，权责共担，增进人类共同利益。这意味着中国政府正式提出"人类命运共同体"。当 2013 年习近平总书记提出"一带一路"倡议时，构建"人类命运共同体"理念已经被纳入中国应对全球治理的方案之中。可以说，这个倡议就是为构建"人类命运共同体"而提出的具体方略。

2. 关于"一带一路"的内涵解读

国内学者对"一带一路"的内涵解读更多地来源于领导讲话、政府文件、国际国内发展需要的现实层面，具体内涵有以下几个方面：第一，从性质来看，"一带一路"是一种建设性合作倡议，体现了"互联互通"的合作精神，提倡通过多边合作和共商、共建、共享，实现互利共赢、共同发展的建设目标。第二，从建设原则来看，"一带一路"建设始终坚持开放包容原则，不搞"替代方案"或"集团联盟"，所有古代丝绸之路沿途国家均可参与进来，并欢迎域外国家和组织发挥建设性作用。第三，从建设目标来看，中国明确表示在"一带一路"建设中不谋求主导地位、不经营势力范围、不干涉别国内政。在对外经贸合作中既坚持"互利"原则，也要发扬"让利"精神，强调义利并举、多予少取、先予后取，带动沿途国家和地区共同繁荣发展。② 为了促进"一带一路"建设，中国提出共同推进"政策沟通、道路联通、贸易畅通、货币流通、民心相通"建议，坚持讲信修睦、合作共赢、守望相助、心心相印、开放包容的合作方针和"亲、诚、惠、容"的外交理念，着力打造"利益共同体"和"命运共同体"。③ 第四，从具体内容来看，"一带一路"建设的内容主要包含经济、安全、人文三重内涵。从经济内涵来说，主要在于扩大与更多国家和地区的互利合作，构建全方位开放新格局，加快经济转型升级，促进区域经济协调发展；从安全内涵来讲，虽然"一带一路"建设并不涉及政治、安全等敏感领域，但客观上对打击"三股势力"（恐怖主义势力、宗教极端势力、民族分裂势力）、保障国家安全、营造和平国际环境具有重要作用；从人文内

---

① 《〈中国的和平发展〉白皮书》，《人民日报》2011 年 9 月 7 日，第 1 版。
② 罗建波：《大国外交新思维与中国的国际责任》，《学习时报》2014 年 5 月 5 日，第 2 版。
③ 何中：《践行亲诚惠容理念打造周边命运共同体》，《光明日报》2014 年 10 月 25 日，第 8 版。

涵来看,"一带一路"建设将通过加强人文交流与国际合作,促进不同国家、不同民族、不同文化之间的相互理解、相互尊重、相互信任,为实现人类文明的共同繁荣发展创造有利条件①。第五,从方法论来看,有学者认为理解"一带一路"必须从全球化时代的文明观来展开。从人类文明史看,"一带一路"将有利于修正内陆文明从属于海洋文明、东方从属于西方的"西方中心论",重塑均衡、包容的全球化文明,推动欧亚大陆回归人类文明中心地带,开创"天人合一""人海合一"的人类新文明。从中华文明史看,"一带一路"有利于推动中华文明实现三大转型:从农耕文明走向工业信息文明,从内陆文明走向海洋文明,从地域性文明走向全球性文明。②

3. 关于"一带一路"的现实意义

学者们普遍认为,"一带一路"的提出具有十分重大的现实意义和深远影响。"一带一路"既顺应了我国新时期对外开放的战略诉求,又切实观照了中外历久传承的中欧、中非文明交往,具有历史延伸和现实发展的双重意蕴,在深度和广度上不仅超越了中外经济文化交流的历史范畴,而且具有了影响深远的世界意义。

关于"一带一路"对于中国的意义,有学者指出,"一带一路"的实施必将对我国的经济、政治、文化、外交产生重大而深远的影响,有利于我国构建全方位开放新格局,促进沿线国家优势互补、平等协商,共同打造互利共赢的"利益共同体"和发展繁荣的"命运共同体"。"一带一路"建设是我国扩大对外开放的重大举措和经济外交的顶层设计,是为破解人类发展难题提供的中国智慧和中国方案,是新时代中国特色社会主义的伟大开放实践③。

关于"一带一路"倡议对世界发展的意义,学者们认为,"一带一路"建设不仅为中国的经济社会发展提供新的增长点,更能推动世界各国良性互动、和谐发展,具有十分深远的世界意义。有学者认为,"一带一路"倡议是中国积极参与21世纪全球治理和区域治理的顶层设计,对于构建开放型经济新体制、形成全方位对外开放新格局有着重要意义。在金融危机爆发后全球经济治

---

① 《三重内涵:注入中国和世界发展新动力》,《宁波经济(财经视点)》2014年第10期,第24~25页。
② 王义桅:《"一带一路"的文明解析》,《新疆师范大学学报(哲学社会科学版)》2016年第1期,第14页。
③ 高虎城:《积极促进"一带一路"国际合作的重点内容》,《大陆桥视野》2018年第12期,第40页。

理变革态势日渐凸显的背景下,"一带一路"倡议标志着中国逐步迈入了主动引领全球经济合作和推动全球经济治理变革的新时期,"一带一路"相关议程着眼于为全球经济治理提供公共产品,体现了中国作为负责任大国的作用与地位,"一带一路"倡议是对全球经济治理理论的重大贡献。①"一带一路"建设的实施不仅可以使多元化、多样化的各个国家和地区相互交织在一起,相互依存,实现利益共享,扩大共同安全,推进合作安全,促进发展安全,增进可持续安全②;而且推动了全球互联互通新进程,打造了世界经济新引擎,引领了全球化发展新方向,开启了中国与世界良性互动的新篇章③。

4. 关于"一带一路"面临的风险与挑战

"一带一路"不仅需要沿线国家的参与、关键大国的支持,还需要国内的积极配合。基于此,"一带一路"中可能面临的风险与挑战也分为了两个方面:一是"一带一路"面临的外部风险与挑战,主要是大国的掣肘和沿线国家的政治安全隐患;二是"一带一路"面临的国内风险与挑战。

"一带一路"所面临的外部风险之一是大国间地缘政治经济带来的挑战,这些大国主要包括美国、俄罗斯以及印度等。在美国方面,作为世界经济强国,美国一直试图维持其在全球经济的领导地位,"一带一路"倡议的实施必然会对其国际影响力产生影响。马建英通过对美国媒体、学界、智库等的考察发现,美国国内虽然也不乏一些理性、客观的声音,但是总体上存在较大疑虑,认为"一带一路"倡议是中国拓展国际影响力的战略工具,将在中美之间带来广泛的竞争,并会威胁到美国在欧亚大陆的利益和领导地位④。有学者指出,美国认为仅仅依靠亚太国家已不足以制衡中国,有必要把南亚国家特别是印度也拉入,因此提出了"印亚太"(Indo-Asia-Pacific)的概念,旨在构建规模更为宏大的所谓"印太再平衡"战略⑤。除了亚太地区外,美国在其他地区也想要制衡中国,如有学者指出为了干扰"丝绸之路经济带"建设,美国提出

---

① 毛艳华:《"一带一路"对全球经济治理的价值与贡献》,《人民论坛》2015年第9期,第31页。
② 李文,蔡建红:《"一带一路"对中国外交新理念的实践意义》,《东南亚研究》2015年第3期,第4页。
③ 林永亮:《"一带一路"建设的世界意义》,《当代世界》2017年第1期,第50~53页。
④ 马建英:《美国对中国"一带一路"倡议的认知与反应》,《世界经济与政治》2015年第10期,第104页。
⑤ 高荣伟:《"一带一路"建设面临的风险及对策》,《国际商务财会》2015年第6期,第29~30页。

了"新丝绸之路",试图阻碍中国与中亚国家的贸易往来①。

在俄罗斯方面,有学者评析了俄罗斯官方以及智库专家对"一带一路"倡议的态度,认为俄罗斯目前的态度十分复杂而且不断发生变化,这与乌克兰危机的不断深化以及俄罗斯面临的国际国内困难形势密切相关。一方面,"一带一路"是在乌克兰危机爆发之前提出的,当时,俄罗斯认为"一带一路"的提出是对"欧亚经济联盟"战略的代替,且两大策略在中亚地区的经济发展战略上存在一定的同质性与竞争性②。所以在某种程度上,俄罗斯感受到了来自"一带一路"的影响,且只要"一带一路"与俄罗斯提出的欧亚经济一体化存在同质性,俄罗斯的疑虑将会一直存在,并影响中国与俄罗斯的合作。也有学者指出,随着乌克兰危机爆发之后,中国等周边国家在俄罗斯能源战略中的地位更加凸显,俄罗斯对于中国提出的"一带一路"倡议表现出了浓厚兴趣与合作意向,中俄两国在能源领域的深化合作也迎来了历史性机遇,但同样面临着中俄能源合作的制度障碍,如环境保护方面、能源开采许可方面以及战略性企业管控方面③。还有学者指出,俄罗斯不仅是全球重要的能源战略市场,而且是具有巨大战略价值的过境运输国家,只要打通俄罗斯的运输动脉,"一带一路"的"中蒙俄经济走廊"便被赋予至关重要的战略价值,但所谓"中国威胁论"、"蒙俄受害论"、蒙古国政策环境稳定性问题、经贸合作的瓶颈制约以及俄蒙民族主义的压力等问题,为两国之间合作埋下了隐患④。

在印度方面,有学者认为印度是南亚大国,非常重视其南亚影响力,并积极发展与中亚、东南亚各国的双边、多边关系,意图打造其"印太"大国地位,且在能源贸易、投资方面与中国存在竞争⑤。目前印度对"一带一路"的态度呈现二元性特点。有学者将其进行了归纳,即印度在"一带一路"倡议中扮演着不同的角色,这些角色决定了印度不可能在战略上积极响应"一带一路",但同时对"一带一路"的经济乃至文化意义是高度认同的,并与中国保

---

① 包运成:《"一带一路"建设的法律思考》,《前沿》2015 年第 1 期,第 67 页。
② 李秀蛟:《俄罗斯智库专家对"一带一路"的评析》,《西伯利亚研究》2015 年第 3 期,第 19 页。
③ 贾少学:《"一带一路"倡议背景下俄罗斯能源投资制度分析》,《法学杂志》2016 年第 1 期,第 40~41 页。
④ 于洪洋,欧德卡,巴殿君:《试论"中蒙俄经济走廊"的基础与障碍》,《东北亚论坛》2015 年第 1 期,第 96~104 页。
⑤ 杨晨曦:《"一带一路"区域能源合作中的大国因素及其应对策略!》,《新视野》2014 年第 4 期,第 125 页。

持经贸合作。①

"一带一路"所面临的外部风险之二是沿线国家复杂的政治与社会安全形势带来的威胁。杨思灵对这些复杂形势进行了总结,主要涉及一部分国家政治局势不稳定、暴力恐怖主义形势较为严峻以及民族宗教文化多元三个方面②。对于这些问题,其他学者也有类似的观点。比如,韩永辉、邹建华在分析中国与西亚国家贸易合作现状与前景时指出,西亚地区动荡的地区局势会影响双方合作的深化。③

"一带一路"不仅面临着外部的挑战与威胁,同样也面临着国内的风险与挑战。现阶段研究国内的风险与挑战的文献相对比较少,其中周方银就"一带一路"建设面临的国内风险进行了总结,主要包括:战略定位与努力方向方面的问题和风险;资源的碎片化、零散化使用,不能发挥系统性的效果;"一带一路"建设动力的可持续性问题;人才不足问题等④。此外,学界关注"一带一路"面临的挑战与风险涉及投资风险、道德风险、能源安全问题以及气候安全风险等,在此就不一一赘述了。

5. 关于"一带一路"的实施策略

针对"一带一路"倡议实施过程中面临的风险与挑战,许多学者从不同的角度提出了各自的建设性意见。

从思想认识上来说,有学者提出,在实施"一带一路"建设中至少需要处理好八个方面的关系,即传统继承与时代创新的关系、中国发展战略与相关国家发展战略的关系、"一带一路"框架下的合作机制与地区现有合作机制的关系、当前合作与长远目标的关系、经济合作与人文合作的关系、政府主导与市场和民间力量的关系、基础研究与顶层设计的关系、引导国内舆论与国际舆论的关系等。⑤

在具体操作思路上,学者们更多的是围绕政策沟通、道路联通、贸易畅通、货币流通、民心相通五个方面,从政治、经济、文化、社会、外交等路径

---

① 杨思灵,高会平:《一带一路:印度的角色扮演及挑战》,《东南亚南亚研究》2015年第3期,第2页。
② 杨思灵:《2014年南亚地区政治与安全形势》,《东南亚南亚研究》2015年第1期,第13页。
③ 韩永辉,邹建华:《"一带一路"背景下的中国与西亚国家贸易合作现状和前景展望》,《国际贸易》2014年第8期,第21页。
④ 周方银:《"一带一路"面临的风险挑战及其应对》,《国际观察》2015年第4期,第69页。
⑤ 孔根红:《推进"一带一路"宜处理好若干关系》,《中国投资》2014年第10期,第47~49+46页。

提出了许多对策措施。例如，要促进基础设施互联互通、提升经贸合作水平、拓展产业投资合作、深化能源资源合作、拓宽金融合作领域、密切人文交流合作、加强生态环境合作、积极推进海上合作。① 要立足互利共赢，坚持共商、共建、共享的原则，从全球视野探寻有利于中国经济可持续增长的开放路径，推进"一带一路"建设要做到稳步有序、重点明确，重视国内市场一体化，完善"一带一路"建设的公共服务体系，深化改革开放，消除制约企业创新能力和国际竞争力的制度障碍。② 要充分依靠中国与有关国家既有的双边和多边机制，借助既有的上海合作组织、欧亚经济联盟、中国－东盟（10＋1）等区域合作平台，注入新的合作内涵和发展活力；妥善处理与俄罗斯、中亚等国业已形成的区域合作关系，创新合作模式，在融合与竞争之外，形成互利共赢的"共同体"发展局势。③

6. 关于"一带一路"与"五通"的研究

在"一带一路"倡议中有"五通"的预期目标，即政策沟通、设施联通、贸易畅通、资金融通、民心相通，对于这些目标如何达成，学者们也从不同的视角进行了研究。

北京大学海洋研究院与国务院发展研究中心联合发布了"一带一路"沿线国家"五通"指数，其中的贸易畅通指标旨在全面、客观地衡量我国与沿线各国之间贸易与投资的便利化与自由化程度、国际营商环境和经贸合作水平，由3个二级指标、9个三级指标构成。衡量民心相通（一级指标）程度的具体指标体系，包括旅游活动、科教交流、民间往来3个二级指标，以及旅游目的地热度、来华旅游人数、科研合作、孔子学院数量、我国网民对该国的关注度、该国网民对我国的关注度、友好城市数量、民众好感度8个三级指标。④ 王辉、罗雨泽通过对该指数的具体分析，发现如下特点：总体上看，贸易畅通在"一带一路""五通"的发展中处于领先地位，而相互直接投资不足是贸易畅通的重要缺陷；从区域角度上看，东南亚、中亚各国以及蒙古国、俄罗斯的贸易

---

① 李朴民：《南北并进海陆统筹共同推进"一带一路"建设》，《中国经贸导刊》2014年第31期，第4~5页。

② 于津平，顾威：《"一带一路"建设的利益、风险与策略》，《南开学报（哲学社会科学版）》2016年第1期，第69~70页。

③ 于光军：《建设"丝绸之路经济带"与"21世纪海上丝绸之路"研究热点述评》，《内蒙古社会科学（汉文版）》2014年第6期，第12页。

④ 北京大学"一带一路"五通指数研究课题组：《"一带一路"沿线国家五通指数报告》，北京：经济日报出版社2017年版，第162页。

畅通水平较高,而南亚国家则整体较低。并从经贸合作环境、区域贸易投资合作机制、地区大国合作、提升贸易便利化、推进境外工业园区建设、借助第三方力量等方面提出建议。① 李蕊含也提出了相似的衡量民心相通评价指标,包括旅游交流、科教文卫、民间合作 3 个二级指标和入境外国游客人数、游客签证便利化程度、拥有孔子学院总数量、高等教育学历学位认证、中外合作办学机构与项目数量、签署卫生合作协议、友好城市数量、国际志愿者交流 8 个三级指标。②

近年来,在众多关于"一带一路"倡议的研究中,有一些特定区域与"一带一路"的关系及其融入的研究成果。比如,如何发挥香港的作用,以及香港如何更好融入"一带一路"倡议的研究。有学者认为,香港各界对"一带一路"倡议目的的认知,总体上以正面观点为主。第一,从国家自身发展需求维度来看,"一带一路"可以配合开放型经济体系建设。这是我国实施更主动的开放战略和结合对内、对外开放的"战车"。第二,从处理国际关系维度来看,中国提出"一带一路"倡议是为了与更多国家展开更广泛的合作。③ 第三,从全球治理要求维度来看,一方面,中国的发展离不开全球化发展机遇,"一带一路"倡议的提出顺应全球化的潮流;另一方面,中国是全球经济增长的主要贡献者,提出"一带一路"倡议是为了重振世界经济并修补、完善国际经贸规则。陈建强认为,"一带一路"倡议是从国际发展大局出发,助力可以为全球经济增长作贡献的国家或地区,开拓其经济发展的新动能,这将是一个开启全球经济新格局的新起点。④ 再比如,有学者研究中国台湾学界对于"一带一路"倡议的看法,认为总体而言,台湾的学者大都肯定了"一带一路"建设对于祖国大陆和世界发展的积极意义,并认同台湾应积极参与"一带一路"的相关工作。但这些研究仍然存在诸多不足之处。在研究对象上,"一带一路"沿线国家和地区较多,涉及范围较广,但大多集中在中亚地区,对祖国大陆各区域的研究则集中于上海、福建等地,对非洲各国和祖国大陆的环渤海经济圈以及长三角等地区在"一带一路"建设中的地位关注有限。在研究方法上,台湾

---

① 王辉,罗雨泽:《贸易畅通:在互利共赢中共谋发展》,《中国经济时报》2016 年 7 月 13 日,第 5 版。
② 李蕊含:《"一带一路"沿线五国互联互通评价研究》,上海:东华大学硕士学位论文,2017 年。
③ 刘澜昌,何亦文:《"一带一路"香港再起飞的最后一次机会?》,香港:香港城市大学出版社 2016 年版,第 97 页。
④ 刘澜昌,何亦文:《"一带一路"香港再起飞的最后一次机会?》,香港:香港城市大学出版社 2016 年版,第 90 页。

学界对"一带一路"的研究大多以定性分析为主,较少运用数据和模型进行实证分析。在研究内容上,大多只是进行了战略性分析,对"战术"的研究不足。①

7. 关于"一带一路"倡议的国际传播研究

自"一带一路"倡议提出以后,其本身的传播也受到学者们的关注。比如,薛庆国研究了"一带一路"在阿拉伯世界的传播情况,认为阿拉伯世界各界对"一带一路"倡议的关注状况呈现以下特点:高度评价倡议的意义,尤其赞赏以和平合作、互利共赢为宗旨的"丝路精神";在论及倡议时还表达了对中国的友好情谊和对发展中阿关系、参与"一带一路"建设的期待;也有媒体指出了实施倡议面临的困难和挑战,并对中国提出建议或委婉批评。为改进"一带一路"在阿拉伯世界的传播,中国应从战略高度看待倡议的国际传播,进行具有针对性的精细化传播,应充分尊重对外传播的客观规律,讲好中国故事,应动员多种力量参与国际传播。②

有学者认为,在"一带一路"倡议的国际传播的研究方法上,学者们主要采取文献研究法,深入目的地国家进行田野调查的研究不足,在对外话语体系构建和实施策略方面需要进一步加强。③ 有学者对"一带一路"倡议的新闻传播研究进行了梳理,认为这方面的研究成果相对较少,研究主题集中在传播媒介、传播内容和传播效果三个方面,即媒体在"一带一路"的作用、媒体报道中的"一带一路"、"一带一路"的对外传播效果。已有研究方法比较单一,描述总结多,实证研究少。今后可从以下方面加强研究:一是学理层面的研究,提升研究层次;二是深入更微观的层面,如媒体如何针对不同区域、国家、受众进行传播,并总结规律;三是开展跨学科的研究,如结合国际政治等知识进行分析。④

---

① 余丹丹,宋秀琚:《台湾学界对"一带一路"倡议的研究综述》,《现代台湾研究》2019 年第 1 期,第 17~18 页。
② 薛庆国:《"一带一路"倡议在阿拉伯世界的传播:舆情、实践与建议》,《西亚非洲》2015 年第 6 期,第 36 页。
③ 郭子烨:《"一带一路"倡议对外传播文献综述》,《科技传播》2018 年第 2 期,第 19 页。
④ 王芳:《"一带一路"与新闻传播的研究综述》,《重庆工商大学学报(社会科学版)》2018 年第 6 期,第 76 页。

（二）关于"中国价值观"的相关研究

目前关于"中国价值观"的研究成果中，多数学者把"中国价值观"与"当代中国价值观"的概念混用，而且比较集中地使用"当代中国价值观"的表述。尽管概念的表述上有差异，但是相关研究成果仍然为本课题奠定了良好的研究基础。相关代表性著作主要有：《中国的价值观》（韩震等，中国社会科学出版社，2016年）、《论当代中国价值观》（江畅，科学出版社，2016年）、《论价值观与价值文化》（江畅，科学出版社，2014年）、《中国人的价值观》（宇文利，中国人民大学出版社，2012年）、《马克思主义价值观研究》（罗国杰，人民出版社，2013年）、《中国特色核心价值观的传统、现实与前景》（戴木才，广西人民出版社，2011年）、《中国崛起：重估亚洲价值观》（郑永年，东方出版社，2016年）、《当代中国社会主义核心价值观研究》（孙杰，人民出版社，2016年）、《社会主义核心价值观专题解读》（宋惠昌，中共中央党校出版社，2010年）、《价值观的理论与实践：价值观若干问题的思考》（袁贵仁，北京师范大学出版社，2013年）、《传承与复兴：社会主义核心价值观的中华传统文化解读》（钟永圣，中国青年出版社，2015年）、《从一般价值到核心价值：社会主义核心价值观培育与践行的双重逻辑》（裴德海，安徽教育出版社，2013年）、《价值观研究：国际视野与地方探索》（黄凯锋，学林出版社，2013年）、《美国核心价值观建设及启示》（周文华，知识产权出版社，2014年）、《认同的价值与价值的认同：社会主义核心价值观》（方旭光，中国社会科学出版社，2014年）等。此外，还有大量的研究论文。鉴于这些著作大多曾以研究论文方式发表，现主要根据研究论文将相关研究成果进行梳理和总结。

1. "中国价值观"概念的提出

早在2003年，我国学界就已经使用了"中国价值观"或"当代中国价值观"这一术语，较早见于《经济全球化与当代中国价值观的现实选择》[①] 一文，不过该文是在"中国人的价值观"的意义上使用"中国价值观"一词的。

[①] 马惠萍：《经济全球化与当代中国价值观的现实选择》，《郑州大学学报（哲学社会科学版）》2003年第3期，第48页。

后来，《当代中国价值观的冲突及其调适》①《当代价值观多元化的几点思考》②《当代中国价值观的变迁与重建》③ 等文章也使用了"中国价值观"一词，但这些文章主要是从阐述"中国价值状况"的角度使用中国价值观这个词，并没有形成严格意义上的"中国价值观"概念。

党的十六届六中全会以后，学界对"中国价值观"的研究不断深化，比较有影响的论文主要包括：《深化价值观研究与构建当代中国价值观体系》④《马克思主义价值论与当代中国价值观的建构》⑤《当代中国价值观变革的基本趋势》⑥《当代中国价值观取向与核心价值体系建设》⑦ 等。这些论文分别提出了关于当代中国价值观内容的观点，但尚未对"当代中国价值观"概念本身作出阐述。较早对"当代中国价值观"的概念作出明确界定的是湖北大学江畅教授。他从 2014 年开始，连续发表了多篇文章，包括《培育和践行社会主义核心价值观与中国价值观构建》（2014）、《当代中国价值观的根本性质、核心内容和基本特征》（2014）、《论当代中国价值观构建》（2014）、《当代中国价值观的源与流》（2015）、《当代中国价值观源流探析》（2015）等论文，系统阐明了"中国价值观"的概念及其与"核心价值观""核心价值体系"概念的关系，对中国价值观的根本性质、核心内容和基本特征以及构建做了较为系统的论述。此后，也有其他学者开始关注这一问题。

2. 关于"中国价值观"的内涵界定

关于"中国价值观"的概念界定至今在学界还没达成共识，大多数研究者从内容的角度来界定，并把"中国价值观"等同于社会主义核心价值观。江畅等教授从多个层面对"中国价值观"的内涵进行界定："当代中国价值观是指

---

① 唐志龙：《当代中国价值观的冲突及其调适》，《南京政治学院学报》2004 年第 1 期，第 13~15 页。
② 刘小新：《当代价值观多元化的几点思考》，《首都师范大学学报（社会科学版）》2005 年第 3 期，第 38~42 页。
③ 田嵩燕：《当代中国价值观的变迁与重建》，《中国特色社会主义研究》2010 年第 5 期，第 97~101 页。
④ 马俊峰：《深化价值观研究与构建当代中国价值观体系》，《华中科技大学学报（社会科学版）》2007 年第 2 期，第 11~14 页。
⑤ 杨信礼：《马克思主义价值论与当代中国价值观的建构》，《山东社会科学》2008 年第 2 期，第 5~15 页。
⑥ 宋惠昌：《当代中国价值观变革的基本趋势》，《中共中央党校学报》2008 年第 5 期，第 31~36 页。
⑦ 何锡蓉：《当代中国价值观取向与核心价值体系建设》，《学术探索》2008 年第 5 期，第 14~19 页。

改革开放以来着力构建的价值观,是我国的主流价值观,是当代中国的主流价值观体系,是以核心价值观为核心内容的价值观体系,是中国价值观的当代形态。"① 也有少数学者从不同角度对此概念进行了界定。比如,骆萍等从意义和作用的角度来界定,认为"当代中国价值观是体现中国现时代精神价值、充分展现中国国家形象和反映中国国家软实力灵魂的价值观体系"②。刘民主等从实践基础和理论渊源的角度进行界定,认为"当代中国价值观,是中国人民在参与中国特色社会主义伟大实践过程中形成的对价值关系的总体性认识,是中国人民立足时代要求、实践需求和自身诉求,融社会主义核心价值观、中国传统文化价值、西方现代文化价值的诸多精华于一体所形成的价值体系"③。

3. 关于"中国价值观"的基本内容

对"中国价值观"概念的表述思路的不同,不可避免地影响了学者们对"中国价值观"基本内容的理解。从总体来看,学者们对当代中国价值观基本内容的理解,主要遵循三种思路。

第一种是从中国价值观与社会主义核心价值观的关系角度,对中国价值观的基本内容进行界定。江畅教授认为,中国价值观的核心内容是社会主义核心价值观或核心价值体系。同样的观点是项久雨等教授提出的:"当代中国价值观念,就其特质而言就是中国特色社会主义价值观念,其核心内容就是社会主义核心价值观。"④ 有学者把"中国价值观"放在"一带一路"背景下来思考,认为"一带一路"视域下的中国价值观是否等同于社会主义核心价值观,这是一个值得探讨的问题,认为"和平合作、开放包容、互学互鉴、互利共赢"为核心的丝路精神,"共商共建共享"的中国全球治理理念是"一带一路"视域中中国价值观的具体内涵。⑤

第二种是从思想资源和现实载体的视角,对中国价值观的基本内容进行了界定。如,骆萍等认为,"中国优秀传统价值观是当代中国价值观的历史渊源,

---

① 江畅,蔡梦雪:《"当代中国价值观"概念的提出、内涵与意义》,《湖北大学学报(哲学社会科学版)》2016年第4期,第1页。
② 骆萍,孔庆茵:《当代中国价值:内涵、意义与传播策略》,《探索》2015年第4期,第153页。
③ 刘民主、冯颜利:《当代中国价值观的内涵探讨》,《探索》2016年第1期,第154页。
④ 项久雨,吴海燕:《论当代中国价值观念的时代特性和世界意义》,《学校党建与思想教育》2015年第12期,第4页。
⑤ 田龙过:《"一带一路"视域中的中国价值观理论来源与建构原则》,《西部学刊》2018年第9期,第30页。

也是当代中国价值观的重要内容;社会主义核心价值观是当代中国价值观的现实维度;中国梦及其激发出来的大众创业、万众创新等体现时代精神的价值观,是当代中国价值观念的发展维度"①。刘民主等认为,"当代中国价值观汇聚了当代中国人民的价值共识,融合了当代社会的多元价值观念,汲取了中国传统价值观的精华,继承了中国人民革命、建设和改革过程中的价值传统"②。

第三种是个别学者用列举的方式界定中国价值观的基本内容。如,俞世兰认为,中国价值观的基本内容包括:经济方面的发展观、分配观、消费观、就业观,政治方面的法治观、民主观,思想文化方面的思想观、实践观、教育观和生态方面的生态价值观。③

4. 关于"中国价值观"的基本特征

目前,学界关于"中国价值观"的基本特征的总结,从不同的角度有不同的阐释。江畅将中国价值观的基本特征总结为人民性、平等性、社群性或集体性、道德性④。俞世兰认为,中国价值观的基本特征包括一元价值观与多元价值观的辩证统一、集体价值观与个体价值观的辩证统一、经济价值观与政治价值观的辩证统一、物质价值观与精神价值观的辩证统一。也有学者从时代发展的角度认为,中国价值观的时代特征是对中华优秀传统文化的继承与创新、对西方价值文化的借鉴与超越、对马克思主义价值观的吸收与发展⑤。还有学者总结中国价值观最鲜明的特征包括三个方面:当代中国价值观蕴涵传统文化中的尚"和"思想,当代中国价值观的现实维度是实现社会主义公平正义,当代中国价值观也是对中国传统文化的创造性转化、创新性发展⑥。

5. 关于"中国价值观"的意义

中国价值观代表了中国先进文化的前进方向,不仅对国内,而且对国际都有重要的价值。为此,学者们就当代中国价值观的意义进行了热烈探讨。

---

① 骆萍,孔庆茵:《当代中国价值观:内涵、意义与传播策略》,《探索》2015 年第 4 期,第 153~155 页。
② 刘民主,冯颜利:《当代中国价值观的内涵探讨》,《探索》2016 年第 1 期,第 154~156 页。
③ 俞世兰:《当代中国价值观的内容嬗变》,《石家庄经济学院学报》2013 年第 5 期,第 118~120 页。
④ 江畅:《论当代中国价值观》,《文化发展论丛》2014 年第 2 期,第 12 页。
⑤ 项久雨,吴海燕:《论当代中国价值观念的时代特性和世界意义》,《学校党建与思想教育》2015 年第 6 期,第 4 页。
⑥ 陈国富,余达淮:《略论当代中国价值观》,《探索》2015 年第 4 期,第 149 页。

从国内角度而言，有学者认为，"当代中国价值观，代表了中国先进文化的前进方向，打造中国话语体系的核心和本质，是一个国家基于文化而具有的凝聚力和生命力，是中国梦的高度凝练，是中国文化软实力的核心理念，是提升中国国际话语权的思想支撑，是形塑中国新时期国家形象的总抓手"①。有学者认为，"当代中国价值观的建构能够为未来中国发展提供科学的价值引导，有益于中国特色社会主义共同理想价值认同，有利于深化对社会主义核心价值观的培育和践行"②。还有学者从中国价值观与中国人精神生活重建的角度，认为"当代中国价值观是中国人精神生活重建的思想基础和价值根基，有助于人们树立正确的精神生活观，实现对精神生活地位的自觉认识，提高重建精神生活的自觉性、积极性和主动性，从而推进中国人精神生活的大发展与大提升"③。

从国际角度而言，项久雨等总结了中国价值观念的世界意义，认为"当代中国价值观念指向人类社会共同的价值理想，为世界问题的解决提供基本的价值遵循，为发展中国家树立文化价值标杆"④。

6. 关于"中国价值观"的建构

学界除探讨了"当代中国价值观"的基本理论问题外，还讨论了"当代中国价值观"的建构问题，主要涉及建构的思想资源、建构主体、建构原则以及建构面临的问题与挑战等方面。

（1）关于中国价值观建构的思想资源

"人们自己创造自己的历史，但是他们并不是随心所欲地创造，并不是在他们自己选定的条件下创造，而是在直接碰到的、既定的、从过去承继下来的条件下创造。"⑤ 当代中国价值观的构建也不是当代中国人臆想的结果，而是充分吸收古今中外的优秀思想资源，汇聚人类的思想精华，从而凝练出的符合当代中国实际的价值观。基于此，学界对当代中国价值观构建的思想资源进行了集中研究。

---

① 骆萍，孔庆茵：《当代中国价值观：内涵、意义与传播策略》，《探索》2015年第4期，第155页。
② 陈国富，余达淮：《略论当代中国价值观》，《探索》2015年第4期，第151~152页。
③ 孟献丽：《当代中国价值观与中国人精神生活的重建》，《探索》2016年第2期，第177页。
④ 项久雨，吴海燕：《论当代中国价值观念的时代特性和世界意义》，《学校党建与思想教育》2015年第6期，第4页。
⑤ 中共中央马克思恩格斯列宁斯大林著作编译局：《马克思恩格斯选集》（第1卷），北京：人民出版社1995年版，第585页。

湖北大学江畅等教授对中国价值观构想的思想资源进行了系统研究,发表多篇论文进行了论述。他们认为,从思想源流看,中国价值观的构建涉及与马克思主义、中华文化传统及传统文化、西方近现代文化的关系。马克思、恩格斯创立的科学社会主义是当代中国价值观的真正源头。中华优秀传统文化中蕴藏着构建当代中国价值观的重要启示。西方近现代文化对当代中国价值观的构建不仅具有直接的"触媒"作用,还提供了许多现代价值观的思想资源。①当然,还有很多的学者表达了类似的观点,只是各有所侧重。比如,有学者认为,中国价值观,既有中国传统天下主义与和合文化的深厚基点,也有对现代民族主义和现代文明的吸收和"移植"②。还有学者提出,中国价值观的建构既要吸收中华民族传统价值观的历史内涵,也要反映当代中国人民群众的共同利益和共同诉求③。也有学者提出了新的观点,认为当代中国价值观的生成蕴含着本质、历史与现实三个维度。从本质维度来看,当代中国价值观的生成是实践自发性与主观自觉性的有机统一,其内在趋势和规律是从自发性走向自觉性;从历史维度来看,当代中国价值观既是对中国传统价值观与现代价值观合理成分的继承与发展,又反映了社会主义价值观的根本属性与内在特征,彰显了其发展趋向;从现实维度来看,当下中国社会发展的客观需求是当代中国价值观生成的现实根基④。

学界除探讨了中国价值观构建的思想资源外,还讨论了如何利用这些思想资源。学者们一致认为,应该秉着取其精华、去其糟粕的态度,从其思想中吸收合理的部分。比如,对于中华传统价值观,有学者认为,只是出入经典、祖述尧舜、宪章文武恐不是办法,只有立足现实问题,站在时代发展方向的角度,吐纳传统,汲古铸今,历史悠久的资源才能匡时济世,与时俱荣⑤。还有学者明确提出,中国价值观的构建要实现传统价值的现代化、西方价值的中国化、主导价值的明确化⑥。

---

① 江畅,张景:《当代中国价值观源流探析》,《山东社会科学》2015年第2期,第28~32+37页。
② 马惠萍:《经济全球化与当代中国价值观的现实选择》,《郑州大学学报(哲学社会科学版)》2003年第3期,第48页。
③ 陈国富,余达淮:《略论当代中国价值观》,《探索》2015年第4期,第152页。
④ 王玉鹏,秦妍:《论当代中国价值观生成的三个维度》,《探索》2016年第2期,第159页。
⑤ 迟汗青:《共道论——中国传统思想价值的世界解读》,《理论探讨》2016年第1期,第33页。
⑥ 何锡蓉:《当代中国价值观取向与核心价值体系建设》,《学术探索》2008年第5期,第16页。

（2）关于"中国价值观"建构的主体

有学者从中国价值观生成的自发性角度，认为中国价值观是广大人民群众在中国特色社会主义建设实践中自发形成的共同价值观念。但从中国价值观生成的自觉性角度看，人民群众自发形成的价值观念是零散的、不规范的，并不能自动上升为一个社会共同认可的价值观，这就需要党的理论家自觉运用丰富的理论知识对自发形成的价值观念加以提炼和总结，提取其中的核心部分，经过社会整合形成当代中国价值观①。

（3）关于"中国价值观"建构面临的问题与挑战

要成功构建中国价值观，必须直面中国社会的现实问题与挑战，因此，中国价值观建构面临的问题与挑战一直是学界关注的重点。有学者从国际、国内两个角度，把中国价值观建构面临的主要挑战归纳为四个方面，包括：世界社会主义发展的相对低迷造成社会主义价值观动摇，西方发达国家的价值观战略对中国价值观构建的负面影响，中国社会深刻转型带来价值观危机，思想宣传工作的失误与偏差导致一些领域社会主义价值观"虚化"。②有学者侧重国内问题，指出建构中国价值观面临的难题有：理论构建与实践构建同时进行的难题、价值观多元竞争的难题、市场化冲击的难题、价值取向选择的难题③。

（4）关于"中国价值观"的建构原则

针对中国价值观建构面临的问题与挑战，学界探讨了构建中国价值观的原则与对策。

有学者从方法论的角度认为，中国价值观的建设必须坚持中国立场原则、世界眼光原则、历史视野原则、实践精神原则④。有学者从破解时代难题的角度，提出构建当代中国价值观，必须进一步解放思想，必须从理论与实践的结合上构建完整系统的当代中国价值体系，必须将当代中国价值观转化为系统的社会制度并使之法制化。⑤有学者把构建原则进一步分为理论原则和实践原则，理论原则包括必须坚持马克思主义价值观的指导，要从传统的价值观中汲取营养，要科学地吸收外来的价值观；实践原则包括社会（群体）和个人（个体）相统一的原则、物质生活和精神生活相统一的原则、手段性价值和目的性

---

① 王玉鹏，秦妍：《论当代中国价值观生成的三个维度》，《探索》2016年第2期，第160页。
② 陈国富，余达淮：《略论当代中国价值观》，《探索》2015年第4期，第149~151页。
③ 江畅：《论当代中国价值观构建》，《马克思主义与现实》2014年第4期，第152~153页。
④ 王雯雯：《当代中国价值观建设的现实境遇与方法论原则》，《河北青年管理干部学院学报》2015年第2期，第32页。
⑤ 江畅：《论当代中国价值观构建》，《马克思主义与现实》2014年第4期，第153~154页。

价值相统一的原则、主导价值观核心地位和现实价值观层次性相统一的原则、理性因素与非理性因素相统一的原则。① 还有学者在探讨马克思主义价值论的基础上，提出当代中国价值观的构建，要破除重物轻人的价值观，确立以人为本的价值观；要破除片面发展的价值观，确立全面协调发展的价值观；要破除人类中心主义的价值观，确立人与自然和谐共生的价值观；要破除零和博弈的价值观，确立双赢共赢的价值观②。

（三）关于"中国价值观"的国际传播

促进中国价值观的国际传播是近几年学界比较关注的话题。怎样提升中国的国际传播能力，讲好中国故事，传播中国价值观，成为当前面临的重要课题。目前，国内学者重点围绕中国价值观国际传播的必要性、面临的挑战以及如何优化中国价值观的国际传播进行了积极的探索。

1. 关于中国价值观国际传播的必要性

中国价值观念的国际传播是以习近平同志为核心的中央领导集体提出的重要战略课题。尤其在"一带一路"背景下，推进中国价值观的国际传播具有多方面的必要性。

第一，有利于提升我国的文化软实力。项久雨等认为，文化的崛起实质在于价值观的崛起，促进当代中国价值观念的国际传播，增进当代中国价值观念的国际理解，是维护国家核心利益、提升国家文化软实力、实现中华文明崛起的必然选择。③ 当前，一些西方国家极力散布不利于中国发展的极端论调，这就要求我们大力发展社会主义先进文化，抵御西方不良文化和价值的入侵，增强文化认同、民族认同和国家认同，促进国家形象的建构与优化，提升国家文化软实力。在这个意义上，要提升我国文化软实力，就必须努力提升国际话语权。话语权是国家软实力与国家形象的体现与表达，围绕话语权展开的竞争早已成为国际政治的重要现象。当代中国价值观念的国际传播，必然对中国国际

---

① 唐志龙：《当代中国价值观的冲突及其调适》，《南京政治学院学报》2004年第1期，第14～15页。

② 杨信礼：《马克思主义价值论与当代中国价值观的建构》，《山东社会科学》2008年第2期，第13～15页。

③ 项久雨，吴海燕：《论当代中国价值观念的时代特性和世界意义》，《学校党建与思想教育》2015年第12期，第4页。

话语权的打造与维护产生深远影响①。有学者则认为，面对充斥国际舆论的"中国威胁论"与"中国责任论"，中国希望外界了解自身的愿望十分迫切。中国价值观的国际传播肩负着塑造和提升国家形象、获得并掌握国际舆论话语权的任务，对形成和发展国家软实力有重要使命②。还有学者认为，当代中国价值观念的国际传播是当代中国硬实力发展到一定阶段的必然之举，是提升文化软实力的必然之举，是增进了解、消弭误解、为国家发展营造良好舆论环境的必然之举，是完成中国国际传播核心任务的必然之举，也是维护世界和平发展向好局面的必然之举③。

第二，有利于"人类命运共同体"的构建。叶险明从"共同价值"与"中国价值"的关系辨析中探讨中国价值观的国际传播对促进"人类命运共同体"的积极影响。他认为，"共同价值"是"人类命运共同体"的价值，具有"文化规范"和"文化取向"的双重规定，超越了意识形态的对立以及普遍主义与特殊主义的对立，是维系"人类命运共同体"的精神文化纽带。"中国价值"是趋向于世界文明发展的价值，中国价值观不仅体现了世界文明发展的方向，有助于推动世界文明的发展，而且能为世界文明和"共同价值"增添新的元素④。刘辰等认为，我国"一带一路"的提出与实施，其实质便是寻求与广大沿线国家共谋共同利益，共取共同价值，通过开放包容的多元化合作形式，实现相关国家的价值共建与价值共享⑤。还有学者认为，"和谐"理念作为中华文化的核心价值观念，既是中国文化国际传播的重要内容，又是中国文化"走出去"的战略性传播理念。同时，"和谐"作为具有普适性特征的"人类命运共同体"理念，对于解决全球化背景下国家及文化间的纷争有着重要的借鉴意义，世界需要"和谐"价值理念的国际传播⑥。

第三，有利于传播中国共产党的执政理念。项久雨等认为，当代中国价值观是对在中国共产党带领下的中国人民开创的中国道路、中国理论和中国制度

---

① 项久雨，胡庆有：《当代中国价值观念国际传播的意义、问题与对策》，《学习与实践》2015年第7期，第112~120页。

② 张小娅：《对话的重要性：国际传播中的理解与接受》，《清华大学学报（哲学社会科学版）》2015年第1期，第129页。

③ 吴海燕：《论当代中国价值观念国际传播的必然性》，《决策与信息》2016年第12期，第73页。

④ 叶险明：《"共同价值"与"中国价值"关系辨析》，《哲学研究》2017年第6期，第3页。

⑤ 刘辰，刘欣路：《"一带一路"背景下共同价值观念培育与中国国际话语权构建》，《对外传播》2015年第7期，第51页。

⑥ 严三九，刘峰：《中国文化"和谐"价值理念及其国际传播路径探析》，《新闻与传播研究》2013年第7期，第5页。

的凝练概括和价值表达,在这个意义上,当代中国价值观国际传播的过程就是中国共产党传播执政理念、塑造国际形象、掌握国际话语权的过程①,同时是强化中国共产党执政合法性必然的、有效的途径,是把坚持中国共产党领导是实现人民群众安居乐业的根本保证这个硬道理向世界予以说明的过程。因此,我们有必要采取更加积极主动的国际传播策略,客观公正地向世界阐释中国特色社会主义理论体系,尤其是习近平总书记的一系列新思想、新观点、新论断,用中国智慧惠及全球。②张维为认为,现在西方和国内亲西方的势力对中国政治制度的批评,用的都是西方话语,认为我们的制度不行,最后一定要转到西方制度。而中国价值观的国际传播实际上在一定程度上表达了作为"中国道路"引领者的中国共产党的制度特征,即中国政治制度的历史基因、红色基因和现代元素③。

2. 关于中国价值观国际传播面临的挑战

参与国际价值观竞技场博弈,增进当代中国价值观的国际理解,争取和营造和平的外部环境,谋求和促成国际关系朝着有利于中国发展的方向转化,是中国价值观国际传播应当担负起的重大使命。而只有全面审视当前世界文化价值观的国际传播形势,清醒认识中国面临的多重现实挑战,才能完成这一任务。

第一,中西方的文化差异。不同国家存在文化共同性和差异,这是应当重视的客观现实。在这个意义上说,价值观跨文化传播,就是某一价值观向异质价值观所在国的传播。有学者认为,当下一些西方国家为了实现"文化增值"而推行文化霸权,本质上反映了传播主体(即价值观的生产者)为保持自身文化的主导地位和实现"文化增值",迫使传播对象(即价值观的消费者)单向地、片面地接受传播主体的价值观,实现文化同化④。另一种情况是,在国际传播中过于强调共性而回避差异,在安全区内讨论问题,无法形成实质性对话⑤。

---

① 项久雨,胡庆有:《当代中国价值观念国际传播的意义、问题与对策》,《学习与实践》2015年第7期,第114页。
② 项久雨:《当代中国价值观念国际传播的战略着眼点》,《中共贵州省委党校学报》2016年第2期,第17页。
③ 张维为:《国际视野下的中国道路》,《光明日报》2015年4月2日,第11版。
④ 赵波,张学昌:《当代中国价值观跨文化传播理路研究》,《求索》2016年第9期,第44页。
⑤ 张小娅:《对话的重要性:国际传播中的理解与接受》,《清华大学学报(哲学社会科学版)》2015年第1期,第136页。

第二，西方对中国的政治偏见依然存在。西方世界冷战思维和意识形态偏见依旧顽固，中国国家形象因此而背负的历史包袱沉重，面临的现实挑战依然艰巨。与此同时，中国价值观在对西方发达国家的传播过程中，面对西方带有文化霸权性质的强势文化，可能面临在所谓"东方落后论"下被蔑视或在所谓"中国威胁论"下被拒斥等"文化折扣"的风险。① 有学者指出，中国价值观的国际传播既面临着机遇也面临着挑战：一方面，中国在"一带一路"中的主导角色、古代丝绸之路的良好声誉、沿线国家的发展期待为"一带一路"建设提供了重要条件；另一方面，西方部分媒体的恶意歪曲、部分国家的疑虑和担心、沿线地区的不稳定因素等为"一带一路"的顺利实施带来了考验，这些都不利于中国价值观的国际传播②。也有学者认为，外国公众长久以来形成的对中国文化的刻板印象也是制约中国价值观国际传播的重要因素之一，其原因一方面是国外媒体长期以来带有意识形态色彩的报道，使外国公众不能真实地了解中国文化及现状；另一方面则是我国的传统宣传方式不利于外国公众更有效地接受中国文化③。

第三，国际传播的格局依然是"西强我弱"。有学者指出，西方世界掌握了绝对优势的信息制控权和国际传播力，中国国际传播和传媒整体实力尚显羸弱，中国国际传播事业起步晚、根基薄、实力弱，尚处于探索阶段，能力发展不足，导致国际传播效力低下，而这成为制约当代中国价值观念国际传播和国际理解的短板④。还有学者认为，我国国际媒体的传播力基础薄弱，影响力处于尴尬的"传而不通"局面，与西方强国相比仍有巨大差距。在西方国家炮制的一个个针对中国的议题中，我国的声音显得微弱⑤。

第四，我国对外国际传播自身的不足与局限。刘欣路以中国对阿拉伯国家国际传播为例分析了这种不足与局限。第一，传播渠道的有效性亟待提高，我国目前对阿国际传播渠道虽然完整，但各渠道的认知度和关注度并不高，受众规模比较小，因此，还很难起到大众传播媒介应有的作用；第二，国际传播过

---

① 赵波，张学昌：《当代中国价值观跨文化传播理路研究》，《求索》2016年第9期，第47页。
② 李辽宁：《论"一带一路"背景下中国价值观的国际传播》，《思想理论教育》2017年第6期，第52页。
③ 严三九，刘峰：《中国文化"和谐"价值理念及其国际传播路径探析》，《新闻与传播研究》2013年第7期，第7页。
④ 项久雨，胡庆有：《当代中国价值观念国际传播的意义、问题与对策》，《学习与实践》2015年第7期，第115~116页。
⑤ 邱凌：《国际传播策略与国家软实力提升》，《山东大学学报（哲学社会科学版）》2011年第6期，第155页。

程中的对话内容缺少对共同价值观的培育,话语内容往往是"以我为主"或流于对中国文化表层符号的叠加,还缺少对共同价值观的引导和培育;第三,专家学者作为"舆论领袖"的作用还未充分发挥,国际传播作为公共外交的主要形式则需要政府的精心规划和大力推动,因此只有将政府和学者各自的优势结合起来才能更好地发挥学者作为话语人在国际传播中的作用。① 陈志瑞在中国软实力与文化外交论坛上指出,政府在文化外交上的作用过于突出,是导致文化外交不太成功的原因,中国文化外交缺乏明晰的外交伦理支持,也是导致文化外交不太成功的原因。欧阳雪梅则认为,中国学者在国际学术论坛声音微弱、孔子学院未能发挥应有作用和不少中国文艺作品的建设性不够,也是中国价值观国际传播所面临的实际问题。②

3. 关于优化中国价值观国际传播的对策

习近平总书记在 2013 年 12 月中共中央政治局第十二次集体学习时强调,"要加强国际传播能力建设,精心构建国际话语体系,发挥好新媒体的作用,增强国际话语的创造力、感召力、公信力,讲好中国故事,传播好中国声音,阐释好中国特色"③,这为中国价值观国际传播的路径与对策建设指明了方向。

第一,系统研究中国价值观的基础理论。习近平总书记在多个场合对中国价值观国际传播作出重要论述。习近平总书记有关中国价值观国际传播思想的内在意蕴由三个维度构成,分别是塑造中国价值观内生吸引力的"魅力型"传播、缔造中国价值观复合影响力的"全面型"传播、提升中国价值观落地对接度的"精准型"传播系统,它们整体地生成了一套契合时代需求的中国价值观对外传播方略④。当代中国价值观念的核心要义和文明特质的阐释还停留在宣传形式层面,当务之急是要将中国价值理念精细化、明确化,需要赋予其实质性的现代化内涵。⑤ 而协调推进"四个全面"战略,这是当代中国价值观念得以彰显与建构、培育与弘扬的过程,是国内外舆论聚焦的中国问题和矛盾得到

---

① 刘欣路:《中国在阿拉伯国家文化软实力的局限与不足》,《济南大学学报(社会科学版)》2012 年第 1 期,第 19~24 页。
② 欧阳雪梅:《中华文化国际传播能力建设路径探析》,《湖南社会科学》2015 年第 1 期,第 183 页。
③ 《习近平在中共中央政治局第十二次集体学习时强调:建设社会主义文化强国　着力提升国家文化软实力》,《人民日报》2014 年 1 月 1 日,第 1 版。
④ 项久雨:《习近平中国价值观国际传播的三个维度》,《长江日报》2017 年 7 月 10 日,第 12 版。
⑤ 项久雨:《当代中国价值观念国际传播的策略》,《光明日报》2016 年 4 月 20 日,第 13 版。

解决的根本依循,是提升当代中国价值观念号召力和影响力的最佳方略。① 叶险明认为,"中国价值"就是中国"社会主义核心价值观","中国价值"和中国"社会主义核心价值观"在具体内容、功能和特性方面是相同的。但"社会主义核心价值观"侧重强调社会基本制度的属性,主要用于中国社会内部关系上,以彰显中国共产党所领导的社会主义道路;而"中国价值观"则侧重强调全民属性,主要用于中国社会外部关系上,以彰显其与世界文明发展趋势相符的独特性。② 有学者指出,必须针对中国人民的思想状况和部分国家的猜疑误解,进一步阐释中国核心价值观与对外价值观,使其更加丰富深刻,进而形成完整的体系。③ 还有学者认为,应当向世界揭示西方价值观念的内在矛盾,同时向世界展示当代中国价值观念的科学性。④ 赵波认为,社会主义核心价值观是当代中国价值观的内核和灵魂,是当代中国价值观的本质规定。中华优秀传统文化是当代中国价值观的基础,是其形成和发展的重要思想资源,凝练核心理念是当代中国价值观跨文化传播的关键。核心理念既要充分反映社会主义核心价值观的内容,又要在社会主义核心价值观的基础上进一步聚焦。⑤ 有学者提出,"正确义利观"作为我国优秀传统文化的重要内容以及新中国外交的鲜明特色,是中国价值观传播的重要资源。⑥

第二,明确中国价值观国际传播的基本目标。向世界胸有成竹地讲述中国故事、发出中国声音,已经上升至国家战略,是中国在国家层面对国家形象进行的一次自主塑造。由中国自主进行的对国家形象的重塑过程,也是中国价值观自信再次彰显的过程,而以当代中国价值观念为主旨贯穿其中的中国实践,是推动中国正面形象塑造的原动力。有学者认为,中国价值观的国际传播路径,应以实现它的"文化增值"为基本目标,以促进世界各国对它的文化认同为主要手段,推进中华文化走向世界的光辉进程。⑦ 莫凡认为,当代中国价值观念的国际传播的策略以破解所谓的"普世价值"为切入点,并以参与"全球

---

① 项久雨,胡庆有:《当代中国价值观念国际传播的意义、问题与对策》,《学习与实践》2015年第7期,第117~118页。
② 叶险明:《"共同价值"与"中国价值"关系辨析》,《哲学研究》2017年第6期,第9页。
③ 俞新天:《中国价值观的世界意义》,《国际问题研究》2013年第4期,第52页。
④ 莫凡:《当代中国价值观念国际传播策略的三个维度》,《青海社会科学》2015年第5期,第30页。
⑤ 赵波,张学昌:《当代中国价值观跨文化传播理路研究》,《求索》2016年第9期,第46页。
⑥ 刘欣路:《中阿价值观认同建构与正确义利观的传播》,《对外传播》2015年第5期,第16页。
⑦ 赵波,张学昌:《当代中国价值观跨文化传播理路研究》,《求索》2016年第9期,第46~47页。

治理"为归宿①。也有学者认为，在中国价值观的国际传播过程中应当突出强调共性，这是相互理解、实现合作的基础②。

第三，做好中国价值观受众研究工作。建立当代中国价值观国际传播的受众数据库，国际民众对当代中国价值观念的理解是实现国际传播的根本前提，适度依赖技术方法、建立可靠的国际受众数据库有利于提高国际传播的针对性和有效性③。还有学者指出，应加强国别研究，根据其不同的风土人情和文化传统，在传播内容和方式上进行"个性化设计"，在传播对象上"精准发力"，为中国价值观的国际传播提供精准的传播对象和高效的传播方式④。也有学者认为，国内学界对我国媒体国际传播的研究主要囿于对国际传播格局和意识形态的关注，或有泛政治化的倾向，中国媒体的国际传播应当以受众为核心，与受众本身展开对话，而不是将目光放在传播的"对手"即西方媒体上⑤。

第四，利用媒体平台进行中国价值观的国际传播。王庚年认为，中国价值观国际传播需要更好地确立自己的主体地位和主体价值，努力改变国际传播中存在的碎片化、浅表化、边缘化现象，在突出中国立场和观点的基础上推动国际传播向更高层次发展。媒体作为中国价值观国际传播的载体，必须快速适应"经济融合、信息革命"的发展趋势，发挥自身的积极作用，通过全球事务的报道传播中国价值观，强调"全球内容，中国价值"⑥。在2015年博鳌亚洲论坛媒体领袖圆桌会议上，英国普罗派乐电视台董事局主席叶茂西表示，中国应该加强与"一带一路"沿线国家传媒之间的合作，通过搭建文化交流平台，提升中华文化的国际影响力，增强我国在国际上的影响力与竞争力，更好地向世界展示传播中国的文化。有学者认为，新媒体上集中体现着各种各样的社会关系，挖掘黏附在新媒体上的社会关系，可实施"全圈域"渗透传播，提升传播效果，此外还要在传统媒体与新兴媒体融合联动中使主流价值观"全时空""多维度"传播。⑦因此，有学者就指出，稳步提升中国国际传播能力，主要

---

① 莫凡：《当代中国价值观念国际传播策略的三个维度》，《青海社会科学》2015年第5期，第30页。
② 武力：《"请进来"与"走出去"——关于中国价值观念国际传播应注意问题的思考》，《北京联合大学学报（人文社会科学版）》2013年第4期，第69页。
③ 项久雨：《当代中国价值观念国际传播的策略》，《光明日报》2016年4月20日，第13版。
④ 李辽宁：《论"一带一路"背景下中国价值观的国际传播》，《思想理论教育》2017年第6期，第55页。
⑤ 张小娅：《对话的重要性：国际传播中的理解与接受》，《清华大学学报（哲学社会科学版）》2015年第1期，第129~135页。
⑥ 王庚年：《让中国更好融入世界》，《中国广播电视学刊》2014年第1期，第12页。
⑦ 舒畅：《主流价值观传播的策略选择》，《新闻战线》2015年第15期，第111页。

通过布局海外媒体阵地建设、缔造新型主流媒体、打造融合中国价值观的高品质内容、培养高端复合型人才以及加快建设国际战略智库等方面进行。① 张小娅认为，媒体的国际传播"在向外看的同时，我们更加需要向内看"，即媒体本身首先要正视中国文化自身的特质与个性，在与不同文化展开对话时，不仅要阐释这样的文化传统，更需要借重这份宝贵的思想和文化资源，将这样的传统与资源融入中国与世界的对话中，相互的理解与接受必将有更为乐观的前景。② 另外有学者认为，民间媒体在意识形态输出和国际话语权争夺方面经常发挥着官方媒体难以替代的作用，民企传媒机构应成为国际传播体系多元化主体中的重要一环。

第五，打造中国价值观的话语体系。有学者认为，话语权力的提升和话语体系的稳定是基于国家间共有的事实价值和规范价值的构建与拓展，是国家间共同物质价值、精神价值和交往价值的融合与对接，而并非单纯的权威体系建构③。吴学琴认为，当代中国价值观念应当构建多层次的队伍话语体系，包括以学术话语的形式展示中国价值观念、使当代中国价值观念的核心话语转化为大众话语，妥善解决当前话语建设中存在的一些问题④。项久雨认为，谋划当代中国价值观念国际传播的话语提升策略，将解决话语理解问题作为研究对象，以期尽可能消解中国价值观国际传播过程中传播者和受众之间话语体系存在差异的问题。这就要求，积极创新中国特色话语体系，跨越符号异质性障碍，克服文化交流中的理解偏颇与认同误差，促成不同文化背景的人际沟通与相互认同⑤。有学者认为，要有效提升在全球价值观语境中的传播能力，需要以新媒体的范式对中国主流价值观进行分层次的"再编码"传播，以实现由国家话语体系向个体话语体系、由政治话语体系向生活话语体系、由民族话语体系向全球话语体系的有效转化⑥。而运用"中国立场，国际表达"的国际传播

---

① 项久雨，胡庆有：《当代中国价值观念国际传播的意义、问题与对策》，《学习与实践》2015年第7期，第118页。

② 张小娅：《对话的重要性：国际传播中的理解与接受》，《清华大学学报（哲学社会科学版）》2015年第1期，第136页。

③ 刘辰，刘欣路：《"一带一路"背景下共同价值观培育与中国国际话语权构建》，《对外传播》2015年第7期，第51页。

④ 吴学琴：《以多层次对外话语阐释中国价值观念》，《光明日报》2015年7月2日，第16版。

⑤ 项久雨，胡庆有：《当代中国价值观念国际传播的意义、问题与对策》，《学习与实践》2015年第7期，第119页。

⑥ 舒畅：《主流价值观传播的策略选择》，《新闻战线》2015年第15期，第111页。

方式，是提高中国在国际上的话语权地位的有效方式。① 另外，研究西方价值观话语霸权的特点，加强"原创性"价值观理论的建构与传播，将当代中国价值观念融入国家外交实践。②

第六，加强中国价值观人才培养与智库建设。"一带一路"是我国开展对外交流与合作的战略性话语，因此，应培养大量专业化、国际化人才，整合、建立中国价值观国际传播的人员队伍和体制机制，为"一带一路"背景下中国价值观国际传播提供持久而可靠的人才和智力支撑体系③。有学者指出，中国化马克思主义是当代中国价值观的具体表现形式。切实加强中国化马克思主义智库建设，是推动中国化马克思主义国际传播的有力武器。它能够在对当代世界矛盾和人类向何处去等重大问题作出精妙解答的过程中，提升中国国家文化软实力④。还有学者认为，应当加强跨文化商务人员的培训，保持文化的敏感性，规避不同文化的差异，要积极从文化的角度解决出现的相关问题⑤。也有学者认为，当今欧美流行的"中国学""汉学"是外国民众了解中国价值观的路径，因此，中国学者要积极借鉴海外中国研究的相关成果，同时需要增强中国学者在"中国学"研究上的主导作用，鼓励中外学者开展合作研究⑥。另外，培养汉译人才，优化版权输出的区域结构和内容，把孔子学院打造成软实力的重要来源，也是中国价值观国际传播的重要路径选择⑦。

二、国外研究现状

作为与西方文化迥异的文化与价值体系，中国文化与价值观念历来受到国外学界的广泛关注与研究。特别是伴随中国国际影响力的提升、软实力建设的加强，国外学界围绕中国价值观念的研究日益丰富，境外各大主要媒体以及多

---

① 邱凌：《国际传播策略与国家软实力提升》，《山东大学学报（哲学社会科学版）》2011年第6期，第155页。
② 莫凡：《当代中国价值观念国际传播策略的三个维度》，《青海社会科学》2015年第5期，第30页。
③ 李辽宁：《论"一带一路"背景下中国价值观的国际传播》，《思想理论教育》2017年第6期，第55页。
④ 项久雨：《当代中国价值观念国际传播的策略》，《光明日报》2016年4月20日，第13版。
⑤ 白艳：《经济全球化下价值观念的跨文化传播》，《商业时代》2012年第30期，第143页。
⑥ 武力：《"请进来"与"走出去"——关于中国价值观念国际传播应注意问题的思考》，《北京联合大学学报（人文社会科学版）》2013年第4期，第68~69页。
⑦ 欧阳雪梅：《中华文化国际传播能力建设路径探析》，《湖南社会科学》2015年第1期，第186页。

(一）国外关于"一带一路"相关问题的研究

近年来，国外智库、学者和专家在不同场合对"一带一路"倡议进行了热烈而深入的讨论与分析，主要集中在关于"一带一路"的内涵解读、"一带一路"的操作思路、"一带一路"的作用与价值，以及在"一带一路"实施过程中应注意把握的相关问题等。

1. 关于"一带一路"的内涵解读

国外智库和专家学者对"一带一路"倡议给予了高度关注，大多从中国崛起的角度解读其内涵。哈萨克斯坦管理经济战略研究院法学院教授詹尼斯·坎巴耶夫认为，"一带一路"是中国全球战略，是一个全新的国际关系模式。这一策略强调中国国内利益和内部发展与邻国的利益和发展是在一个互利互惠的系统中共同发展和繁荣。他认为，中国的"一带一路"倡议比"马歇尔计划"更有魄力，它面向全世界，并且拥有更大的国际影响力。① 美国学者弗林特·勒夫莱特（Flint Lovelet）、希拉里·勒夫莱特（Hilary Lovelet）认为，"一带一路"的实施是中国面临经济和外交政策挑战时的必要举措，旨在为中国的商品和资本培育新的出口市场；在外交方面，"一带一路"策略是中国不断增长的政治和经济国力的体现。意大利国际政治研究所副主任及欧洲项目主管安东尼诺·维拉弗兰卡（Antonino Villafranca）认为，"一带一路"倡议构想是从经济方面整合欧洲和亚洲的一个重要步骤，这个政策将会加强中国与中亚及东南亚国家的关系。② 世界银行前副行长安娜·帕拉西奥（Ana Palacio）在"丝绸之路经济带建设国际学术研讨会"上表示，古丝绸之路成为文明沟通桥梁的代名词，不冲突不对抗的独立外交政策是新丝绸之路的精华所在。开罗大学亚洲研究中心主任萨利赫（Saleh）认为，"一带一路"构想与"中国梦"的理念相辅相成。新加坡东亚研究所所长郑永年认为，丝绸之路既是中国古老文明的一部分，也是当代中国文明在国际政治舞台上自信和复兴的有效方法，是大国崛起所依托的时代精神。他还提出，丝绸之路的核心是贸易。缅甸资深媒体人吴温丁认为，中国领导人高瞻远瞩，提出了"一带一路"设想，是为了解决和

---

① 詹尼斯·坎巴耶夫：《"一带一路"是巨大而包容的平台》，《环球时报》2015年3月10日，第14版。
② 《国外学者谈"一带一路"》，《中国经济报告》，2015年第4期，第90~94页。

平发展、共同发展的问题。但是，也有部分国外学者质疑"一带一路"的地缘政治动机。俄罗斯学者、远东研究所副所长卢贾宁认为，该构想试图重新划分太平洋到欧洲的经济版图，是从根本上改变世界美元架构的起始平台。日本《外交学者》杂志副主编蒂耶齐刊文称，该构想是在新的名义下继续发展壮大的"珍珠链"，使美国、印度等国家的战略家们感到担忧。曾任驻哈萨克斯坦、吉尔吉斯斯坦等中亚国家大使的姚培生也表示，应强调中国不搞单边主义，不把自己的意志强加于人，避免使用"西进""崛起"等带有单边色彩的概念引起外界疑虑。①

2. 关于"一带一路"倡议的操作思路

一是大力推进文化教育交流。吉尔吉斯斯坦文化、信息和旅游部原部长苏尔丹拉耶夫认为，没有人文合作的发展，很难实现经济合作的进步，希望通过人文桥梁，促进丝绸之路国家间合作的复兴。德国专家建议与有关国家合作编写历史教科书，共同挖掘历史文化遗产，加强文化认同感。同时建议借鉴波罗的海国家民间组织推动城市间人文交流，从而推动政府间合作的经验，从软性的外交中获得持续不断的政治动力，通过软实力外交，消除硬实力的顾虑。二是共同发展旅游业。旅游业是促进经济合作和民心相通的重要抓手，可作为"一带一路"建设的先导产业。三是多方合作，搭建交流合作的综合平台。希腊教育部原部长季亚曼托普鲁等提议设立"丝路文化之都"项目，每年由一个沿线国家组织文化活动，涵盖文化科技展览经济合作，并进行定期评估，用标准化方式推行，市场化运作，建立人文交流长效机制，淡化"文化输出"痕迹。

3. 关于"一带一路"的作用及对其态度

国外关于"一带一路"的提出对世界的影响存在各种不同的观点。最有代表性的观点是认为"一带一路"倡议不仅是沿线国家团结共御美国经济、军事霸权主义的需要，更是中国以自身先富的优势，积极主动帮助和带动后富国家的具体行为。比如英国《金融时报》发表评论文章称，"一带一路"不是中国版"马歇尔计划"，而是一项以互利共赢、构建利益和命运共同体为目的的合作倡议。日本名古屋经济大学经济学部准教授畑佐伸英认为，"一带一路"倡议有利于拓展中国大国形象。中国提出"一带一路"的倡议是增强中国正放缓

---

① 蒋希蘅，程国强：《"一带一路"研究若干观点要览》，《北京日报》2014年10月20日，第18版。

的经济的重要措施,中国正寻求更先进的门户开放政策,不仅开放市场、促进国际贸易和投资,还试图塑造国际秩序、国际规则和国际监管条例,积极参与国际社会发展。中国的贡献受到欢迎,其世界大国形象得到认可。美国海军学院语言和文化系副主任、美国海军陆战队上校马伟宁认为,"一带一路"是中国从"国内崛起"转向"国际行动"的标志。"一带一路"将推进中国国内改革,"共赢"将确立中国的全球影响力,在"一带一路"中的"带",涉及中亚地区相对贫穷的国家以及印度、肯尼亚和希腊这些需要极力扭转低迷经济的国家。"一带一路"恰恰可以提供有利机会给这些国家发展基础设施以及更有效地展开贸易。"一带一路"对中国及世界经济贸易发展有极大好处,理应得到支持。

4. 关于"一带一路"倡议实施过程中应把握的相关问题

郑永年认为,丝绸之路可以帮助确立中国和平崛起的话语权。他认为,国内有些研究和话语经常把经济活动战略化,用战略甚至是军事战略的概念来描述中国的对外经贸策略,用"西南战略大通道""桥头堡""西进"等概念,给地方政府或者企业的贸易投资行为人为添上战略色彩,把本来可以成为软力量的东西转化成硬力量了。印度对"西南战略大通道"很警觉,担忧中国会损害印度国家利益。东盟国家对"桥头堡"也很警觉,认为这个概念包含过多的军事因素。俄罗斯则对中国的"西进"非常担忧。从历史看,丝绸之路的核心是经贸,其性质是和平的。郑永年建议不要把丝绸之路的话语"战略化"①。乌兹别克斯坦总统办公厅战略研究学院美欧处研究员弗拉基米尔·巴拉马诺夫(Vladimir Balamanov)认为,中国应给予俄罗斯和中亚各国更多关注,使之成为中国重要的合作者,"一带一路"倡议会对中国甚至整个欧亚大陆的发展和稳定起到巨大作用。中国需要吸引俄罗斯和中亚各国政府投资代表的注意,建立多方监督机制,分析预测欧亚大陆的局势。同时,中国需要在各个方面保持、加强和发展科学理论,提高分析预测的能力,寻找国内外的优秀毕业生人才,将他们组织起来,共同学习、工作。中国还需要加大对跨学科研究的投入,以保证深入了解本国及世界各国政治、经济和安全领域中的各个方面,拓展分析的深度,提高长期预测的准确度,更好地了解过去、现在和未来,从而做出最正确的决定。

---

① 蒋希蘅,程国强:《"一带一路"研究若干观点要览——对近期国内学术研究、国外研讨会观点的调研报告》,《北京日报》2014年10月20日,第18版。

（二）国外关于"中国价值观"及相关问题的研究

1. 国外媒体对中国价值观念的认知与评价

国外学界对中国价值观念的基本看法，体现了西方社会对中国价值观念基本的认知与理解状况，也不同程度地反映了国外学界研究中国价值观念时的学术立场与政治立场。当前西方学界大多认为，中国价值观念与中国传统文化价值观一脉相承，是一种"集体主义"价值观或者是"社会主义""共产主义""马克思主义"的价值观，根本区别于西方"个人主义"价值观，同时，中国价值观念同属于"亚洲价值观"[①] 或"儒家文化"的范畴。新加坡学者暹罗·恒恒（Siam-HengHeng，2008）在《中国文化和知识复兴》（"China's Cultural and Intellectual Rejuvenation"）一文中认为，中国人与中国传统文化紧密相关，不愿看到中国文化中的"忠、孝、礼、义、善"等传统美德在现代社会消亡，希望中国在现代化过程中仍保留这些传统的价值观念；中国不能忽视外来文化和意识形态所带来的积极影响；当代中国面临如何选择吸收有益外来文化和如何保留传统文化精髓的双重考验。阿兰·亨特（Alan Hunter，2009）认为，中国的道德思想主要是儒家文化，包含了对中国价值观念的理解。亨利·艾尔弗雷德·基辛格（Henry Alfred Kissinger，2011）在其著作《论中国》中也将中国价值观归为儒家文化的价值观，认为"中国没有产生过西方意义上的宗教，中国人的世界是自己创造的。中国社会占统治地位的价值观源自于古代哲学家的教诲，后人称其为'孔夫子'或'孔子'"。2012年约瑟夫·奈在北京大学演讲时指出，中国拥有十分重要的文化软实力资源，包括极具魅力的传统文化，崇尚和谐、礼仪、孝道、仁义和友善的儒家价值观，以及其自古以来对东亚文化圈的深刻影响。依据世界价值观调查（World Values Survey）平台公布的权威调查数据，政治学家罗纳德·英格尔哈特（Ronald Inglehart）和克里斯蒂·韦尔泽（Christian Welzel）以生存价值、自我价值、传统价值、世俗性价值作为坐标绘制了1999—2004年、2005—2008年、2010—2014年世界文化价值观地图，都是将中国文化划归于儒家文化的范畴，同属于儒家文化范畴的国家和地区还有日本、韩国以及中国台湾和香港。而儒

[①] 这里所讨论的"亚洲价值观"应该是泛指的。特指的"亚洲价值观"是20世纪80年代时任新加坡总理李光耀提出来的，其内容是"国家至上，社会为先；家庭为根，社会为本；社会关怀，尊重个人；协商共识，避免冲突；种族和谐，宗教宽容"。

家文化被视为亚洲价值观的核心。

对于"亚洲价值观"的评价,在西方掀起了巨大的肯定效应。1995年11月19日,《华盛顿邮报》载文指出,许多亚洲的政治家、学者和商界领导人自豪地宣称,横跨太平洋有一个基本社会价值观的巨大差别。亚洲有孔子文化模式,也就是"亚洲价值观"。一个增长着财富和自信的东亚正在向西方价值理念提出挑战。

以上西方学者和媒体对中国价值观念的评价多是对中国传统文化中所包含的价值观的评价,并且多是积极的,这与西方民众对中国价值观念的评价状况形成了较为明显的对比。以相关研究为例,有学者分析了俄罗斯民众对中国价值观念的评价状况。俄罗斯民众对多数中国核心价值理念的认同度高达80%~90%,认可度最高的是中国传统价值观中的"孝道""天人合一""己所不欲,勿施于人",超过90%。近年来,中国政府提出的"和谐社会"概念也获得大多数人(84%)的认可,这说明中国传统和现代的核心价值理念在俄罗斯具有很大的认同感。但是,俄罗斯人对中国传统价值理念的认知度和认同度都高于现代价值核心理念。① 而这仅是国际社会对当代中国价值观念认知状况的一个缩影。2008年,《纽约时报》曾公布的一个由美国芝加哥全球事务委员会和韩国东亚机构所做的调查报告显示,在亚洲五国加美国所作的民意调查中,受访者对中国文化遗产赞赏有加,但对中国当前文化的影响力的印象较差。

党的十八大提出社会主义核心价值观以后,西方学界进一步分析当代中国核心价值观念,认为"中国官方将西方'普世价值'中的民主、自由、平等、公正、法治等重要理念纳入'社会主义核心价值观',是对中共传统意识形态的一次大胆突破,展示了中共在意识形态和治国理念上试图'与时俱进'的意愿;从内容上看,这24个字没有什么政治说教成分,几乎都是文明社会应该遵守的准则"②。从以上分析可以看出,西方学界将"民主、自由、平等、公正、法治"等人类共同追求的美好价值视为西方价值的"特产",认为"社会主义核心价值观"中包含的"相同"价值理念是对西方价值的纳入,是"社会主义核心价值观"向西方所谓的"普世价值"的靠拢,显然这种分析和评价是带有明显西方色彩的错误评价。

---

① 李玮:《俄国"熊"眼中的中国"龙"——基于中国文化软实力调查数据的分析》,《国外社会科学》2012年第5期,第83~84页。
② 梅荣政:《关于社会主义核心价值观的几点思考》,《思想理论教育导刊》2015年第8期,第61页。

2. 国外媒体对中国价值观念的世界意义的评价

一些媒体对中国及其价值观念予以高度评价。比如，2015年2月5日新加坡《联合早报》发表文章称，中国崛起具有规范性力量，能够为世界带来和平发展价值观。文章认为，中国在国际交往和与第三世界国家谋求共同发展的努力中，提出并遵循和平共处、独立自主、互不干涉内政等外交原则，这些外交价值观是中国对国际社会外交理念的巨大贡献。中国的崛起正在为世界带来和争取两个重要公共产品，即和平与发展。英国广播公司称，习近平总书记所讲的"民主不是装饰品，不是用来做摆设的"道出了政治协商民主的真谛，中国智慧将助益于人类政治文明进步。

当代中国经济、政治、文化的发展都为世界各国树立了榜样。中国价值渗透在中国谋求各个方面发展的过程之中，理应为世界各国提供价值引领。2015年3月5日，澳大利亚《先驱太阳报》发表了题为《中国经济虽然降档但依旧是澳大利亚的增长引擎》的署名文章。文章称，以辩证发展的思维看待中国经济增长率下调至7%这件事，一切担忧悲观的情绪将不复存在。尼日利亚《今日报》评论认为，中国已经成为全球无可争议的经济巨人，也必将对民主思想的丰富和实践做出更大的贡献。探索和选择适合本国国情的政治经济制度，才能最终实现国家的繁荣和稳定，中国为尼日利亚树立了榜样。

《俄罗斯报》政治观察员奥夫钦尼科夫（Ovchinnikov）表示，中共十八大是中国的重要历史事件，中国政治制度的民主性对于其他国家有借鉴意义。新加坡副总理尚达曼说，世界现在越来越依赖中国，因为它是需求和投资的重要源头。中国将很好地扮演领导角色，世界从未像现在这样依赖一个国家的成功转型。新加坡《联合早报》认为，只有中国才有能力实施"一带一路"这种大规模的发展计划，带动沿线大部分发展中国家摆脱贫困。日本《产经新闻》称，"一带一路"项目下建立起来的合作物流基地，对日本企业大有裨益。

外媒普遍认为，中国和平崛起具有世界意义，能为世界带来和平发展价值观；中国智慧可以帮助发展人类政治文明；将对民主思想的丰富和发展做出巨大贡献及对许多国家具有借鉴意义。外媒更多的是探讨中国价值观的世界政治意义，而对其他方面的意义较少论及。

(三) 国外关于"价值观国际传播"的相关研究

国外学界主要通过"文化"的维度来理解、阐释和分析"价值观国际传播"问题。关于"价值观国际传播"的研究主要有三种模式：一是从文化的高度对"价值观国际传播"进行理论的解读,二是以实证调查的研究方法,通过不同角度对"价值观国际传播"的实际状况进行数据的分析,三是以具体的载体刻画了"价值观国际传播"的现实场景。应当说,这三种研究模式具有内在的关联性。理论解读提供了实证研究的框架,而实证研究又反过来推进了理论的不断创新,载体则是以现实的方式佐证了以上两种模式的历史性。这就是"价值观国际传播"研究所遵循的基本模式。

1. "价值观国际传播"的文化解读

"价值观国际传播"是一种伴随着人类发展的历史文化现象,是人的一种生活方式,更是社会历史发展的内在动力。近年来,从文化的角度理解"价值观国际传播"的理论问题已成为国外学界的普遍共识。哈佛大学教授塞缪尔·亨廷顿(Samuel Huntington,2012)在《文明的冲突与世界秩序的重建》一书中明确指出,主宰当今世界格局的将是"文明的冲突"。这种观点强调文化在全球化进程中的主要作用,唤起了人们对文化因素的注意,即不同价值观之间传播的依据不再是意识形态差异,而是文化的差异。按照亨廷顿的理解,人们正在根据文化来重新界定自己的价值观认同,在未来的历史中,世界将不会只存在单一的所谓的"普世价值观",而是许多不同的价值观并存并相互传播。但令亨廷顿忧虑的是,不同价值观的国际传播过程中,必然会因为其他文明的复兴而导致西方文明的相对衰落。他认为,为挽救相对日益衰落的西方文明,应对来自非西方文明的挑战,应该加强对西方文化的认同。当然,也有学者对亨廷顿的观点提出了质疑,如有人指出,文化是表达冲突的载体,而非原因。还有人强调,冲突的真正原因是社会经济,而不是文明。卢本斯特恩(Rubenstein,1994)和克罗克(Crocker,1994)在《挑战亨廷顿》一文中指出,文化的差异不是国际冲突的根本动力,而只是诸多因素中的一种。此外,有学者从"文化同步性"角度理解价值观的国际传播,该观点以"麦当劳化"(McDonaldization)为例,认为西方文化在全球日益蔓延,致使不同地区的文化差异逐渐减小。但也有学者认为这种观点并不成立,认为全球化并不能自动引起"文化同步"现象,应摒弃只看到"同质性—异质性"或"单一性—多样性"的二元对立逻辑。美国纽约大学泰德·梅杰(Ted Madger)曾在一次跨文化传播国际学术会议中对以维护文化权力和文化多样性为世界传播核心原则的现实努力提出质疑。他在考察了《服务贸易总协定》等一系列国际性协议对文化产品跨国界流通的规定和影响后,认为赋予文化以权力、保护和促进文化多样性看似极具吸引力,但要作为合法条文是有缺陷的,因为无论作为符号还是实践，文化天生就是集体表现，支持文化多样性的努力可能会夸大个人的跨国界传播权。

国外学者从文化的角度对"价值观国际传播"进行了多维度的解读，但大体上讲，学者们对价值观的国际传播具有下列共识：首先，价值观国际传播涉及两个文化群体或文化成员各自的内部有同一性；其次，两个群体或群体成员之间具有重要的差异。正因为文化皆有一定的共性和模式可循，价值观国际传播的研究才得以展开；正是文化个性的存在才使得价值观国际传播的研究内容变得充实，使它具有挑战性，并且在充满矛盾与争论的过程中不断走向深入。

2. 关于"价值观国际传播"的实证研究

国外学者除了对"价值观国际传播"进行理论的深度研究，还不断地致力于研究方法的创新。"价值观国际传播"作为一项综合性课题具有很强的实证性，因此，实证研究方法便成为国外学界主要的研究方法。借鉴和学习国外学者们经常使用的实证研究方法，有助于提升我国"价值观国际传播"的研究水平。

跨文化价值观传播一直是学界探讨的有关"价值观国际传播"主题的重要概念。国内学界的研究主要还是围绕概念的理论进行的，而少有利用实证性的科学方法进行研究的。而国外学界就有很多学者通过专门的实证方法研究跨文化传播问题（Arasaratnam & Doerfel, 2005; Gibson & Zhong, 2005; Leclerc & Martin, 2004）。理论探讨得出的结论往往会通过实证研究得到求证。例如，陈（Chen, 1998）和史塔罗斯塔（Starosta, 1998）在"The development and validation of the intercultural communication sensitivity scale"一文中有关跨文化敏感的实证研究就是基于他们自己提出来的跨文化交际能力的概念框架，而林·兰瑟（Lin Rancer）和利姆（Lim）在 2003 年发表的"Ethnocentrism and intercultural willingness to communicate: Across-cultural comparison between Korean and American college students"一文中所考察的关于交际愿意度和民族文化优越感的研究则是建立在纽利普（Neulip, 1997）和麦克·克罗斯基（McCroskey, 1997）提出的概念框架之上的。以上两位学者进行实证研究的一大特点，就是实证科学的研究必须建立在合理的理论和相应的概念基础上，这就是实证的科学研究与理论和概念的关系。

在国外学者看来，一个好的理论首先必须具备的特点之一就是可以引领新的研究，这也就是所谓理论的启发性。就通过跨文化交际进行"价值观国际传播"的实证研究而言，国外学界采用的更多的是定量分析方法，而采用定性分析方法的学者则相对较少，其主要原因在于，定量研究的结果比定性研究的结果更易于通过复制研究而得到验证。值得一提的是，国内学者一般认为，越是复杂的统计分析就越能体现研究者的学术水平。这其实是有待商榷的。而在国外，学者在定量分析实证研究中所采用的统计分析技术，其实并不复杂，最常用的统计方法是多变量测量分析、方差分析、回归分析和因子分析。这些统计方法本身的计算技术并不复杂，但却可以从不同的角度来发现变量与变量之间的关系和差异。荷兰著名心理学家霍夫斯泰德（Hofstede，1980）在 *Culture's Consequences：International Differences in Work-related Value* 一书中提出的文化价值理论对国外学界的跨文化价值观传播研究产生了影响，但他使用的分析手段却不复杂。这给我们的启示是，研究方法是服务于研究内容的，单纯依靠复杂的统计计算方法并不一定能得到有意义的研究成果。

变量测量（Measuremet of Variables）是国外研究跨文化价值观传播的主流学者们经常使用的研究手段之一。据已掌握的文献来看，变量测量的重要变量范围包括跨文化交际能力（Arasaratnam & Doerfel，2005）、跨文化敏感（Hammer，Bennett，& Wiseman，2003）、跨文化冲突管理策略（Hammer，2005）、跨文化交际愿意（Kassig，1997）、交际恐惧（Withers & Vernon，2006）等。[①] 对这些交际变量进行测量一方面可以更好地了解文化差异对跨文化交际能力的影响，从而为提高跨文化价值观传播的质量提供指导；另一方面可以提升和完善跨文化价值观传播理论。由于跨文化价值观传播行为是发生在不同文化背景人们之间的交际行为（Samovar，Porter，& Mc Daniel，2006），国外学者们对各种交际变量进行测量的主要目的之一就是寻找文化差异对跨文化交际行为的影响。

3. 关于"价值观国际传播"的载体研究

通过影视作品等进行价值观国际传播。美国作为超级传媒大国，充分利用了电影、报纸、广播等大众传播媒介，向世人展示美式生活、美式价值观，以持续的、潜移默化的方式影响公众意识、世界舆论，进而以价值观先行的策略

---

① 彭世勇：《国际跨文化交际主流研究与实证方法》，《中国外语》2008 年第 5 期，第 98 页。

来主导世界格局,使美式价值观念全球化。这其中电影是美国价值观的有效载体,好莱坞电影成为推销美国核心价值观的重要工具。美国电影在保证利润的基础上,以向世界传播美国核心价值观念为其最高使命。美国学者约翰·耶马(John Yema)在《世界的美国化》一文中也指出:"美国真正的武器是好莱坞的电影业、麦迪逊大街的形象设计厂、马特尔公司和可口可乐公司的生产线。"① 美国前总统托马斯·伍德罗·威尔逊(Thomas Woodrow Wilson)确信"好莱坞可以用作让美国价值观主导世界的手段"②,"电影的层次已经达到传播大众思想的最高境界"③,"由于电影使用的是世界语言,更有助于它表达美国的计划和目标"④。

通过舆论场等进行价值观国际传播。《纽约时报》专栏作家弗里德曼(Friedman,2006)在其专著《世界是平的》中认为,世界在2000年后就进入了一个新纪元:全球化3.0时代。这一时代,推动全球化的力量来自个人和小的集团。价值观国际传播的时间与空间结构改变了,国际舆论场的格局亦被重塑,传统的以国家为主的区域性单元舆论场逐渐成为全球传播舆论场的分场。在这种复杂的舆论环境中,民间舆论场越来越呈现出对价值观国际传播的巨大影响。而美国著名学者约瑟夫·奈则在《软力量·世界政坛成功之道》一书中强调,随着世界信息化的来临,塑造公众舆论场的良好形象对于价值观国际传播有着至关重要的影响,正如他所言,"带有宣传色彩的信息不仅会遭到轻视,而且如果它损坏了国家可信度上的声誉,还会使结果适得其反"。

通过本国语言的全球推广推动价值观国际传播。语言是文化的载体。美国语言学家沃尔夫(Wolf)认为,语言和思想水乳交融,一个人的语言决定了他(她)的思想范畴。西方国家搭载着经济全球化的快车,把本国语言推向世界,强化了本国价值观念的国际传播。美国之音广播电台(VOA)作为世界上最大的新闻广播机构之一,制作的英语节目被誉为"一部活的教科书",帮助全球各地的英语爱好者学习现代英语,在带领人们进入"原汁原味"美语世界的同时,传播美式文化与价值理念。第二次世界大战后,是否保留美国之音

---

① 梁守德,魏苹,潘国华:《21世纪:东亚文化与国际社会》,北京:当代世界出版社2002年版,第244页。
② 马修·弗雷泽:《软实力 美国电影、流行乐、电视和快餐的全球统治》,刘满贵等译,北京:新华出版社2006年版,第31页。
③ 马修·弗雷泽:《软实力 美国电影、流行乐、电视和快餐的全球统治》,刘满贵等译,北京:新华出版社2006年版,第31页。
④ 马修·弗雷泽:《软实力 美国电影、流行乐、电视和快餐的全球统治》,刘满贵等译,北京:新华出版社2006年版,第31页。

成为美国政界讨论的焦点，杜鲁门总统则强调美国之音对于美国价值观传播的重要作用："许多国家关心这一强大的新的媒介的发展，它使我们能直接接近其他国家的人民，而他们需要了解美国的人民及美国的政策。"[①] 法国政府非常重视法语文化的对外输出。法语联盟历史最悠久，在法国对外文化传播体系中影响力最大，在增进与各国交流的同时，也在源源不断地输出法国的核心价值理念，因此一直是海外学者的研究热点。比如学者弗朗索瓦·肖贝（Francois Chaubet，2004）在《法语联盟还是法国的语言外交（1883—1914）》一文中阐述了20世纪法语联盟在法语对外推广中充当的角色，巴黎法语联盟主席让·皮埃尔·德·劳努瓦（Jean-Pierre de Raunoi，2006）在《法语联盟：法国文化的传播者》一文中阐述了法语联盟的发展历史、运营模式和法国海外形象的构建。德国建立了覆盖全球的德语文化对外宣传网络。鉴于德国特有的历史认知，德语对外传播受到历届联邦政府的重视。在联邦德国建立初期，以德语培训和德语海外传播为主要任务的歌德学院成立，由此开始了机构化德语传播的新历史。德语对外传播也是德国对外文化政策实施的方式和途径。德国政府在2000年出台的对外文化政策文件《对外文化政策——2000方案》中明确提出："语言促进打开进入德国文化的通道。促进多语性和多元文化性，巩固德语在欧洲机构的地位，这有助于德国赢得好感、吸引力和影响力。"而在随后2011年出台的对外政策文件《全球化时代下对外文化教育政策——赢得伙伴、传播价值、代表利益》也强调，"促进德语是对外文化教育政策的重要任务"，"学习德语，便会掌握获得进入我们文化的钥匙"。在政府和相关机构的推动下，依托歌德学院在各地的建立，德语传播以多种形式展开活动，包括举办德国对外文化和语言传播国家活动、加强在海外高校的德语对外传播、实施海外中学德语推广项目、重视德语在欧盟机构的使用、保护德裔少数民族语言等措施。从德国对价值观国际传播的战略角度看，德语对外传播既是德国价值观国际传播战略的核心内容之一，又是其实施价值观国际传播战略的具体途径和方式。通过形式多样、内容广泛的德语对外传播项目，通过多层面、多领域和多机构的合作路径，不仅传播了德语语言，而且夯实了德国文化软实力，促进了德国价值观的国际传播。

---

① 刘金质：《美国国家战略》，沈阳：辽宁人民出版社1997年版，第348页。

三、研究现状简要评述

（一）已有成果的主要贡献

通过对国内外研究现状的综合梳理，十多年来尤其是近年来国内学界关于当代中国价值观的研究已经取得了较为丰硕的成果，不仅从基础理论上探讨当代中国价值观的概念、基本内容、基本特征和意义，而且还从实践操作上探讨了当代中国价值观建构的思想资源、建构主体、建构面临的问题与挑战以及建构的基本原则等。这些研究成果也算比较全面地研究了"中国价值观建构"这一命题，在"中国价值观国际传播"方面也已经取得了初步的成果。

第一，时效性强，围绕国家重大需求，彰显强烈的时代感和使命感。价值观是国家软实力的重要体现，学者们围绕中国价值观的构建及其国际传播的问题进行了较多的研究，提出了很多建设性意见。比如，江畅的《论当代中国价值观》、韩震等的《中国价值观》、徐蓉的《现代性语境下的中国价值观建设》等，对于社会主义核心价值观的内涵以及建构等进行了多方面的探讨，符合当代中国社会现实需要。同时，在价值观建设方面敢于大胆创新。诚如江畅教授所言，对当代中国价值观的理解，不能仅局限于作为观念价值体系的当代中国主流价值观，还应包括当代中国对人类和世界应有的价值观、个人应确立的价值观以及关于价值观一般性问题的观点。① 这些认识都极有见地，符合时代发展趋势。

第二，视野开阔，从多维度关注"一带一路"倡议及其实施。近年来关于"一带一路"的研究成果接连推出，其中既有经济层面的解读，比如葛剑雄等的《改变世界经济地理的一带一路》（2016）；也有从文化层面的解读，如赵磊的《一带一路：中国的文明型崛起》（2015）、王义桅的《世界是通的——"一带一路"的逻辑》（2016）；还有从具体实施层面的，比如中国社会科学院"一带一路"研究中心的《"一带一路"建设发展报告（2016）》、国家信息中心"一带一路"大数据中心的《"一带一路"大数据报告（2016）》、《"一带一路"沿线国家安全风险评估》编委会的《"一带一路"沿线国家安全风险评估》（2015）等。这些研究成果对于深化认识"一带一路"的价值和意义，实时了解"一带一路"倡议的状况，具有重要意义。

---

① 江畅：《论当代中国价值观》，北京：科学出版社 2016 年版，第 228~238 页。

第三，国际交流意识浓厚，相关国际学术会议不断开展，成果丰硕。除了理论阐释以外，学术界、理论界、政府以及相关领域的学者们对"一带一路"问题的国际交流非常频繁，通过多层次的交流与讨论，产生了一系列的研究成果，比如2017年1月在中国传媒大学举办的"一带一路"软力量建设高端论坛、2017年4月由北京师范大学等举办的"一带一路"倡议下文化与教育高端论坛、2017年6月由北京大学等共同举办的"中国在国际关系中的作用：'一带一路'倡议"国际高端论坛、2017年8月在厦门举办的"'一带一路'背景下金砖国家传媒高端论坛"等，特别是2017年5月在中国召开的"一带一路"国际合作高端论坛，汇集了众多的国家政要和各界精英，影响巨大，成果丰硕。这些都体现了国际社会对于"一带一路"倡议的高度关注和极端重视。

（二）现有成果的不足之处

对于"一带一路"背景下中国价值观的国际传播研究而言，目前存在的主要不足在于：

第一，对于"一带一路"的解读主要停留于工具理性的思维方式，亟须以价值理性的思维方式实现对工具理性思维方式的超越。经济全球化作为人类可以普遍感知的现实已经成为人的生活本身。作为全球化时代的中国表达，"一带一路"的历史地位和社会价值已经为人们所认识，同时也是学术界关注的焦点。学者们目前已从经济、政治、文化、社会等诸多方面对"一带一路"进行了卓有成效的研究。然而，人们对"一带一路"的人性意蕴与形上价值、"一带一路"与人本质的生成等方面的关注还不够。我们认为，应当立足于"人的生成"这一根本点上研究"一带一路"的哲学思想，进而揭示"一带一路"对人的本质的生成的历史意义。而只有通过对"一带一路"与人的自由个性的全面生成的内在联系的深入揭示，才会避免理论的研究陷入知性的经济性实证与抽象的思辨性空泛。毫无疑问，"一带一路"倡议首先是为了解决中国以及沿线国家的经济发展问题，打造"五通"（政治沟通、贸易联通、设施畅通、资金融通、民心相通），但是如果从人类社会发展的历史长河来看，从哲学层面来审视"一带一路"倡议对于人类社会发展的意义以及对于人的解放的意义时，就会发现，"一带一路"所揭示的价值主题与马克思主义关于共产主义人的本质的彰显和人自身的解放是内在一致的。马克思主义的世界历史思想在"一带一路"倡议的推动下将得到进一步的升华。

第二，把"中国价值观""当代中国价值观""社会主义核心价值观"放在同等的意义上使用，这在本课题中是不够的。目前的研究成果绝大部分将"当代中国价值观"等同于社会主义核心价值观，这种观点虽然有一定道理，但是放在"一带一路"背景下思考的话，这种阐释就出现了局限性，其中最基本的常识是"宣传工作内外有别"。关于这一点，我们从上述西方学界对我国社会主义核心价值观的反映可见一二。为此，我们应该扩展视野，从人类社会发展的大趋势以及中国在人类社会发展道路上所起的作用和占据的地位，来凝练"一带一路"背景下的中国价值观。

第三，对于"一带一路"倡议与"中国价值观国际传播"的关联性研究极为匮乏。当前关于"当代中国价值观的国际传播"问题已有部分研究成果，主要是武汉大学项久雨教授主持的重大项目的阶段性成果，比如《论中国化马克思主义的国际传播策略》（2016）、《当代中国价值观念国际传播的策略》（2016）、《当代中国价值观念国际传播的战略着眼点》（2016）等，以及其他学者的一些零散成果，比如刘辰和刘欣路《"一带一路"背景下共同价值观念培育与中国国际话语权构建》（2015）、张琪如《浅谈"一带一路"背景下中国理念的传播》（2016）、崔莉萍《基于"一路一带"推动中华文明在欧亚大陆的再传播》（2014）等，可以看出，把"中国价值观"放在"一带一路"背景下进行考察，以及从二者的内在关联中进行的研究非常稀缺。

第四，理论研究成果远远不能满足实践层面的需求，主要体现在研究成果的"精准性"上。21世纪以来，随着我国综合国力的日益提升，对外宣传的力度不断加大，国内主流媒体在世界重大事件报道的能力方面有很大提升。但是相比而言，学术界、理论界对于"一带一路"沿线国家的国别研究极为匮乏。由于地理位置、历史传统、文化风俗、宗教信仰、政治生态等多方面的不同，"一带一路"沿线国家对于"一带一路"倡议的态度和政策不尽相同，这些在客观以及主观上都对"一带一路"本身，以及在此背景下中国价值观的国际传播带来不同的影响。如何评价这种背景、传播效果，以及如何提升传播效果，都需要精细化、精准化研究。

四、本课题可进一步探讨、发展或突破的空间

第一，从哲学层面探讨"一带一路"倡议与中国价值观国际传播的意义，并突出传播价值。从马克思世界历史思想的高度来看待"一带一路"与中国价值观国际传播的价值。从马克思主义的理论指向来看，无论是对资本主义及其剥削制度的批判，还是对于未来美好社会的向往与构建，都指向人的解放问

题。这不是个别人或部分人的解放，而是全人类的解放。如何实现这个目标？如何从世界历史的高度审视这一进程？在我们看来，"一带一路"倡议提供了这样一个契机。要实现共产主义，就必须打破国家之间、区域之间的发展障碍和壁垒，实现"互联互通"；就必须消灭不同国家和民族、种族之间的仇恨与冲突，实现人与人之间的和平共处和"民心相通"；就必须消灭地域之间的贫富差距，实现不同地区、不同国家人们的共同发展和共同富裕。从这个意义上讲，"一带一路"倡议所包含的价值意蕴彰显着共产主义的精神，释放着人的本质，为着实现人类自身的解放。"一带一路"背景下中国价值观的国际传播，正是出于现代化进程中的中国对自身发展道路以及人类社会发展进程的自我省思。这一思想是本课题的重大创新之一。

第二，从背景视角浓缩"一带一路"背景下中国价值观国际传播的内容，并优化表达方式。尽管学术界对"中国价值观"的研究已经比较丰富了，但是由于"内外有别"，如果把这些研究成果放在"一带一路"背景下进行审视，就显得有些不够了。本课题将从"一带一路"倡议的内涵及其内在精神出发，从马克思主义世界历史思想的高度审视"中国价值观"应有的内涵及其内容，在此基础上，充分考虑不同国家和地区出于多种原因、在认知和接受"中国价值观"国际传播方面存在的共性和差异，进行具有针对性的凝练，构建不同风格的表达方式。这也是本研究的另一个重要创新。

第三，从规律层面研究"一带一路"背景下中国价值观国际传播的机理，并建构可行机制。对"一带一路"背景下中国价值观国际传播需要透过现象把握规律，真正明确它与国内传播的差异在哪、与不是"一带一路"背景下的中国价值观国际传播的区别在哪，本课题在遵循传播学相关理论并突出"一带一路"背景的基础上，研究中国价值观国际传播的关键要素，在不同要素相互组合的基础上弄清楚中国价值观国际传播的模式，并重点分析不同传播模式是如何运行的问题，把握"一带一路"背景下中国价值观国际传播的规律。同时，结合"一带一路"背景下中国价值观国际传播的现实状况，找出阻碍"一带一路"背景下中国价值观国际传播的约束条件，从而建构可靠可行的"一带一路"背景下中国价值观国际传播机制。

第四，从技术层面考察"一带一路"背景下中国价值观国际传播的效果，并提出提升策略。充分运用现代科技进步的成果特别是大数据、云计算等手段来评价"一带一路"背景下中国价值观国际传播的效果，并有针对性地提出提升策略。为了更准确地评价"一带一路"背景下中国价值观国际传播的效果，分析其中的影响因素，需要紧密结合现代科技发展的先进技术，采取传播学和统计学中的先进手段进行多维度的分析和研究，从而对国际传播的效果及其发展态势进行全景式考察，从而得出尽可能科学的数据和研究结论。该方面的研究将进行跨学科、跨领域的合作，特别是与专业的文化网站合作。

第五，从对策层面分析"一带一路"背景下中国价值观国际传播的国别差异，并设计精准方案。加大国别研究力度，为中国价值观的国际传播提供更精准的对策方案。为了提高研究的针对性，需要对"一带一路"沿线国家中的重要节点进行"精准性"研究，一方面通过"解剖麻雀"式的研究，了解和掌握在中国价值观国际传播过程中存在的实际状况和普遍性问题；另一方面，通过对系列"节点"的把握，掌握相对全面的信息资料，从中找出影响价值观国际传播的共性特征，从而为中国价值观国际传播作出有价值的建言报告。

第四节　研究思路与研究方法

一、基本思路

本课题以"一带一路"倡议为背景，以"中国价值观的国际传播"为核心，沿着"为什么"—"是什么"—"怎么样"—"怎么办"的逻辑思路展开研究。"为什么"：主要研究基于"一带一路"背景下中国价值观国际传播的内涵及其意义，将从国际和国内、历史与现实等不同层面来探讨。"是什么"：主要研究"中国价值观"的内涵、内容及其表达方式，将尝试区分国内表达和国际表达的异同。"怎么样"：梳理和研究当前在"一带一路"背景下国外对于中国价值观的认知和评价，以及我国在国际传播方面的做法，从中找出不足。"怎么办"：主要针对当前存在的问题以及未来发展趋势提出相应的对策。

二、具体研究方法

本研究主要采用文献法、讨论法和调查法。

文献法。通过阅读当前学术界的研究文献以及相关政府文件材料，梳理有关"一带一路"的资料和关于"中国价值观"以及国际传播的相关材料，为后续研究提供资料支撑。

讨论法。通过组织相关领域的专家对本课题的研究思路、资料准备、问题凝练，特别是对"中国价值观的国际传播"这一核心概念进行充分讨论，把握问题的关键和实质。

调查法。通过对相关政府部门、涉外企业、智库等不同群体和人员的访谈与调查，进一步了解本课题研究的相关情况，掌握本研究的动态信息，以取得第一手材料。

需要说明的是，本论题虽然属于马克思主义理论学科方面的研究，但是由于论题本身的跨学科性质，需要借鉴政治学、传播学的相关理论资源和话语，比如，论题中有"政府外交与中国价值观国际传播""公共外交与中国价值观国际传播"等内容，是为了更好地以问题为中心展开研究，并不影响论题的马克思主义学科属性。

第一章 "一带一路"与全球化时代

资产阶级,由于开拓了世界市场,使一切国家的生产和消费都成为世界性的了……过去那种地方的和民族的自给自足和闭关自守状态,被各民族的各方面的互相往来和各方面的互相依赖所代替了。物质的生产是如此,精神的生产也是如此。①

——马克思、恩格斯

"一带一路"倡议不仅是以经济发展与合作为根本的价值诉求,而且关涉全球治理理念和治理方式。"构建人类命运共同体"命题的提出,进一步从世界历史和人的解放的高度,为人类社会的未来发展描绘出一幅现实感很强的美好蓝图。从世界历史视野深入分析"一带一路"的实践意蕴和价值旨归,省察其对于推动构建人类命运共同体和创造未来美好世界的阶段性贡献,为中国价值观国际传播奠定坚实的理论依据和学理支撑,进而掌握"一带一路"倡议在实施过程中的国际话语权,具有重大意义。

第一节 世界历史视野中的"一带一路"

一、全球化的思想及其现实趋势

全球化是一个客观的历史进程,对于这一进程的认识,最早可以追溯到马克思和恩格斯。170年前,马克思、恩格斯在《共产党宣言》中对于资本主

---

① 中共中央马克思恩格斯列宁斯大林著作编译局:《马克思恩格斯选集》(第1卷),北京:人民出版社2012年版,第404页。

义的发展进行了天才般的分析,提出了"世界历史"的思想,"大工业建立了由美洲的发现所准备好的世界市场。世界市场使商业、航海业和陆路交通得到了巨大的发展。这种发展又反过来促进了工业的扩展,同时,随着工业、商业、航海业和铁路的扩展,资产阶级也在同一程度上发展起来"①。"资产阶级,由于开拓了世界市场,使一切国家的生产和消费都成为世界性的了。使反动派大为惋惜的是,资产阶级挖掉了工业脚下的民族基础。古老的民族工业被消灭了,并且每天都还在被消灭。它们被新的工业排挤掉了,新的工业的建立已经成为一切文明民族的生命攸关的问题;这些工业所加工的,已经不是本地的原料,而是来自极其遥远的地区的原料;它们的产品不仅供本国消费,而且同时供世界各地消费。旧的、靠本国产品来满足的需要,被新的、要靠极其遥远的国家和地带的产品来满足的需要所代替了。过去那种地方的和民族的自给自足和闭关自守状态,被各民族的各方面的互相往来和各方面的互相依赖所代替了。物质的生产是如此,精神的生产也是如此。各民族的精神产品成了公共的财产。民族的片面性和局限性日益成为不可能,于是由许多种民族的和地方的文学形成了一种世界的文学。"②

这些文字被认为是关于全球化思想的最早表达。从这些文字出发,马克思、恩格斯逐步揭示了资本主义乃至人类社会发展规律,描绘了在资本的推动下形成的世界历史的生动画卷:在生产领域,生产产品所需要的原料、生产工具和劳动力,都不局限于一个国家和地区之内,而是来自成本更为低廉的国家和地区;在分配领域,工资的发放、利润的分配不是局限于一个国家和一个地区,而是在世界范围内进行;在交换领域,产品的交换不是局限于某一个国家和地区的市场,而是遍布世界各地,交通工具所能到达之地,都是潜在的商品市场,特别是互联网的兴起,为商品在全球范围内流动提供了更加便捷的手段;在消费领域,消费者所消费的产品,不仅包括本地和国内的产品,也包括来自世界各地的产品。而所有这一切,都要以人的交往为前提。因此,在资本的推动下,全球化最终带来了人的交往的全球化。

1985年,美国学者提奥多尔·拉维特(Theodre Levitt)在其《市场全球化》一文中首次使用了"全球化"(Globalization)一词,指的是市场经济带来的各国经济相互依存的一体化趋势,不过当时主要是描述经济领域的现象。

---

① 中共中央马克思恩格斯列宁斯大林著作编译局:《马克思恩格斯选集》(第1卷),北京:人民出版社2012年版,第401~402页。
② 中共中央马克思恩格斯列宁斯大林著作编译局:《马克思恩格斯选集》(第1卷),北京:人民出版社2012年版,第404页。

如今，"全球化"概念早已从经济领域走向其他领域，并且成为一种现实的趋势、过程和结果。尽管许多人对于全球化持怀疑甚至否定态度，"反全球化"运动呼声很高，甚至其本身也已经全球化了，但是"对于每一人来说，'全球化'都是世界不可逃脱的命运，是无可逆转的过程"①。全球化以一种非常深刻的方式重构我们的生活方式。② 因此，"必须全面正确地认识和对待经济'全球化'的问题，经济'全球化'是世界经济发展的客观趋势，谁也回避不了，都得参与进去"③。

全球化趋势仿佛一束"普照之光"，超越了意识形态的藩篱，对不同社会制度的国家提出了共同的诉求——交往。列宁曾指出："社会主义共和国不同世界发生联系是不能生存下去的，在目前情况下应当把自己的生存同资本主义的关系联系起来。"④ 如果说列宁在这里强调与资本主义国家的交往是社会主义国家的生存策略的话，那么在全球化背景下这种交往已经成为一种现实必然，经济贸易与文化交流已经将世界各国紧密地联系在一起。

然而，与"全球化"运动相对立的"反全球化"也甚嚣尘上，成为对抗全球化运动的"逆动"，甚至出现"哪里有全球化，哪里就有反全球化"，其本身已经全球化了，成为"全球化"现象中一道独特的风景。特别是在 21 世纪前后，反全球化运动风起云涌，影响比较大的有：1999 年 11 月，美国西雅图反对世界贸易组织，成千上万群众抗议世界贸易组织自成立四年来推动的贸易自由化政策；2000 年 5 月 6 日，泰国有数千名群众抗议在清迈举行的亚洲开发银行（ADB）33 届年会；2000 年 12 月 6 日，在法国尼斯举行的反对欧洲联盟（EU）高峰会议，共计 8 万名来自各地的示威者，包括欧洲工联（CES）发动的工会会员冒雨游行，反对大财团控制下的欧洲和欧盟一体化政策，争取一个保障人民生活的欧洲；2001 年 1 月 27 日，瑞士达沃斯举行的反对世界经济论坛，瑞士军警以防范暴动为由，阻止来自欧洲各国的群众前来示威。在地球的另一端，巴西的阿雷格里港，1 万人参与名为"世界社会论坛"的民间会议，讨论有别于财团主导的全球经济秩序和社会模式……英国脱欧、美国退出多个

---

① 齐格蒙特·鲍曼：《全球化 人类的后果》，郭国良，徐建华译，北京：商务印书馆 2001 年版，第 1 页。
② 安东尼·吉登斯：《失控的世界——全球化如何重塑我们的生活》，周红云译，南昌：江西人民出版社 2001 年版，第 4 页。
③ 《坚定不移贯彻"一国两制"方针 继续保持香港繁荣稳定》，《人民日报》1998 年 3 月 10 日，第 1 版。
④ 中共中央马克思恩格斯列宁斯大林著作编译局：《列宁全集》（第 41 卷），北京：人民出版社 1986 年版，第 167 页。

国际组织,都属于"逆全球化"现象,是"反全球化"的最新表现。在这些反全球化运动的背后,是对于全球化各种各样的疑虑和质疑:全球化加剧了发达国家间和发达国家内部经济利益的冲突,全球化加剧了南北矛盾,全球化加剧了全球范围内文明和价值观的冲突等。时任美国总统特朗普声称,2020年新冠肺炎疫情在全球流行,意味着全球化的终结。由此看来,"全球化"与"反全球化"这两种内涵不同的话语,体现了不同社会群体与组织在价值立场上的差异,二者都被赋予意识形态的特质。

如果仔细考察就会发现,实际上众多"反全球化"者反对的并不是全球化本身,而是全球化过程中的不公平和不正义,典型的话语有:"全球化带来了贪婪的跨国公司""全球化带来了无能的政府""全球化带来了'亚洲危机'和'国际帮凶'""全球化带来了扭曲的'社会公正'""全球化带来了工资、收入的降低""全球化带来了'国际强权'""全球化带来了'人性漠视'""在全球化中吃亏了"……可见,问题的关键不仅在于"什么样的全球化",而在于"为了谁的全球化""谁主导的全球化"以及"如何实现全球化"。迄今为止的全球化,都是在资本主义体系内展开、受资本逻辑控制、为了富人和富裕国家的全球化,这样的全球化受到人们的广泛反对,自然是不难理解的。那么,是否有一种全球化,它不完全受资本逻辑控制,至少还会考虑到全世界尽可能多的人的生存和利益,能够彰显公平正义和普遍合作?显然,这种全球化思路和路径还是有的。中国提出的构建"人类命运共同体"理念和"一带一路"倡议就是基于这样的价值理念,这是一种新的全球化观和可供选择的全球化路径。

二、"一带一路"是以推动沿线国家实现共同利益为价值依归的全球化

全球化既是一个客观的历史进程,也是一个主观的选择过程。说它是客观的历史进程,是因为全球化是科技进步、生产力发展的必然趋势,也是世界各国在日益频繁的交往过程中生发起来的,从局部地区扩展到世界各地。这一进程开始是由资产阶级推动和主导的,资本流遍全球、利润流向西方,随着资本主义在世界的扩张而加速。说它是主观选择的过程,是因为不同国家基于自身所处的地位而对全球化采取的不同态度,支持对自己有利的全球化,反对对自己不利的全球化。比如,自美国总统特朗普上台以后,美国采取一系列增加对其他国家关税的做法和措施,就是对于当前全球化的一种"逆动",特朗普认为这种全球化不符合美国利益,因而反对多边主义,采取单边主义、霸权主义

和贸易保守主义，其口号就是"美国优先"。因此，美国也不是完全抛弃全球化，而只是抛弃不符合美国意愿的全球化。

金灿荣教授指出，在美国的"全球化"理念中，世界存在"三六九等"、由不同"远近亲疏"关系的"同心圆"构成，在这个"同心圆"中，美国居于"圆心"，也是"第一圈层"，由内而外的"第二圈层"是讲英语的国家，即美国的"亲戚"，包括英国、爱尔兰、澳大利亚、新西兰、加拿大；"第三圈层"是美国的盟国，包括德国、法国、韩国、日本等 50 多个国家，但这些国家并不一定得到美国的完全信任；"第四圈层"是一般伙伴国家，美国不需要他们，也不受他们威胁，这样的国家有 100 多个，比如泰国、马来西亚、巴西、阿根廷等；"第五圈层"是中国，属于"战略竞争者"；"第六圈层"是战略对手，比如俄罗斯；"第七圈层"是敌人，包括伊朗、叙利亚、恐怖分子组织、拉美贩毒集团、索马里海盗等；"第八圈层"是美国公开声称的"垃圾国家"，比如海地，这样的国家无需搭理。由此可见，特朗普的"美国优先"的口号，其逻辑是与美国版的"全球化"理念一脉相承的，或者说是一种"以美国为中心"的全球化。

中国的"全球化"理念与美国的"全球化"理念存在很大差异，美国强调"等级制"，但中国强调"伙伴关系"。中国提出构建"人类命运共同体"的理念和"一带一路"倡议是以推动沿线国家实现共同利益为价值取向的，这是一种开放、互惠、包容、合作的全球化。2015 年 3 月 28 日，中国国家发展改革委、外交部、商务部联合发布了《推动共建丝绸之路经济带和 21 世纪海上丝绸之路的愿景与行动》，提出了"一带一路"的共建原则：恪守联合国宪章的宗旨和原则、坚持开放合作、坚持和谐包容、坚持市场运作、坚持互利共赢。在这份文件中，专门论及要"兼顾各方利益和关切，寻求利益契合点和合作最大公约数，体现各方智慧和创意，各施所长，各尽所能，把各方优势和潜力充分发挥出来"[①]。这一价值取向得到了参与国家的认同和支持。2017 年 5 月 15 日，《"一带一路"国际合作高峰论坛圆桌会联合公报》指出："我们将秉持和平合作、开放包容、互学互鉴、互利共赢、平等透明、相互尊重的精神，在共商、共建、共享的基础上，本着法治、机会均等原则加强合作。"[②] 可以看出，"一带一路"是由中国倡议并得到沿线国家共同认同的全球化，是在沿线国家

---

① 《推动共建丝绸之路经济带和 21 世纪海上丝绸之路的愿景与行动》，《人民日报》2015 年 3 月 29 日，第 4 版。

② 习近平：《携手推进"一带一路"建设——在"一带一路"国际合作高峰论坛重要讲话》，北京：外文出版社 2017 年版，第 54 页。

共同商议的基础上实现合作共赢的全球化。

这两种"全球化"的理念——是依靠强权控制，还是依靠合作共赢——哪一种更为可靠和持久，也许一时难有结果①，但无论是从国际道义层面，还是从大多数国家和人们的内心体验来看，"合作共赢"的理念更加符合时代发展的大趋势，也更有利于人类走向文明进步，最终有利于实现人的自由和解放。

三、"一带一路"倡议得到沿线国家的高度认同

自2013年以来，已经有80多个国家和国际组织同中国签署了"一带一路"合作协议，中国同30多个国家开展了机制化产能合作，在沿线24个国家推进建设75个境外经贸合作区，"一带一路"相关合作在沿线国家创造了近20万个就业岗位。仅2017年，中国与"一带一路"沿线国家的进出口总额就达到14403.2亿美元，同比增长13.4%，高于整体进出口贸易增速5.9个百分点，占中国进出口贸易总额的36.2%。5年来，"一带一路"这一源自中国、惠及世界的世纪工程已经赢得了世界的信任。在一项针对26家"一带一路"沿线国家央行的调查中，九成以上央行认为，在未来5年内，"一带一路"建设将推动本国经济增长，2/3的央行预计"一带一路"建设将帮助本国经济增速提高0至1.5个百分点，1/4的央行则认为本国经济增速将因"一带一路"建设提升1.5至5.5个百分点。②

"一带一路"倡议得到了广泛的赞誉。塞尔维亚社会科学研究所研究员内文·茨韦迪查宁（Nevin Zvedicanin）认为，中国提出了一个共赢倡议，在这个倡议下投资基础设施和其他项目不仅对塞尔维亚有益，而且对整个中东欧都有益。2016年5月，《联合早报》在一篇题为《"一带一路"与你我大有关系》的文章中承认，"一带一路"虽是中国的倡议，但不仅是"新加坡和中国"之间的事，"'一带一路'微妙地改变着新加坡和其他沿线国家之间的关系"。③从2015年3月开始，俄罗斯卫星通讯社几乎每天发布关于"一带一路"的报道，有时一天多达5条报道标题中含有"一带一路"。俄罗斯卫星网甚至通过

---

① 从理论上讲，依靠强权控制一定是不得人心的，但是从历史事实来看，当力量达到足够强大时，强权控制也是很有效的。

② 李曾骙：《万物并秀孟夏时——写在首届"一带一路"国际合作高峰论坛举办一周年之际》，《光明日报》2018年5月14日，第12版。

③ 《"一带一路"让中国成为"东西方共同的可信合作伙伴"》，《光明日报》2017年5月11日，第12版。

引用巴基斯坦前总理的讲话提出"世界各国都将受益于'一带一路'"。随着时间推移,极少数对"一带一路"持保留意见的海外媒体态度也在慢慢改变。2017年3月,《印度斯坦时报》记者苏希尔·亚纶(Sushil Aaron)发表评论员文章《为什么印度要认真对待"一带一路"》,呼吁更加审视与"一带一路"的合作。

从大历史观的视角来看,"一带一路"不仅仅代表了一项经济合作倡议,更标注了经济全球化的时代高度,内含着构建未来更加美好秩序的新的价值原则。这是一种全新的全球治理模式。作为顺应经济全球化潮流的中国方案,"一带一路"倡议着眼于人类的共同命运,着眼于实现人的解放。它革除了国家之间零和博弈的沉疴,超越地缘政治的局限,为应对当前逆全球化的挑战提供了新的路径和方法,正推动世界经济朝着更加均衡、包容和可持续的方向发展,成为新时代全球治理和变革的重要准则。

第二节 "一带一路"与人的解放

从世界历史的视野省察"一带一路",必然联想到"人的本质"和"人的解放"。"一带一路"体现了对于人类命运的高度关注,是世界历史思想的中国表达和中国方案,是新时代"人的本质"得以实现和"人的本质"得以解放的重要路径,这是中国对于人类社会发展的重大理论贡献和实践创新。

一、马克思关于"人的本质"的多重意蕴

在马克思的视野中,关于人的本质的论述在不同时期有不同的话语表达,每一个表达都有其特定的话语背景。

(一)人的类本质

关于人的本质问题的探讨,自古以来就是哲学家们高度重视和努力探索的难题。据统计,关于人的本质、本性和人性的定义加起来不下二百多种[①],正

---

① 张奎良:《人的本质:马克思对哲学最高问题的回应》,《北京大学学报(哲学社会科学版)》2015年第5期,第14页。

是在这种背景下,费尔巴哈称之为"哲学上最高的东西"①。路德维希·安德列斯·费尔巴哈(Ludwig Andreas Feuerbach)认为,人与动物都是有生命的类,即人类和动物类,但是这两种类有着本质的区别,"究竟什么是人跟动物的本质区别呢?对这个问题的最简单、最一般、最普通的回答:是意识。……理性、爱、意志力这就是完善性,这就是最高的力,这就是作为人的绝对本质,这就是人生存的目的"②。在这里,费尔巴哈把"爱欲"当作人与动物的最本质区别,显然是找错了方向,因为关于"爱欲"的意识从来就不是具有原初性、源头性的东西,还有比这更源头性的物质和生产。马克思同意费尔巴哈把"类本质"看作人与动物的本质区别,但是不同意他关于"类本质"的理解。人的生命活动不仅是自由的,而且是有意识的,是"有意识的生命活动","自由的有意识的活动恰恰就是人的类特性"。③

(二)人的发展本质

在《1844年经济学哲学手稿》中,马克思不仅对人的"类本质"进行了分析,还提出了人的"发展本质"。如果说人的类本质是从静态方面阐述人与动物的区别的话,那么发展本质就是人在脱离动物性以后的存在属性。在这里,马克思高度重视"需要"的作用,他在批评粗陋的共产主义者时强调指出,他们"还没有理解私有财产的积极的本质,也还不了解需要所具有的人的本性"④。在《德意志意识形态》中,马克思、恩格斯还提出了"他们的需要即他们的本性"⑤ 的著名论断。

(三)人的共同体本质

1844年7月31日,马克思在《前进报》上发表了《评一个普鲁士人的〈普鲁士国王和社会改革〉》一文,指出"人的本质是人的真正的共同体"⑥,

---

① 费尔巴哈:《费尔巴哈哲学著作选集》(上卷),北京:商务印书馆1984年版,第83页。
② 费尔巴哈:《费尔巴哈哲学著作选集》(下卷),北京:商务印书馆1984年版,第26~28页。
③ 中共中央马克思恩格斯列宁斯大林著作编译局:《马克思恩格斯选集》(第1卷),北京:人民出版社2012年版,第56页。
④ 中共中央马克思恩格斯列宁斯大林著作编译局:《马克思恩格斯全集》(第3卷),北京:人民出版社2002年版,第297页。
⑤ 中共中央马克思恩格斯列宁斯大林著作编译局:《德意志意识形态》(节选本),北京:人民出版社2003年版,第98页。
⑥ 中共中央马克思恩格斯列宁斯大林著作编译局:《马克思恩格斯全集》(第3卷),北京:人民出版社2002年版,第394页。

在提出人的发展本质的同时，又增添了人的共同体本质。"可是工人脱离的那个共同体，无论就其现实性而言，还是就其规模而言，完全不同于政治共同体。工人自己的劳动使工人离开的那个共同体是生活本身，是物质生活和精神生活、人的道德、人的活动、人的享受、人的本质。"① 在此，马克思断言："人的本质是人的真正的共同体。"②

（四）人的社会联系本质

1844年夏秋之际，马克思在詹姆斯·穆勒（James Muller）的《政治经济学原理》一书摘要中指出，"因为人的本质是人的真正的社会联系，所以人在积极实现自己本质的过程中创造、生产人的社会联系、社会本质"③，"有没有这种社会联系，是不以人为转移的"，"真正的社会联系并不是由反思产生的，它是由于有了个人的需要和利己主义才出现的，也就是个人在积极实现其存在时的直接产物"④。

（五）人的社会关系总和本质

1845年春，马克思在《关于费尔巴哈的提纲》中提出了著名的"人的社会关系总和"本质，指出："人的本质不是单个人所固有的抽象物，在其现实性上，它是一切社会关系的总和。"⑤

以上五个层面关于人的本质问题不是相互孤立的，而是相互联系的，它们共同依托于实践和社会。其中，实践是人的本质实现的途径，社会是人的本质实现的条件。这也是马克思超越此前哲学家的关键所在。正如张奎良所指出的，就其属性和来源而言，马克思关于人的本质五重规定可以分为两大类：人的类本质和发展本质主要是由人的生产、劳动和实践衍生出来的，而人的共同体、社会联系和社会关系总和本质主要是对人的社会性的展开和发挥。而实践

---

① 中共中央马克思恩格斯列宁斯大林著作编译局：《马克思恩格斯全集》（第3卷），北京：人民出版社2002年版，第394页。
② 中共中央马克思恩格斯列宁斯大林著作编译局：《马克思恩格斯全集》（第3卷），北京：人民出版社2002年版，第394页。
③ 马克思：《1844年经济学哲学手稿》，北京：人民出版社2000年版，第170页。
④ 马克思：《1844年经济学哲学手稿》，北京：人民出版社2000年版，第171页。
⑤ 中共中央马克思恩格斯列宁斯大林著作编译局：《马克思恩格斯选集》（第1卷），北京：人民出版社2012年版，第135页。

和社会性恰恰是马克思最先提出和确立的人的深层本质。① 无论哪一类本质，都需要在社会实践中才能得到实现。至于实现的程度如何，则取决于具体的人在具体实践中所拥有的社会历史条件，既包括客观条件，比如生产力发展水平、自然界满足人类社会生产需要的程度等；也包括主观条件，比如人类所具有的科技知识水平、智慧水平和方法选择等。

二、在实践中实现人的自由全面发展："人的本质"获得解放的科学路径

人的本质的实现与人的解放是同一个问题，人的解放就是人的本质的实现。在马克思主义诞生以前，无论是对于"人的本质"的解读还是"人的本质的实现"即如何获得人的解放，都没有得出科学的结论。

在黑格尔哲学的丰富内容中，也研究过人的本质问题。黑格尔（Hegel）在《精神现象学》一书中把财富、国家、政权和其他社会机构看作人的本质的异化，但是人的本质又被归结为脱离人的抽象的哲学思维，异化不过是在思维中发生的某种东西。也就是说，黑格尔把人、人的本质归结为自我意识，对象化为非人的具有创造力的绝对精神，人的历史被他思辨化为绝对精神的生产史，历史上所发生的一切冲突被变化成绝对精神内部所发生着的概念的矛盾。在黑格尔关于人的意识的发展中蕴藏着这样一个深刻的思想：人只有在社会关系中，在自己与其他人的关系中，才能实现自己，孤立的人不能成为真实的人。黑格尔说："自我意识只有在一个别的自我意识里才获得它的满足。"② "自我意识是自在自为的，这由于，并且也就因为它是为另一个自在自为的自我意识而存在的；这就是说，它所以存在只是被对方承认。"③ 不过，这一深刻思想也是在思维领域进行的，因而终究无法摆脱唯心主义的桎梏。

费尔巴哈在考察宗教的时候也对人的本质进行了研究。他说："孤立的、个别的人，不管是作为道德实体或作为思维实体，都未具备人的本质。人的本质只是包含在团体之中，包含在人与人的统一之中，但是这个统一只是建立在'自我'和'你'的区别的实在性上面的。"④ 遗憾的是，他后来的研究背离了

---

① 张奎良：《人的本质：马克思对哲学最高问题的回应》，《北京大学学报（哲学社会科学版）》2015 年第 5 期，第 11 页。
② 黑格尔：《精神现象学》（上卷），北京：商务印书馆 1979 年版，第 121 页。
③ 黑格尔：《精神现象学》（上卷），北京：商务印书馆 1979 年版，第 122 页。
④ 费尔巴哈：《费尔巴哈哲学著作选集》（上卷），北京：商务印书馆 1984 年版，第 185 页。

唯物主义的出发点,把人的本质归结为"类"和"类"的抽象物,如情感、意志、思想等。"但是,人自己意识到的人的本质究竟是什么呢?或者,在人里面形成类,即本来的人性的东西究竟是什么呢?就是理性、意志、心。一个完善的人,必定具备思维力、意志力和心力。思维力是认识之光,意志力是品性之能量,心力是爱。理性、爱、意志力,这就是完善性,这就是最高的力,这就是人作为人底绝对本质,就是人生存在的目的。"① 他公开把人的以及作为人生活的基础的自然界当作自己哲学的"唯一的、普遍的、最高的对象"。这样一来,费尔巴哈难免在人的本质的认识上不彻底而陷入唯心主义的窠臼之中。

马克思批判继承了黑格尔和费尔巴哈关于人的本质的学说,创造性地提出了人的解放和人的本质实现的道路,那就是通过社会实践来实现对现实世界的革命性改造。在《〈黑格尔法哲学批判〉导言》中,他指出了宗教的本质:"宗教是人的本质在幻想中的实现。"②"必须推翻使人成为被侮辱、被奴役、被遗弃和被蔑视的东西的一切关系。"③"对德国来说,彻底的革命、普遍的人的解放,不是乌托邦式的梦想,相反,局部的纯政治的革命,毫不触犯大厦支柱的革命,才是乌托邦式的梦想。"④ 在这里,马克思关于人的解放的路径已经大大超出了费尔巴哈的"意志"和"心"的领域,而把视角投向对社会现实的改造。关于这一点,他有一段极为精彩的描述:"批判的武器当然不能代替武器的批判,物质力量只能用物质力量来摧毁;但是理论一经掌握群众,也会变成物质力量。理论只要说服人[ad hominem],就能掌握群众;而理论只要彻底,就能说服人[ad hominem]。所谓彻底,就是抓住事物的根本。而人的根本就是人本身。"⑤ 为此,他找到了改造世界的物质力量——无产阶级,并指出其与哲学之间的辩证关系——"哲学把无产阶级当做自己的物质武器,同样,无产阶级也把哲学当做自己的精神武器","德国唯一实际可能的解放是以

---

① 费尔巴哈:《费尔巴哈哲学著作选集》(下卷),北京:商务印书馆1984年版,第27~28页。
② 中共中央马克思恩格斯列宁斯大林著作编译局:《马克思恩格斯选集》(第1卷),北京:人民出版社2012年版,第2页。
③ 中共中央马克思恩格斯列宁斯大林著作编译局:《马克思恩格斯选集》(第1卷),北京:人民出版社2012年版,第10页。
④ 中共中央马克思恩格斯列宁斯大林著作编译局:《马克思恩格斯选集》(第1卷),北京:人民出版社2012年版,第12页。
⑤ 中共中央马克思恩格斯列宁斯大林著作编译局:《马克思恩格斯选集》(第1卷),北京:人民出版社2012年版,第9~10页。

宣布人是人的最高本质这个理论为立足点的解放"。①

在《关于费尔巴哈的提纲》中,马克思进一步指出:"费尔巴哈把宗教的本质归结于人的本质,但是,人的本质不是单个人所固有的抽象物,在其现实性上,它是一切社会关系的总和。"② 在这里,马克思一方面肯定了费尔巴哈把宗教的本质归结为人的本质,但同时也不同意费尔巴哈把人的本质归结为抽象的"类"的做法,强调了人的本质的社会性和实践性。"全部社会生活在本质上是实践的。凡是把理论引向神秘主义的神秘东西,都能在人的实践中以及对这种实践的理解中得到合理的解决。"③

在资本主义及其以前的阶级社会中,人的本质一直处于不同程度的异化状态。虽然资本主义相对于过去的社会形态已经是很大的进步——"资产阶级在它的不到一百年的阶级统治中所创造的生产力,比过去一切世代创造的全部生产力还要多,还要大"④——但是仍然不能真正使人从异化中解放出来。不仅如此,资产阶级与无产阶级的对立程度达到了私有制产生以来空前激烈的程度,这种生产关系越来越制约着生产力的发展,这反过来影响到资本主义制度本身存在的合理性。"资产阶级除非对生产工具,从而对生产关系,从而对全部社会关系不断地进行革命,否则就不能生存下去。反之,原封不动地保持旧的生产方式,却是过去的一切工业阶级生存的首要条件。生产的不断变革,一切社会状况不停的动荡,永远的不安定和变动,这就是资产阶级时代不同于过去一切时代的地方。一切固定的僵化的关系以及与之相适应的素被尊崇的观念和见解都被消除了,一切新形成的关系等不到固定下来就陈旧了。一切等级的和固定的东西都烟消云散了,一切神圣的东西都被亵渎了。人们终于不得不用冷静的眼光来看他们的生活地位、他们的相互关系。"⑤ 这样一来,"资产阶级的关系已经太狭窄了,再容纳不了它本身所造成的财富了"⑥。"资产阶级用来

---

① 中共中央马克思恩格斯列宁斯大林著作编译局:《马克思恩格斯选集》(第1卷),北京:人民出版社2012年版,第16页。
② 中共中央马克思恩格斯列宁斯大林著作编译局:《马克思恩格斯选集》(第1卷),北京:人民出版社2012年版,第135页。
③ 中共中央马克思恩格斯列宁斯大林著作编译局:《马克思恩格斯选集》(第1卷),北京:人民出版社2012年版,第135~136页。
④ 中共中央马克思恩格斯列宁斯大林著作编译局:《马克思恩格斯选集》(第1卷),北京:人民出版社2012年版,第405页。
⑤ 中共中央马克思恩格斯列宁斯大林著作编译局:《马克思恩格斯选集》(第1卷),北京:人民出版社2012年版,第403~404页。
⑥ 中共中央马克思恩格斯列宁斯大林著作编译局:《马克思恩格斯选集》(第1卷),北京:人民出版社2012年版,第406页。

推翻封建制度的武器，现在却对准资产阶级自己了。但是，资产阶级不仅锻造了置自身于死地的武器；它还产生了将要运用这种武器的人——现代的工人，即无产者。"① 正是由于资本主义制度的内部矛盾，炸毁了资本主义本身。"代替那存在着阶级和阶级对立的资产阶级旧社会的，将是这样一个联合体，在那里，每个人的自由发展是一切人的自由发展的条件。"②

以上就是马克思主义关于人的本质以及人的本质实现——人的解放——的基本路径。当然，在不同的国家以及同一国家的不同历史阶段，人的本质的具体内涵和表达方式以及人获得解放的条件和路径是不完全相同的。在现代条件下，对于人的本质的认识可以更丰富一些。这有助于把人的本质及其现实问题与日常生活紧密结合起来，是哲学话语与日常生活话语的有机统一。

三、"一带一路"：人的本质实现（人的解放）的中国路径

从某种程度上讲，人类社会发展的过程就是一个不断地实现人的本质——人的解放的过程。按照马克思主义的社会发展"三阶段论"，即"原始共同体"阶段、"虚假共同体"阶段和"真正共同体"阶段，后面的每一个阶段都比前一个阶段更加接近人的解放和人的本质的实现。但是由于社会历史条件的不同，不同地域、不同时期，人的解放程度和过程也有差异。当然，其中也有一些规律，比如说，人的本质的实现以及人的解放只有在开放的状态下才能完成。这个过程既与人类社会历史发展特别是全球化趋势相一致，也与人自身的发展需求相一致。

自地理大发现以来，由于新航线的开辟，欧洲的船队出现在世界各大海洋上，寻找新的航线和贸易伙伴，这大大促进了东西方的贸易和文化交流，也极大推动了资本主义的发展。关于资本主义的发展，马克思、恩格斯在《共产党宣言》中有着十分精彩的描述："资产阶级，由于开拓了世界市场，使一切国家的生产和消费都成为世界性的了。……过去那种地方的和民族的自给自足和闭关自守状态，被各民族的各方面的互相往来和各方面的互相依赖所代替了。物质的生产是如此，精神的生产也是如此。各民族的精神产品成了公共的财产。民族的片面性和局限性日益成为不可能，于是由许多种民族的和地方的文

---

① 中共中央马克思恩格斯列宁斯大林著作编译局：《马克思恩格斯选集》（第1卷），北京：人民出版社2012年版，第406页。

② 中共中央马克思恩格斯列宁斯大林著作编译局：《马克思恩格斯选集》（第1卷），北京：人民出版社2012年版，第422页。

学形成了一种世界的文学。"①

但是这个过程是伴随着殖民主义和自由贸易主义一起发展的。资产阶级利用先进的生产方式，把一切民族都卷进资本主义的发展逻辑之中。"它的商品的低廉价格，是它用来摧毁一切万里长城、征服野蛮人最顽强的仇外心理的重炮。它迫使一切民族——如果它们不想灭亡的话——采用资产阶级的生产方式；它迫使它们在自己那里推行所谓的文明，即变成资产者。一句话，它按照自己的面貌为自己创造出一个世界。"②正如马克思所说："资本主义社会的经济结构是从封建社会的经济结构中产生的。后者的解体使前者的要素得到解放。"但是马克思紧接着又说："新被解放的人只有在他们被剥夺了一切生产资料和旧封建制度给予他们的一切生存保障之后，才能成为他们自身的出卖者。而对他们的这种剥夺的历史是用血和火的文字载入人类编年史的。"③翻开人类历史，从欧洲白人对北美印第安人的屠杀到非洲的黑奴贩卖；从英国对印度的殖民到列强对中国的侵略和瓜分；从资本主义对落后国家和民族的殖民统治到两次世界大战列强之间的利益纷争以及由此带给世界的巨大灾难，都可以看到资本主义扩张带来罄竹难书的罪恶。正如马克思所说："资本来到世间，从头到脚，每个毛孔都滴着血和肮脏的东西。"④

其实，资本的"罪恶"是人自身的"罪恶"，是人性的扭曲和贪婪在资本上的呈现。我们不能把资本主义所犯下的罪行都算到"资本"头上。不仅如此，在打破人的生存局限、扩大人的交往空间上，资本是立下了"赫赫战功"的。然而，资本主义的发展逻辑终究是不可持续的，因为它指向的并非人的解放，而是用"人对物的依赖性"代替了"人对人的依赖性"，这不是人的本质的实现路径。正因如此，空想社会主义者圣西门、傅里叶和欧文很早就表达了对资本主义和剥削制度的批判和对未来美好生活的向往。圣西门"宣布政治是关于生产的科学，并且预言政治将完全融化在经济中"；傅里叶戳穿了资产阶

---

① 中共中央马克思恩格斯列宁斯大林著作编译局：《马克思恩格斯选集》（第1卷），北京：人民出版社2012年版，第404页。

② 中共中央马克思恩格斯列宁斯大林著作编译局：《马克思恩格斯选集》（第1卷），北京：人民出版社2012年版，第404页。

③ 中共中央马克思恩格斯列宁斯大林著作编译局：《马克思恩格斯选集》（第2卷），北京：人民出版社1995年版，第261页。

④ 中共中央马克思恩格斯列宁斯大林著作编译局：《马克思恩格斯选集》（第2卷），北京：人民出版社1995年版，第266页。

级所说的谎言，"无情地揭露资产阶级世界在物质上和道德上的贫困"①；欧文认为"阻碍社会改革的首先有三大障碍：私有制、宗教和现在的婚姻形式"，他"不顾一切地向这些障碍进攻"②，尽管他不知道这样做的结果。但是由于那时候资本主义生产方式以及随之而来的资产阶级和无产阶级的对立还没有得到充分发展，因此，空想社会主义者们的理想既缺乏现实的实现条件，也没有科学的实现路径，他们无法提出真正的人的解放之道。直到马克思主义的出现，才使得这一愿景从空想走向科学。

需要指出的是，马克思主义作为一种科学的理论，在指明人类通往解放的正确方向和道路的同时，也提出了忠告："无论哪一个社会形态，在它所能容纳的全部生产力发挥出来以前，是决不会灭亡的；而新的更高的生产关系，在它的物质存在条件在旧社会的胎胞里成熟以前，是决不会出现的。所以人类始终只提出自己能够解决的任务，因为只要仔细考察就可以发现，任务本身，只有在解决它的物质条件已经存在或者至少是在生成过程中的时候，才会产生。"③ 这警示我们，在资本主义依然占据主导地位的当代世界，人的本质的实现以及人的解放任重而道远。中国在实现中华民族伟大复兴的过程中，在建设中国特色社会主义的大道上，一方面要坚持道路自信，不可迷失自我；另一方面，要谨慎处理好与资本主义世界的关系，切不可急于求成。

历史的车轮前进到今天，人类正在面临着许多的发展风险和困境：人类中心主义导致人与自然的分离，带来生态环境的持续恶化、大气变暖；西方中心主义导致不同文化和文明之间的矛盾与冲突，特别是在中东和北非，西方国家主导的权力斗争带来了地区的动荡与灾难，难民四处奔逃，还催生了恐怖主义；片面追求科学主义导致人文主义的缺失，特别是网络科技的发展在带来更高效率的同时，也进一步割裂了人与人之间的关系，导致人的异化和片面发展……面对这些问题，资本主义的发展逻辑已经束手无策——他们甚至满不在乎，直到这些问题影响到他们自身的安全和利益。关于这方面，看看今天的美国就知道了。在特朗普的领导下，美国政府为了一己之私，在全世界大打贸易战，还美其名曰"美国优先""让美国再次伟大"。然而，只要仔细考察就会发

---

① 中共中央马克思恩格斯列宁斯大林著作编译局：《马克思恩格斯选集》（第3卷），北京：人民出版社2012年版，第783页。

② 中共中央马克思恩格斯列宁斯大林著作编译局：《马克思恩格斯选集》（第3卷），北京：人民出版社2012年版，第787~788页。

③ 中共中央马克思恩格斯列宁斯大林著作编译局：《马克思恩格斯选集》（第2卷），北京：人民出版社1995年版，第33页。

现，"美国优先"的实质是美国不愿意承担更多的国际责任，其最终目标是要建立由美国主导的单极世界，维护式微的美国霸权。特朗普对于"硬实力"的迷恋以及因此带来的"单边主义"做法，既不符合美国长久以来所秉承的价值观，也不能实现其"让美国再次伟大"的承诺，甚至可能带来相反的结果。实际上，自特朗普上台以来，美国的传统盟友都对其"美国优先"口号心存疑虑。2017年5月，当特朗普参加在意大利西西里岛举行的G7峰会以后，澳大利亚新闻网指出"美国正在失去欧洲"，德国《图片报》直接提出"美国不再是可靠的盟友"。难怪德国总理默克尔发出"我们欧洲人真的要把命运掌握在自己手中"的感慨。欧盟主席唐纳德·图斯克（Donald Tusk）更是说了"有了美国这样的朋友，还要什么敌人"的肺腑之言。"美国优先"逻辑的负面影响非常大，其直接后果是，这个世界上本应该获得美国帮助的人将会失去这个机会；其间接后果是，由于一个原本有能力的国家放弃其"道义高地"而选择了"市侩利益"，整个世界的制度规则都将会受到伤害，进而影响到人类迄今为止积淀下来的文明根基——国际道义。从这个意义上讲，"美国优先"论可以休矣。

要实现人的解放和人的本质，必须高举马克思主义的大旗。马克思主义科学地指出了人类社会的发展方向，这也是马克思主义能够历经170年而不衰的根本原因。在实践层面，中国特色社会主义正是在马克思主义的指导下，在把马克思主义与中国实际相结合的过程中，在不断取得新的发展成就的同时，把马克思主义理论不断推向前进的。这也是中国共产党人带领全国各族人民一起对人类的伟大贡献。正是在这种背景下，"中国道路""中国模式"成为发达国家和发展中国家共同关注的话题；也正是在这种大背景下，"一带一路"倡议横空出世。

"一带一路"倡议一经提出，立即受到国际社会的高度关注。之所以如此，是因为这一倡议与沿线国家的发展利益极为相关。正是通过"一带一路"，一下子把中国和沿线国家紧紧连接在一起。"一带一路"所带来的积极意义至少体现在三个方面：

第一，"一带一路"极大地推进中国全方位的对外开放，在缓解国内发展矛盾的同时，把自身改革开放的发展红利分享到沿线国家。改革开放以来特别是21世纪以来，中国在改革开放方面取得了很大成绩，总体上步入增速减缓、结构趋优、动力转换的经济新常态。在这个阶段，存在着一些突出问题，比如产能过剩、区域发展不平衡（特别是中东西部）、能源对外依存度持续提高等，这些都制约着"全面建成小康社会"和"中华民族伟大复兴"目标的实现。要突破这些瓶颈，必须有更广阔的视野和更宏伟的发展规划。"一带一路"构想能够推动我国在全面深化改革方面有更大作为，特别是在推进国内区域发展的同时，能够有效统筹国际和国内两个大局，从而为中国特色社会主义的发展提供了更宏大的战略空间。

第二，"一带一路"有利于提高沿线国家基础设施建设水平，促进沿线国家的经济社会发展和共同繁荣。"一带一路"沿线国家大多是发展中国家，国内基础设施比较落后，民众生活水平总体偏低，有些地方常常受到国内政治波动的影响，国家发展缺乏资金、技术，失业率高等问题也很突出。以共建"一带一路"为契机，中国可以与沿线国家一道，在既有双多边和区域次区域合作机制框架下，通过平等协商，兼顾各方利益，携手推动更大范围、更高水平、更深层次的大开放、大交流、大融合，维护区域和平，推动共同发展和繁荣合作。

第三，"一带一路"所包含的价值理念有利于在更大范围内推进世界和平发展与合作共赢，从而为21世纪人类社会化解各种矛盾提供新思路和新方案。这是"一带一路"倡议在深层次对人类文明发展的贡献。与西方国家在资本主义扩张时期以强权和征服的方式不同，共建"一带一路"倡议的实施是建立在和平手段和相互尊重的基础上，通过政策沟通、设施联通、贸易畅通、资金融通、民心相通的"互通互联"，实现工业产能合作以及其他各个方面的更广、更深层面的区域经济合作，这是一个多元开放的合作进程。因此，"一带一路"是一条互尊互信之路、一条合作共赢之路、一条文明互鉴之路。正如乌兹别克斯坦历史学家奥莉加·科布泽娃（Olga Kobzeva）所说的那样，中国提出的"一带一路"倡议与美国的定位不同，中国谈论的是合作、睦邻友好关系和平等。相比之下，美国总是清楚地区分"我们"和"你们"，就好像在说："你们这些第三世界的人，我们现在告诉你们该如何生活。"中国人不这样做。他们谦和有礼，具有东方智慧。因此，美国在这里遭到排斥，但中国却不会。他们低调平静地做自己的事情。①

总而言之，"一带一路"倡议虽然是中国提出来的新时代人类走向自我解放之路，但是其中所包含的核心价值观是与古丝绸之路历经千年而不变的"丝路精神"一脉相承的，是人类在更高水平生产力基础上以和平合作和互利共赢为基础价值理念的"当代表达"。2017年5月14日，习近平主席在"一带一

---

① 《乌兹别克斯坦学者："一带一路"体现中美定位差异》，《参考消息》2018年8月16日，第14版。

路"国际合作高峰论坛开幕式上的演讲中指出:"古丝绸之路绵亘万里,延续千年,积淀了以和平合作、开放包容、互学互鉴、互利共赢为核心的丝路精神。这是人类文明的宝贵遗产。"在其中的每一项"丝路精神"中,习近平主席都进行了充分的论证和说明。比如在"开放包容"部分,他说:"古丝绸之路跨越尼罗河流域、底格里斯河和幼发拉底河流域、印度河和恒河流域、黄河和长江流域,跨越埃及文明、巴比伦文明、印度文明、中华文明的发祥地,跨越佛教、基督教、伊斯兰教信众的汇集地,跨越不同国度和肤色人民的聚居地。不同文明、宗教、种族求同存异、开放包容,并肩书写相互尊重的壮丽诗篇,携手绘就共同发展的美好画卷。酒泉、敦煌、吐鲁番、喀什、撒马尔罕、巴格达、君士坦丁堡等古城,宁波、泉州、广州、北海、科伦坡、吉达、亚历山大等地的古港,就是记载这段历史的'活化石'。历史告诉我们:文明在开放中发展,民族在融合中共存。"① 站在新的历史起点上,在推进"一带一路"倡议过程中,我们要牢记历史智慧,着眼全人类的愿景和未来,构建一个更加开放包容的美好世界,为人的本质的充分实现和人的自由解放奠定更加坚实的物质和精神基础。而"构建人类命运共同体"思想的提出,则把这一美好世界的未来图景更清晰地展现在人们面前。

第三节 "一带一路":构建人类命运共同体的实践探索

2013 年 3 月 23 日,习近平总书记在莫斯科国际关系学院发表演讲,首次在国际场合向世界提出"命运共同体"概念:"这个世界,各国相互联系、相互依存的程度空前加深,人类生活在同一个地球村里,生活在历史和现实交汇的同一个时空里,越来越成为你中有我、我中有你的命运共同体。"② 习近平总书记提出的"构建人类命运共同体"思想,既体现了中国古代"世界大同"的最高理想,反映了中华优秀传统文化思想精华的内在逻辑与中华民族热爱和平的历史基因,也是对当前世界形势在科学分析判断基础上所作出的战略决

---

① 习近平:《出席"一带一路"国际合作高峰论坛开幕式并发表主旨演讲》,《人民日报》2017 年 5 月 15 日,第 1 版。
② 习近平:《顺应时代前进潮流促进世界和平发展——在莫斯科国际关系学院的演讲》,《人民日报》2013 年 3 月 24 日,第 2 版。

策,更是对新中国成立 70 多年来对外政策经验教训的深刻反思与总结。① 那么,如何理解这一范畴和理念?这一理念与"一带一路"倡议是什么关系?如何理解它是以习近平同志为核心的党中央就人类未来发展提出的"中国方略"?这些问题值得进一步追问和思考。

一、中西方关于"共同体"思想的内涵差异与实践旨趣

关于"共同体"的思想自古有之,但是在不同的历史时期和不同的学者话语中,其内涵迥异。回顾不同语境下的"共同体"思想,可以看到人类思维的智慧火花不断燃烧和跳跃的轨迹。

构建"共同体"的思想早在轴心时代就已经出现了。在中国儒家思想的丰富宝藏中,"大同"思想与"共同体"思想具有异曲同工之妙。这一思想最早由孔子提出:"大道之行也,天下为公。选贤与能,讲信修睦。故人不独亲其亲,不独子其子,使老有所终,壮有所用,幼有所长,矜寡孤独废疾者,皆有所养。男有分,女有归。货恶其弃于地也,不必藏于己;力恶其不出于身也,不必为己。是故谋闭而不兴,盗窃乱贼而不作,故外户而不闭。是谓大同。"② 这是一种带有原始共产主义色彩的理想社会,也成为中华传统文化中最具有影响力的思想动力之一,一代又一代知识分子把建设"大同社会""尧舜之治"作为自己的最高理想追求。特别是近代以来,为了改变中国积贫积弱的现状,维新派的康有为撰写了《大同书》,梁启超将其与当时传入中国的社会主义、马克思主义等思潮进行糅合与宣传:"以今语译之,则民治主义存焉(天下……与能),国际联合主义存焉(讲信修睦),儿童公育主义存焉(故人不……其子),老病保险主义存焉(使老有……所养),共产主义存焉(货恶……藏诸己),劳作神圣主义存焉(力恶……为己)。有为谓此为孔子理想的社会制度。"③ 孙中山先生也指出:"人类进化之目的为何?即孔子所谓'大道之行也,天下为公'……此人类所希望,化现在之痛苦世界而为极乐之天堂是也。近代文明进步,以日加速,最后之百年已胜于以前之千年,而最后之十年又胜以往之百年,如此递推,太平之世当在不远。"④ 毛泽东在年轻的时候也

---

① 彭大成:《中国古代"大同"思想与当今"构建人类命运共同体"》,《湖湘论坛》2018 年第 2 期,第 35 页。
② 戴圣:《礼记》,长春:时代文艺出版社 2008 年版,第 98 页。
③ 梁启超,朱维铮:《梁启超论清学史二种》,上海:复旦大学出版社 1985 年版,第 66 页。
④ 孙中山:《孙中山选集》,北京:人民出版社 1981 年版,第 156~157 页。

热切向往孔子的"大同"理想:"孔子知此义,故立太平世为鹄,而不废据乱、升平二世。大同者,吾人之鹄也。"① "取世界主义,而不采殖民政策。世界主义,愿自己好,也愿别人好,质言之,即愿大家好的主义……世界大同,必以各地民族自决为基,南洋民族而能自决,即是促进世界大同的一个条件。"② 从这些论述中可以看到,孔子的"大同"思想具有穿越时空的恒久价值,其内涵与马克思主义关于未来美好社会的设想在很多方面具有一致性。这也是马克思主义能够在中国广泛传播的内在原因。需要说明的是,在"共同体"思想以外,中国传统文化中还有与此思想相关的不少思想和理念,比如"义利统一""和而不同"等,可以看作"共同体"得以维护的条件和原则。这些思想和理念反映了中国文化传统的特质——包容性。这些思想和理念深刻影响着古代中国历朝历代的对外交往实践。比如在郑和下西洋的案例中,我们可以看到其中的文化旨趣,它是以"交往"而不是"征服"为目标,商贸往来的背后是文化的交流与传播。

在西方,"共同体"思想起源也很早,柏拉图(Plato)的《理想国》、亚里士多德(Aristotle)的《政治学》和《尼各马可伦理学》都提到"共同体"思想。比如,柏拉图的"城邦共同体"以及亚里士多德所说的"人天生是政治动物"中,"城邦的"和"政治的"都出自同一个希腊词根"polis"。根据《政治学》的中文译者吴寿彭的解释:polis一词"既指城市又指邦国,或同时指两者;而首要的是指相互依赖的个人与社团组织结合在一起的共同体及社会。换言之,希腊的polis可解释为最基本的历史单位,属于社会文化的一切因素都包括在内。因此,成为'一个政治动物',意味着成为一种特定类型的社会共同体的一员,此共同体就是希腊人所仅有且仅知的城邦"③。柏拉图和亚里士多德之后,"共同体"的思想延绵不绝。从词源来看,"共同体"一词最早可追溯到古希腊的"Koinonia",意即城邦中的市民共同体。古罗马西塞罗(Cicero)的《论义务》中使用"Communitas"一词指代"共同体",这一词语逐渐演化成现代英语的"Community"。随着希腊城邦的衰落和罗马的崛起,西塞罗提出要把罗马建设成"法的共同体",罗马法在罗马社会发挥着非常重要的作用;罗马衰落之后,基督教趁机打造"神的共同体",人们的一切生活

---

① 中共中央文献研究室、中共湖南省委《毛泽东早期文稿》编辑组:《毛泽东早期文稿(1912.6—1920.11)》,(该版本未标示出版单位)1990年版,第89页。
② 中共中央文献研究室、中共湖南省委《毛泽东早期文稿》编辑组:《毛泽东早期文稿(1912.6—1920.11)》,(该版本未标示出版单位)1990年版,第560页。
③ 于海:《西方社会思想史》,上海:复旦大学出版社2007年版,第40页。

都笼罩在"神"的庇护之下；启蒙思想家卢梭（Rousseau）和洛克（Locke）根据社会契约论思想提出要建设"政治共同体"，"人性"取代"神性"；费希特（Fecht）则根据社会契约论思想提出要建设"意志共同体"的构想；黑格尔在区分伦理和道德的基础上，把国家称为"伦理共同体"。无论是哪种"共同体"，西方共同体思想都摆脱不了其原初"城邦共同体"的"政治"底色，它总是与民主、自由、个体的权利和义务等价值理念紧密相连，这也是西方重视个人主义传统的"文化基因"。

尽管古代中国和古代西方对于"共同体"思想的理解有差异，但这并不妨碍它们之间的交流往来。古丝绸之路就是很好的例证。这是在生产力和交通工具尚不发达的历史条件下人们自发进行的商贸交往行为。正是在这种交流往来中，东西方文化各自得到了传播，彼此的价值观念、文化传统、生活习惯被对方认知。比如，《大唐西域记》记载了玄奘亲身经历和通过传闻得知的138个国家和地区、城邦，包括今中国新疆维吾尔自治区和中亚地区、阿富汗、伊朗、巴基斯坦、印度、尼泊尔、孟加拉国、斯里兰卡等地的情况，内容涵盖疆域、气候、山川、风土、人情、语言、宗教、佛寺以及大量的历史传说、神话故事等。几百年后的13世纪，意大利旅行家马可·波罗的《马可·波罗游记》记录了中亚、西亚、东南亚等地区的许多国家的情况，特别是关于中国的叙述，激发了无数西方人对于东方古老国度的向往。可以说，价值观传播是一个历史事实，不是某些人的政治意愿或伦理诉求。一部人类社会的发展史，就是人与人之间的交往史，也是一部价值观的传播史。

二、马克思的"共同体"思想与价值观传播意蕴

在马克思主义的思想体系中也有丰富的"共同体"思想，这一思想是对此前关于"共同体"思想的继承和超越。在《德意志意识形态》中，马克思、恩格斯使用了"Gemeinwesen"与英文词"Community"相对应，意思更多的是指非政治的联合形式。[①] 不过，马克思对于"共同体"的把握是从历史变迁的角度进行的，他在分析共同体的古典形式和现代形式之后，认为"人的本质是人的真正的共同体"[②]。他将有史以来的共同体分为自然的原始"部落共同

---

① 马俊峰：《马克思社会共同体思想研究》，北京：中国社会科学出版社2011年版，第26~27页。

② 中共中央马克思恩格斯列宁斯大林著作编译局：《马克思恩格斯全集》（第3卷），北京：人民出版社2002年版，第394页。

体"、古典古代公社所有制或曰奴隶制共同体、中世纪等级所有制的"封建共同体"、资本主义社会的"虚幻的共同体"以及未来实现每个人自由与全面发展的"真正的共同体"即"自由人的联合体"。

首先是原始的"自然共同体",这是由于古代社会的生产力低下,社会成员需要"以群的联合力量和集体行动来弥补个体自卫能力的不足"①,"我们越往前追溯历史,个人,从而也是进行生产的个人,就越表现为不独立,从属于一个较大的整体"②。在《1857—1858年经济学手稿》中,马克思对于"自然共同体"进行了描述:"第一个前提首先是自然形成的共同体。家庭和扩大成为部落的家庭,或通过家庭之间互相通婚[而组成的部落],或部落的联合。"③ 在这种自然共同体中,人们的共同性主要表现为"血缘、语言、习惯",人与人的价值观具有高度一致性。人们生活于其中的部落,既是作为社会存在的"共同体",也是具有共同社会意识的"共同体",价值观传播的范围主要限于部落内部成员之间和代际之间,其内容都与部落的共同利益息息相关。随着生产力的发展,出现了社会分工,这反过来促进了整个社会的变化,特别是个体与群体之间的利益关系的变化,而利益的变化必然带来价值观念的变化。"随着分工的发展也产生了单个人的利益或单个家庭的利益与所有互相交往的个人的共同利益之间的矛盾;而且这种共同利益不是仅仅作为一种'普遍的东西'存在于观念之中,而首先是作为彼此有了分工的个人之间的相互依存关系存在于现实之中。"④ 生产力的发展促进了"自然的共同体"的解体,包括促进了人们之间共同价值观念的解体。此时,部落之间乃至国家之间的价值观交流和传播成为必然。

其次是"虚幻的共同体"(有时也称为"冒充的共同体")。这是马克思对资产阶级的国家的称谓。如果说古代社会是"以共同体为本位"的社会状态的话,那么资本主义社会就是一个"以个体为本位"的社会状态,可以把从古代

---

① 中共中央马克思恩格斯列宁斯大林著作编译局:《马克思恩格斯全集》(第21卷),北京:人民出版社1965年版,第45页。
② 中共中央马克思恩格斯列宁斯大林著作编译局:《马克思恩格斯全集》(第30卷),北京:人民出版社1995年版,第25页。
③ 中共中央马克思恩格斯列宁斯大林著作编译局:《马克思恩格斯全集》(第30卷),北京:人民出版社1995年版,第466页。
④ 中共中央马克思恩格斯列宁斯大林著作编译局:《马克思恩格斯选集》(第1卷),北京:人民出版社2012年版,第163页。

到近代的发展历史看作"以共同体为本位"向"以个体为本位"逐步过渡的历史。①"工业和商业瓦解了封建的共同体，随着私有制和私法的产生，开始了一个能够进一步发展的新阶段"②，这就是资本主义的产生。在此过程中，个体的地位和价值得到了极大彰显，个人主义成为资本主义的核心价值观。相比于此前的各种社会形态，资本主义的价值观取得了巨大进步，人的交往空间得到了巨大拓展，人朝着自身解放的步伐大大向前迈进。遗憾的是，资本主义也没有带来人的本质的实现和人的解放，人的本质被异化了。个体虽然摆脱了"人的依赖性"关系，却又陷入"物的依赖性"关系，个体的生存乃至整个社会体系都臣服于资本和货币。"货币同时直接是现实的共同体，因为它是一切人赖以生存的一般实体；同时又是一切人的共同产物。但是，正如我们已经看到的，在货币上共同体只是抽象，对于单个人来说只是外在的、偶然的东西；同时又只是作为孤立的单个人的个人满足需要的手段。"③ 这种共同体带来的是个体利益与公共利益的分离，它使穷人处于实际的共同利益之外，因此是"虚幻的""虚假的""冒充的"。这种"虚幻"和"虚假"还表现在"国家"的本质上，"正是由于特殊利益和共同利益之间的这种矛盾，共同利益才采取国家这种与实际的单个利益和全体利益相脱离的独立形式，同时采取虚幻的共同体的形式……"，"国家内部的一切斗争——民主政体、贵族政体和君主政体相互之间的斗争，争取选举权的斗争等等，不过是一些虚幻的形式——普遍的东西一般说来是一种虚幻的共同体的形式——，在这些形式下进行着各个不同阶级间的真正的斗争"。④"从前各个人联合而成的虚假的共同体，总是相对于各个人而独立的；由于这种共同体是一个阶级反对另一个阶级的联合，因此对于被统治的阶级来说，它不仅是完全虚幻的共同体，而且是新的桎梏。"⑤ 在这个阶段，人与人之间的交往摆脱不了各自立场和利益的局限性，看上去似乎是以"人"为中心，实际上传播的主要是以"物"为中心的价值观。

---

① 显然，这是以西方社会为研究对象——准确地说，是欧洲——得出的结论。这一话语体系和研究结论并不适用于中国社会历史。中国从来就没有出现过"以个体为本位"的社会。
② 中共中央马克思恩格斯列宁斯大林著作编译局：《马克思恩格斯选集》（第1卷），北京：人民出版社2012年版，第213页。
③ 中共中央马克思恩格斯列宁斯大林著作编译局：《马克思恩格斯全集》（第30卷），北京：人民出版社1995年版，第178页。
④ 中共中央马克思恩格斯列宁斯大林著作编译局：《马克思恩格斯选集》（第1卷），北京：人民出版社2012年版，第164页。
⑤ 中共中央马克思恩格斯列宁斯大林著作编译局：《马克思恩格斯选集》（第1卷），北京：人民出版社2012年版，第199页。

最后是"真正的共同体",即未来社会的"自由人的联合体"。马克思对于资本主义"虚幻的共同体"的批判并不意味着他要抛弃共同体。事实上,马克思强调了共同体对于个体的意义,"只有在共同体中,个人才能获得全面发展其才能的手段,也就是说,只有在共同体中才可能有个人自由"①。如果说古代"自然的共同体"是由于生产力过于低下而不得不采用的社会组织形式,因而个体的价值不得不被压制从而被忽视的话,那么在资本主义条件下,由于过于强调个体的价值,共同体自身的价值被忽视了,这样的共同体反过来又不利于个体价值的实现。但是,无论是古代"自然的共同体"还是资本主义条件下的"虚幻的共同体",都无法真正实现人的本质和人的解放。"在真正的共同体的条件下,各个人在自己的联合中并通过这种联合获得自己的自由。"②"真正的共同体"需要协调好个体与共同体之间的关系,既保留以个体为本位的社会的个体自主与自由,又发挥共同体的优势,保持对自身生存条件的控制,消除其对个体的不合理控制,抛弃其"虚幻性"。"在控制了自己的生存条件和社会全体成员的生存条件的革命无产者的共同体中,情况就完全不同了。在这个共同体中各个人都是作为个人参加的。它是各个人的这样一种联合(自然是以当时发达的生产力为前提的),这种联合把个人的自由发展和运动的条件置于他们的控制之下。"③ 这就是《共产党宣言》中马克思、恩格斯所指出的:"代替那存在着阶级和阶级对立的资产阶级旧社会的,将是这样一个联合体,在那里,每个人的自由发展是一切人的自由发展的条件。"④ 只有到了这个阶段,人与人的交往和传播的价值观才是真正以"人"为中心,为了人的本质实现和人的解放。

行文至此,需要对"共同体"这个概念本身进行一番小结。笔者以为,所谓"共同体",是指这样一个组织或集团,由于相互生产和社会生活需要,使得处于相同历史时空之中的人与人根据一定的规则和体制联合起来,共同应对来自外部的威胁和挑战。为了实现这种联合,需要理念和行动上协调一致。"共同体"是一个"总"概念,其下还有一系列的"子"概念,如"政治共同

---

① 中共中央马克思恩格斯列宁斯大林著作编译局:《马克思恩格斯选集》(第1卷),北京:人民出版社2012年版,第199页。
② 中共中央马克思恩格斯列宁斯大林著作编译局:《马克思恩格斯选集》(第1卷),北京:人民出版社2012年版,第199页。
③ 中共中央马克思恩格斯列宁斯大林著作编译局:《马克思恩格斯选集》(第1卷),北京:人民出版社2012年版,第202页。
④ 中共中央马克思恩格斯列宁斯大林著作编译局:《马克思恩格斯选集》(第1卷),北京:人民出版社2012年版,第422页。

体""生态共同体""法律共同体""利益共同体"等，每一个概念都指向一定的领域；也可以按照范围来分类，比如"东亚共同体""非洲共同体""发展中国家共同体"等。如果把不同的领域和范围有机结合起来，就构成了"人类命运共同体"。因此，构建"人类命运共同体"是价值"位势"最高的概念。在每个类型和层次的共同体中，都需要相应的共同价值观的理念支撑，这就使得价值观的交流与传播成为必要。

三、合作共赢：习近平总书记关于"人类命运共同体"思想的提出及其国际影响

自习近平总书记提出"命运共同体"以后，这一概念成为中国周边外交工作的指针。2013年10月24日至25日，习近平总书记在我国周边外交工作座谈会上强调，我国周边外交工作要突出体现亲、诚、惠、容的理念，让命运共同体意识在周边国家落地生根。2014年11月28日至29日，中央召开外事工作会议，习近平总书记就新形势下不断拓展和深化外交战略布局提出要求，强调要打造周边命运共同体，深化同周边国家的互利合作和互联互通。几年来，亚洲命运共同体、中非命运共同体、中拉命运共同体、中阿命运共同体……更多区域层面的命运共同体正不断生根。之所以提出如此多的"共同体"，源于中国处理国际事务和加强全球治理的理念，那就是"合作共赢"。这一理念与我国长期以来的外交理念是一致的。此后，习近平多次在国际场合强调了这一理念。

在博鳌亚洲论坛2015年年会上，习近平主席以《迈向命运共同体，开创亚洲新未来》为题，对构建人类命运共同体进行了系统阐述，提出迈向命运共同体，必须坚持各国相互尊重、平等相待；坚持合作共赢、共同发展；坚持实现共同、综合、合作、可持续的安全；坚持不同文明兼容并蓄、交流互鉴四项原则。①

2015年9月28日，习近平主席在出席第七十届联合国大会一般性辩论时，发表题为《携手构建合作共赢新伙伴 同心打造人类命运共同体》的讲话。他指出，"伙伴关系""安全格局""发展前景""文明交流""生态体系"这些内容可能被看作是"人类命运共同体"的基本架构和发展目标。为了实现

---

① 习近平：《出席博鳌亚洲论坛2015年年会开幕式并发表主旨演讲——迈向命运共同体 开创亚洲新未来》，《人民日报》2015年3月29日，第1版。

这一目标，习近平主席提出 5 点主张：建立平等相待、互商互谅的伙伴关系，营造公道正义、共建共享的安全格局，谋求开放创新、包容互惠的发展前景，促进和而不同、兼收并蓄的文明交流，构筑尊崇自然、绿色发展的生态体系。① 这被看作中国为世界各国迈向人类命运共同体提出的"路线图"。

2016 年 6 月 6 日，习近平主席在第八轮中美战略与经济对话和第七轮中美人文交流高层磋商联合开幕式的讲话中指出，"中国坚定不移走和平发展道路，倡导各国共同走和平发展道路，推动构建以合作共赢为核心的新型国际关系，打造人类命运共同体"②。

2017 年 1 月，习近平主席在联合国日内瓦总部发表的主旨演讲，系统全面探讨了构建人类命运共同体这一时代命题，指出"国际社会要从伙伴关系、安全格局、经济发展、文明交流、生态建设等方面作出努力"，坚持对话协商、共建共享、合作共赢、交流互鉴、绿色低碳，建设一个持久和平、普遍安全、共同繁荣、开放包容、清洁美丽的世界。③ "持久和平、普遍安全、共同繁荣、开放包容、清洁美丽的世界"可以看作构建"人类命运共同体"的价值目标和具体内容。

2017 年 6 月 9 日，习近平主席在哈萨克斯坦阿斯塔纳召开的上海合作组织成员国元首理事会第十七次会议上，发表了题为《团结协作开放包容建设安全稳定、发展繁荣的共同家园》的演讲，提出要"保持团结协作的良好传统，新老成员国密切融合，深化政治互信，加大相互支持，构建平等相待、守望相助、休戚与共、安危共担的命运共同体"，为此要巩固团结协作、携手应对挑战、深化务实合作、拉紧人文纽带、坚持开放包容。④

2017 年 12 月 1 日，习近平总书记在中国共产党与世界政党高层对话会上的主旨讲话中，再次阐述构建人类命运共同体，全面论述了"建设一个什么样的世界"和"怎样建设这个世界"的重大问题，指出"构建人类命运共同体，需要世界各国人民普遍参与。我们应该凝聚不同民族、不同信仰、不同文化、不同地域人民的共识，共襄构建人类命运共同体的伟业"，努力建设一个远离

---

① 习近平：《携手构建合作共赢新伙伴 同心打造人类命运共同体——在第七十届联合国大会一般性辩论时的讲话》，《人民日报》2015 年 9 月 29 日，第 2 版。
② 习近平：《为构建中美新型大国关系而努力——在第八轮中美战略与经济对话和第七轮中美人文交流高层磋商联合开幕式上的讲话》，《人民日报》2016 年 6 月 7 日，第 2 版。
③ 习近平：《共同构建人类命运共同体——在联合国日内瓦总部的演讲》，《人民日报》2017 年 1 月 20 日，第 2 版。
④ 习近平：《团结协作开放包容建设安全稳定、发展繁荣的共同家园——在上海合作组织成员国元首理事会第十七次会议上的讲话》，《人民日报》2017 年 6 月 10 日，第 3 版。

恐惧、普遍安全的世界；一个远离贫困、共同繁荣的世界；一个远离封闭、开放包容的世界；一个山清水秀、清洁美丽的世界。①

2018年4月10日，习近平主席在博鳌亚洲论坛2018年年会开幕式上的讲话中指出，希望"各国人民同心协力、携手前行，努力构建人类命运共同体，共创和平、安宁、繁荣、开放、美丽的亚洲和世界"。面向未来，各国要相互尊重、平等相待；对话协商、共担责任；同舟共济、合作共赢；兼容并蓄、和而不同；敬畏自然、珍爱地球。②

2018年7月26日，习近平主席在金砖国家领导人约翰内斯堡会晤大范围会议上的讲话中指出："金砖国家要把握历史大势，深化战略伙伴关系，巩固'三轮驱动'合作架构，让第二个'金色十年'的美好愿景变为现实。"为此，要"释放经济合作巨大潜力""坚定维护国际和平安全""深入拓展人文交流合作""构建紧密伙伴关系网络"。③

以上只是习近平主席在出席国际重要会议上部分有代表性的讲话，实际次数远超于此。不仅在国际场合，在国内场合也是如此。在党的十九大报告中，"人类命运共同体"的概念被提及6次。

中国提出的"人类命运共同体"思想得到了世界的普遍认同，并被多次写入联合国文件。2017年2月10日，联合国社会发展委员会第55届会议协商一致通过"非洲发展新伙伴关系的社会层面"决议，呼吁国际社会本着合作共赢和构建人类命运共同体的精神，加强对非洲经济社会发展的支持。"构建人类命运共同体"理念首次被写入联合国决议中。④ 这体现了这一理念已经得到国际社会的普遍认同，彰显了中国对全球治理的巨大贡献。2017年3月17日，联合国安理会一致通过关于阿富汗问题的第2344号决议，呼吁国际社会凝聚援助阿富汗共识，通过"一带一路"建设等加强区域经济合作。决议强调，应本着合作共赢精神推进地区合作，以有效促进阿富汗及地区安全、稳定和发展，构建人类命运共同体。⑤ 2017年3月23日，联合国人权理事会第34次会议通过关于"经济、社会、文化权利"和"粮食权"两个决议，决议明确

---

① 习近平：《携手建设更加美丽的世界——在中国共产党与世界政党高层对话会上的主旨讲话》，《人民日报》2017年12月2日，第2版。
② 习近平：《开放共创繁荣创新引领未来——在博鳌亚洲论坛2018年年会开幕式上的主旨演讲》，《人民日报》2018年4月11日，第3版。
③ 习近平：《出席金砖国家领导人第十次会晤并发表重要讲话 强调金砖国家要深化战略伙伴关系，让第二个"金色十年"的美好愿景变为现实》，《人民日报》2018年7月27日，第1版。
④ 曹元龙：《为人类命运共同体理念点赞》，《光明日报》2017年2月13日，第10版。
⑤ 王义桅：《人类命运共同体开创21世纪新文明》，《学习时报》2017年6月12日，第2版。

表示要"构建人类命运共同体"。这是人类命运共同体重大理念首次载入人权理事会决议,标志着这一理念成为国际人权话语体系的重要组成部分。2017年11月2日,第七十二届联大负责裁军和国际安全事务第一委员会(联大一委)会议在纽约联合国总部闭幕。中国关于"构建人类命运共同体"的理念写入了本届联大第一次委员会通过的"防止外空军备竞赛进一步切实措施"和"不首先在外空放置武器"两份安全决议。[①] 所有这些都表明,由中国提出的"构建人类命运共同体"理念和相应的行动已经成为当今世界的共识,这代表着人类社会未来发展的方向。这一理念是中国发挥负责任大国作用的重要体现,是中国积极参与全球治理体系改革和建设、不断贡献中国智慧的重要结晶。

说到这里,有必要讨论一下习近平主席提出的"人类命运共同体"与马克思所说的"共同体"概念。关于这一点,目前学术界有不同的观点。有学者认为,"人类命运共同体"是马克思"真正的共同体"思想在当代中国的实践,它推进了人类社会共同发展的历史进程。这种观点面临的风险在于,可能会将人类命运共同体当作一种社会形态,即一种与马克思"真正的共同体"意义相应的理想社会形态的当代实践形式。也有学者把人类命运共同体看作通向人类解放道路的一个奠基性的必经环节,是从"虚幻的共同体"提升到"真正的共同体"的历史性起点,是走向"真正共同体"的必要环节。这种观点大致把"人类命运共同体"看作"虚幻共同体"和"真实共同体"的过渡形态,与前一种面临着同样的风险,即把"人类命运共同体"看作一种社会形态。还有学者认为,"人类命运共同体"并不是马克思的"共同体"思想的演化,并不承担"社会形态"的功能,而只是"社会共同体"的次级范畴。

以上探讨各有其价值,但又存在不足。我们认为,既不能否认"人类命运共同体"思想与马克思共同体思想之间的内在关联,也不能把二者简单等同起来。二者既一脉相承,又与时俱进。其一脉相承表现在,"人类命运共同体"思想坚持了马克思共同体思想的世界历史视野,彰显了马克思共同体思想的人类关怀精神,承接了马克思共同体思想的平等交往理念,延续了马克思共同体思想的实践指向。[②] 其与时俱进表现在,"人类命运共同体"思想的时代性更强,它是在新的时代条件下,在人类社会面临多种全球性问题挑战的现实背景

---

① 殷淼:《构建"人类命运共同体"理念再次写入联合国决议》,《人民日报》2017年11月3日,第21版。
② 孙来斌:《论"人类命运共同体"与马克思共同体思想的关系》,《马克思主义研究》2019年第12期,第35页。

下提出的中国方案和中国智慧。尽管当今世界仍然是由资本主义主导,但是与马克思生活的时代相比,已经发生了巨大的变化。因此,应该辩证看待"人类命运共同体"思想和马克思的共同体思想的紧密关联。如果割裂了二者的联系,就会阻断"人类命运共同体"思想的马克思主义理论基础;如果将二者简单等同,就无法体会"人类命运共同体"思想是马克思主义中国化过程中的原创性理论成果,在实践上可能会激起国外特别是西方国家对中国"价值观输出"的疑虑。这两种做法都是不可取的。

四、"一带一路"与"人类命运共同体"的内在逻辑

2017年5月14日和15日,习近平主席在"一带一路"国际合作高峰论坛开幕式、欢迎宴会祝酒词、圆桌峰会开幕辞和闭幕词中,分别论及"携手构建广泛的利益共同体"[1]"打造甘苦与共、命运相连的发展共同体"[2]"不断朝着人类命运共同体方向迈进"[3]"推动构建人类命运共同体"[4]。这些论述把"一带一路"倡议的远景目标及其与"人类命运共同体"之间的内在关联清晰地呈现在世人面前。

第一,"一带一路"与"人类命运共同体"具有共同的价值立场,都是着眼于人类的共同利益。"一带一路"和"人类命运共同体"都不是局限于哪一个国家或者少数几个国家或集团的利益,而是把全人类的共同利益看作自己的行动目标。"一带一路"倡议看上去没有涉及所有国家,但是其价值指向绝不局限于沿线国家。习近平主席多次强调,"一带一路"建设植根于丝绸之路的历史土壤,重点面向亚欧非大陆,同时向所有朋友开放,要"让'一带一路'建设更好造福各国人民","'一带一路'建设将由大家共同商量,'一带一路'建设成果将由大家共同分享"。虽然在"一带一路"倡议提出的头几年,有些国家心存疑虑,但是现在都已经广泛认同"一带一路"的重要价值。事实证明,"'一带一路'建设秉持的是共商、共建、共享原则,不是封闭的,而是开

---

[1] 习近平:《携手推进"一带一路"建设——在"一带一路"国际合作高峰论坛开幕式上的演讲》,《人民日报》2017年5月15日,第3版。

[2] 习近平:《在"一带一路"国际合作高峰论坛欢迎宴会上的祝酒辞》,《人民日报》2017年5月15日,第2版。

[3] 习近平:《开辟合作新起点谋求发展新动力——在"一带一路"高峰论坛圆桌峰会上的开幕辞》,《人民日报》2017年5月16日,第3版。

[4] 习近平:《在"一带一路"国际合作高峰论坛圆桌峰会上的闭幕辞》,《人民日报》2017年5月16日,第3版。

放包容的；不是中国一家的独奏，而是沿线国家的合唱"①。

第二，"一带一路"与"人类命运共同体"是路径与目标的关系。具体来说，构建"人类命运共同体"是目标，即建设一个"持久和平、普遍安全、共同繁荣、开放包容、清洁美丽的世界"；"一带一路"是实现这个目标的手段，是实现构建人类命运共同体目标的中国方案。在世界各国相互依存度日益加强的今天，任何国家企图搞封闭僵化和闭关锁国都是行不通的。经过40多年改革开放，中国与世界日益紧密地联系在一起。"一带一路"倡议的提出，也是基于我国改革开放的历史经验和现实成就，是中国在40年高速发展之后向世界提供的公共产品。与构建"人类命运共同体"这一宏伟目标相比，"一带一路"只是实现这一目标的一条路径和一大举措。"中国命运与世界命运关联在一起，中国的一带一路建设，本质上就是构建人类命运共同体的重大举措，履行大国责任的壮举。从这个角度看，一带一路不仅仅是经济行为，更是承担构建人类命运共同体责任的政治行为。"②

第三，"一带一路"和"人类命运共同体"都需要世界各国的有效合作和共同遵循。当今世界面临着日益严重的全球性问题，这些问题的解决需要世界各国的共同努力和友好合作。"一带一路"沿线国家主要是发展中国家，无论是基础设施建设还是科学技术发展，都有很大的发展空间。因此，"一带一路"倡议的实施具有非常广阔的机遇和光明的前景。但是在现实层面，国家发展的不同水平、历史文化和宗教信仰的差异、不同国家内部的政治稳定状况以及地缘政治引发的大国竞争，都给国家之间的有效合作带来不少的困难。特别是美国的冷战思维、零和博弈和霸权主义给国际秩序的有效运行带来巨大的障碍。时至今日，美国向全世界挥舞的"贸易大棒"已经给世界经济带来伤害。因此，"一带一路"建设和构建"人类命运共同体"需要世界各国共同建立和遵守公正合理的国际秩序。正如习近平主席在日内瓦演讲中指出的："纵观近代以来的历史，建立公正合理的国际秩序是人类孜孜以求的目标。从360多年前《威斯特伐利亚和约》确立的平等和主权原则，到150多年前日内瓦公约确立的国际人道主义精神；从70多年前联合国宪章明确的四大宗旨和七项原则，到60多年前万隆会议倡导的和平共处五项原则，国际关系演变积累了一系列

---

① 习近平：《出席博鳌亚洲论坛2015年年会开幕式并发表主旨演讲——迈向命运共同体 开创亚洲新未来》，《人民日报》2015年3月29日，第1版。
② 廖奕：《人类命运共同体的法理阐释——"构建人类命运共同体理论研讨会"》，《法学评论》2017年第5期，第193页。

公认的原则。这些原则应该成为构建人类命运共同体的基本遵循。"①

第四节　中国价值观国际传播的文化旨归

人是文化性的存在——这里的"人"不仅是个体意义上，还指群体或"类"的意义上——没有人就谈不上文化；同样的道理，没有文化也就不成其为人。文化与人是一体的，人是文化的人，文化是人的文化。人创造自己的文化，借鉴他者文化，传承自己的文化，传播自己的文化。正是在这种创造、借鉴、传承和传播文化的过程中，人生成了自身，形成了社会、民族和国家。文化的核心是价值观，文化的创造、传承与传播，也就是价值观的生成、传承与传播。理解"人类命运共同体"理念，也需要从文化和价值观传播的意义上予以解读。

一、价值观国际传播：构建人类命运共同体的价值前提

从世界历史的进程来看，人类社会的发展进步、人类文明的发展进程与价值观传播是共同进行的过程。每一次大的社会变革，往往伴随着原有价值观的解体和新的价值观的生成，也由此带来价值观的新一轮传播。社会变革的深刻程度与价值观传播的广泛性与深刻性成正相关。这是世界历史发展的实践逻辑。1922年，罗素（Russell）在其《中西文明比较》中指出："不同文化之间的交流过去已经多次证明是人类文明发展的里程碑。希腊学习埃及，罗马借鉴希腊，阿拉伯参照罗马帝国，中世纪的欧洲模仿阿拉伯，而文艺复兴时期的欧洲又仿效拜占庭帝国。"② 正是因为不同文化和文明的交流和传播，才形成丰富多彩的人类文明。

文化交流与传承是个体生存发展的基本方式，也是一个国家和民族生存发展的内在需要。对于国家来说，文化和价值观传播是一个国家对人类文明进步应尽的义务。在人类文明的"光谱"系列中，每个国家的文化都是其中一个鲜明的"色调"；在人类文明的"大合唱"中，每个国家的文化和价值观都是其

---

① 习近平：《共同构建人类命运共同体——在联合国日内瓦总部的演讲》，《人民日报》2017年1月20日，第2版。

② 庄晓东：《传播与文化概论》，北京：人民出版社2008年版，第362页。

中亮丽的"音节"。特别是对于一定历史时期的世界大国来说,传播其国家文化和价值观对于世界的发展具有举足轻重的意义。比如,盛唐时期的大唐帝国和阿拉伯帝国曾经通过"丝绸之路"传播各自的文化和价值观,为东西方文明交流互鉴做出了重大贡献。进入资本主义以后,西方国家通过坚船利炮为资本打开了通往世界市场的大门,也向世界传播了西方文化和价值观。通过这种传播,古老的东方社会了解了西方的"民主""自由""平等""人权"。西方价值观传播也影响到中国,中国正是在受到西方文化影响的过程中,最终选择了马克思列宁主义。中国共产党人将来自西方和苏俄的马克思列宁主义进行中国化改造,用来指导中国革命并取得近代以来真正的胜利,使得中国社会发生了天翻地覆的变化。如今,经过40多年的改革开放,中国特色社会主义取得了巨大成就,不仅改变了自身经济落后的面貌,更是为世界经济发展作出了卓越贡献。值此历史关头,中国已经有能力、也有义务向世界特别是广大发展中国家讲述中国经验,贡献中国智慧,传播中国文化。

站在世界历史的高度来看,价值观国际传播不是一个理论命题而是一个实践命题,它不是理论假设而是历史事实。亨廷顿在其《文明的冲突与世界秩序的重建》一书中提到了七大文明:中华文明、日本文明、印度文明、伊斯兰文明、西方文明、拉丁美洲文明以及可能的非洲文明。如果把时间往前追溯,会发现还有许多文明不在亨廷顿的列举范围,比如埃及文明、拜占庭文明、美索不达米亚文明、玛雅文明等。这些文明都消失在了历史的长河中。作为人类共同精神遗产的一部分,这些文明无疑具有重要价值,但是由于各种各样的原因,最终都没有传承下来。

"对人类发展进步事业来说,中国对世界的贡献不只是经济上的,物质上的,还包括制度上的、思想上的贡献。"① 我们今天讨论价值观国际传播的命题,不是要向世界"输出"中国价值观,而是"介绍"中国价值观。这是两个具有本质差异的概念:"输出"以"认同"和"信仰"为目标,而"介绍"仅以"认知"和"理解"为目标。当西方国家对外输出其所谓"普世价值"的时候,是以同化其他国家的思想观念体系乃至政治体制为目的的,本质上是要通过外部干涉,推动社会制度的变革,以达到思想上的"征服"。因此也难怪,当中国提出"一带一路"倡议以及想做好"民心相通"的时候,他们对中国传播价值观感到极为紧张,担心中国把中国特色社会主义意识形态推广给沿线国

---

① 柴尚金:《世界大变局与资本主义、社会主义两种制度关系重构》,《马克思主义研究》2019年第10期,第150页。

家。这是一种"以小人之心度君子之腹"的思维方式。不过，中国价值观还是需要传播的，其目的就是要对外讲好中国故事，在全球治理的大格局中发出中国声音，贡献中国智慧。没有价值观国际传播，构建"人类命运共同体"就失去了共同的价值前提。

在2018年全国宣传思想工作会议上，习近平总书记强调宣传思想工作要自觉担当起"举旗帜、聚民心、育新人、兴文化、展形象"的使命任务。其中"展形象"就是"要推进国际传播能力建设，讲好中国故事、传播好中国声音，向世界展现真实、立体、全面的中国，提高国家文化软实力和中华文化影响力"。[①]"主动宣介新时代中国特色社会主义思想，主动讲好中国共产党治国理政的故事、中国人民奋斗圆梦的故事、中国坚持和平发展合作共赢的故事，让世界更好了解中国。中华优秀传统文化是中华民族的文化根脉，其蕴含的思想观念、人文精神、道德规范，不仅是我们中国人思想和精神的内核，对解决人类问题也有重要价值。要把优秀传统文化的精神标识提炼出来、展示出来，把优秀传统文化中具有当代价值、世界意义的文化精髓提炼出来、展示出来。"[②] 这些讲话精神既是对新时代我国宣传思想工作的要求和期待，也为"一带一路"背景下中国价值观的国际传播指明了方向。

二、认识"中国人"：中国价值观国际传播的文化旨归

"中国人"是怎样的？这个问题很难有统一的答案，也不可能有统一的答案。具体的"中国人"总是处在不断的历史生成中。"个人怎样表现自己的生活，他们自己也就怎样。因此，他们是什么样的，这同他们的生产是一致的——既和他们生产什么一致，又和他们怎样生产一致。"[③] 当我们对外传播中国价值观的时候，就是在向世界介绍我们自身，让世界了解和认识什么是"中国人"。

要认识"中国人"，需要从中国传统文化着手。马克思在《路易·波拿巴的雾月十八日》中写道："人们自己创造自己的历史，但是他们并不是随心所

---

① 习近平：《在全国宣传思想工作会议上强调：举旗帜聚民心育新人兴文化展形象　更好完成新形势下宣传思想工作使命任务》，《人民日报》2018年8月23日，第1版。
② 习近平：《在全国宣传思想工作会议上强调：举旗帜聚民心育新人兴文化展形象　更好完成新形势下宣传思想工作使命任务》，《人民日报》2018年8月23日，第1版。
③ 中共中央马克思恩格斯列宁斯大林著作编译局：《马克思恩格斯全集》（第3卷），北京：人民出版社1960年版，第24页。

欲地创造，并不是在他们自己选定的条件下创造，而是在直接碰到的、既定的、从过去承继下来的条件下创造。一切已死的先辈们的传统，像梦魇一样纠缠着活人的头脑。当人们好像刚好在忙于改造自己和周围的事物并创造前所未闻的事物时，恰好在这种革命危机时代，他们战战兢兢地请出亡灵来为他们效劳，借用它们的名字、战斗口号和衣服，以便穿着这种久受崇敬的服装，用这种借来的语言，演出世界历史的新的一幕。"① 马克思在这里讲的虽然是"革命"行动，但也揭示了历史和文化的一般规律，即文化的继承性。每个个体都有其特定的文化环境，这个环境在个体存在之前已经存在于社会历史之中，成为个体生成发展的条件和前提。从群体或"类"的角度看，这个文化符号是与其个性化的历史传统和地域特性共生共存的。了解中国和中国人，必须了解中国历史文化，了解中华传统文化的精神特质。2014年2月24日，习近平总书记在中共中央政治局第十三次集体学习时指出，要深入挖掘和阐发中华优秀传统文化讲仁爱、重民本、守诚信、崇正义、尚和合、求大同的时代价值，使中华优秀传统文化成为涵养社会主义核心价值观的重要源泉。② 在这里，"讲仁爱、重民本、守诚信、崇正义、尚和合、求大同"就体现了中华传统文化的精神特质。不了解这些精神特质，人们就无法真正走进"中国人"的精神世界，也无法真正理解"中国人"的思维方式和行为方式。

要认识"中国人"，还需要了解当代中国的革命文化和时代文化。任何特定的文化既有历史传承的稳定性，也有社会发展的流变性。正因如此，文化与人都是发展变化的。不同时代、不同地域的人拥有自己独特的文化符号和文化个性。所谓"中国人"，就是基于中国历史文化传统和地域概念的一种特殊的文化存在，这也是"中国人"不同于"日本人""韩国人""西方人"的根本所在。当代中国是从传统中国走过来的，但当代中国人已经呈现当代的时代特征。鸦片战争以后，中国从一个"天朝帝国"逐渐沦为一个半殖民地半封建社会的苦难国家，人们的精神世界和心理状态也逐渐从"云端"跌入"地狱"。在百姓眼中，外国人是"洋人"，外国的产品是"洋货"，外国的武器是"洋枪洋炮"，出国留学也被称为"留洋"……在这一系列的"洋"字背后是许多中国人内心对自己的不自信和对国外"高看一眼"。这种由殖民文化带来的奴性至今在有些人心里还顽固地存在着。经过无数仁人志士的艰苦努力，我们最终

---

① 中共中央马克思恩格斯列宁斯大林著作编译局：《马克思恩格斯选集》（第1卷），北京：人民出版社1995年版，第585页。

② 习近平：《在中共中央政治局第十三次集体学习时强调：把培育和弘扬社会主义核心价值观作为凝魂聚气强基固本的基础工程》，《人民日报》2014年2月26日，第1版。

迎来了中华人民共和国的成立,走上了中国特色社会主义道路,中国人民也从"站起来""富起来"走向"强起来"的伟大征程。21世纪中国人已完全不同于19世纪和20世纪的中国人,特别是当代年轻人的精神世界与他们的一些前辈已经存在巨大的差异。如果说我们的长辈中的部分人对于外国还是"仰视"的话,我们这一代已经是"平视"外国了,我们的晚辈则将更自信地昂首挺胸,甚至在一定程度上可以"俯视"外国。这些重大变化,许多外国人是不清楚的。他们还在用过去的眼光和标准看待当下的中国、当下的中国人。因此,开展中国价值观国际传播不仅是我们自己"走向世界"的需要,也是让世界更好"了解中国"的需要。

2019年10月20日,津巴布韦《星期天新闻报》刊登的一篇题为《社会经济增长"锚定"在文化基础之上——来自中国的经验》的文章指出,像中国这样的全球经济强国的崛起向世人表明,即使不走大多数西方发达国家所走的通过政治征服和剥削实现繁荣的道路,实现经济繁荣也是可能的。中国已经在很大程度上证明,文化在社会从过去发展到现在的过程中发挥着极其重要的作用,中国的模式可以被大多数第三世界国家借鉴,这些国家仍然在努力摆脱帝国主义制度的束缚和确立自己的身份。中国已经成功地通过培养和弘扬具有中国特色的社会主义核心价值观这一共识界定了自己,并使自己与他人区别开来。中国已经成功地通过独具魅力的中国文化把"中国梦"打造成了中国人民所珍视和渴求的一个共同梦想。①

总之,在全球化大趋势下,我们既要立足本国,又要放眼世界,要在意识形态与国家利益、历史与现实、文化与实践等多重维度中把握中国价值观国际传播与"一带一路"建设的内在一致性。"一带一路"倡议不仅属于中国,也属于世界。它不仅意味着要构建一个包含政治、经济、文化、生态等多方面密切合作的命运共同体,更意味着一个多元文化相融通的人类社会存在方式的历史生成。在这个意义上,"一带一路"倡议的实施与价值观国际传播是同一个历史时期的同一个过程。站在世界历史发展的文化高度,从"中国人"的文化生成视角去反思"一带一路"与中国价值观国际传播所蕴含的民族复兴与社会发展的价值意义,表征着"中国人"对自身的认识和对中国社会发展的审视开始向人内在的、自我生成的眼界回归。

---

① 《津巴布韦应借鉴"中国处方"》,《参考消息》2019年10月21日,第6版。

第二章　中国价值观国际传播的内在机理

> 任何运动形式，其内部都包含着本身特殊的矛盾。这种特殊的矛盾，就构成一事物区别于他事物的特殊的本质。①
>
> ——毛泽东

"一带一路"倡议的顺利推进，离不开和平稳定的国际环境。当今国际秩序正处于重要的转型期，旧的国际秩序受到严重挑战，新的国际秩序尚未成型。"世界怎么了？""中国怎么办？"这不仅是中国自身在实现中华民族伟大复兴"中国梦"的过程中必须关心的问题，也是中国作为最大的发展中国家和最大的社会主义国家需要回答的时代之问。在"一带一路"背景下，加强价值观的国际传播，有助于国家之间增进互信和认同，有助于国际秩序的维系和完善。本章着重理论构建，旨在阐明利益认同和价值观认同对于国际合作的重要性，从动态视角分析中国价值观国际传播的发生过程及其影响因素，阐述国家价值观与国家形象建构、国家价值观传播对于国际合作的影响，强调要构建"一带一路"与中国价值观国际传播的共生互荣关系。

第一节　集体认同与多边合作：文化与价值观推动国际新秩序构建

在国际关系领域，国家间的冲突与合作一直是重要的研究论题。英国保守党领袖、前首相本杰明·迪斯雷利（Benjamin Disraeli）曾经说过，没有永恒的敌人，也没有永恒的朋友，只有永恒的利益。这句话常常被用来形容国际关系的本质，也是国家之间开展合作的基本原则。所谓合作，是指这样一种局

---

① 毛泽东：《毛泽东选集》（第1卷），北京：人民出版社1991年版，第308~309页。

面,"一些行为体通过相互协调政策的过程,依据其他行为体实际的或预期的侧重点来调整自己的行动"①。换句话说,国际合作需要三个要素:伙伴国有共同的目的,他们期待从合作局面中获利以及这种利益的相互性。② 关于国家间合作的条件问题,当代国际关系理论中大致存在三种理论观点,即权力均势论、制度合作论和文化合作论,它们之间的论争对于我们理解"一带一路"背景下,国家之间如何建立起合作关系具有重要的启发意义。

权力均势论强调均势与权力在国际合作中的作用。在权力均势论者看来,仅仅关注权力是不够的,安全才是国家追求的最高目标。在无政府状态下,国家对安全的担心是国家之间合作的最大障碍。这种担心使得国家在面对合作的可能性时,不仅关注是否能够在合作中获益,而且关注获益的分配情况。即使本国能够在合作中获益,但如果对方也在合作中获益并在将来对自己不利的话,自己也会放弃,合作仍然很难达成。可见,"国家的首要关注不是权力最大化,而是维持自身在系统中的地位"③。当然,这并不是说权力不重要。恰恰相反,权力均势论更加关注权力的有效性,即自己的权力相对于他国权力的比较优势。只有当自己在系统中获得比较有利的地位时,权力才更为有效和稳固。要想做到这一点,有两条道路可走:一是通过霸权,即自己比别的国家更为强大。比如,罗伯特·基欧汉(Robert Gilpin)认为:"既然机制构成一种国际秩序的要素,这就意味着国际机制的形成一般要依赖霸权国家的存在。霸权稳定论的另一个中心命题是:国际秩序的维持需要霸权国家的持续存在。"④二是通过均势,即寻求盟友并与之合作。比如,在 20 世纪 90 年代,面对冷战后的新局面,约翰·米尔斯海默(John Millsheimer)提出以权力为核心的均势理论,以维护美国的霸权地位。⑤ 尽管在新现实主义内部有一些分歧,但是都有一个共同点,即强调大国在国际合作中的作用。相对于权力而言,观念不重要,最多只能是权力的产物和粉饰。⑥ 这一理念可称为"权力合作论"。

---

① 晋继勇,郑鑫:《全球卫生治理中的国际机制间互动——以世界卫生组织和世界银行为例》,《湖北社会科学》2020 年第 5 期,第 70 页。
② А. П. 茨冈科夫,П. А. 茨冈科夫:《国际关系社会学》,刘再起译,武汉:武汉大学出版社 2007 年版,第 173 页。
③ 肯尼迪·华尔兹:《国际政治理论》,信强译,上海:上海人民出版社 2008 年版,第 134 页。
④ 罗伯特·基欧汉:《霸权之后 世界政治经济中的合作与纷争》,苏长和等译,上海:上海人民出版社 2001 年版,第 36 页。
⑤ 约翰·米尔斯海默:《大国政治的悲剧》,王义桅,唐小松译,上海:上海人民出版社 2003 年版,第 62 页。
⑥ 夏安凌,黄真:《论新现实主义的国际合作理论》,《教学与研究》2006 年第 11 期,第 43 页。

制度合作论强调制度在合作中的重要性。制度合作论者认为，国际合作是一个政策协调的过程，"通过政策协调过程，当行为者将它们的行为调整到适应其他行为者现行的或可预料的偏好上时，合作就会出现"[1]。他们认为阻碍国际合作的不是无政府状态，而是信息、欺骗等中间环节。这些中间环节包括：一是行为者对行为后果的预期。"合作理论的核心是合作的动力或收益要超过单边行动的动力或收益。"[2] 二是世界政治中信息沟通的障碍。三是交易成本，如果成本过高，行为者就不会选择合作。四是环境的不确定性。环境的不确定性有两层含义：第一层含义是指对今天决策起决定性作用的某些未来事件是不可知的；第二层含义是指信息的不对称性，即关于未来的或眼前的某些事件只有一部分人知道，其他的人则不知道。[3] 为了消除这些障碍，就需要国际机制。所谓国际机制，是指特定国际关系领域的一整套明示或默示的原则、规范、规则以及决策程序，行为体的预期以之为核心汇聚在一起。其中，原则是关于事实、原因和公正的信念，规范是以权利和义务定义的行为标准，规则是对行动特别的指示或禁止，决策程序是作出和应用集体选择的普遍实践。[4] 总体上看，制度合作论者认为制度的许多功能能够保证合作的产生和持续进行。与权力均势论不同，制度合作论强调观念的重要性，因为观念参与了制度的产生。[5]

以上两种观点有相同之处，即都是从"国际无政府状态推导出国家自助体系和国家的工具理性，以效用最大化和战略博弈来解释国际合作"[6]。不同的是，前者从结构的角度来思考，认为虽然合作难以实现，但是如果存在一个霸权国家在国际无政府状态中充当相当于国内中央权威的角色，在发挥权力的同时提供公共物品，就能够促进合作的达成与维系；后者更偏向于对行为体间互动的重视，认为理性的国家通过构建共同认可的制度实现和维持彼此间合作，由此获取共同利益的效益更大，因此合作是最优选项。

---

[1] 罗伯特·基欧汉：《霸权之后 世界政治经济中的合作与纷争》，苏长和等译，上海：上海人民出版社2001年版，第62页。

[2] 詹姆斯·多尔蒂，小罗伯特·普法尔茨拉格夫：《争论中的国际关系理论》（第五版），阎学通、陈寒溪等译．北京：世界知识出版社2003年版，第544页。

[3] 苏长河：《全球公共问题与国际合作：一种制度的分析》，上海：上海人民出版社2000年版，第107~108页。

[4] 王杰：《国际机制论》，北京：新华出版社2002年版，第5页。

[5] 朱迪斯·戈尔茨坦，罗伯特·基欧汉：《观念与外交政策：信念、制度与政治变迁》，刘东国、于军译，北京：北京大学出版社2005年版，第197页。

[6] 覃辉银：《西方国际合作理论：比较与批判》，《甘肃社会科学》2008年第3期，第200页。

与以上两种观点有所不同，文化合作论强调人的主观能动性以及文化在国际合作中的作用。他们强调无政府状态下的体系文化不是唯一的，而是可建构的，合作文化能内化于国家理性之中，由此产生的国际合作不仅仅是个体利益得到了实现，也因为他们有着对合作规范的忠实和认同感。汉斯·摩根索（Hans Morgenthau）在《国家间政治：为了权力与和平的斗争》一书中指出："我们建议称之为文化帝国主义的东西是最难以把握的，并且，如果它能够独自获得成功的话，就将是最为成功的帝国主义政策。它要征服和控制的目标不是领土或经济生活，而是人的头脑，同时将之作为改变两个国家权力关系的手段。如果一个人能够想象出，控制着国家 B 所有政策制定人的头脑的国家 A 在文化上，或更具体地说，在争执的意识形态上的具体的帝国主义目标，国家 A 就可以赢得对国家 B 更彻底的胜利，并且建立起比军事上的征服者或经济上的宗主国基础更为稳固的优势地位。国家 A 将无需威胁或诉诸武力，以及使用经济压力来达到其目的；国家 B 由于认同国家 A 的文化及政治哲学对于本国的优越和吸引，其自身的奴性就会导致其早已帮助国家 A 实现了这样的目的。"[1]

在文化合作论看来，权力和制度都不足以成为合作的来源，合作的真正来源是国际体系的文化结构。比如，亚历山大·温特（Alexander Wendt）认为，人类关系的结构主要是由共有观念（Shared Ideas）而不是由物质决定的；有目的的行为体（如国家）的身份和利益由有这些共有观念建构而成的，而不是天然固有的。他进而认为，国际体系是"国际政治理论家感知的国际体系"。有学者这样举例说明建构主义关于合作文化的形成：A、B 两国在第一次相遇时，因为他们之间在这之前没有共同的实践活动，因而两国之间也就不存在任何合作文化。这时，如果 A 国对 B 国采取不合作行为，B 国经过接收、解释和赋予意义这样一个过程，正确理解 A 国的行为后，B 国就会采取相应的不合作行为。如果这时 A 国也正确理解了 B 国的行为，双方就形成"不合作"的互主知识。如果 A、B 两国继续采取不合作行为，双方这种不合作的互主知识就会不断加强，最后形成不合作的文化。反之，如果 A 国对 B 国采取的初始行为是合作性质的，尽管 A 国此时的行为可能是出于自私考虑的，但是，这种行为向 B 国发出的信号是："我希望你也以同样的行动作为回报。"如果 B 国正确理解了 A 国的意思，同样采取了合作行为，此时双方就形成了"合作"

---

[1] 汉斯·摩根索：《国家间政治：为了权力与和平的斗争》，肯尼斯·汤普森改编，孙芳，李晖译，海口：海南出版社 2008 年版，第 83 页。

的互主知识。如果 A、B 两国持续不断地采取合作行为，双方合作的观念就会得到加强，并逐渐稳定下来，从而形成合作文化。

在上述例子中，建构合作文化对于国家间开展合作具有十分重要的意义。如果说权力均势论把国际体系结构看作物质力量的分配、制度合作论在此基础上增加了国际制度的超结构因素的话，文化合作论具有文化本体论色彩，把国际体系看作观念的分配（Distribution of Ideas）。[①] 随着国际形势的发展，特别是全球性问题的日益凸显，我们认为文化合作论关于国际合作的条件的讨论更有说服力，这一理论对"一带一路"背景下如何更好地开展国际合作具有重要借鉴意义。主要体现在以下几个方面：

第一，通过文化和观念的交流与互动，构建相互信任的集体认同的文化，能够有效建立和维持国际合作。所谓集体认同，是指社会群体对自身内在规范和外在地位的认同，以及对多群体联合体的认同，并自愿成为该联合体的一员。[②] 在特定的时空范围和区域群体中，无论是作为个人还是国家，都有两个认同的维度：一个是自我认同，另一个是集体认同。自我认同表现为对自身存在意义和地位的肯定性态度，集体认同表现为对所在群体的归属感。对于由多群体构成的联合体而言，个体（个人或国家）的归属感越强，这个联合体就越有吸引力和凝聚力，相互之间达成合作的机会就越多，共同应对外部挑战的能力就越强大。因此，在国际关系中，通过文化和观念的交流与互动，能够有效化解国家之间在认识上的阻碍因素，并在越来越频繁的合作中逐步形成集体认同的文化，进而结成具有共同认同规则和制度的联合体或共同体。

第二，在国际事务中通过多边合作，涵养"共建共商共享"的文化理念，能够推动构建公平正义的国际新秩序。文化合作论强调文化的作用并不是要弱化制度合作论的"制度"和权力均势论的"权力"在国际合作中的作用，而是为了弥补后两者的不足。无论是权力还是制度，都是主体之外的压力，这种压力迫使主体不得不服从，从而免遭利益损失。但是如果只是停留在"外部压力"的程度，这种约束力仍然难以实现集体认同。亚历山大·温特提出四个能够影响集体认同的变量，分别是"相互依存、共同命运、同质性、自我约

[①] 亚历山大·温特：《国际政治的社会理论》，秦亚青译，上海：上海人民出版社 2000 年版，第 1~5 页。

[②] 马风书：《集体身份认同与跨国区域社会共同体的建构——关于东亚社会共同体建设的思考》，《国际观察》2017 年第 1 期，第 98 页。

束"①，这四个方面既涉及行为体"客观上"的现实存在，也涉及行为体"主观上"的感受和态度。这就需要从"文化"和"观念"层面着手，不是通过"霸权"而是通过"多边合作"来构建相互认同的、能够体现公平正义的制度文化，这样的新秩序才能够保证国际合作的长久维持。

第三，在"一带一路"背景下，加强国家价值观国际传播，能够有效推进国家之间的文化理解和国际合作。根据以上逻辑，在一定的区域和范围内，为了达成集体认同，形成合作文化，每一个行为体既有权利也有义务表达自身的诉求，传播自己的文化和价值观，这是"自我约束"的表现。换句话说，每个行为体都应该认识到，多群体的联合体或共同体的合作文化需要每个行为体的共同参与来构建。在现实层面，由于行为体之间实力的差异，实力强的通常贡献更多的公共产品，实力弱的往往成为"搭便车"者，但这并不意味着"搭便车"者在道义上就"应该"袖手旁观。当前，"一带一路"是中国提供给区域和世界的公共产品，中国遵守现有国际秩序，积极倡导国际合作，也是"自我约束"的表现。与此同时，包括中国在内的沿线国家都需要传播自己的价值观念，通过文化交流来消融彼此的隔阂与误解，构建合作文化，推动国际合作。随着经济全球化趋势的加强，文化交流与合作将会在更大的范围内展开，世界各国有望在更广阔的平台上展开交流与互动，从而形成更大范围、更高层次的集体认同，其最高形式就是"人类命运共同体"。

第二节 中国价值观国际传播的基本过程及其影响因素

从原理来看，中国价值观国际传播与思想政治教育具有一定的相通性，二者都是一定的主体（教育者或传播者）向一定的客体（受教育者或传播对象）施加影响，使其在思想观念或行为方式上发生主体所期待的变化结果的过程。正因如此，研究中国价值观国际传播的机理，可以与思想政治教育的相关原理结合起来。在传播学中，人们通常用传播学先驱者之一拉斯韦尔（Raswell）的理论（即"拉斯维尔程式"或"五W模式"）来分析传播过程，这五个"W"分别是英语中五个疑问代词的第一个字母，即 Who（谁）Says, What

---

① 亚历山大·温特:《国际政治的社会理论》，秦亚青译，北京：北京大学出版社2005年版，第334页。

(说了什么), In Which Channel (通过什么渠道), To Whom (向谁说), With What Effect (有什么效果)。在此,我们借鉴这一理论并结合思想政治教育过程的相关理论来动态分析中国价值观国际传播的过程机理。①

一、价值观国际传播的基本过程

鉴于价值观国际传播的复杂性,我们可以将这一过程分为宏观过程和微观过程。所谓宏观过程,是指价值观国际传播从开始策划到评估反馈的全过程。所谓微观过程,就是指传播者开展价值观传播的具体过程(如图2-1所示)。需要注意的是,这里的宏观过程和微观过程是一个过程的不同阶段而不是两个过程,微观过程蕴含在宏观过程之中。

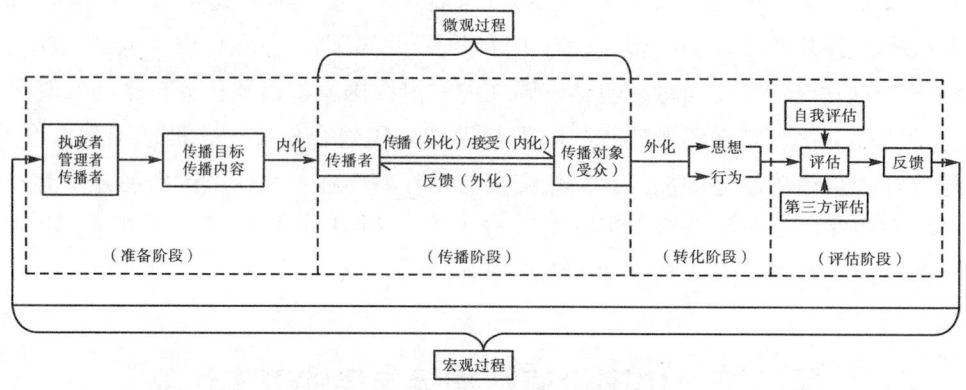

图2-1 价值观国际传播宏观过程与微观过程示意图

价值观国际传播的宏观过程是从全局和战略层面来描述的,这一过程包括四个阶段:准备阶段、实施阶段、转化阶段和评估阶段。

第一,准备阶段。准备阶段是价值观国际传播过程的起点,是价值观国际传播正式实施之前的阶段。这个阶段又可分为两个环节:决策环节和准备环节。决策环节是指执政者(统治者、执政党等)会同政府管理部门以及专家学者(或传播者)一起,根据国家发展现实状况和对外传播需要,就价值观国际传播的目标、内容、任务、方法等进行研究,并作出相关决定的过程。准备环节是指传播者在接受传播任务以后,按照相关要求做好传播准备的过程。在此

---

① 李辽宁,张婕:《思想政治教育过程及其内在矛盾新论》,《学校党建与思想教育》2019年第6期,第18~22页。

过程中，既包括传播者对传播内容的学习和掌握（内化），也包括对受众的了解和掌握，并根据实际情况对传播内容和传播方法进行准备和调整。

第二，实施阶段。这是将传播计划付诸实践的过程，是价值观国际传播的中心环节，也是价值观国际传播的微观过程。这一过程既是传播者的"外化"过程，也是传播对象的"内化"过程。传播者和传播对象在这一个过程中承担着不同角色，其中传播者是主导和传播主体，传播对象是受众也是接受主体，传播者使尽浑身解数，就是为了让传播对象更好地接受传播内容，并在思想观念和情感态度上发生传播者所希望的转变。

第三，转化阶段。转化阶段是受众接受传播之后的反应，包括两个环节：一是思想转化环节。这是在接受传播者的灌输之后在思想观念和心理层面产生的变化。二是行为实践环节。这是思想影响行为的"外化"环节。转化阶段是价值观国际传播的关键环节，能不能实现预期目标也主要依据这一环节体现出来。

第四，评估阶段。评估阶段是价值观国际传播的重要内容，主要考察传播的效果，即传播者发出的信息经由媒介传播以后对于受众的思想观念和行为方式产生的影响和结果，包括过程评估和结果评估。过程评估既包括对价值观国际传播全过程的评估，也包括对其中某个局部过程或某些要素的评估（比如传播者的投入或状态、传播对象的参与度和满意度、传播对象的思想观念或行为表现等）。评估的目的是发现不足，提出改进意见，并把评估结果反馈给相关部门或传播者，从而为下一次传播获得更好效果提供依据和建议。因此，反馈是评估的一个环节，二者是统一的。

经过以上分析，我们可以将价值观国际传播的宏观过程划分为四个阶段，即准备阶段、实施阶段、转化阶段和评估阶段。这些阶段包括前后相连的六个环节，即决策环节、准备环节、实施环节、转化环节、评估环节、反馈环节。

二、价值观国际传播的基本矛盾

价值观国际传播过程的内在矛盾主要包括五个方面：执政者与管理者和传播者之间的矛盾，传播要求与传播者之间的矛盾，传播者与受众之间的矛盾，受众的知与行之间的矛盾，传播目标与传播结果之间的矛盾等（如图2-2所示）。以下我们依次分析。

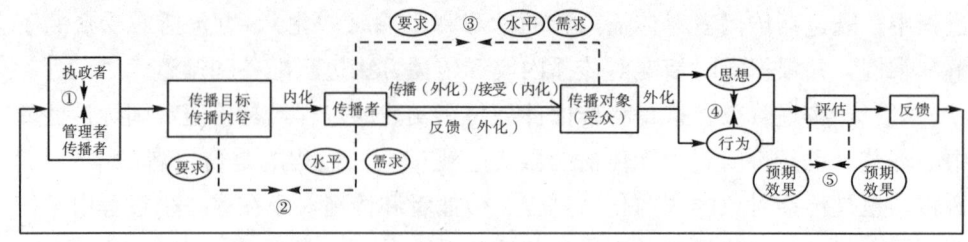

图2-2 价值观国际传播过程系列矛盾示意图

（注：③是主要矛盾，①②④是次要矛盾）

第一，执政者与管理者和传播者之间的矛盾。这是在决策环节存在的矛盾。从宏观层面上讲，这三者都属于"传播者"范畴，但是各自在传播活动中的地位和作用不同。其中，执政者（统治者、执政党）处于支配地位，对价值观国际传播的目标任务等方面的确定和决策具有决定性作用。管理者是执政者的代表和下级部门，对于价值观国际传播的组织开展具有管理职能。传播者是具体的执行者。这三者在价值取向上总体上是一致的，但在具体实施过程中由于角色不同而存在不一致的地方。当存在矛盾的时候，执政者是矛盾的主要方面，处于主导地位；其他的处于次要方面，处于从属地位。

第二，传播目标要求与传播者之间的矛盾。这是在准备环节存在的矛盾，即传播目标要求与传播者已有的知识水平、价值立场、情感认同之间的矛盾。传播者对于传播目标要求既有认同的地方也可能有不认同的地方；对于传播内容既有掌握得好的地方，也有掌握得不好的地方。传播者在准备过程中，能否顺利地将传播目标要求和传播内容内化为自己的知识修养，从而成为一位合格的对外传播者，需要按照传播目标要求来提高自己的思想认识和知识水平。在这一对矛盾中，传播目标要求是矛盾的主要方面，传播者是次要方面，传播者应该服从传播目标要求，主动学习提高，以达到传播目标要求。

第三，传播者与受众之间的矛盾。这是在传播环节出现的矛盾。具体说来，是传播者所代表的特定国家层面的要求与受众现有的思想认知状况和心理需要之间的矛盾。在这里，传播者"以我为主"开展对外传播活动，但是由于历史文化和价值观念的差异，受众对于传播者所传播的内容不见得认同，即使在思想观念上认同，也可能因为传播者所运用的方法不符合自己的需要，而在心理层面不能接受。这些都直接影响到传播效果。在这对矛盾中，传播者处于主导地位，是矛盾的主要方面；受众处于从属地位，是矛盾的次要方面。当然，这里的主导地位和从属地位是相对的。换一个角度看，受众是接受的主体，如果传播者的内容和方法不能得到受众的认同，传播效果就会大打折扣。

因此，传播者必须充分考虑受众的需求和特点，其主导性才能发挥出来。

第四，受众的知与行之间的矛盾。这是在转化阶段存在的矛盾，表现为受众的"知"与"行"之间的矛盾。受众在接受传播和灌输的实践活动中，能否影响到其思想和行动（"外化"），至少要经过两个层次的改变，即从"认知"到"认同"，然后从"认同"到"行动"。如果认知不能转化为认同，就很难按照预期设想在行动中体现出来；即使认同了，也不一定能转化为预期的行动结果，因为人在行动时会受到多种因素的干扰，导致"知行不一"。其中一个很重要的因素是国家之间的关系或者国家战略利益的考量。要实现"知行统一"，需要传播者所传播的内容与受众的需要和利益相吻合，能够充分激发受众的兴趣和意志力，抵御来自各方面的干扰。在这对矛盾中，"知"是主要方面，处于主导地位；"行"是次要方面，处于从属地位，"行"要努力与"知"相一致。

第五，传播目标与传播结果之间的矛盾。这是在评估阶段存在的矛盾。如前所述，评估内容既包括价值观国际传播的全过程，也包括传播过程中的某个要素。评估主体既可以是传播的管理者，也可以是传播者，还可以是第三方评估机构。无论主体是谁，也无论被评估的内容是什么，其评估标准都要与传播目标相一致（当然，如果评估者是传播对象，其标准就会有差异）。在这一对矛盾中，传播目标是矛盾的主要方面，处于主导地位；传播结果是矛盾的次要方面，处于从属地位。评估者在评估结束以后，将评估结果反馈给相关人员，比如执政者（管理者或传播者），从中找出存在的问题和不足，并指出问题的成因，在此基础上提出优化之策。

总之，通过以上分析，我们可以更清楚地把握价值观国际传播过程中各要素的地位、作用及其相互关系。区分价值观国际传播的宏观过程和微观过程，有利于更好地把握其过程矛盾和基本规律。在这些矛盾中，传播者与受众之间的矛盾是主要矛盾，其他的是次要矛盾。因为这一对矛盾是价值观国际传播得以进行的最基本的条件，缺少其中任何一方，传播活动就无法建立起来。当然，这样讲并不是意味着其他矛盾不重要，只是相对于这一对矛盾而言处于次要地位。需要注意的是，以上讨论并不能穷尽价值观国际传播过程中的所有矛盾，具体的矛盾也许还有很多，其中每一对矛盾都可以做具体分析。在此就不一一赘述了。

三、"一带一路"背景下中国价值观国际传播的主要特点

与一般意义上的传播相比,在"一带一路"背景下,传播中国价值观有其特定的规定性和特征。主要表现在以下几个方面:

第一,服务性更强。中国价值观国际传播直接服务于推进"一带一路"沿线国家的经贸合作,因此其服务性特点更为突出。需要说明的是,传播中国价值观不是为了改变他者的价值观,更不是为了输出"中国模式",而是为了更好地对外说明中国,使其更好地认知和理解中国,促进相互之间的交流与合作。

第二,聚焦性更高。一是从地域来看,传播的对象主要是"一带一路"沿线国家。二是从传播内容来看,更加彰显开放、合作、包容、共赢等理念,而不仅是文化交流。三是在传播对象上,重点关注"有影响力的人",比如专家、智库、政府官员等,这些人对其国内政策制定具有相当的影响力。

第三,受干扰更多。在"一带一路"背景下,中国价值观国际传播极易受到国际舆论的影响,其中既有沿线国家内部的影响因素,也有域外大国的干扰和影响。

四、"一带一路"背景下影响价值观国际传播效果的因素分析

通过对价值观国际传播过程的理论分析,可以看出影响传播效果的因素很多、很复杂,既有主观层面的,也有客观层面的;既有直接的,也有间接的;既有国内的,也有国外的;既有目标内容方面的,也有方法载体方面的。在此,我们按照价值观国际传播过程的几个阶段,分别就其中的影响因素进行梳理。

第一,决策阶段的影响因素。这一阶段涉及的问题主要是:如何确定价值观国际传播的目标、任务和内容,谁来确定。显然,价值观国际传播的决定权在国家层面,即统治阶级及其代表者(执政党)。在具体操作中,主要由管理者、传播者代表和相关领域的专家共同制定。制定的依据是国家发展水平、国家发展战略需要和国家利益。在此过程中,国家主导意识形态发挥指导作用。一个国家在对外传播的时候,总是希望对某一事件表达自身诉求,以便得到他国的认同、支持与合作,从而达到树立国家良好形象、维护国家利益的目的。因此,价值观国际传播的目标任务和内容必须围绕本国的国家利益展开(即

"以我为主"），同时也要兼顾对象国的利益需要，并尽可能在本国和他国之间取得平衡。如果只考虑本国利益而不顾对象国的利益，那么这种传播是无法实现的，至少是不可持续的。

第二，实施阶段的影响因素。这一阶段的主要问题是：谁来传播？传播什么？通过何种途径和方法传播？毛泽东指出："政治路线确定之后，干部就是决定的因素。"[①] 套用这句话我们可以说，在传播目标和任务确定以后，传播者就是决定性因素。这包括几个方面：一是传播者的政治素养。如果传播者在思想政治上对传播的目标任务认识不到位，缺乏传播的积极性、主动性或对传播内容选择不当，就无法完成传播任务。二是传播者的执行能力，特别是对受众的了解程度、传播途径和方法与传播受众的需要和特点的匹配度等。其中，传播者对传播内容的选择和包装极为重要，直接关系到传播话语的可接受性。由于国际传播是跨文化传播，涉及不同国家的政治立场、历史文化、风俗习惯、宗教传统等多方面的因素，因此在选择传播内容和方法的时候，需要提前做好充分的调查研究，否则很容易徒劳无功甚至适得其反。三是传播者的个人魅力，包括传播者的知识素养、人文情怀、处理突发事件时的决断力和处置能力等。

第三，转化阶段的影响因素。这一阶段的主要问题是：受众在接受传播者的灌输以后有何反应？其在思想和行为方面是否会发生传播者预期的变化？这是传播的目的所在，即推动受众在思想观念和行为方式上的改变。这里的影响因素包括：一是受众的政治立场、政治观点和政治信仰。这直接关系到受众对于传播内容的态度。二是受众的知识结构和接受能力。主要关系到其对于传播内容的认知和理解程度。三是受众所处的环境状况。这些状况影响到受众思想观念和行为方式转化的条件。如果环境条件不够好，即使其在主观上完成了从"认知"到"认同"的转化，也无法实现从"认同"到"行动"的转变。四是传播内容满足受众需要的程度以及由此带来的受众对传播内容的信任度。这些都是问题的关键。如果受众对于传播内容态度冷漠，或者不认同、不接受传播内容中所体现的价值观，那么传播活动就是不成功的，不可能对受众的思想观念和行为方式带来任何影响。

第四，评估阶段的影响因素。这一阶段的主要问题是：如何评估传播效果？通过何种方式进行效果反馈？在这一阶段，虽然传播活动本身已经结束，但是为了下一轮的传播取得更好成效，需要对前一阶段的过程和效果进行评估

---

① 毛泽东：《毛泽东选集》（第2卷），北京：人民出版社1991年版，第526页。

和反思，查找问题和不足。这里的关键因素包括：一是评价标准。本来不同的评价主体可能有不同的标准，但是在价值观国际传播这个问题上，评价效果的标准只能是一个，即传播活动开始前确立的传播目标和任务，这是开展价值观国际传播的"初心"。二是评价主体。评价主体是多维的，其中既有自我，也有他者。按照对外传播中"以我为主"的原则，价值观国际传播的主体主要是传播国自己，包括执政者、管理者和传播者。其他评价主体的观点可作为参考和借鉴。三是评价方法。这是一个十分复杂的过程。不同的评价方法得出的结论也不尽相同。就目前而言，运用社会科学研究常用的调查方法（调查问卷法、个别访谈法、实地考察法、文献研究法等）是相对可行的办法。

以上关于影响价值观国际传播效果的因素分析是基于传播过程展开的，分析不见得都客观全面。对这些因素的分析有助于深入分析"一带一路"背景下中国价值观国际传播所面临的机遇和挑战。在传播过程中，促成受众发生改变的除了以上因素以外，还有传播的规模、频率、方式等因素。此外还有一个隐含的因素，即传播者所在国家的综合实力以及国家的国际地位等、传播者所在国家与对象国之间的关系等。这些宏观层面的因素对于传播效果也具有重要影响。特别是其中关于国家的话语权以及国家形象方面的内容，对于国家价值观国际传播具有十分重要的意义，我们接下来进行讨论。

第三节　话语权、国家形象与国家价值观的国际传播

合作文化的形成不是自然而然的，需要行动主体的积极建构以及行为主体之间的信息沟通与协调。每一个行为主体都希望自己在构建合作文化的过程中不是孤立的，而是所有参与主体的共同行动。为此，行为主体之间的信息交流就显得极为重要。国家价值观的国际传播就承载着这一使命。通过国家层面的价值观传播，每个行为主体一方面可以有效地表达自身的价值诉求和利益关切，另一方面可以清晰地了解到其他行为主体的价值诉求和利益关切。这样的交流与传播可以在国家层面最大限度地增进理解、减少误判。在国家价值观国际传播过程中，相关的影响因素林林总总，其中最为重要的是国家的话语权和国家形象。话语权直接影响到国家价值观传播的手段和效果，国家形象既是价值观国际传播的结果，也对传播过程产生重大影响。这两个范畴也是本部分重点讨论的话题。

一、话语权与国家价值观的国际传播

话语（discourse）通常指人们在特定社会语境中为进行沟通和表达看法所使用的言说工具，它的载体就是具备完整意思的语言、文字。① 将"话语"和"权力"联系在一起，意味着言说者对于他者具有影响力。第一个直接提出"话语权"的是法国著名后现代主义思想家米歇尔·福柯（Michel Foucault），他在1970年当选法兰西学院院士的就职演说中首次提出了"话语即权力"的命题。此后，这一概念受到广泛关注和深入讨论。

所谓话语权，是指言说者通过语言、文字、图像、网络等方式和途径表达自己的思想观点、价值立场或利益诉求，从而对他人的思想行为或社会舆论产生影响的能力。话语权之所以重要，是因为话语权意味着利益分配的主导权。在常见的"分蛋糕"案例中，话语权的拥有者就是"分蛋糕"的人，他决定着参与"分蛋糕"者份额的大小。在国际传播话语中，话语权是控制国际舆论的能力。掌握话语权意味着占据道德制高点的优先权和意识形态较量的主动权，其中，议题设置力是核心，叙事框选力是基础，移情劝服力是灵魂，整合传播力是保证。② 当话语获得权力以后就成为权力话语。所谓权力话语，是指由各种社会权力构造和选择的话语，或旨在争取和维护某些人的利益和优势地位的有说服力、影响力的"说法"。③ 比如，在西方中心主义者看来，凡是与西方文化和价值观念一致的就是"先进"的，也就具有存在的正当性和普遍性；相反，凡是与西方文化和价值观念不一致的，就是"落后"的，不具有存在的正当性和普遍性，必须被"改造"甚至被"清除"。④

话语权的大小与国家价值观国际传播的效果呈正相关关系：话语权越大，价值观传播的效果越好；话语权越小，价值观传播的效果越差。影响话语权的因素主要包括以下六个方面：话语环境、话语内容、话语平台、话语方式、话语主体和话语对象等。这六个方面构成了话语体系。

话语环境即语境，是话语生成和使用的环境，包括宏观环境、中观环境和

---

① 张新平，庄宏韬：《中国国际话语权：历程、挑战及提升策略》，《南开学报（哲学社会科学版）》2017年第6期，第1页。
② 吴旭：《话语权争夺背后的传播力差距》，《对外传播》2014年第5期，第4～6页。
③ 张曙光：《权力话语与文化自觉——关于文化与权力关系问题的哲学思考》，载于任平，陈忠：《当代视野中的马克思主义哲学》，北京：人民出版社2010年版，第596页。
④ 李辽宁：《论文化权力与意识形态安全——兼谈加强大学生文化安全教育》，《学校党建与思想教育》2012年第12期，第11页。

微观环境。宏观环境主要指国际形势和关系格局，即不同国家在国际上的身份、地位和作用，以及由此产生的潜在影响力。人是社会关系的产物，国家也是。人有"人脉""人缘"，国家也有"国脉""国缘"。通常来讲，一个国家与他国特别是世界大国的关系越融洽，离世界舞台中心越近，其国际影响力和话语权就越大。中观环境是指国家与他国的"同质性"和"相似度"，特别是在文化传统、宗教信仰、风俗习惯等方面的相互认知度与认同度。认知和认同的程度越高，话语环境就越好。微观环境是指在具体话题上一个国家与他国的"利益重合度"。相互之间利益重合度越高，话语环境就越好，在处理关系时化解矛盾、形成合作的可能性就越大。

话语内容是指言说者所要表达的思想观点和利益诉求。这是话语权的核心部分，对于话语权的其他部分具有决定性作用。在国际关系中，话语内容是国家意志的具体体现，通常由几个部分组成：一是阐述本国在某些领域和问题的观点、做法，正面回应国际社会对本国国内事务的关切。二是表达本国在处理国际关系中的原则和立场，以期建立本国所期待的国际关系秩序和制度体系。三是评价国际事务，特别是就涉及国际关系的重大事件或热点前沿问题表达关切或发表意见（赞赏与声援或谴责与抨击等）。话语内容的正当性直接关系到其话语权和影响力。所谓正当性，是指符合时代潮流和国际社会主流价值观。这是国际道义的制高点。一个国家的话语内容越是体现全人类的共同利益和价值，其道德制高点就越高。比如，相比于"美国优先"，"构建人类命运共同体"就具有更高的国际道义和正当性。

话语平台是话语存在和表达的载体，也是获得信息反馈的载体。话语平台在三个方面对话语权产生影响：一是话语平台的数量及其分布的广度。这体现了信息传播的覆盖面和受众获取信息的便捷度。"最新调查显示，当代国际受众借助于西方媒体了解中国的信息获取率高达68%，经过其他国家了解中国的有10%，仅有22%的受众从中国媒体了解中国。"[①] 这一结果反映了我国对外传播平台上的不足。二是平台的质量。这主要体现为传播信息的速度和运行方式。与传统媒体相比，网络科技的发展大大提高了信息传播的速度和效益，因而网络本身的建设成为话语平台建设的重要内容。三是平台的社会声誉即可信度。如果说前两个体现的是话语平台的"硬实力"，社会声誉则体现了话语平台的"软实力"。当然，这两者是相互关联的，不可能绝对分开的。

---

① 孟威：《构建全球视野下中国话语体系》，《光明日报》2014年9月24日，第16版。

话语方式即言说方式，这属于方法论范畴，是话语体系构建的关键。在国际传播中，好的思想观点还需要好的表达方式，否则就会出现"言不由衷""词不达意"的现象，或者被他人误解。同时，由于语言的不同，表达过程中需要好的翻译。在中国传统文化的对外传播中，对于"龙"的翻译就是一个典型败笔。① 在话语表达中，合适的概念和范畴十分重要，因为任何思想和观念总是通过一定的概念和范畴体现出来，这些概念和范畴本身就蕴含着一定的价值取向。党的十八大以来，习近平总书记在不同的场合提出了"一带一路""新型大国关系""新型国际关系""亲、诚、惠、容""互联互通""命运共同体""亚太梦""核安全观""亚洲新安全观"等话语概念，这些创新型理念均得到了国际社会的广泛认可。在国内社会治理中，党中央提出的"五大发展理念""四个自信""社会主义核心价值观"等概念和话语也广为传播，深入人心。

话语主体即话语传播者和发出者，也是话语权的潜在拥有者。有话语不一定有话语权。话语主体能否拥有以及拥有多大的话语权，取决于该主体的综合实力的强弱，包括军事实力、经济实力等硬实力和价值观、文化与意识形态、国际制度设置能力等软实力。对于主权国家而言，硬实力能够产生硬权力，也能产生软权力；软实力能够产生软权力，也能够发挥"硬力量"。同样的话语，由不同的主体发出来，影响力不同。有学者对2007年中美两国在国际规则制定方面的权力进行定量计算，研究结果显示，中国经济规则制定权只有美国的1/5，总体规则制定权只有美国的43.1%。② 2010年，中国在世界银行的投票权为4.42%，约为美国的1/4；在国际货币基金组织中，中国的投票权只有3.72%，而美国、欧洲、日本和加拿大在其中的投票权为63%。③ 从中可以看出在国际话语权方面中国与他国存在的巨大差距。

话语对象即话语传播的对象（受众），也是话语传播的接收者和话语效果的反馈者。话语传播的最终目的是获得话语对象的理解和认同，因而话语对象在整个话语体系中处于关键地位。无论是话语内容，还是话语方式，都必须围绕话语对象展开。即使是话语平台，如果不能与理想的话语对象相连接，平台

---

① 第一个把"龙"翻译为"dragon"的译者显然没有把西方文化语境中的"dragon"所包含的"邪恶""魔鬼"的内涵考虑在内，以至于中国人引以为豪的"中国龙""龙的传人"在西方的英语语境中带有浓厚的负面色彩。
② 阎学通、徐进：《中美软实力比较》，《现代国际关系》2008年第1期，第28页。
③ 江涌：《中国要说话，世界在倾听——关于提升中国国际话语权的思考》，《红旗文稿》2010年第5期，第8页。

也就失去其应有的意义。正因如此，能否瞄准对象进行精准传播，直接关系到话语传播的效果。这里的"瞄准"既有内容方面，也有方式方法方面。毛泽东曾经指出："共产党员如果真想做宣传，就要看对象，就要想一想自己的文章、演说、谈话、写字是给什么人看、给什么人听的，否则就等于下决心不要人看，不要人听。……射箭要看靶子，弹琴要看听众，写文章做演说倒可以不看读者不看听众吗？……做宣传工作的人，对于自己的宣传对象没有调查，没有研究，没有分析，乱讲一顿，是万万不行的。"①"我们的文艺工作者需要做自己的文艺工作，但是这个了解人熟悉人的工作却是第一位的工作。"② 这些论述虽然是就宣传思想工作讲的，但是对于国际传播来说同样具有重要的指导意义。

以上六个方面的要素之间是有机联系的，共同构成了话语体系的整体内容。从过程来看，主要是传播过程和反馈过程。在实际工作中，往往注意传播过程而忽略了反馈过程，这是很不够的。从反馈中可以看到受众对于传播内容和手段的评价，有利于优化传播内容，改进方式方法，提升传播效果。需要注意的是，每一次传播都涉及这几个要素之间的不同搭配与组合，其中既有共同性，也有特殊性。在传播过程中要善于因势利导，借力发力。这涉及国际传播的艺术，在此不必赘述。

二、国家形象与国家价值观的国际传播

国家形象是国家软实力的重要体现，对于国家价值观的国际传播效果具有举足轻重的作用。习近平总书记在中共中央政治局第十二次集体学习时强调，"要注重塑造我国的国家形象，重点展示中国历史底蕴深厚、各民族多元一体、文化多样和谐的文明大国形象，政治清明、经济发展、文化繁荣、社会稳定、人民团结、山河秀美的东方大国形象，坚持和平发展、促进共同发展、维护国际公平正义、为人类作出贡献的负责任大国形象，对外更加开放、更加具有亲和力、充满希望、充满活力的社会主义大国形象"③。这些论述对于我们塑造和展示中国的国际形象、提升中国的国际影响力、推进"一带一路"背景下中国价值观的国际传播，具有重要意义。

---

① 毛泽东：《毛泽东选集》（第3卷），北京：人民出版社1991年版，第836～837页。
② 毛泽东：《毛泽东选集》（第3卷），北京：人民出版社1991年版，第850页。
③ 《习近平在中共中央政治局第十二次集体学习时强调：建设社会主义文化强国　着力提升国家文化软实力》，《人民日报》2014年1月1日，第1版。

所谓"形象",是由"形"和"象"两个字构成的。"形"是形状、形体等,"象"是外形、轮廓、相貌等。"形象"常常用来指事物的具体形状或姿态,或者指人物的性格、外貌等。学界对于"国家形象"的定义有不同的讨论,综合来看,国家形象是人们(形象主体)在一定条件下对一个国家(形象客体)由其客观存在所决定的外在表现的总体印象和评价。[①] 简言之,国家形象是指作为主体的国家在本国和他国国民心目中的总体印象。"国家形象"作为国家对外传播的符号表征系统、国家综合实力的象征以及民众的想象共同体,不单单是国家自我的言说,还涉及国家主体间的互动与博弈、"自我"与"他者"的关系问题,更多的是异域国家对于主体国家的评价与认知,同时是主体国家通过该镜像界定自身形象的"风向标"。[②]

"形象"既与客观相关,也与主观相关。比如,"形象很好"的判断首先是基于事物或人客观上的性质如何,然后才是作为主体的人对于作为对象性存在的"形象"的看法和评价。因此,"形象"更多的属于关系范畴,体现了人与人、人与事物之间的关系。在"国家形象"这一范畴中,一个国家对于本国国民和他国国民形成怎样的印象,既与该国本身的综合实力(绝对实力)相关,也与该国相对于他国的比较实力(相对实力)相关,还与该国的实力在人们心目中的印象或感受相关。这样一来,影响国家形象的因素就很多了,既有主观的,也有客观的;既有外部的,也有内部的;既有历史的,也有现实的。由此,"国家形象"的特点也表现出来了:它是主观性与客观性的统一,是稳定性和可变性的统一,是历史性与现实性的统一。

国家形象与国家价值观的关系十分紧密。从国家形象的内容来看,包括经济形象(富裕或贫困)、政治形象(民主、威权或专制)、文化形象(开放或保守)、历史形象(悠久或新生)、社会形象(安定和谐或混乱动荡)、军队形象(勇敢顽强与纪律严明)等。在这里,"国家价值观"是"国家形象"的重要组成部分,是国家文化形象的核心内容。在一定的语境中,国家形象与国家价值观很难区分。比如,有学者认为,在"一带一路"背景下,中国应该建构的国家形象包括:安定团结、和平发展、诚信负责、开放包容、合作共赢。[③] 看得

[①] 吴献举,张昆:《国家形象:概念、特征及研究路径之再探讨》,《现代传播》2016年第1期,第59页。

[②] 沈悦,孙宝国:《"一带一路"视域下的中国纪录片国家形象传播路径探析》,《中国编辑》2018年第6期,第86页。

[③] 柳邦坤,刘敏怡:《"一带一路"与中国国家形象的建构与传播》,《传媒观察》2018年第5期,第20~22页。

出，这些表述与中国在"一带一路"背景下想要传播的价值观是极为相似的。不过仔细考察，二者还是有所区别：作为"价值观"的概念，安定团结与和平发展是以属性的方式存在的，从词性上看应当属于"名词"系列，在构词搭配上需要与动词一起构成"动宾结构"，比如"维护安定团结""坚持和平发展"；作为"国家形象"的概念，安定团结与和平发展表明的是国家发展的状态或样态，从词性上看，应当属于"形容词"系列，在用词搭配上需要与名词一起，构成"偏正结构"，比如"安定团结的政治局面""和平发展的国家形象"。

国家形象的建立与媒体传播有极大的关系。个体对于世界的认识总是通过一定的中介环节才能完成的。中介环节可以分为两种：直接经验、间接经验。这两者各有优势：直接经验形成的印象更加直观、深刻而持久，间接经验形成的印象更加全面、丰富。个体由于条件所限，面对"国家形象"这样抽象而宏大的对象时，间接经验发挥的作用更多。正因如此，媒体传播的作用更加凸显。科学技术越发达，媒体的作用越突出。有学者甚至认为国家形象就是"一个国家在国际新闻流动中所形成的形象，或者说是一国在他国新闻媒介的新闻和言论报道中所呈现的形象"[1]，是"国际性媒体通过新闻报道和言论（也即国际信息流动所）塑造"[2]，是"一个主权国家在系统运动过程中发出的信息被公众映像后在特定条件下通过特定媒介的输出"[3]。当然，这些说法有点夸大媒体的作用，毕竟媒体只是国家形象传播的手段和渠道之一，但是其中揭示出来的国家形象与媒体的密切关联还是很有启发意义的。

媒体对于国家价值观的国际传播的重要性是不言而喻的。没有媒体，就没有传播；没有媒体的国际化，就没有价值观的国际传播。媒体在价值观的国际传播中发挥的作用（传播力）主要体现在几个方面：

一是对信息源的控制力。没有信息源，媒体再多也构不成传播；拥有信息源，但是不能形成对信息源的有效控制，信息也不能"为我所用"，只能停留在"潜信息"状态，无法发挥其现实功能，甚至无法真正转化为"信息"。从这个意义上讲，信息和传播是一对"孪生姊妹"，没有信息就没有传播，没有传播也没有信息。由于国家价值观的国际传播不是自发、零散的传播行为，而是有目的、有组织、有计划的价值传播活动，因此，在价值观国际传播中，媒体与信息源结成了"命运共同体"，信息源需要媒体作为传播载体和渠道，媒

---

[1] 徐小鸽：《国际新闻传播中的国家形象问题》，《新闻与传播研究》1996年第2期，第35页。
[2] 郭可：《当代对外传播》，上海：复旦大学出版社2004年版，第84页。
[3] 张毓强：《国家形象刍议》，《现代传播》2002年第2期，第30页。

体需要接受信息源的选择（并非所有媒体都能成为价值观国际传播的载体和渠道）。信息源的角色应该由国家相关部门和社会组织来扮演，通过系统性的安排和策划，为媒体传播提供相应的信息内容。

二是对信息内容的选择力。对于媒体来说，信息越多越好；但是对于受众来说，情况并非如此。如果不同的信息之间形成矛盾，反而会让受众感到无所适从，从而影响到媒体的公信力。特别是在信息爆炸的年代，对于海量信息的筛选和甄别体现了媒体的价值。这种选择力体现在真实性和价值性两个方面：一方面，媒体要尽量展示真实的信息，避免和杜绝虚假信息；另一方面，媒体在选择信息内容时要尽力传递社会正能量，营造风清气正的社会氛围。这两个方面都体现了媒体的社会担当，是媒体伦理的重要体现。从这个意义上讲，媒体并非完全"价值中立"，它总是体现了某些社会成员的价值诉求。在价值观的国际传播活动中，信息内容是经过精心选择的，代表了国家层面的价值诉求和文化特征，因而具有权威性。

三是对传播目的地的投送力。媒体的投送力就如同人在讲话时的"嗓门"，"嗓门"越大，听到的人越多。媒体的影响力与其投送范围的大小成正比，范围越大，影响力越大。当媒体的投送能力有限时，往往只能借助其他媒体来传递信息。比如美国的CNN、美国之音（VOA），英国的BBC，都是覆盖世界范围的媒体，在它们开展广播之时，世界大部分地区都能接收得到。当然，媒体自身也可以根据形势的发展调整自己的投送方式和目的。比如，着力推销美国价值观的美国之音从2011年10月1日起取消对华短波广播。但是，停播对华广播的背后，"美国之音"则将未来的重点转向数字媒体，比如互联网广播。专家分析认为，美国显然是发现了一个他们更具优势的"新战场"，未来的舆论公共空间争夺战将更为艰险，中国也应充分利用好互联网的优势，更加有效地传播中国的公共政策。①

四是对传播对象的影响力。媒体对传播对象的影响力取决于传播对象对媒体的关注度和吸引力。这在很大程度上又取决于媒体的自我定位。从定位来分类，媒体可以分为专业媒体和大众媒体。专业媒体的内容主要针对特定的人群，主要提供专业方面的信息需求和前沿动态，大众媒体则针对普通民众，传播综合性新闻。二者各有优势，但其共同点是都要着眼于传播对象的信息需求和习惯偏好。媒体的社会声誉对于传播对象的接受度具有重要影响。

---

① 《"美国之音"（VOA）将停对华广播　坚持反华立场》，《齐鲁晚报》2011年2月19日，第B01版。

五是对传播主体的反馈力。完整的传播过程包括信息发布和信息反馈两个过程。如果说信息发布的主动权在传播主体的话,那么信息反馈的主动权则在传播对象。这可以看作传播对象对传播主体的逆向传播。这一过程的价值在于将传播效果反馈给传播主体,从中可以分析传播过程中存在的问题和不足,从而为下一轮传播的改进提供依据。在这个过程中,媒体可以通过策划活动来彰显自身的影响力。比如,英国著名媒体 BBC 策划的"100 位全球最有影响力女性""全球最具影响力新闻照片""21 世纪最伟大百部电影"等评选活动,美国《新闻周刊》评选"各国最具影响力的文化符号"[①]、《时代周刊》评选的"最有影响力 100 张照片"等,都具有鲜明的价值导向,在相关行业内产生巨大影响力的同时,也提升了媒体自身的社会形象和社会声誉。在价值观国际传播过程中,可以策划类似的活动,将传播对象国民众的反馈体现出来,以便提高传播的效果。

以上几个方面的力量是相互联系的,都是传播过程的重要环节。其中任何一个环节出现问题,整个过程就会脱节,导致媒体的传播效果受到影响。因此,发挥好媒体在价值观国际传播中的作用,需要统筹规划,精细实施。

三、历史与现实视野中的中国国家形象

国家形象是主客观相互建构的结果。主体不同,在不同的历史时期,国家形象也不一样。国家形象建构的主体既包括本国国民,也包括外国国民。就中国的国家形象来说,古代、近现代、当代的国家形象迥然不同。

(一)繁荣兴盛:古代中国的国家形象

在世人的记忆中,谈起古代中国,马上就想起"秦皇汉武""唐宗汉祖",想起"长城""大运河""科举制""丝绸之路"……实际上,古代中国的国家形象也是多样的,从不同的视角有不同的国家形象,远不是几个或十几个概念所能概括得了的。有学者将古代中国的形象概括为"大一统""国力充盈""文教昌盛"[②]。这一概括虽然有些笼统,但也精炼简明。对于古代中国的国内外研究具有很多相似性。总体上看,国外对于古代中国的看法是积极和称赞的。

[①] 《〈新闻周刊〉评出 20 个中国文化符号,汉语列首位》,《华商报》2008 年 11 月 20 日,第 8 版。
[②] 江轶:《论中国国家形象的历史变迁与现实构建》,《湖南工业大学学报(社会科学版)》2013 年第 1 期,第 70 页。

从 13 世纪意大利人马可·波罗开始，古代中国"遥远、富裕、美好"的国家形象逐渐远播西方，激发起欧洲人对东方世界的美好向往。《马可·波罗游记》中对于元朝的都城汗八里城是这样描述的："凡是世界各地最稀奇最有价值的东西也都会集中在这个城里，尤其是印度的商品，如宝石、珍珠、药材和香料。契丹各省和帝国其他地方，凡有值钱的东西也都运到这里，以满足来京都经商而住在附近的商人的需要。这里出售的商品数量比其他任何地方都要多，因为仅马车和驴马运载生丝到这里的，每天就不下千次。我们使用的金丝织物和其他各种丝织物也在这里大量的生产。"①

明清之际，传教士充当东西方交流的"中介"，以意大利人罗明坚（Michele Ruggleri）和利玛窦（Matteo Ricci）、法国人白晋（Joachim Bouvet）、比利时人柏应理（Philippe Couplet）等为代表，翻译了大量中国文献并广泛著述，进一步更新了西方的"中国印象"，对欧洲的启蒙运动产生巨大影响，相当数量的思想家甚至以中国为理想的坐标去构想欧洲的未来。难怪英国学者赫德逊（Hudson）认为"亚洲文化参与了欧洲传统本身的形成……在 18 世纪，令人神魂颠倒的则是中国"②。就连被称为"法兰西思想之王"和"欧洲的良心"的著名启蒙思想家伏尔泰（Voltaire）也对中国大加赞扬："（中国是）举世最优美、最古老、最广大、人口最多而治理最好的国家……（中华民族是）全世界最聪明、最礼貌的一个民族。"③ 当然，也有人从另外的角度提出不同意见，比如，另一位法国著名启蒙哲学巨匠孟德斯鸠（Montesquieu）就指出："我们的传教士告诉我们，那个幅员辽阔的中华帝国的政体是可称赞的……但是我不知道，一个国家只有使用棍棒才能让人民做些事情，还能有什么荣誉可说呢？"④ 孟德斯鸠更加关注一个国家的政治体制以及政府与民众的关系，这与他的自由主义思想是分不开的。可见，在国家形象的建构中，主体自身的思想观念和价值立场发挥着重要的作用。

由国际著名汉学家卜正民教授领衔主编的"哈佛中国史"丛书，从全球史的角度引导世界重新思考中国。这套书上至公元前 221 年秦朝一统天下，下至 20 世纪初清朝终结，将古代中国分为六个帝国时代，分别为《哈佛中国史 早期中华帝国 秦与汉》《世界性帝国：唐朝》《分裂的帝国：南北朝》《儒家

---

① 马可·波罗：《马可·波罗游记》，梁生智译，北京：中国文史出版社 1998 年版，第 134 页。
② 赫德逊：《欧洲与中国》，王遵仲译，北京：中华书局 1995 年版，第 17 页。
③ 伏尔泰：《哲学辞典》，王燕生译，北京：商务印书馆 1991 年版，第 91 页。
④ 何兆武，柳卸林：《中国印象：外国名人论中国文化》，北京：中国人民大学出版社 2011 年版，第 30 页。

统治的时代：宋的转型》《挣扎的帝国：元与明》和《最后的中华帝国：大清》。从书名就可以看出作者眼中古代中国的国家形象。在此，我们不必将其中的细节一一呈现，仅以其中反映秦汉时期的古代中国的五个主要特征转述如下："（1）在帝国秩序之下式微，但并未被完全抹除的地域文化之分野；（2）以皇帝个人为中心的政治结构之强化；（3）建立在表意文字基础之上的文化教育，以及由国家操控的、巩固帝国存在的文学经典；（4）帝国内部的去军事化和对国家边境的边缘族群所开展的军事活动；（5）农村地区富裕的豪强大族的兴起——他们维持社会秩序，并在村落和权力中心之间建立联系。"① 虽然这些描述并不见得全面，但也可以为我们认识外国人眼中的古代中国提供一些参考。

二、没落中抗争：近现代中国的国家形象

鸦片战争开启了近代中国的历程。自此，中国国家形象发生了巨大的变化，总体上沿着"没落"和"抗争"两条线展开，二者的交错互动构成了近代中国乃至当代中国的国家形象，至今也没有完全从中摆脱出来。

从"没落"的角度看，"千年一统""家天下"的中华帝国遭遇"千年未有之大变局"。从那时起，"天朝""帝国"的形象开始瓦解，逐渐被各种含有贬低和歧视意味的形象所取代，如"支那人"等。其中，"东亚病夫"一词成为无数志士仁人竭力消除的歧视性话语。1895 年 3 月，严复在天津《直报》发表的《原强》一文中，第一次把中国比作"病夫"但还没有贬斥的色彩，更多是出于对中华民族存亡的忧虑。随后，"病夫"一词开始出现在了外国报刊。1896 年 1 月 30 日，上海权威英文报纸《字林西报》刊载了"天下四病人"，文章经上海《时务报》转载，开始被国人熟知，也在这一年，"东亚病夫"的称呼传向了世界各地。②

媒体报道是描绘国家形象的重要载体。从西方记者对中国的媒体报道中，可以大致看出其眼中的中国国家形象。上海大学传播学博士李莉在其博士论文《近代中国的媒介镜像：〈纽约时报〉驻华首席记者哈雷特·阿班（Harrett Aban）中国报道研究（1927—1940）》中，通过考察阿班从 1927 年前后到

---

① 陆威仪：《哈佛中国史　早期中华帝国　秦与汉》，王兴亮译，北京：中信出版集团 2016 年版，第 1～2 页。
② 倪京帅，张业安：《体育塑造近代中国国家形象的演进历程及价值转向》，《武汉体育学院学报》2016 年第 7 期，第 29 页。

1940年离开中国的十五年里的新闻采访实践及其一千余篇的涉华报道作品，展现阿班及所属媒介组织《纽约时报》如何通过其特有的新闻框架和话语系统建构起一种典型化、历史性的近代中国形象——"危机中国"的形象。总体上看，阿班聚焦的中国问题大致可以分为以下五个方面：国家与政府、经济、大众与社会生活、共产主义、日本侵华。它们都在不同程度上体现着"危机中国"这一核心观念。在阿班看来，"今天，中国简直就是一个痛苦之身——由于无法找到治愈之方，中国正在遭受体内顽疾的折磨。医生诊断后就会发现，这个病人身上活跃的无形病菌比半打严重的疾病还要多，他会因此倍感震惊而又不知所措。……土匪武装与强盗军队、饥荒与疾病、鸦片和文盲、国家破产和经济低迷——这些都是中国的并发症"①。阿班在全力传达"危机中国"这一形象认知的过程中主要采用了突出官方消息源、大量呈现精确数据、直接陈述事态进程等典型的新闻话语修辞手法来增强报道文本的真实性，从根本上提高其"危机中国"这一形象命题的说服力。②

国家形象的另一个重要展示场所——世界博览会有关于晚清中国的影像记录，其中包含着西方对于"中国人"的歧视性形象。一组关于巴黎世博会（1867年）、芝加哥世博会（1893年）的照片记录了当时西方摄影师主观意识下捕捉到的中国女性形象特征：清朝服装、三寸金莲等③。圣路易斯博览会（1904年）上，中国缠足女子被雇来表演，"以冀博西人之奇视而获多金也"。这些形象不断强化着西方对于"中国人"的猎奇心态和文化偏见，也受到各地华人的不断抗议。

从"抗争"的角度看，近代以来的中国国家形象是与反对外来入侵、争取国家独立和民族解放分不开的。"清末10年在用语上明显的转变，是从'救国'免于瓜分或灭种这样的防御性目标，转向更积极地宣示'主权'……这个时代兴起了迫切的'领土收复主义'（irredentist）督促着取回失土，该主题成为20世纪中国政治之重要基础。"④ 由于时代主题的变化，为了实现民族独立和国家富强，整个中华民族的救亡图存运动构成了近代中国的正面形象。

---

① 李莉：《近代中国的媒介镜像：〈纽约时报〉驻华首席记者哈雷特·阿班中国报道研究（1927—1940）》，上海：上海大学博士论文，第176页。
② 李莉：《近代中国的媒介镜像：〈纽约时报〉驻华首席记者哈雷特·阿班中国报道研究（1927—1940）》，上海：上海大学博士论文，第162页。
③ 仝冰雪：《世博会中国留影（1851—1937）》，上海：上海社会科学院出版社2009年版，第57页。
④ 罗威廉：《哈佛中国史 最后的中华帝国 大清》，李仁渊、张远译，北京：中信出版集团2016年版，第248页。

必须承认的是，由于西方媒体固有的"西方中心主义"倾向，对于近现代以来的中国报道中，正面、积极的报道实属少数。当然，其中也有杰出的且对中国革命持同情和支持态度的记者，比如，美国著名记者埃德加·斯诺（Edgar Snow）的《红星照耀中国》（*Red Star Over China*，又称《西行漫记》）就是一部不朽的名著，也是一部文笔优美的纪实性很强的报道性作品。这本书真实记录了作者自1936年6月至10月在中国西北革命根据地进行实地采访的所见所闻，向全世界真实报道了中国和中国工农红军以及许多红军领袖、红军将领的情况，向世界展示了中国共产党的正面形象，毛泽东和周恩来是斯诺笔下最具代表性的人物形象。这本书的国际影响力不亚于一部规模宏大的国家形象宣传片。

（三）大国复兴：当代中国的国家形象

关于当代中国的国家形象，有学者从不同的视角进行了研究和提炼。其中，周鑫宇根据自己的经历将外国人对于中国的国家形象概括为"四幅图画"——灰色图画（第三世界的中国）、绿色图画（新兴市场的中国）、黄色图画（东方文明的中国）和红色图画（超级大国的中国），认为这四幅图画是中国形象的四种底色，许多外国人关于中国的描绘都是由这四幅图画搭配而来。① 这一想法无疑具有一定的启发性。有学者专门就韩国和日本学界的中国观进行研究，认为新中国成立以来，受研究对象和研究主体的双重影响，日韩学界的中国观先后经历了五个阶段："敌对的中国"（1949—1978），即将中国看作敌对国家；"利益的中国"（1978—1992），即在政经分离的视角下将中国看作一个可以增加本国经济利益的存在；"特色的中国"（1992—2004），即在比较视域下将中国看作一个可以与现有其他国家体制相比较的独立存在；"世界的中国"（2004—2012），即通过系统研究将中国看作一个可以为世界其他国家提供借鉴的存在；"新时代的中国"（2012年至今），即在学科融合的背景下将中国看作一个能为世界提供智慧和方案的存在。网上也有关于韩国人对中国印象的报道。比如，在一篇《我的一次中国之行，击碎了我身为韩国人对中国的自豪感》的文章中，作者"壹先知"感慨："我此次的中国行并不是去体验发展中国家的人民生活，而是我回到韩国后才真正地体验到了发展中国家的生活，中国的发展刷新了我对中国的印象，中国的城市发展程度都超过了韩国的首尔。"更为专业的研究则来自实证调查。自2012年以来，中国外文局加强同

---

① 周鑫宇：《中国，如何自我表达》，北京：人民出版社2014年版，第15~16页。

华通明略、凯度集团等多个市场调查及品牌咨询机构合作，开展中国国家形象全球调查，截至 2020 年 9 月，已经发布了 7 次调查报告，内容主要涵盖"中国整体形象及影响力""中国国家形象与国民形象""中国政治与外交形象""中国经济形象""中国文化与科技形象"等。综合这几年的中国国家形象全球调查，可以对中国的国家形象进行宏观把握。①

第一，中国整体形象及影响力：每年小幅增长，稳中有升。总体来看，中国的整体形象在不断提升，尤其是越来越受到海外精英阶层的认可。海外受访者对中国形象认同度最高的描述是"经济发展迅速，人民生活水平较高"，这一比例在 2014 年达到 46%。与此同时，中国仍是一个贫富差距较大的国家（2013 年，这一比例为 41%，2014 年为 45%）。中国国家形象正被越来越多的受访者认同。不过，在不同的国家，认同度有较大区别。2014 年，在海外的 8 个国家中，俄罗斯民众对中国形象的打分最高，为 7.6 分；而日本民众的打分最低，仅为 3.4 分。根据 2016—2017 年的调查报告，近年来中国国家形象好感度稳中有升。与 2015 年相比，对中国形象打分涨幅最大的三个国家均为发达国家：意大利（上升 0.5 分）、加拿大（上升 0.4 分）、英国（上升 0.4 分）。与此同时，发展中国家对中国的印象总体好于发达国家。

第二，中国国家形象与国民形象：历史悠久、充满魅力的东方大国。在海外受访者中，对中国国家形象认同度最高的是"历史悠久的文明古国"（2013 年，有 62% 的国际认可度；在 2016—2017 年的报告中，认为中国是历史悠久、充满魅力的东方大国形象的比例平均达到 57%）。其次是"大国"（2013 年，58% 认可中国是经济崛起的大国，47% 认可中国已经成为世界大国）。中国作为全球发展的贡献者形象也较为突出，选择比例近四成，在发展中国家的选择比例更是接近半数。

海外受访者对于中国国民的看法普遍积极正面。相较于发达国家而言，发展中国家对中国国民有更好的印象，认为中国人神秘、理性、创新、温顺并且很幸福。各个国家对中国人的认知略有差异：印度民众认为自己对中国人最了解，而俄罗斯民众则认为中国人最神秘；巴西民众认为中国人理性、守旧、有个性；南非民众认为中国人最具创新性；英国民众认为中国人最温顺；印度民众认为中国人最幸福，美国部分民众认为中国人较不幸（《中国国家形象全球

---

① 本部分内容根据中国外文局对外传播中心等单位每年联合发布的中国国家形象全球调查报告综合而成。由于每年调查的国家数量不同，调查的具体问题也不完全一样，因而在分析时也存在"不连贯"的问题。尽管如此，这些数据依然是迄今为止最为翔实和最有说服力的第一手资料。

调查报告 2012》)。在价值观层面,认为中国国民勤劳敬业的海外受访者比例最高,其次是集体主义、热情友善和诚信谦虚。部分海外受访者,尤其是发达国家受访者仍旧认为中国国民偏向传统保守,缺乏开放创新精神(《中国国家形象全球调查报告 2016—2017》)。整体来讲,海外民众对中国青年人的态度非常积极,认为他们是中国未来的希望、热爱自己的国家,最显著的特点依次是勤奋、富有活力、有独立主见和行动能力、有个性、充满爱心。海外民众认为中国青年人爱国的程度超过中国人自己的评价,同时,他们对中国青年人被宠坏的否定程度也超过中国人自己。

第三,中国政治与外交形象:全面从严治党、有超强的组织动员能力的执政党。无论是发达国家还是发展中国家,对于中国共产党的共同印象是:权力集中,有超强的组织动员能力、组织严密。受访者对于党内存在的腐败问题也相当关注,尤其是发达国家(2016—2017年的报告中,这一数据达到45%)。不过,受访者认为中国共产党有较强的自我约束与净化的能力。有意思的是,受访者对于国家领导人很关注,在外交形象方面,中国"和平""中立"的形象在发展中国家民众中的接受度更高。在2012年的调查中,印度和马来西亚有超过半数的受访者表示认同"中国的崛起不会影响世界和平"的说法。相对来讲,在3个发达国家中也有超过三成的受访者表示认同"中国在近期的国际争端中保持了和平的立场"的事实。2016—2017年的报告显示,在国际事务影响力方面,美国占据首位,中国位居第二,其后依次是俄罗斯、德国和英国。中国对全球治理的贡献和国内治理的表现得分分别为6.5和6.2分,中国的国际贡献得到更多认可。其中,发展中国家和海外年轻群体对中国内政外交表现的评价均高于海外平均水平。这一数据与2015年相一致。值得注意的是,发达国家对中国国内治理表现的认可度增幅超过发展中国家。

第四,中国经济形象:国际影响力获得公认,品牌问题仍待改善。近年来,在海外受访者对各国经济影响力进行排名时,中国经济影响力排名仅次于美国,位居世界第二。大家普遍认为,中国经济发展可以推动全球经济发展,中国乐于在经贸方面与他国开展合作,他们也从中国经济发展中获得了利益。相比发达国家,发展中国家对中国经济影响力的评价更为积极。受访者认为,中国正成为越来越多国家的最大贸易伙伴,中国市场需求依然很大,中国经济仍保持高速增长。总体来看,发展中国家对中国经济现状的评价更为积极。在中国市场需求,包括对海外产品的需求方面,发达国家的认可度超过发展中国家。在海外受访者眼中,中国企业的进入与发展给当地带来了新的资金技术,并增加了就业机会。与2015年相比,在2016—2017年的调查中,认为中国企业影响当地企业和品牌发展的人群比例明显减少。从海外受访者的熟悉程度来看，排在前五位的中国品牌依次为联想、华为、阿里巴巴、中国国际航空公司和中国银行。63%的海外受访者对中国产品的质量问题表示担忧，这一比例与2015年基本持平。发展中国家中认为中国品牌知名度不高的人群比例明显高于发达国家。发达国家则有更多的受访者认为中国品牌的售后服务不够好。相比较而言，海外年轻群体更加相信中国品牌，他们对中国品牌在质量和售后服务上的顾虑明显小于年长群体。

第五，中国文化与科技形象：中餐、中医、武术是稳定的中国元素。2013年的调查显示，中国文化、中国科技是海外民众最为熟悉的领域。在不同受访国家间比较，俄罗斯、印度均有超过四成民众声称了解中国文化，巴西也超过三成。英国、美国、俄罗斯了解中国文化超过中国科技，印度、巴西反之，南非则科技、文化并列首位。中国文化具有较大的国际吸引力，61%的海外民众乐于了解中国文化，1/3表示对学习汉语有兴趣。来中国旅游成为富有吸引力的文化活动，59%的海外民众表示"了解中国传统文化"是吸引其来华旅游的最主要因素。"历史悠久"被认为是中国文化的典型特点，获得半数以上国际民众的认可；"爱国主义""家庭至上"被选为第二重要特点，认可率24%。国际民众认为中国文化保持了创新精神、道德崇尚以及集体主义，但讲究"面子"、重视"关系"等特点有淡出国际民众的视野的迹象。[①] 在中国文化元素方面，中医、武术和饮食被海外受访者认为是最具代表性的中国元素（2015年，选择这三项的比例分别高达50%、49%和39%；2016—2017年的排序是：中餐、中医药和武术）。

在科技领域，中国的科技是海外民众最希望通过中国媒体来了解的内容之一，海外受访者对中国的科技创新能力表示认可（2015年的比例为61%；2016—2017年为59%，在发展中国家达到71%），这个数字甚至超过中国受访者（57%）。高铁成为认知度最高的是中国科技成就（36%），其次是载人航天技术（19%）和超级计算机。一系列新兴科技创新品牌也越来越为海外民众所熟悉，联想、华为、阿里巴巴、中兴和海尔占据最为受访者熟悉的品牌前5位，而小米、微信、UC浏览器等新兴科技品牌的熟悉度排名亦有明显提升。

根据调查，关于中国的未来发展，发达国家和发展中国家一致认为中国的国际地位和全球影响力将会持续增强，中国将引领新一轮全球化，为全球治理

[①] 中国外文局对外传播中心课题组，姜加林，于运全，黄廓，张楠：《中国国家形象全球调查报告2013》，《对外传播》2014年第1期，第25页。

做出更多贡献。预期中国即将成为全球第一大经济体的海外受访者比例从2013年的17%（2014年的20%、2015年的24%）上升到2016—2017年的33%，呈逐年加速增长趋势，中国未来经济发展形势赢得国际信心。

第四节 互生共荣："一带一路"与中国价值观国际传播的关系论析

所谓互生共荣，是指在一定的系统中两个及两个以上的主体之间存在相互依赖、密不可分的联系，以至于一方的发展既受到其他各方的制约，也对其他各方的发展产生相应的影响。这是一种"一损俱损、一荣俱荣"的关系，"一带一路"与中国价值观的国际传播就是这样的关系。可以说，传播中国价值观是"一带一路"倡议实施过程中的题中应有之义，具有一定的历史必然性。

第一，"一带一路"既是经贸交往的过程，也是文化交流和价值共识形成的过程。从文化与经济的关系来看，二者紧密相连、相互渗透，经济活动和经济现象的背后总是受到某种思想观念和文化意识的支配，不存在没有文化的经济，也不存在没有经济的文化。正是通过古代丝绸之路，张骞打通了通往西域的道路，促进了汉夷文化的密切交往；唐玄奘的"西天取经"推动了佛教在中国乃至东亚的传播，留下一个个千古传诵的故事。习近平总书记在谈到古代丝绸之路的意义时指出："古代丝绸之路是一条贸易之路，更是一条友谊之路。"[1] 今天，"一带一路"倡议在中国与沿线国家之间搭起了一条条交流的桥梁，在扩大东西方货物贸易的同时，推动了文化的交流与融合，增进了彼此的了解和友谊。

第二，中国价值观国际传播为"一带一路"奠定重要的价值共识和心理认同基础。习近平总书记指出："人文交流合作也是'一带一路'建设的重要内容。真正要建成'一带一路'，必须在沿线国家民众中形成一个相互欣赏、相互理解、相互尊重的人文格局。民心相通是'一带一路'建设的重要内容，也是'一带一路'建设的人文基础。"[2] 要做到"相互欣赏、相互理解、相互尊重"，必须首先做到"相互了解"，彼此怀着真诚、开放的心态向对方敞开，在表达自己价值观念和利益诉求的同时，了解对方的价值观念和利益诉求。"真

---

[1] 李贞：《习近平谈"一带一路"》，《人民日报（海外版）》2017年4月12日，第5版。
[2] 李贞：《习近平谈"一带一路"》，《人民日报（海外版）》2017年4月12日，第5版。

正的尊重是基于对中国文化和中国发展道路的理解、接受和认同,而不是基于对一个快速崛起的庞然大物的恐惧。"① 这表明,中国价值观的国际传播不仅是可能的,而且是必要的。没有共同的价值观念为基础,"一带一路"的长远发展就难以为继。通过价值观传播和相互交流,可以促进不同文化和信仰的国家在一些彼此关心的问题上形成价值共识,消除彼此的误解,从而更好地开展合作。

第三,"一带一路"为中国价值观国际传播提供了广阔的舞台。"一带一路"倡议不仅带动了中国与沿线国家的经济贸易交流,也为中国价值观传播搭建了重要平台。2016年7月25日,习近平主席在致2016年"一带一路"媒体合作论坛的贺信中指出,中国愿同沿线国家一道,构建"一带一路"互利合作网络、共创新型合作模式、开拓多元合作平台、推进重点领域项目,携手打造"绿色丝绸之路""健康丝绸之路""智力丝绸之路""和平丝绸之路",造福沿线国家和人民。中国是这么说的,也是这么做的。目前,我国已与53个国家建立了734对友好城市②,博览会、旅游节、电影节等文化交流活动日趋频繁。伴随着"一带一路"的推进,延伸出一些新的话语,比如"空中丝绸之路""冰上丝绸之路""网上丝绸之路"等。通过这些载体,中国向世界传播了中国人爱好和平、愿意同世界各国平等互助、共同发展、构建人类命运共同体的思想,表达了中国对于人类美好未来的构想和期待,反映了广大发展中国家的共同心声,也得到了世界各国的热烈回应。事实证明,"一带一路"已经并将继续推动中国价值观的国际传播,向世界讲述正在实现民族伟大复兴的大国的故事。

需要说明的是,"一带一路"与中国价值观国际传播的"互生共荣"关系,是在理论层面对二者的内在关联提出的探讨,在实践层面如何实施,还需要结合具体情况,特别是对不同国家的历史文化、宗教信仰、政治生态等采取不同的方式方法,方能得到沿线国家的认同。更为重要的是,要把中国价值观的国际传播与西方的"文化殖民主义"区分开来。"文化殖民主义"是资本主义在对外扩张过程中为了自己的私利,不顾对象国的意愿而强行输入自己的价值观念和思想文化。这种做法违背了对象国的主观意志,其实质是霸权主义。在"一带一路"背景下,中国价值观的国际传播是以平等互利、合作共赢为基本

---

① 周鑫宇:《中国,如何自我表达》,北京:人民出版社2014年版,第6页。
② 林丽鹂,齐志明,罗珊珊:《一带一路,创造新机遇(视窗·一带一路让生活更美好)》(下),《人民日报》2018年8月24日,第17版。

原则的,目的在于把中国在现代化建设过程中的成功经验和做法传播给沿线国家,更好地推进双方的交流与合作。更进一步讲,在人类文明的历史长河中,每个国家的文化都是世界文化的有机组成部分,都有责任向世界贡献自己的先进理念和文化智慧。一些西方国家强行把中国价值观的国际传播与"文化殖民主义"扯在一起,这是对中国的污蔑,目的是混淆视听,破坏中国与"一带一路"沿线国家的合作。随着"一带一路"倡议的顺利推进,这些污蔑已经不攻自破了。

本章的内容较多,但都是围绕着中国价值观国际传播的内在机理或基本原理展开的。由于涉及国家之间的关系,文中考察了国际关系理论中关于如何建立国际合作的理论——建构主义。该理论强调在国际事务中通过文化和观念的交流,涵养"共商、共建、共享"的文化理念,可以推动建构公平正义的国际秩序。这既是"一带一路"倡议和构建人类命运共同体的文化内涵,也是中国价值观国际传播的理论依据之一。本章参照思想政治教育的基本过程,细致分析了中国价值观国际传播的基本过程、基本矛盾以及在此过程中的相关影响因素。这些理论分析为第三章、第五章、第六章、第七章涉及的风险挑战、政府外交、公共外交、网络传播等奠定了重要的理论基础。

第三章　中国价值观国际传播面临的现实挑战

当前，国内外形势正在发生深刻复杂变化，我国发展仍处于重要战略机遇期，前景十分光明，挑战也十分严峻。①

——习近平

任何一项实践活动，如果不能充分认识其面临的困难和不足并做好相应的准备，就不可能实现预期目标。对价值观国际传播过程及其影响因素的分析，有助于认清在"一带一路"背景下中国价值观国际传播所面临的现实际遇，其中既有机遇也有挑战。在前章的分析中，可以看到国际社会特别是沿线国家对"一带一路"倡议的期待和支持以及各国政府和民间的主观努力，这些都为"一带一路"背景下中国价值观国际传播奠定了良好的基础，带来了机遇。但与此同时，挑战也十分严峻，这些挑战是多维度的，既有国内层面的，也有国际层面的；既有客观层面的，也有主观层面的；既有理论层面的，也有实践层面的。本章我们将对这些困难和挑战进行分析，以便为实践上的应对提供参考和借鉴。面面俱到难以做到，因此我们重点选择对传播效果影响最大最直接的几个方面进行讨论，主要是三个：一是传播主体自身的能力，二是外界环境的影响，三是传播载体的运用方式。

第一节　传播主体及其面临的挑战

在"一带一路"背景下，由谁来开展中国价值观国际传播？这是首先遇到

---

① 习近平：《决胜全面建成小康社会　夺取新时代中国特色社会主义伟大胜利——在中国共产党第十九次全国代表大会上的报告》，北京：人民出版社2017年版，第2页。

的问题。由于传播主体不同,其开展国际传播的内容和方式也有差异。

一、传播主体的类型与特点

按照不同的标准,可以将价值观国际传播的主体分为不同的类型。按照主体的数量,可以分为个体和群体;按照主体的身份,可以分为官方和民间。为了便于分析,根据主体的职业,将传播主体分为政府部门、跨国企业、社会组织、学者智库和出境游客等。在传播过程中,不同的主体的角色和使命不同,掌握的资源不同,传播的内容和方式也不相同(见表3-1)。

表3-1　"一带一路"背景下中国价值观国际传播主体类型及其传播载体一览表

主体身份	传播载体	传播价值观	传播类型
政府部门	会议、活动、访问、新闻发布、白皮书等	命运共同体 共建共商共享 平等包容、开放合作……	政府外交 首脑外交 友城外交
跨国企业	经贸交往、项目合作	平等、友好、合作、共赢 进取、创新……	企业外交
社会组织	文化交流与合作	友好、开放、相互尊重……	民间外交
学者智库	学术会议、科技合作	追求真理、创新开放、友好合作……	智库外交
出境游客	旅游、参观	友好、文明、礼貌、自律……	旅游外交

在表3-1中,我们列举了五种最常见的传播主体,在实际操作中当然不限于这五种。以下我们就这些主体分别进行讨论。

(1)政府部门。政府部门是中国价值观国际传播的官方主体,具有权威性高、可信度高的特点。作为最重要的传播类型,政府部门内部可分为首脑外交、政府外交、友城外交等不同层次。其中,首脑外交和政府外交权威性最高,主体分别为国家领导人和外交部门,传播方式主要是外交访问、外交会议、外交白皮书、新闻公报、新闻发布会等。中国政府在不同场合反复强调"坚持和平共处五项基本原则""以和平方式解决国际争端"等就是在传播中国在国际关系层面的价值观。地方政府部门开展的对外交往不能称为政府外交,可纳入公共外交的范畴,比如友城外交。

(2)跨国企业。经贸交往不仅是经济现象,也是文化现象。随着中国跨国企业越来越多,中国文化"走出去"的机会也越来越多,跨国企业在中国价值观国际传播中的地位和作用也越来越大。除了中国的跨国公司"走出去"以外，国外的跨国公司也会进入中国，还有中国和国外的跨国公司共同合作开发第三方市场等不同情况，这些公司都会面临不同文化和价值观交流与碰撞的问题。同时，跨国公司对于全球贸易体制和贸易规则具有一定的影响力。2019年10月19日，中共中央政治局常委、国务院副总理韩正出席在山东青岛举行的跨国公司领导人青岛峰会开幕式时指出，"欢迎跨国公司深度参与共建'一带一路'，欢迎跨国公司共同维护多边贸易体制，愿与跨国公司一道，共同推动贸易投资自由化便利化，推动经济全球化朝着更加开放、包容、普惠、平衡、共赢方向发展"①。在这里，"多边贸易体制""贸易投资自由化便利化""开放、包容、普惠、平衡、共赢"等就是跨国公司可以传播的价值观。

（3）社会组织。社会组织又指民间组织和非营利组织，包括各种行业协会、学会、研究会、基金会等，大致可以与国外的非政府组织（NGO）对应。在我国对外开放过程中，社会组织的作用不容小觑。在"一带一路"建设中，社会组织同样发挥着十分重要的作用。除了国内的社会组织以外，国外的社会组织也可以成为传播中国价值观的重要力量，比如世界各地的华人华侨社团。广大海外侨胞拥有赤忱的爱国情怀、雄厚的经济实力、丰富的智力资源、广泛的商业人脉，是传播中国文化、实现中国梦的重要力量。习近平总书记在会见第七届世界华侨华人社团联谊大会代表时指出："广大海外侨胞要运用自身优势和条件，积极为住在国同中国各领域交流合作牵线搭桥，更好融入和回馈当地社会，为促进世界和平与发展不断作出新贡献。"②

（4）学者智库。在国家和社会治理中，智库和参谋的重要性不言而喻，古往今来，概莫能外。学者和智库是沟通学术研究、政策实务和社会关切的桥梁，其优势在于对于某一问题的专门和深入研究，为执政者提供决策依据。比如，在应对全球性问题方面，如何形成中国的思想、中国的理论、中国的方案、中国道路的理论诠释，中国的智库肩负着重要使命。党的十八届三中全会通过的《中共中央关于全面深化改革若干重大问题的决定》明确提出，要"加强中国特色新型智库建设，建立健全决策咨询制度"。2015年1月20日，中共中央办公厅、国务院办公厅发布了《关于加强中国特色新型智库建设的意见》，提出到2020年目标是"重点建设一批具有较大影响力和国际知名度的高端智库"。2015年12月，中宣部公布25家机构入选国家高端智库建设试点单

---

① 《韩正出席跨国公司领导人青岛峰会开幕式宣读习近平主席贺信并致辞》，《人民日报》2019年10月20日，第1版。

② 习近平：《习近平谈治国理政》（第一卷），北京：外文出版社2018年版，第64页。

位。每一项政策或决策的背后都体现一定的价值立场和利益博弈，其核心是价值观。因而智库能够在国家、公众和专家三种力量中进行理性的沟通、交流，最终为促进各方的合作或妥协提供可能。在国家治理中如此，在国际治理中亦如此。在"一带一路"背景下，通过学者和智库之间的交流，可以从不同国家的视角对沿线国家的区域性问题乃至全球性问题提出大家都能接受的解决方案，这本身就是一个价值观传播和碰撞的过程。

（5）出境游客。一般来说，出境游客并不承载传播价值观的使命，之所以也将其纳入传播主体，是因为游客的言行和表现对国家形象具有重要影响。在他者看来，行为是受价值观支配的。即使一个人的某种行为是偶然的，但带有一定倾向性和普遍性的行为不是偶然现象，而是在"传播"游客来源国的某种价值观。只不过这种"传播"不是自觉的，而是自发、零散的。

二、传播主体面临的困难与挑战

由于身份和使命的差异，不同的传播主体面临的困难和挑战不尽相同。以下主要从政府部门、跨国企业、社会组织和学者智库等几个方面分别进行阐述。

（一）政府部门面临的挑战

政府部门在传播中国价值观方面面临的挑战与国家发展所遇到的挑战是一致的。主要有：一是社会主义和资本主义两种意识形态之间的较量是长期的。从世界范围来看，中国是为数不多的社会主义国家之一，在意识形态方面与占主导地位的西方国家的价值观差异很大，这使得我国意识形态建设面临的困难较大。意识形态的核心是价值观。因此，在对外传播中，特别是在向西方国家的传播中，价值观的传播阻力很大。二是中美两国的未来竞争关系是长期的。改革开放以后我国发展保持高速增长，中国的发展对于西方国家特别是美国的霸权地位并没构成实实在在的"威胁"。但是现在美国已经将中国定位为主要的战略竞争者。在这种背景下，对于中国采取遏制态度已经是美国国内两党的政治共识。一些美国政客甚至鼓吹"中美经济脱钩"。在美国国内，也出现了对于中国"接触战略"的批评与辩论。2020年2月，美国国务卿迈克·蓬佩奥（Mike Pompeo）在美国全国州长协会会议上发表演讲时称，美中竞争正在从联邦到地方层面全面展开，中方利用美政治体系自由开放的特点对美地方各州施加影响、进行渗透，要求美地方政府重视对华竞争并慎重开展对华合作。

对此，虽然我国外交部进行了驳斥，但是并不能促使蓬佩奥之流摒弃冷战思维和意识形态偏见，也不能指望其停止诬蔑中国政治制度和干扰破坏两国正常交往合作。三是有些国家包括"一带一路"沿线国家对于中国的防范心理严重。比如，印度对于"一带一路"倡议一直十分忌惮，认为这是对于印度的战略包围。而日本前首相安倍晋三提出的"价值观外交"就是着眼于在价值观和经济方面对中国的战略遏制。

（二）跨国企业所面临的困难和挑战

习近平主席在金砖国家工商论坛的讲话中指出："工商界是金砖经济合作的主力军、生力军……希望你们密切结合人民实际需要，既追求经济效益，也注重社会效益，筑牢金砖合作民意基础。"[1] 可见，跨国企业可以成为价值观国际传播的重要载体。特别是企业文化建设，本身也承载着价值观传播的功能。但是跨国企业也面临一些困难和挑战：一是部分企业主动传播的主观意愿不强，积极性不高。笔者曾咨询过在土耳其的某中国企业在文化传播方面的做法，得到的回答是"企业以营利为目的，没有从事这方面的活动"。如何发挥跨国企业在文化传播方面的作用和积极性，是中国价值观国际传播需要解决的重大问题。二是跨文化差异带来的困难。不同的文化蕴含着不同的价值观。这些不同的价值观在企业的日常管理中所带来的影响既有直接的，也有间接的。特别是在员工之间的沟通和生活习惯方面，这种影响更为明显。三是跨国企业容易受到东道国的国内政治、地区局势以及国家之间关系的影响。多年来，中国企业在海外的并购与合作常常受到美国的遏制。比如，如果中国企业与伊朗、朝鲜、叙利亚等进行经贸往来，就容易受到牵连制裁。引起全球轰动的"孟晚舟事件"就是美国怀疑孟晚舟违反了美国对伊朗制裁的相关规定，其实质是美国要打击华为公司。截至2019年初，中国企业在美国的46个州均有投资，其中纽约、加利福尼亚、北卡罗来纳等州是重点区域。[2] 美国最新版的《外国投资风险评估现代法案》将中国列为特别关注国家，要求美国政府加大对中资企业在美投资并购安全审查力度。这种趋势无疑会进一步加大中国跨国企业在海外的生存压力。

---

[1] 习近平：《顺应时代潮流，实现共同发展——在金砖国家工商论坛上的讲话》，《人民日报》2018年7月26日，第2版。

[2] 滕涛，徐雪峰：《美国对中国企业在美并购安全审查的现状、趋势以及应对之策——兼论美国投资安全审查机制的新进展》，《对外经贸实务》2019年第9期，第43页。

(三) 社会组织所面临的困难和挑战

党的十九大报告将社会组织纳入中国特色社会主义事业"五位一体"的总体布局，社会组织被视为全方位参与新时代国家建设和发展的重要力量。伴随着中国越来越走向世界舞台的中心以及"一带一路"的深入推进，我国社会组织正逐步成为"走出去"参与"一带一路"建设的重要力量。2016年8月，中共中央办公厅、国务院办公厅印发了《关于改革社会组织管理制度促进社会组织健康有序发展的意见》，明确提出："引导社会组织有序开展对外交流，参加非政府间国际组织，参与国际标准和规则制定，发挥社会组织在对外经济、文化、科技、体育、环保等交流中的辅助配合作用，在民间对外交往中的重要平台作用。"[①] 目前，社会组织在传播中国价值观方面存在的问题主要有四个：一是专业型人才严重不足，人才力量亟须整合。由于历史性原因，我国对于社会组织的政策体系支持严重滞后，相比于西方发达国家，我国社会组织起步晚，发展规范性不够。二是社会组织的工作方法有待加强，服务国家和社会的能力较低。三是资源占有不足。四是社会声誉和社会形象有待改善。有些社会组织公开透明度不够，导致负面社会效应。公开透明是社会组织的生命线，是提升社会组织公信力的必然要求，也是维护公众利益和社会公平正义的需要。多年前的"郭美美事件"对中国红十字会带来灾难性影响，其负面效应至今没有彻底消除。这几个方面是相互关联的。除此以外，社会组织还受到西方国家不公正的对待。比如，在中国文化传播方面发挥重要作用的"孔子学堂""孔子学院"也被美国政府严格审查。中国社会组织"走出去"，亟须从战略、人才、方法、资源四个方面入手，大幅度提升服务能力和服务水平。

(四) 学者智库面临的困难和挑战

中国国际经济交流中心总经济师陈文玲在"新时代的中国思想与世界变局——中国智库国际影响力论坛2019"上做了会议发言。她认为，中国智库存在的问题主要是：一是思想力不够，即智库产生思想品的能力，能够让世界为之一亮的观点、思想不够。二是谋划力不够。中国智库真正提供给党中央、国务院，给整个国家做谋划的能力不够，虽然有的智库很专业，但是专业化的智库，包括经济、政治、文化、军事，如何形成一揽子战略，整合力缺乏。三

---

① 中共中央办公厅，国务院办公厅：《关于改革社会组织管理制度促进社会组织健康有序发展的意见》，《人民日报》2016年8月22日，第1版。

是传播力不够，特别是在一些论坛交流中，缺乏创新，难以打动人。四是影响力不够。学者智库的影响力除了在国内以外，还需要延伸到国外，在国外发声，用更多的国际上能听懂的语言来讲好中国故事，诠释中国的主张。但目前大部分会议的举办地都在国内。五是协调力不够。整个智库之间缺少协调，低水平的重复建设、重复劳动比较多，缺少基础研究、原始创新。这些不足严重制约着学者智库在"一带一路"倡议实施过程中传播中国价值观的功能发挥。

第二节 传播受众对"一带一路"倡议的态度及其对中国价值观国际传播的影响

作为一项世纪工程，"一带一路"倡议受到各国政要、学者智库和民众的高度关注。但是在不同国家和地区，甚至一个国家内部的不同群体，对于"一带一路"的态度有很大差异。而受众的不同态度对于中国价值观国际传播的有效性具有重大影响。当然，这种影响是相互的。越是存在争议，越是需要加大传播力度，讲好中国故事，为"一带一路"倡议的顺利实施营造有利的国际舆论环境。

马克思指出："理论在一个国家实现的程度，总是取决于该理论满足这个国家的需要的程度。"[1] 套用这句话的表达方式，我们可以说，"一带一路"在一个国家实现的程度，取决于"一带一路"满足这个国家需要的程度。同时，客观上的满足程度是一回事，主观上对这种满足程度的认识是另一回事。"一带一路"倡议虽然是由中国主导倡议的，但是体现的是沿线各国的共同利益。正因如此，为了获得更多的正面评价，积极对外传播"一带一路"的价值就显得十分必要。从现实来看，不同国家对于"一带一路"的态度还是有差异的。在此，我们按照传播受众的不同类型，从国家元首和政府要员、学者智库、新闻媒体等三个层次来探讨其对于"一带一路"倡议的态度及其对于中国价值观国际传播的影响。

---

[1] 中共中央马克思恩格斯列宁斯大林著作编译局：《马克思恩格斯选集》（第1卷），北京：人民出版社2012年版，第11页。

一、政府要员的态度及其影响

绝大部分沿线国家元首对于"一带一路"持支持和高度赞赏态度。比如,哈萨克斯坦总理卡里姆·马西莫夫(Karim Massimov)在博鳌亚洲论坛2015年年会上表示:"我们高度重视研究和支持'一带一路'的倡议,我们认为该规划符合时代的要求,通过复兴丝绸之路有利于充分发挥亚洲地区国家的潜力。"① 卡塔尔首相兼内政大臣阿卜杜拉·阿勒萨尼说:"卡塔尔是最早支持习近平主席提出的'一带一路'倡议的国家之一,因为我们相信重启古老的丝绸之路将为亚洲的全方位和集体发展带来历史性机遇,并将进一步加速亚洲经济一体化进程。"② 俄罗斯第一副总理伊戈尔·舒瓦洛夫(Igor Shuvalov)也说:"商品和资本的自由流动可以进一步拉近欧洲和亚洲经济体的距离,我们的这个想法同'一带一路'也是不谋而合,我们相信,共同推动欧亚伙伴关系的发展,实现我们的倡议同'丝绸之路经济带'的对接,一定会更加有利于我们实现共同繁荣。"③

大使作为国家的重要官员,其所表达的关于"一带一路"的观点代表国家的意志。从记者对众多大使的访谈中,可以看出他们对于"一带一路"是肯定和期待的。比如,俄罗斯驻华大使安德烈·杰尼索夫(Andrei Denisov)认为:"一带一路"是一项开放的倡议,并不是闭门式的俱乐部,"它更像一个家庭,欢迎每一个成员的加入。同时我们也越来越清楚地认识到,'一带一路'需要协同合作……我们需要将'一带一路'经济建设与文化、教育、人文领域相统一。要与不同国家、讲不同语言、不同思维方式的人们一起合作"④。泰国驻华大使毕利亚·针蓬认为:"'一带一路'倡议为泰国提供了机会,使泰国在东盟、中国、'一带一路'合作国融入多极世界和经济全球化中发挥至关重要的作用,这对所有人有利。"⑤ 罗马尼亚驻华大使巴西尔·瓦西利克·康斯坦丁内斯库(Basil Vasilik Constantinescu)指出:"'一带一路'倡议应该是

---

① 赵成:《"一带一路",开放包容的合唱(人民日报全媒体平台·2015·中央厨房烹制新闻美味)》,《人民日报》2015年3月29日,第5版。

② 赵成:《"一带一路",开放包容的合唱(人民日报全媒体平台·2015·中央厨房烹制新闻美味)》,《人民日报》2015年3月29日,第5版。

③ 赵成:《"一带一路",开放包容的合唱(人民日报全媒体平台·2015·中央厨房烹制新闻美味)》,《人民日报》2015年3月29日,第5版。

④ 孙超:《各国大使眼中的"一带一路"》,北京:中信出版集团2020年版,第14~15页。

⑤ 孙超:《各国大使眼中的"一带一路"》,北京:中信出版集团2020年版,第23页。

一个连接欧洲和亚洲的平台，是一个具有国际格局，促进各国之间的交流和相互理解、促进贸易畅通，促进世界融合的平台。"①

有少数国家官员出于意识形态、地缘政治和国家战略利益的原因，对"一带一路"持否定态度。比如，印度一直将"一带一路"视为对印度的战略包围，因此，虽然印度知道"一带一路"在客观上能够为印度带来经济效益，而且中印经贸和文化交往也确实在扩大，但一直不愿意加入"一带一路"倡议，并且相应推出了印度版的对策。印度官方对于"一带一路"倡议表示反对，但积极参与了亚投行等与"一带一路"相关的基建项目；印度学界与官方态度基本一致又多元并存；企业和地方政府相对灵活，参与中印合作的呼声较高；民间社会容易受不同政党主张左右，呈现中间摇摆状态。② 2020年6月，印度士兵在中印边界上再次挑衅并引发双方冲突后，印度国内从官方到民间对于中国的敌对态度更加明显，其对于"一带一路"倡议的敌视态度更加强烈。再说美国，由于美国的战略利益遍布世界，因此其对于"一带一路"的影响不能不考虑在内。其中美国"鹰派"政客的态度一直是坚决反对的。《华尔街日报》2018年8月5日报道，美国16名参议员要求美国政府给出如何应对中国对国际基础设施投资的详细行动。这些参议员中，有的主张打贸易战，有的要封杀中国高科技企业，其中就包括"鹰派"人物共和党参议员约翰·科宁（John Corning）、古巴裔参议员卢比奥（Rubio）等。2018年5月2日，卢比奥在《华盛顿邮报》撰文，扬言"推出《与中国公平贸易实施法案》是保护美国人民对抗中国对美国经济安全的恶毒影响"。2018年2月，卢比奥表示，与中国教育部合作的美国学校应终止协议。卢比奥还与"港独"分子见面，并力推所谓的"台湾旅行法"，鼓吹"美台所有层级官员互访"。③ 2020年，中国制定颁布《全国人民代表大会关于建立健全香港特别行政区维护国家安全的法律制度和执行机制的决定》以后，美国参议院针锋相对地通过了《香港自治法案》，严重干预中国内政，美国遏制中国崛起的意图昭然若揭。

---

① 孙超：《各国大使眼中的"一带一路"》，北京：中信出版集团2020年版，第33~34页。
② 王延中，方素梅，吴晓黎，李晨升：《印度对"一带一路"倡议态度的调查与分析》，《世界民族》2019年第5期，第11页。
③ 吴乐珺，曲翔宇，丁玎：《美国哪些人在抹黑"一带一路"》，《环球时报》2018年8月17日，第7版。

二、智库的态度及其影响

王灵桂认为,国外智库对于"一带一路"倡议的态度主要有三种:一是期待,二是欢迎,三是焦虑。① 欧洲各国智库对"一带一路"深感期待,但欧洲人不讳言暂时的茫然和不知所措。其中,英国是西方国家中呼应"一带一路"最早的国家之一,其重商主义和人文主义传统使英国寻求在金融、教育、媒体等方面的合作。法国把中国高铁看成激发其活力的"鲶鱼效应",建议中法应在文化创意产业、旅游服务业等方面开展深层次合作。德国和意大利津津乐道的是,在"一带一路"实施过程之中,德国制造、意大利制造是中国离不开的两块制造业金字招牌。美国对"一带一路"最为关心,多有疑虑与惧怕,热衷于研究"一带一路"沿线国家和中国历史上的边境纠纷、历史矛盾、现实争端等。俄罗斯对"一带一路"及其沿线国家的观察和态度,则没有美国智库那种焦灼的感觉。印度对待"一带一路",大体经历了抵触、犹疑、初步张开怀抱欢迎等几个阶段。

俄罗斯的智库对"一带一路"及其沿线国家的观察和态度大多是平和务实的,其中不乏真知灼见。比如,俄罗斯战略和科技分析中心发表了一系列关于"一带一路"合作倡议的研究报告,其中《中国"向西看"政策:与巴基斯坦的新连接》一书的作者萨希德提出有三点需要思考,第一,中巴经济走廊不仅是巴基斯坦的机遇,也是"本地区其他国家的机遇",海湾国家以及非洲部分地区将从中受益,亚洲也将获得巨大的经济利益。第二,对中巴经济走廊的前景充满信心,这将改变油轮和集装箱之间的贸易模式,并将大大增加中国与西亚和非洲之间的贸易额。第三,该报告援引美国五角大楼的研究数据指出,美国在阿富汗发现了价值近数万亿美元的未开发矿藏。虽然作者认为,中国对阿富汗拥有丰富的矿产资源表现出了极大的兴趣,但其结论是,这"足以从根本上改变阿富汗经济,最终使阿富汗成为最重要的矿业中心"。俄罗斯战略和科技分析中心的专家伊马·霍佩尔(Imma Hopper)也就建设中巴经济走廊和达成两国政府460亿美元的能源基础设施投资计划发表了自己的观点和意见。作者认为,中国的投资"既不是援助,也不是减让性资本,而是商业协议和项目融资,包括商业投资的回报。""北京对南亚和中亚的广泛投资,不仅是为了振

---

① 王灵桂:《期待、欢迎与焦虑:国外智库看"一带一路"》,《北京日报》2015年11月30日,第21版。

兴中国的经济，也是为了促进世界上最不一体化的地区之一的发展。"① 这将促使该地区联系更加紧密、更商业化。在俄罗斯智囊团发表的研究结果中，有一些实际问题和眼前的问题值得我们关注，解决这些问题的适当方法是消除怀疑和困惑。第一，如果北京到莫斯科的欧亚高速运输走廊建成，也会使越来越多的中国公民到俄罗斯，同时也会给俄罗斯人民带来便利。随着俄罗斯人口老龄化和出生率的下降，人们普遍担心中国少数民族人口将成为最大的少数民族。第二，既然中国已成为中亚国家最大的经济伙伴，俄罗斯担心中俄在中亚可能存在利益冲突。第三，俄罗斯民族的特点是成为创造者，而不是参与者。中国的"一带一路"合作倡议与俄罗斯的欧亚联盟概念有一定的重叠。与此同时，俄方也提出了意见和建议。其要点是：第一，中国企业和人民来俄时，要以实际行动证明，中国公民来俄投资、经商、生活，都是做生意、合法经营、依法办事、没有政治目的。第二，中国在中亚地区谋求自身利益的同时，应兼顾俄罗斯的利益，把握两国利益处理原则的底线。第三，要抛开分歧，求同存异，尽量避免刺激俄罗斯不确定的神经。中国政府可能会考虑主动提出一项计划，将欧亚经济联盟的建设与"一带一路"的建设联系起来。第四，为了实现两国两大战略的双赢，建议中国妥善处理和协调两国利益，使俄中两国共同推进"一带一路"建设，形成一支助力力量，努力把中俄合作转变为两国沿着"区"线开展合作的典范。

　　美国智库对"一带一路"的负面思考多于正面思考、非理性思维多于理性思维、挑拨离间的成分多于建设性因素。他们透过美国亚洲再平衡政策的多棱镜，从不同的视点来探讨和看待"一带一路"，焦点集中在中国和马来西亚的关系发展、中国和俄罗斯的有限责任伙伴关系、中国和印度能否超越边境争议、印度洋能否装下中印两个大国、中国能否成为中东地区的新和平制造者、如何与中亚共享繁荣、在"一带一路"实施过程中蒙古的未来在哪里等问题上。在中国和俄罗斯问题上，美国外交政策研究所在其报告中，一方面将中俄正在不断深化的两国关系，歪曲地描述成"独裁的政治联盟"，并认为"它能够挑战自由主义思想以及金融世界的秩序"；另一方面他们又认为中俄"在双方团结的表象之下，其实中俄之间缺乏相互信任"，建议"欧洲和美国的外交政策应该利用这些缝隙，并且避免采取使这些不兼容的盟友更紧密联系在一起的行动"。美国外交政策研究所承认，在中国国家主席习近平成功访问印度后，

---

① 王灵桂：《期待、欢迎与焦虑：国外智库看"一带一路"》，《北京日报》2015年11月30日，第21版。

许多人希望重启曾经广受赞誉的"亚洲世纪"。但是,在他们的报告中,更多的是谈论中印之间的领土争端等,并将巴基斯坦的瓜达尔港项目、斯里兰卡的汉班托特项目、缅甸皎漂项目、马尔代夫项目等,列为中国通过"一带一路"挑战印度地位的举措。美国史汀生中心的中国与东南亚经济关系专家布兰埃勒认为,"一带一路""把三个大洲联系起来",这"将对亚非各国产生深远的影响",但认为"对环境有潜在的负面影响","尽管这一计划声势浩大,但'一带一路'并不容易让人买账,而且'一带一路'战略面临的最大挑战是中国公共关系策略。太多人已经误解了中国的意图,并且曲解该战略将会产生的收益"。① 2019年4月24日,"一带一路"国际智库合作委员会成立。习近平主席在给智库委员会成立大会的贺信中指出:"开展智库交流合作,有助于深化互信、凝聚共识,推动共建'一带一路'向更高水平迈进。"②

三、学界的态度及其影响

国(境)外学界对中国"一带一路"的评价大体上是支持和反对两类。支持者认为"一带一路"是中国的重大外交布局。比如,2014年11月29日出版的英国《经济学人》刊文称,北京高层用现代高速铁路、公路、管道、港口以及光缆,重新"复活"古代丝绸之路,将这些道路以及由此产生的贸易,视为建设睦邻友好的重要措施。西班牙《阿贝赛报》2014年11月25日的报道称,"新丝绸之路"为中国的国际新角色奠定基础。③ 他们认为,"义新欧"班列的开通是铁路运输史上的里程碑,将亚洲的最东端与欧洲的西端连接起来,是重拾丝绸之路的商业精神。虽然世界贸易大部分是通过海运完成的,但习近平主席希望恢复古老的丝绸之路,推动陆路运输,为国家想要扮演的国际新角色奠定基础。他们还认为这给沿线国家提供了难得的战略机遇,有利于促进地区和平与稳定。

---

① 王灵桂:《世界各国智库如何看待"一带一路"》,《智慧中国》2015年第4期,第29~30页。
② 习近平:《习近平向"一带一路"国际智库合作委员会成立大会致贺信》,《人民日报》2019年4月25日,第1版。
③ 潘盛洲:《构建人类命运共同体的伟大探索和实践("一带一路"论坛)》,《人民日报》2017年4月19日,第7版。

多数境外学者或国外学者肯定"一带一路"的美好前景。比如，中国香港特别行政区的香港大学欧洲研究学者严少华认为，"一带一路"倡议对欧盟和中欧关系在贸易、安全和人文交流方面的影响深远，欧盟成员国并不是旁观者，而是这一项目的利益攸关方，欧盟应考虑如何利用"一带一路"倡议重塑欧盟与中国关系。印度观察家研究基金会著名研究员拉贾·莫汉（Raja Mohan）认为，印度不能阻止邻国在基础设施建设上与中国合作，因为当下印度政府也在和中国做着同样的事情，印度不应阻挠中国在该地区发起的丝绸之路倡议，而是应该积极参与并影响这一行动计划。2019年11月7日，新加坡"联合早报"网刊发新加坡国立大学李光耀公共政策学院副教授顾清扬题为《为什么世界发展需要"一带一路"？》的文章，指出目前全球贸易量的80%依赖海路运输完成，发展中国家依赖比例更高。如何帮他们快速发展和脱贫并参与到经济全球化行列中，突破基础设施瓶颈是关键，这也是长期困扰他们的难题。中国通过"一带一路"倡议为全球发展提供了难得的机会，还为经济全球化注入新活力。过去的全球化，主要是资源南北流向的全球化。发达国家大多地处北半球，凭借技术、资金和管理优势，向南半球的发展中国家派发订单。后者加工后再把生产的消费品出口到北半球发达国家。但2008年全球金融危机极大地影响了发达国家的购买力，加上贸易保护主义抬头，上述南北纵向的经济循环受到影响。"一带一路"建设，特别是陆上丝路建设，改善了发展中国家能源和物流的供给能力，促进经济增长和收入提升。发展中国家之间的贸易，即南南贸易会相应提升。这种横向的南南资源流动，为经济全球化提供新方向，并与纵向的南北走向循环互补，这些都丰富了全球化的内涵，有利于贸易平衡。发达国家的高质量产品和技术出口也会随之增加，实现全球的互利共赢。现有的"一带一路"讨论大多聚焦国际地缘政治角逐。不可否认，随着"一带一路"推进，中国的软实力和影响力必将增强。"但如果中国的倡议能为世界的发展做出贡献，那么其影响力自然增强又有什么值得非议的呢？二战后，美国为西欧复兴做出贡献，得到相应回报。我们应以同样心态认可中国的贡献。换个角度看，我们能找到替代'一带一路'的更好方案吗？"[①]

也有学者对"一带一路"持怀疑和反对态度。比如，2014年3月，英国剑桥大学教授彼得·诺兰（Peter Nolan）在"中国发展高层论坛"上指出，基础设施建设是"一带一路"发展的核心，但部分国家对"一带一路"倡导的

---

① 顾清扬：《中国带来全球化新方向》，《环球时报》2019年11月8日，第6版。

基础设施建设疑虑重重。美国华盛顿国际战略研究所研究员克里斯·约翰逊（Chris Johnson）表示，"一带一路"将加强从太平洋到波罗的海的区域合作，除了地缘政治意义上的能源活动，中国政府还看到了通过中亚运输中国西部商品的经济利益。还有部分国外学者将"一带一路"倡议与美国战后复兴欧洲的"马歇尔计划"相提并论，认为"一带一路"有助于中国扩大影响力，打造新的世界秩序。比如美国《商业内幕》2014年9月20日发表的题为《中国欲打造一个世界新秩序》的文章指出，中国目前正构筑各种机构，欲打造一个世界新秩序，虽然结局如何看起来并不清晰。

四、媒体的态度及其影响

国外和境外媒体对于"一带一路"的态度，因不同国家（地区）、不同阶段而有所差别。有学者专门对《纽约时报》《印度时报》和《欧盟报》的文章进行话语比较分析，研究发现，《纽约时报》通过显性的消极评价，凸显了印度和其他国家对"一带一路"的反对态度，而美国自身的态度则不明确；《印度时报》通过显性的消极评价，表征了印度反对、抵制"一带一路"，而其他国家则支持和赞扬"一带一路"；《欧盟报》通过显性的积极评价来表征国际组织的领袖、英国官员和学者对"一带一路"的支持。其中，《纽约时报》对"一带一路"的认知态度经历了视为"重大机遇""害怕失去霸主地位""机遇""威胁"等一系列变化。《印度时报》对"一带一路"认知态度经历了印度"不情愿加入""有可能获益"到"仍然谨慎观望"三个阶段。《欧盟报》对"一带一路"的认知态度经历了从总体支持及欧盟各个国家争相加入，到欧盟国家公司支持的积极态度，并逐渐具体化的转变。[1] 还有学者对美国《华尔街日报》的相关文章进行研究，得出大致相同的结论。在《华尔街日报》对于"一带一路"的报道框架中，"北京雄心勃勃重塑亚洲地缘政治版图""挑战美国地区主导权""把美国赶出东亚""中国扩大在东亚的影响力"等"素材"被凸显为整个图像的重心，而中国政府所倡导的"经济上的合作共赢""文化上的交流互鉴"则被作为不重要的素材予以"略过"，这个报道框架的总体色调是"疑虑"和"担忧"。[2]

---

[1] 唐青云，史晓云：《国外媒体话语表征对比研究——一项基于语料库的话语政治分析》，《外语教学》2018年第5期，第31页。

[2] 周萃，康健：《美国主流媒体如何为"一带一路"构建媒介框架》，《现代传播》2016年第6期，第164页。

一些持冷战思维的反共媒体故意抹黑中国和"一带一路"。2018年8月2日，美国广播理事会（BBG）首席战略官哈鲁恩·乌拉在BBG网站主页上刊登了一篇毫不掩饰指向中国的文章，题目是《制衡中国的声音：这为何至关重要以及我们正在为此做什么》。他认为中国打造全球媒体"中国之声"超级网络的计划应引起关注。为此，2018年7月25日，BBG召开"如何对抗这种多层面（包括经济、媒体、科技等）威胁"的专题研讨会。这篇文章下列出的相关链接为："特朗普的新中国担忧：美国能赢得与'中国之声'的宣传战争吗？""龙的触角：跟踪中国的经济高压攻势"等。"龙的触角"一文章直指"一带一路"，称其"目的并非仅限于经济"。[1]

第三节 国内主流媒体对"一带一路"的对外宣传及其面临的挑战

鉴于"一带一路"与中国价值观国际传播的互生共荣关系，对外宣传好"一带一路"有利于中国价值观的国际传播。打造"一带一路"的良好形象，我国主流媒体肩负重要使命。目前我国对外宣传媒体机构主要有新华社、中新社、《人民日报（海外版）》、《中国日报》、中央4台、中央9台、中国国际广播电台、外文出版局、对外报道网站（如中国日报网、新华网、人民网），这些媒体共同承担中国对外报道的重任。其中，《中国日报》、《人民日报（海外版）》、新华社、中央电视台是中国对外报道的几大主要媒体，"一带一路"的报道是其重要选题。2015年5月，习近平总书记对《人民日报（海外版）》创刊30周年作出重要批示，要求该报"用海外读者乐于接受的方式、易于理解的语言，讲述好中国故事，传播好中国声音，努力成为增信释疑、凝心聚力的桥梁纽带"[2]。

---

[1] 吴乐珺，曲翔宇，丁玎：《美国哪些人在抹黑"一带一路"》，《环球时报》2018年8月17日，第7版。

[2] 习近平：《用海外乐于接受方式易于理解语言 努力做增信释疑凝心聚力桥梁纽带》，《人民日报》2015年5月22日，第1版。

一、主流媒体对"一带一路"的主要宣传内容

经济、政治、文化、外交是《中国日报》《人民日报（海外版）》关于"一带一路"报道的四大主要新闻主题。其中，在经济方面包括贸易往来、经济合作、国际投资、地方及企业发展等。这方面的对外报道比较丰富，如2013年11月30日发表的《伊宁建丝绸之路经济带旅游强市》、2014年5月14日发表的《两条"走廊"打通世界经济动脉》、2014年10月24日发表的《打造区域合作服务新平台 贯通丝路国际物流大通道》《"一带一路"推动福建与沿线国双向投资倍增》、2017年6月25日发表的《企业通关成本可省三成》等。在政治方面包括国家及政府政策、国际关系、国家形象、历史因素等，如2013年发表的《共建"丝绸之路经济带"》《提高软实力实现中国梦》等，2014年的《习近平：邻居办喜事当面来贺喜》、2014年12月12日的《新常态是我国经济发展的大逻辑》、2016年1月16日的《鼓励闽企加快"走出去"》等。在文化方面包括文明古迹、中国历史和传统、城市形象、精神传承等，如2014年11月27日的《听，汉学家这样讲中国故事》、2015年2月27日的《丝路文化为什么这么火？(丝路花语)》、2015年3月13日的《铸陶瓷文化之魂（走近景德镇感受陶文化）》、2015年8月14日的《〈千回西域〉向全球展新疆歌舞秀》、2015年8月27日的《中俄文化艺术交流周扮靓哈尔滨》等。在外交方面包括对外交往与合作、外交理念、相关战略、国际角色等，如2013年10月7日的《中国东盟关系的点睛之笔》、2013年12月26日的《2014，中国外交看点十足》、2014年2月10日的《中俄接近彰显三重战略效应》、2014年9月22日的《中国外交模式的世界意义》、2017年6月2日的《"涵养大国外交的精气神"》等。

值得专门一提的是，《人民日报（海外版）》区别于其他媒体最重要的一点是该报开设了"望海楼"评论和"华人华侨"专栏。在"望海楼"评论一栏中，有相关领域的专家学者作为本报特约评论员发表观点和看法。"华侨华人"专栏主要针对让华侨华人参与"一带一路"的建设，充分发挥集体及个人资源优势。

二、主流媒体对"一带一路"的宣传方式

长期以来，西方媒体在国际传播事务上总是占据着主动权，但他们对于中国的报道经常是不客观或者是不真实的。国际上关于中国的报道，从选择角

度、新闻素材，到叙事结构、观点安排上无不充斥着西方观念、标准、立场和逻辑。在这种背景下，创新传播方式，将传统传媒与新媒体结合起来势在必行。2017年，国家食品药品监管总局新闻宣传司司长颜江瑛表示："新媒体以其技术和传播优势，已经成为'一带一路'建设中联接中外、沟通世界不可或缺的重要手段。我们应该顺应媒介发展趋势，积极运用新媒体，讲好'一带一路'故事。"① 事实证明，将传统媒体和新媒体有机融合，可以大大提高传播的效率和效果，比如推特、微博、MV以及短视频和直播等。以下我们分别进行考察。

（1）推特。比如，在2017年1月1日到2017年9月1日这一时间段内，新华社的推特中关于"一带一路"的报道共计272篇。其中，1月共计15篇，2月共计10篇，3月共计21篇，4月共计52篇，5月共计136篇，6月共计20篇，7月共计7篇，8月共计11篇，大力加强了对"一带一路"倡议的宣传。新华社的推特关于"一带一路"的报道中，新闻报道类是最多的，内容涉及面比国外媒体更广，发布速度也更快。同时，新华社发布关于"一带一路"的报道，一些媒体推特号也会直接转载报道，新华社的推特也是国外媒体报道中国的信息源。其次为政策宣传类内容，推特面向的是世界，新华社通过这个平台对"一带一路"政策进行宣传，取得了较好的传播效果。最后为文化宣传，文化是国外普通民众对中国最感兴趣的地方，通过对"古丝绸之路"历史、文化等的报道，引起他们对中国的关注，从而去了解"一带一路"政策。②

（2）微博。在有关"一带一路"的报道中，《人民日报》官方微博充分发挥新媒体平台优势，对事件多角度、立体化报道，产生了较好的传播效果。《人民日报》、《中国日报》、新华社、中新社先后推出的"一带一路"系列宣传视频，其形式别出心裁，融动画、中英文歌词以及中国传统和外国文化元素于一体，用年轻化、国际化的表现手段吸引了受众，把政策传播与民众生活完美结合起来。

（3）MV宣传。2017年，中国推出"神曲级"音乐MV "Let's go Belt and Road"（《"一带一路"世界合奏》），在以往动漫MV的基础上添加歌曲元素、技术特效，打造升级版产品，通过通俗易懂的语言、运用多种网民喜闻乐

---

① 王海林，万宇：《用新媒体拓宽沟通之路》，《人民日报》2017年7月18日，第3版。
② 栾悦：《新华社推特关于"一带一路"倡议的报道研究》，《新闻研究导刊》2017年第19期，第45~46页。

见的形式,阐述"一带一路"的历史、倡议构想、意义成果。"神曲"跨界合作形成艺术和内容优势资源的强强联合,融入京剧、RAP、R&B、FUNK、民乐、电子乐等多种音乐形式,结合动画、实拍、抠像、Camera mapping 等视效技术。将主流媒体权威属性和产品的新媒体特色有机融合,辨识度更高,在同类型产品中更有差异化特色。①"神曲"推出后,3 天内总播放量突破 1 亿次。MV 神曲不但覆盖了网站、客户端等新媒体终端,还在微博、微信等社交媒体火热传播,同时在多家电视台播出。

(4) 短视频、直播宣传。新媒体的优势就在于在信息传播方面更加及时、快捷、直观。比如,在 2017 年"一带一路"国际高端论坛的媒体宣传中,"一带一路"国际合作高峰论坛官方网站(http://www.belt and road forum.org/)于 4 月 25 日正式上线。网站由"一带一路"国际合作高峰论坛筹备委员会秘书处主办,人民日报社人民网承办,论坛官方网站以中英文两个语言版本呈现,设置动态新闻、会议情况、参考信息、新闻中心、服务信息等栏目,论坛官方新媒体账号同步开通。会议期间,央视新闻移动网、APP 客户端、微博和微信公众号,除了刊发论坛的重要议程、发布相关动态新闻和专家解读之外,还设计了"一带一路"全球移动直播以及《"一带一路"大百科》《丝路青年》等新媒体产品,央视新闻移动网以 48 小时不间断的连续直播,对论坛进行全方位立体式的报道。数据显示,论坛相关微博转发总量超过 50 万次,仅中央电视台新闻中心官方微博"央视新闻"发帖《"一带一路"国际合作高峰论坛开幕!央视新闻 48 小时直播》的转发量就超过 3 万人次,评论数超过 12 万条。② 在 2019 年举办的第二届"一带一路"国际合作高峰论坛中,央视新闻中心推出《"一带一路"高端说》系列报道,紧密围绕本次峰会"共建'一带一路',开创美好未来"主题,结合各国发展与合作内容,专访斯里兰卡、泰国以及国际货币基金组织领导人,展现"一带一路"共建国家和国际组织对"一带一路"建设的支持以及对论坛的期待。相比于单纯的传统媒体,新媒体的传播效果更好,更能得到广大网民的认同和接受。

---

① 马书平:《新华社新媒体中心"一带一路"报道:流量过亿、过千万级产品如何炼成——新媒体报道资源整合的三个维度》,《中国记者》2017 年第 7 期,第 105 页。
② 任金航:《融媒体时代主流媒体旗下新媒体的重大主题报道策略——以央视新媒体对"一带一路"国际合作高峰论坛报道为例》,《沧州师范学院学报》2018 年第 2 期,第 36 页。

三、主流媒体关于"一带一路"国际传播面临的挑战

我国对于"一带一路"倡议的国际传播十分重视,从中央到地方都投入了大量的人力、物力和财力,也取得了很大成就。但是与人们对于"一带一路"的期待相比,特别是与"一带一路"在实施过程中的需要相比,还有较大差距。主要面临以下三个方面的挑战。

第一,在内容上,关于"一带一路"倡议相关政策的宣传需要进一步加强。具体有几个方面的表现:一是传播内容略显空泛,容易导致受众"审美疲劳"。有些代表团在与国外对接时,对于"一带一路"的重要意义讲得过多,但相关政策宣传没有与具体项目相对接,导致"说得多,做得少",项目落实率有待提升。二是有关政策的核心内容和权威信息不清晰。据英国《金融时报》报道,有中国邻国的外交官提出,"如果我们想要与丝绸之路对话,我们不知道给谁打电话"。这一情况非常形象地说明了"一带一路"政策传播的问题之一,即到底谁才是最权威的信息源。外界的一大疑问是,要想及时了解有关"一带一路"倡议的详细信息,"是通过这个项目专有的机构,还是通过不同部委和政策银行中专门设立的部门"[①]。三是对外政策传播中有时出现"以中国为中心、向他国施加恩惠"的心态。

另外需要注意的是,"一带一路"政策的对外传播要与对内宣传同步推进,不能只对外宣传而忽视对内宣传,否则,很难激发起民间传播"一带一路"精神的积极性和主动性,即使有人愿意开展对外传播,也可能因对政策掌握不够全面而产生负面影响。目前,部分国内民众对于"一带一路"存在认识上的误区,比如,有人认为"一带一路"建设和自己没有什么关系,特别是民营企业不了解自己应如何作为;有人认为"一带一路"就是"到处撒钱",将不可避免地影响我国政府对解决国内问题的资源投入。虽然国家发改委、外交部和商务部等部门曾就"一带一路"联合发布了白皮书,但很难想象普通民众会认真阅读和琢磨这类文件。

第二,在方式方法上,"一带一路"的国际传播需要进一步优化。有人指出:"长期以来,由于中外文化差异、对媒体功能定位等方面的不同,对外稿件受中文表述方式影响的现象比较严重,说教、宣传、论战色彩有时太浓,在

---

① 赵磊等:《"一带一路"年度报告 从愿景到行动 2016》,北京:商务印书馆2016年版,第256页。

摆事实、讲故事、说道理、以小见大、具象化、人文精神等方面欠缺较多。如果不解决话语方式的问题，稿件的传播效果必然大打折扣。"① 我国主流媒体的对外传播存在传播方式如何"落地"和"接地气"的问题。但是目前关于"一带一路"国际传播存在哪些不足的研究还很欠缺。有学者对《人民日报》推出的时长2分18秒的说唱式英文视频《"一带一路"之歌》在国外社交媒体中的接受度进行了研究，得出结论就有认为存在动画制作水平不够、内容容易导致口号化等问题。② 同时，传播过程中的方法和尺度把握十分重要，要有"对象意识"或者"受众意识"，也就是要"站在对方立场思考"。如果传播的方法不好或者尺度把握不准，就很可能导致他者的误会和猜忌。

笔者曾和俄罗斯莫斯科大学一位教授交流，询问其对于中国"一带一路"传播的意见和建议。他坦言，现在大家最担心的是中国借助"一带一路"向世界推广中国特色社会主义，推广中国的意识形态。虽然中国特色社会主义取得了很大成就，但是中国的做法是与中国独特的国情相一致的，如果把中国的做法推广到其他国情不同的国家，很可能带来问题。我对这位教授讲，这个担心虽有道理，实际上是不必要的。中国无意向世界推销中国的意识形态。即使本课题的核心内容是"中国价值观国际传播"，也并不是要把中国的价值观向全世界推销，而只是为了更好地表达中国声音，树立中国良好形象，希望通过大家一起努力，建设一个更加美好的世界。2017年12月1日，习近平总书记出席中国共产党与世界政党高层对话会开幕式并发表主旨讲话，指出："我们不'输入'外国模式，也不'输出'中国模式，不会要求别国复制中国的做法。"③ 习近平总书记的讲话引起了各国政要的高度共鸣。这也警示我们，在对外传播过程中，不仅仅是把中国的故事讲好，宣传中国改革开放以来所取得的成绩，还要讲清楚中国为什么会取得这样的成绩，且要讲得恰如其分。从特殊性中总结出一般性和规律性的认识，才能更好说服人。

第三，在效果上，"一带一路"国际传播的话语权和影响力需要进一步提升。一切理念创新和实践上的努力，最终都要落实在效果上。客观上讲，由于历史的原因，国际传播仍然由西方媒体主导，我国在国际传播上的影响力远不及西方发达国家，甚至还不如一些发展中国家，我国的对外传播能力和国际话

---

① 彭树杰：《构建国际舆论新秩序的认识与路径选择》，《中国记者》2011年第7期，第3页。
② 唐青叶，申奥：《"一带一路"及"人类命运共同体"话语体系构建的现状、问题与对策》，《北京科技大学学报（社会科学版）》2018年第1期，第15页。
③ 习近平：《携手建设更加美好的世界——在中国共产党与世界政党高层对话会上的主旨讲话》，《人民日报》2017年12月2日，第1版。

语权建设仍任重道远。话语权的缺失严重制约着我国在国际贸易和国际传播方面的影响力。比如在国际贸易方面，我国没有大宗商品的定价权，总体上还不能决定产品的质量标准，缺乏贸易投资规则的制定权①。在国际传播方面，我国主流媒体的行事风格与我国的外交风格相似，"不惹事、不怕事"，属于"积极防守型"。但是在"西强我弱"的大环境下，特别是面对西方反华势力的恶意攻击，还需要找到积极有效的反击手段。

比如，2019年7月25日，特朗普的中国问题顾问之一、美国对华鹰派人物白邦瑞（Michael Pillsbury）在华盛顿智库大西洋理事会声称，特朗普不把中国视为美国的敌人，但将力求阻止中国取代美国成为世界领袖。他以一些经济学家估计"中国到2049年经济总量将是美国三倍多"为例，声称，"在某种意义上，在这些条件下，中国会控制我们，我们将成为中国的殖民地"。针对这一言论，中央广播电视总台发表《国际锐评》进行了猛烈回击，声称这是美国有些人抱着冷战思维不放，对中国快速发展感到焦虑不安，甚至得了"被害妄想症"，鼓动发起对中国的全面对抗，以维护美国的霸权地位。2019年10月，CNN等美国多家媒体报道，一位澳大利亚专家发现美国白宫国家贸易委员会主任纳瓦罗在其多部书中多次引用一个对华强硬的专家"罗恩·瓦拉"（Ron Walla）的话来批评攻击中国，而这个专家竟然是编造出来的。纳瓦罗本人也承认这个所谓的专家根本不存在，还表示"终于有人发现了这个隐藏多年的笑话"。对此，我国外交部发言人华春莹表示，这从一个侧面反映出，现在美国国内个别人出于一己私利或者说政治图谋，对中国打压抹黑，已经到了无所不用其极，甚至到了没有任何底线的地步。2019年11月8日，蓬佩奥在柏林纪念柏林墙倒塌30周年的纪念活动发表讲话，其间多次谈到与中国相关的话题，声称美、德必须联手"抗击"中国。

从这些恶意中伤的言论中可以看出，西方右翼政客始终强调国家意识形态之间的对立，并过分突出大国间战略层面的对抗性，将不同于自己的价值观归入异类，把社会主义国家视为天然敌人，西方中心主义并没有随着冷战的结束而结束，有时甚至更加肆无忌惮，尤其是面对中国崛起的威胁，西方世界普遍将中国视为假想敌。

总之，我国主流媒体的国际传播力不高是当代中国价值观国际传播的一大瓶颈。因自身国际传播能力有限，我国主流媒体没有形成足够强的影响力，这就影响中国向国际社会推介真实的中国的效果，也影响对涉及"一带一路"倡

---

① 王义桅：《"一带一路"的国际话语权探析》，《探索》2016年第2期，第46页。

议的国际负面报道进行有效纠正。面对这样的局面，我国主流媒体亟须进一步从战略上策划布局，向世界传播正义的声音。这是一个长期而艰难的任务。在这种背景下，需要创新话语体系，积极拓展渠道，除了媒体传播以外，需要多管齐下，发挥政府外交和公共外交的作用，提高中国价值观国际传播的整体合力。

第四章　中国价值观国际传播的话语体系构建

> 要重视和做好舆论引导工作，通过各种方式，讲好"一带一路"故事，传播好"一带一路"声音，为"一带一路"建设营造良好舆论环境。[①]
>
> ——习近平

本章针对中国价值观国际传播的主要内容进行研究。在"一带一路"背景下，"中国价值观"既是一个专有名词，也是一系列具体价值观的总称，其内涵既要与当代中国社会主义核心价值观相一致，与中国优秀传统文化相承接，又要与其他国家的文化价值观相包容，还要与当今国际形势与时代精神相渗透。传播过程中，针对"一带一路"沿线国家的不同情况，理应构建既能反映中国价值观的实质精神，又符合沿线国家文化传统的国际传播话语体系，以提高"中国价值观"的接受度。本章是本研究的核心内容，也是重点和难点之一。

第一节　话语体系的内在结构及其相互关系

所谓"话语"，是指主体运用一定的语言符号（概念或范畴）来表达思想观念或情感价值的载体。自 20 世纪初瑞士语言学家费迪南德·索绪尔（Furdinand Saussure）对"语言"和"言语"（即话语）进行区分以来，不同领域的学者对"话语"的意义和价值进行了多角度的研究，其中以福柯的"话语即权力"的思想影响最为深远。所谓"话语体系"，是指以话语为核心的一系列基础要素与支撑要素的总和。从内容结构来看，话语体系包括紧密相连的

[①] 习近平：《习近平谈治国理政》（第二卷），北京：人民出版社 2017 年版，第 502 页。

三个部分：核心话语、基础话语和外围话语。

　　核心话语包括话语内容和话语方式，用通俗的表达就是"说什么"和"怎么说"。核心话语是受众直接听到的信息，即由主体直接发出的以某种形态存在的信息。话语内容是思维的产物，反映了话语主体想要表达和传播的思想观念或情感诉求等。话语内容本身是无法存在的，需要通过一定的语言作为"外壳"即话语方式来承载和呈现。话语方式由相应的概念、范畴、符号等按照一定的逻辑和修辞构成。通常情况下，话语内容总是与一定的话语方式结合在一起。在内容相同的情况下，不同的话语方式（哪怕只是语调的改变）可能产生完全不同的效果。

　　基础话语是指话语生成、表达或传播的基本因素，包括话语主体、话语平台和话语对象，即"谁在说""在哪里说"和"说给谁听"。毫无疑问，对于话语而言，这三者都是必不可少的：没有话语主体，话语无法生成；没有话语对象，话语就失去了意义；没有话语平台，话语中的信息就无法进行传播。同时，这三者之间也是相互关联的：就某一特定的话语对象而言，不同的话语主体和话语平台产生的效果不同；同样的道理，就特定的话语主体而言，不同的话语对象和话语平台，传播的效果不同；就特定的话语平台而言，不同的话语主体和话语对象，传播的效果也不同。

　　外围话语是指话语生成、表达和传播的条件性或支撑性因素，主要是话语背景、话语环境和话语情景，其直接指涉"为什么这么说"。人们往往关注话语是"怎样的"而忽略话语"为什么是这样"。实际上，弄清楚"话语为什么是这样"更能从根本上反映言说者的内在心理活动或价值诉求。比如，就话语背景而言，不同国家、不同时代的话语主体和话语对象，可能拥有不同的思想观念、文化传统、宗教习俗、价值标准，因此才有不同的价值诉求、表达方式和传播渠道。这种情况对于话语环境和话语情景亦然。话语情景不同，即使是同样的话语主体和话语内容，表达方式也应该有所不同，否则可能产生误解。

　　核心话语、基础话语和外围话语之间并非彼此完全割裂，而是相互联系的。比如，作为核心话语的话语内容总是由作为基础话语的话语主体发出，并指向特定的话语对象，话语主体的价值立场直接决定着话语内容的问题性质，其选择的话语方式直接决定了话语内容的表达逻辑。同样的道理，作为外围话语的文化传统、价值信仰和特定情景，直接影响到话语对象的思维方式和价值标准，从而影响到对于核心话语的态度倾向、理解程度与接受程度。可见，在讨论话语体系的时候，需要整体思维，要从战略层面进行统筹考虑。如果话语主体和话语对象不在同一个话语体系中，要想取得理想的传播效果，难度可想而知。正是在这一点上，有学者认为我国在对外开放过程中存在话语体系的问题："尽管改革开放以后中国和西方的沟通一直很频繁，但不难发现在很多对话场合，双方还是生活在两个完全不同的话语体系里面，两个体系之间没有有效的互联互通，很多方面的沟通都是'你讲你的，我讲我的'，交互的地方并不是很多。"① 随着我国对外交往的不断增多，越来越需要考虑与国外话语体系对接的问题。特别是对于"一带一路"背景下中国价值观的国际传播来说，这些不足显然需要引起特别重视和重点着力。

第二节　"一带一路"背景下中国价值观的基本内涵及其与相关概念的关系

本节中的"中国价值观"属于核心话语，在对外传播的话语体系中处于中心地位。因此，厘清"一带一路"背景下"中国价值观"的具体内涵及其存在样态，是开展国际传播的首要前提。

一、"中国价值观"概念的学术史回溯及其简要评价

迄今为止，学界对于中国传统文化和价值观的研究可谓百花齐放，但是直接以"中国价值观"为研究对象的，大致可追溯到20世纪90年代初。1992年6月，李明华出版了专著《时代演进与价值选择——中国价值观探讨》。该书以中国传统价值观的现代转换为基点，论述了中国传统价值观的形成、发展、本质、类型、特征及其表现形态，揭示了传统价值观向现代转换的必然趋势，并设想了中国未来价值观的建构原则，主要是个体与群体、自我与社会、功利与道义、传统与变革、多元与一元这五对范畴，将迈向21世纪的价值观概括为五个，即永恒的追求与创造、自由观、科学精神、集体主义的升华和人的全面自由发展。对比一下社会主义核心价值观的内容，以上研究还是很有见地的。有学者认为，该研究作为未来新社会价值观的"雏形"，将长久地在中国价值观理论库中留存。②

---

① 郑永年：《如何让世界读懂中国》，《领导文萃》2016年第12期，第117~118页。
② 啸父：《对中国传统价值观之现代转换的可贵探讨——评〈时代演进与价值选择——中国价值观探讨〉》，《开放时代》1993年第2期，第62页。

当前，学界关于"中国价值观"的叙述和研究主要有几种情形：一是直接使用"中国价值观"或"中国价值观念"的概念，对其内涵不做分析和讨论，在具体使用时将"中国"和"价值观"分开，比如"中国价值观国际传播"，其重点是"价值观国际传播"而不是"中国价值观"。比如杨晶等的《中国价值观国际传播的新媒体平台构建策略》（2018）、梁德学等的《媒体技术演进与中国价值观国际传播的路径创新》（2018）等。二是将"中国价值观"与"当代中国价值观"或"中国价值观念"等同，并进一步将其与"中国特色社会主义价值观念"等同，并引用习近平总书记的相关讲话作为引证，比如习近平总书记在中共中央政治局第十二次集体学习时强调，"当代中国价值观念，就是中国特色社会主义价值观念"①。三是将"中国价值观"等同于"社会主义核心价值观"，并以党的十九大报告作为引证。党的十九大报告指出："社会主义核心价值观是当代中国精神的集中体现，凝结着全体人民共同的价值追求。"②有学者把"中国价值观"与"中国道路"联系起来，认为在本质上，"当代中国价值观是中国道路的价值观"，"集中体现了中国道路的价值要求与理想"，"发展于中国道路之中，彰显了中国道路的价值变化与发展"③。四是将"中国价值观"理解为"中国的价值观"，并从"中国传统的价值观""近现代中国的价值观""当代的价值观"等方面进行阐述（比如韩震、章伟文等著的《中国的价值观》，中国社会科学出版社，2016年版）。五是直面"中国价值观"的内容。这方面的论述很有启发，比如项久雨认为："概括来看，中国价值观主要包括社会主义核心价值观、中国优秀传统价值观和共同价值的中国认识三个方面。其中，社会主义核心价值观是中国价值观的核心要素，中国优秀传统价值观是中国价值观的根基所在，共同价值观的中国认识是中国价值观的世界担当，这共同构成了系统完整的（当代）中国价值观，确立了中国价值观国际传播的基本内容。"④

应该说，以上相关叙述和研究各有其语境和背景，研究也相当深入。但是如果放在"一带一路"这个特定的背景下，以上解读就显得不够了，需要进行新的阐释和提炼，并且在表达上进一步优化。

---

① 习近平：《建设社会主义文化强国　着力提高国家文化软实力》，《人民日报》2014年1月1日，第1版。
② 习近平：《决胜全面建成小康社会　夺取新时代中国特色社会主义伟大胜利——在中国共产党第十九次全国代表大会上的报告》，北京：人民出版社2017年版，第42页。
③ 王玉鹏：《当代中国价值观与中国道路的价值意蕴》，《探索》2018年第5期，第39页。
④ 项久雨，张业振：《关于中国价值观国际传播的若干思考》，《马克思主义理论学科研究》2017年第5期，第137页。

二、"一带一路"背景下"中国价值观"的基本规定

在本书中,"中国价值观"是一个专有名词,不能等同于"中国的价值观",因为"中国的价值观"内容过于宽泛,既包括过去的,也包括现在的,还包括未来的;也不完全等同于"当代中国价值观",因为在"一带一路"背景下,并非所有的当代中国价值观都适合对外传播。因此,"一带一路"背景规定了其特定的时空和语境。在这里,"中国价值观"应该符合以下基本规定:一是在形式上具有"高辨识度",容易被人理解;二是在内容上具有综合性和包容性,传递正能量,表达中国的价值立场,展示中国良好的国际形象;三是在针对性上,能根据"一带一路"沿线国家的不同国情,采取"精准传播"的策略,最大限度提高传播效果。

第一,辨识度高,容易被理解、记忆和传播。在传播领域,高辨识度是一种重要的属性。无论是名称、形象,都要好认、好读、好记、好看又好听,使人一经接触就难以对其忘怀,细品之下别具风味。在商品营销中,品牌的影响力不仅在于其质量上乘,还在于其"高辨识度"——形象设计就是其中最重要的策略之一。比如,日本 SONY 公司,原名为"东京通讯工业公司",不仅读起来拗口,英文译名也冗长难记。为了打造一个方便全世界认知的简约名称,创始人先找到一个拉丁词汇"Sonus",译为"声音"。该词汇虽然与产品内涵十分吻合,但在日语发音中有"丢钱"的隐含词义,犯了经商者的大忌,于是将其字形做了综合变形,创造出一个字典上查不到的新词汇"SONY"。由于该名称本身没有任何不良含义,且读起来简单易记,很快成为风行世界的知名电子品牌。这启示我们,在凝练"中国价值观"的表达形式上,要有高识别度、简明、好记、便于传播。

第二,内涵丰富,彰显中国良好形象。在内容和形式的关系上,内容决定形式,形式为内容服务。在"中国价值观国际传播"这一叙事中,"传播什么样的中国价值观"(内容)是核心,包含着"想传播什么"(内容)、"为什么传播该内容"(目标)、"能传播什么内容"(约束条件)、"如何传播该内容"(支撑条件)等几层含义;"如何传播"从属于"传播什么",包括传播渠道、传播方法、传播载体等。在"一带一路"背景下,中国价值观的内容丰富,包括政治、经济、文化、社会、生态等各方面,能够展示中国改革开放以来所取得的重大成就,彰显中国良好的国家形象,为"一带一路"的顺利推进营造良好的国际环境。

第三，针对性强，容易被沿线国家认同和接受。对外传播是一门艺术，需要精心构建，稳步推进。无论是传播内容，还是传播载体和传播手段，甚至是传播的时机，都要精心选择，决不可粗枝大叶。据中国"一带一路"网2019年3月27日公布的数据显示，中国已与124个国家和29个国际组织签署了172份共建"一带一路"合作文件。沿路国家的地理环境、风土人情、宗教信仰、政治生态、文化传统、经济发展等各不相同，民众对于"一带一路"的看法和期待也不一样。因此，在开展中国价值观传播过程中，需要做到"三个结合"：一是把"普遍性"与"特殊性"结合起来，即在传播内容上，既要注意到所有国家的共同期待与共同利益，又要关注不同区域、不同国家的个性化诉求和特殊利益。二是把"以我为主"和"以人为主"结合起来，即在传播内容和方法上，既要从"我"出发，关注"我想传播什么"，也要充分考虑"他者"的需要和接受特点，关注"他者想听什么"；否则，很容易产生"话不投机半句多"的尴尬，劳民伤财且徒劳无功。三是把"近期目标"与"远期目标"相结合，既要考虑现实利益和近期目标，更要重视未来利益和长期目标，在实施方法上不能操之过急、急于求成。

三、"中国价值观"与相关概念的关联

在具体讨论"中国价值观"之前，需要对一组相关的概念进行辨析，这些概念与中国价值观有密切的联系，具体包括：中国精神、中国形象、中国智慧、中国道路和"丝路精神"等。厘清这些概念的内涵及其与中国价值观的关联，可以更好地理解和凝练"中国价值观"。

（一）"中国精神"与中国价值观

习近平总书记指出："实现中国梦必须弘扬中国精神。这就是以爱国主义为核心的民族精神，以改革创新为核心的时代精神。这种精神是凝心聚力的兴国之魂、强国之魂。"① 中国精神是中华优秀传统与民族精神和时代精神的有机结合，体现了社会主义核心价值观和社会主义核心价值体系的内在要求，既有历史的厚重感，也有鲜明的时代特色，是中国价值观的"灵魂"所在。如果说中国价值观是由一系列具体的概念和范畴构成的，那么中国精神就是贯穿于

---

① 习近平：《在十二届全国人民代表大会第一次会议上的讲话》，《人民日报》2013年3月18日，第1版。

这些概念和范畴的"思想红线",给予这些中国价值观以鲜活的生命特质。正是这种鲜活的生命特质,使得中国价值观能够成为支撑和推动广大中国人民建设中国特色社会主义、实现中华民族伟大复兴"中国梦"的强大精神动力。

(二)"中国形象"与中国价值观

国家形象是一个国家对自己的认识以及在国际体系中其他行为体对它的认知的结合。中国形象是一系列关于中国的符号在人们心目中的印象的总和。这些符号既有物质层面的,也有精神层面的;既有制度层面的,还有行为层面的。可以说,国家形象是一个由多重因素组成的立体结构。中国价值观蕴含在中国形象之中,具体渗透在国家的物质性存在、精神性存在、制度性存在和行为性存在之中。习近平总书记在全国宣传思想工作会议上的讲话强调,做好新形势下宣传思想工作,必须自觉承担起举旗帜、聚民心、育新人、兴文化、展形象的使命任务。其中,"展形象,就是要推进国际传播能力建设,讲好中国故事、传播好中国声音,向世界展现真实、立体、全面的中国,提高国家文化软实力和中华文化影响力"①。在这里,"中国故事""中国声音""中华文化"无不体现着中国价值观:"中国故事"讲述的是中国价值观的故事,"中国声音"表达的是中国价值观的声音,"中华文化"蕴含的是中国价值观的文化。可以说,展示"中国形象"的过程,就是传播中国价值观的过程。

(三)"中国智慧"与中国价值观

所谓中国智慧,是由中国提出的针对国际国内问题,特别是全球经济发展乏力、全球减贫、全球气候治理等全球性问题上提出的对策和方案。在这些方案中,蕴含着中国对于这些问题的成因及其解决办法的分析与判断,而这些分析与判断是基于中国价值观的指导。如果说"中国智慧"是中国在面对全球性问题所提出的方法论,那么中国价值观就是这些方法论中蕴含的基本理念和精神。比如,面对全球气候变化,中国政府积极参与《联合国气候变化框架公约》的谈判进程,坚定维护公约的原则和框架,坚持公平、共同但有区别的责任和各自能力原则,遵循缔约方主导、公开透明、广泛参与和协商一致的多边谈判规则,不断加强公约的全面、有效和持续实施。这些都体现着中国智慧。这些理念和做法与美国特朗普政府的"美国优先"理念和"退群"行为形成鲜

---

① 习近平:《举旗帜聚民心育新人兴文化展形象 更好完成新形势下宣传思想工作使命任务》,《人民日报》2018 年 8 月 23 日,第 1 版。

明对比。2017年，习近平总书记在"7·26"重要讲话中指出："中国特色社会主义拓展了发展中国家走向现代化的途径，为解决人类问题贡献了中国智慧、提供了中国方案。"①

（四）"中国道路"与中国价值观

所谓中国道路，是指中国基于自身国情研判而选择的发展道路和发展方式的总称。一个国家的道路选择反映了该国对于世情和国情的判断，是一个国家的统治者（执政者）对于国际国内形势综合判断的结果。此处的"中国道路"就是指中国特色社会主义道路，既与经典马克思主义所描述的科学社会主义不完全相同，又与世界其他社会主义国家相区别；既与改革开放以前的道路和理念不同，又与西方国家道路相区别。这条道路的选择体现了中国共产党人对于"中国处于怎样的历史方位""中国向何处去"等一系列问题的深刻思考。无论是对当前中国面临的国际国内形势的判断，还是对未来中国发展方向的展望，都无不渗透着以中国共产党人为代表的全国人民的价值观，即中国价值观，包括政治价值观、经济价值观、文化价值观、社会价值观和生态价值观等。可以说，"中国道路"和"中国价值观"是互为表里的关系。如果说"中国道路"是一系列政策、制度和行动的集合，那么"中国价值观"则是这一系列政策、制度和行动的精神支柱。

（五）"丝路精神"与中国价值观

"丝绸之路"这一名称来源于1877年德国地理学家李希霍芬的著作《中国》一书，意指从公元前114年至127年间，中国与中亚、中国与印度间以丝绸贸易为媒介的这条西域交通道路。广义上的"丝绸之路"分为陆上丝绸之路和海上丝绸之路。千百年来，"丝绸之路"上传颂着东西方商贸交流和文化交往的动人历史故事，传承着沿线国家的人们对于美好生活的向往与实践。习近平总书记指出："古丝绸之路绵亘万里，延续千年，积淀了以和平合作、开放包容、互学互鉴、互利共赢为核心的丝路精神。这是人类文明的宝贵遗产。"②"丝绸之路"的形成得益于沿线国家和人民的共同合作，"丝路精神"就是这种合作实践的内在气质和理念表达。"丝路精神"是与中国价值观完全

---

① 习近平：《高举中国特色社会主义伟大旗帜　为决胜全面小康社会实现中国梦而奋斗》，《人民日报》2017年7月28日，第1版。

② 习近平：《携手推进"一带一路"建设——在"一带一路"国际合作高峰论坛开幕式上的讲话》，《人民日报》2017年5月15日，第3版。

契合的，它不仅是中国优秀传统文化的重要组成部分，也是当代中国在对外交往中一贯秉持的价值观。新中国成立特别是改革开放以来，中国在对外交往中坚持和平共处五项基本原则（即互相尊重主权和领土完整、互不侵犯、互不干涉内政、平等互利、和平共处），主张以和平手段解决国际争端，反对以武力或以武力做威胁。在"一带一路"背景下，中国倡导构建人类命运共同体，更加需要弘扬"丝路精神"。可以说，"和平合作、开放包容、互学互鉴、互利共赢"的"丝路精神"就是"一带一路"背景下当代中国价值观国际传播的重要组成部分。

通过以上分析，可以看出，中国精神、中国形象、中国智慧、中国道路和丝路精神等概念，都与中国价值观有密切的联系，都是中国价值观国际传播的重要组成部分。不同的是，其中有的本就是传播内容，有的则渗透在其他载体之中。

第三节 "一带一路"背景下中国价值观国际传播的总体目标

我们把"一带一路"背景下中国价值观国际传播的总体目标设定为：通过传播开放、包容、合作、共赢等价值理念，表达中国对"一带一路"倡议的构想和期待，介绍中国特色社会主义现代化建设取得的成就，消除外界对中国发展的疑虑和误解，反驳西方对中国的各种诋毁和污蔑，从而树立中国良好的国际形象，为"一带一路"倡议的顺利实施营造良好的外部环境，为全球治理提供中国方案，贡献中国智慧。

以上总体目标主要包括以下几个方面的内涵：

第一，树立形象，向世界说明一个真实的中国。近代以后，随着西方国家的入侵和各种不平等条约的签订，中国不仅在综合国力上一落千丈，国家形象急转直下，从"天朝帝国"变成"东亚病夫"，中国人在精神上也日益缺乏自信，"洋货""洋人"成为被羡慕的对象，似乎"外国的月亮比中国的圆"，这种"曾为人下"的阴影至今仍在一些国人心里挥之不去。新中国成立以来特别是改革开放以来，中国的发展取得了巨大的成就，从一个积贫积弱的国家一跃成为世界第二大经济体，从一个工业基础极度薄弱的国家变成了"世界工厂"，国家形象也发生了翻天覆地的变化。比如在民生建设方面，中国的精准扶贫就是一个奇迹。据新加坡媒体报道，1980年时，中国还很穷，然而只用了不到一代人的时间，这个国家就变成了世界第二大经济体，中国的发展已经使超过7亿人摆脱了贫困，这是个了不起的成就。在"一带一路"背景下，加强中国价值观的国际传播，旨在向世界展示中国改革开放以来所取得的成就，讲述一个真实的中国，向世界展示中国良好的国际形象。"要围绕我国和世界发展面临的重大问题，着力提出能够体现中国立场、中国智慧、中国价值的理念、主张、方案。我们不仅要让世界知道'舌尖上的中国'，还要让世界知道'学术中的中国'、'理论中的中国'、'哲学社会科学中的中国'，让世界知道'发展中的中国'、'开放中的中国'、'为人类文明作贡献的中国'。"[①] 这个过程也是中国人树立价值观自信的过程。只有价值观获得了自信，一个民族才能真正确立起国家自信，"四个自信"才能真正落地生根。

第二，释疑解惑，回应外部对中国的关切。由于中西方在历史文化、风俗习惯、政治体制等多方面的差异，西方对中国的看法也存在很大不同。许多人习惯用西方理论来裁剪中国、分析中国，但这些理论的理论前提、分析框架、概念范畴都是以西方道路、西方实践、西方经验为基础的，无法直接与中国社会相连接，往往解释不了中国发展的奥秘。越是这样，他们对于中国的很多现象越充满了困惑和好奇。这些困惑和好奇并非都是恶意的，有很多是善意的关切。许多有识之士希望通过研究中国的现象来解开其快速发展的"密码"，特别是一些在西方长期留学的知识分子。比如，美国联邦储备银行圣路易斯分行助理副行长、清华大学讲席教授文一做客《天下讲坛》时指出，过去自己深陷西方那套经济学中无法自拔，直到有机会回国到清华大学教书，才慢慢跳出了西方经济理论思维。文教授称，认真思考中国的经济以后，尤其是再读一读真正西方国家的工业化历史后，才开始意识到西方经济学理论是不对的。"按照西方主流经济学理论来衡量，中国应该是世界上最糟糕的经济体，它既由共产党领导，又有众多国企，土地也还没有私有化。但事实上，中国是战后20世纪所有国家中（包括发达国家和发展中国家）发展最快的，尤其是通过继承改革开放前30年积累的国家能力和打下的国家行政构建基础，在改革开放以后大胆实施以产业政策为基础的由下而上的循序渐进的社会主义市场经济，40年就迅速从一个低收入农业国转变为一个全球制造业中心，其工业生产总值超过美国和日本两个超级大国的总和，把其它所有盲目照搬华盛顿共识'私有化、市场化、自由化、去监管化'的东欧国家、拉美国家、东南亚国家和非洲

---

① 习近平：《习近平谈治国理政》（第二卷），北京：外文出版社2017年版，第340页。

国家远远抛在后面。"① 中国崛起的秘密是什么？通过解读中国特色社会主义发展的历程，解读和弄懂中国价值观，可以从中得到重要启示：每个国家的发展道路都必须与自己的国情相符合，探索适合于自己的发展之道。

第三，勇于亮剑，反驳对中国的诋毁和污蔑。自20世纪90年代以来，西方国家炮制了多种多样的"中国威胁论"，如"粮食威胁论"（21世纪谁来养活中国）、"人口威胁论"（中国人口太多）、"环境威胁论"（中国的发展对环境带来影响）、"发展模式威胁论"（中国发展模式威胁到西方发展模式）等。这些言论有的是看到了中国发展面临的困难和挑战，从而"棒杀中国"；有的是看到中国发展带来的威胁（即对西方霸权形成威胁），希望中国能够承担更多的国际责任，故而"捧杀中国"。原因虽不相同，但目的都是一样的。在习近平总书记提出"一带一路"倡议以后，一些西方学者又把"一带一路"与"马歇尔计划"相提并论，甚至污蔑中国在非洲的投资是"新殖民主义"。比如，2017年5月4日和5月5日，美国《纽约时报》中文网以"中国式新殖民主义"为题，浓墨重彩地描绘了中国企业在纳米比亚的投资和建设，并将中国的做法与第二次世界大战后美国的"马歇尔计划"相比较。部分西方媒体在5月5日的外交部记者会上说："'一带一路'并非共赢，而是中国在掌控。"对此，中国外交部发言人耿爽回应道，"一带一路"建设是由大家共同进行。中方无意唱独角戏，也不想搞一言堂，而是始终坚持"共商、共建、共享"理念，大家一起商量，一起做事，一起受益。对于西方类似的恶意诽谤，我们当然不能听之任之。加强中国价值观的国际传播，就是要揭露这些言论的实质，消除其不良影响。事实上，所谓"中国式新殖民主义"，本质上是真正的新殖民主义国家和企业编造抹黑中国的"贼喊捉贼"式言论。以西方石油巨头、农产品巨头为代表的新殖民主义集团曾为当地人创造了一些价值，然而他们和旧殖民主义者们唯一的区别，无非是不用鞭子教人干活罢了。他们歧视性定价，垄断行业，以次充好，甚至控制进出口和物价，这才是真正的新殖民主义。这些公司和利益集团往往也是《纽约时报》等"西方知名媒体"的幕后金主。相反，中国不仅不存在任何新旧殖民主义的行为，所付出的努力也是在抵消西方新旧殖民主义带给非洲的深远影响。

第四，增进理解，提升世界社会主义意识形态的吸引力。自20世纪90年代冷战对立消失以后，世界社会主义阵营分崩离析，社会主义无论是在理论和

---

① 文一：《中国崛起的秘密与挑战——"新制度经济学批判"》，引自孟捷，龚刚：《政治经济学报》（第13卷），上海：格致出版社2019年版，第70页。

意识形态上还是在现实运动中，都遭遇了极大的挫折。人们对于马克思主义和社会主义的态度和信仰发生了很大的改变。但是，1998年和2008年资本主义经济危机让所谓"社会主义已经过时"的观点破灭了，特别是社会主义中国在深化改革和扩大对外开放中不断取得新的伟大成就，使得人们对于社会主义保持了一份尊重。实际上，世界上除了中国等几个社会主义国家仍然由马克思主义政党执政以外，其他国家的共产党也有相当的影响力。"中国共产党已经发展成为一个走过百年光辉历程，在最大的社会主义国家执政70多年、拥有9100多万党员，在世界上最大的马克思主义执政党。"① 因此，加强中国共产党与其他国家共产党的对话和交流，可以进一步扩大共识，凝聚力量，提升马克思主义的理论创新发展和社会主义意识形态的国际影响力。事实上，世界上关于马克思主义的理论研究和交流一直没有停止，仅2006年，国外就有上百场马克思主义的研讨会。② 近年来，中国连续举办了共产党与世界政党对话会，有力推动了中国共产党与世界其他政党的相互了解与交流。中国作为最大的社会主义国家和发展中国家，加强中国价值观的国际传播，不仅可以为其他几个社会主义国家树立榜样，强化社会主义理论自信、道路自信、制度自信和文化自信，对于世界资本主义国家中的共产党也具有重要的凝聚作用。

第五，扩大交流，共谋世界发展与共存之道。当今世界正处于第二次世界大战以后又一个关键时刻，除了长期以来存在的全球环境与气候问题、恐怖主义等问题以外，民粹主义和保守势力强势抬头给世界和平发展带来的冲击前所未有，特别是美国退出与苏联签订的《中导条约》以后，美俄在角力过程中给世界带来的核威胁前所未有。在此背景下，包括中国在内的世界各国特别是世界大国都有责任为世界的和平发展做出贡献。借助"一带一路"的发展平台和契机，中国向世界传播和平、合作、共赢等价值观，旨在向世界表达中国热爱和平的价值诉求以及建设和谐世界的美好愿景。习近平主席多次在国际场合讲到构建"人类命运共同体"的命题。比如，在2018年7月25日和26日，习近平主席在金砖国家工商论坛和金砖国家领导人约翰内斯堡会晤大范围会议上，分别作了题为《顺应时代潮流　实现共同发展》和《让美好愿景变成现实》的讲话，倡导共同建设一个持久和平、普遍安全、共同繁荣、开放包容、清洁美丽的世界。这既是中国对世界发展提出的"中国方案"，也是中国对世

---

① 习近平：《在二○二一年春节团拜会上的讲话》，《光明日报》2021年2月11日，第1版。
② 李慎明：《2007年世界社会主义跟踪研究报告——且听低谷新潮声（之四）》，北京：社会科学文献出版社2008年版，第47页。

界发展的理论贡献。

第四节 "一带一路"背景下中国价值观国际传播的主要内容

明晰中国价值观的来源及其组成，是传播中国价值观的前提。从内容上看，中国价值观主要包括中国文化中的优秀传统价值观、中国共产党领导下在革命和建设中形成的时代价值观，以及中国在对外交流过程中吸收的西方先进价值观。习近平总书记指出："我们要善于融通古今中外各种资源，特别是要把握好三方面资源。一是马克思主义的资源，包括马克思主义基本原理，马克思主义中国化形成的成果及其文化形态，如党的理论和路线方针政策，中国特色社会主义道路、理论体系、制度，我国经济、政治、法律、文化、社会、生态、外交、国防、党建等领域形成的哲学社会科学思想和成果。这是中国特色哲学社会科学的主体内容，也是中国特色哲学社会科学发展的最大增量。二是中华优秀传统文化的资源，这是中国特色哲学社会科学发展十分宝贵、不可多得的资源。三是国外哲学社会科学的资源，包括世界所有国家哲学社会科学取得的积极成果，这可以成为中国特色哲学社会科学的有益滋养。要坚持古为今用、洋为中用，融通各种资源，不断推进知识创新、理论创新、方法创新。我们要坚持不忘本来、吸收外来、面向未来，既向内看、深入研究关系国计民生的重大课题，又向外看、积极探索关系人类前途命运的重大问题；既向前看、准确判断中国特色社会主义发展趋势，又向后看、善于继承和弘扬中华优秀传统文化精华。"[1] 当前，学界关于中国的核心理论主要是围绕"以人民为中心""国家治理现代化""民族复兴""构建人类命运共同体"等来研究。[2] 党的十八大报告指出："我们主张，在国际关系中弘扬平等互信、包容互鉴、合作共赢的精神，共同维护国际公平正义。"[3] 据此，有学者认为在全球化进程中，"平等互信、包容互鉴、合作共赢"应该成为中国国家价值观的

---

[1] 中共中央文献研究室：《习近平关于社会主义文化建设论述摘编》，北京：中央文献出版社2017年版，第82~83页。

[2] 韩庆祥、陈远章：《建构当代中国话语体系的核心要义》，《光明日报》2017年5月16日，第15版。

[3] 胡锦涛：《坚定不移沿着中国特色社会主义道路前进 为全面建成小康社会而奋斗——在中国共产党第十八次全国代表大会上的报告》，北京：人民出版社2012年版，第47页。

外向表达。① 我们认为,在"一带一路"背景下,要树立中国良好形象,一定要对外传播美好的理念和国家发展的积极成果,即以当代中国社会主义核心价值观为核心,以中华优秀传统文化为基础,以沿线国家文化价值观为借鉴,以当代国际形势与时代精神为背景。主要包括三大部分。

一、中华优秀传统文化价值观

传播中国价值观,提高国家文化软实力,要努力展示中华文化独特魅力。习近平总书记指出:"在 5000 多年文明发展进程中,中华民族创造了博大精深的灿烂文化,要使中华民族最基本的文化基因与当代文化相适应、与现代社会相协调,以人们喜闻乐见、具有广泛参与性的方式推广开来,把跨越时空、超越国度、富有永恒魅力、具有当代价值的文化精神弘扬起来,把继承传统优秀文化又弘扬时代精神、立足本国又面向世界的当代中国文化创新成果传播出去。"②

关于中华优秀传统文化价值观的凝练问题,不同的学者有不同的看法。有的认为要把"仁义礼智信"进行现代化改造,有的认为可以直接总结为"忠孝"(对国家忠诚、对长辈孝顺)。也有学者将中华文化价值观概括为不同的"观",内容如下:

> 宇宙观天人合一,民胞物与;宗教观重视现世,兼容各教;
> 生命观以民为本,仁者爱人;道德观修身齐家,内圣外王;
> 社会观和合是一,克己复礼;教育观尊师重教,学优则仕;
> 意志观自强不息,生生不灭;实践观经世致用,知行合一;
> 历史观重视纪实,以史为鉴;思维观阴阳互补,辩证变动。③

我们认为,可以把中华优秀传统文化的价值观凝练为:贵和尚中的处世观、和而不同的文化观、天人合一的自然观、天下大同的未来观。这几个方面与习近平总书记关于中华优秀传统文化的论述是一致的。2014 年 2 月 26 日,习近平总书记在中共中央政治局第十三次集体学习时指出,要"深入挖掘和阐发中华优秀传统文化讲仁爱、重民本、守诚信、崇正义、尚和合、求大同的时

---

① 徐蓉:《现代性语境下的中国价值观建设》,上海:复旦大学出版社 2014 年版,第 159~166 页。
② 习近平:《习近平谈治国理政》(第一卷),北京:外文出版社 2018 年版,第 161 页。
③ 俞新天:《中国文化价值观的构建与传播》,《国际问题研究》2011 年第 6 期,第 6 页。

代价值,使中华优秀传统文化成为涵养社会主义核心价值观的重要源泉"①。这些关于中华优秀传统文化的思想是开展对外传播的重要资源。

一是讲仁爱。人是社会性动物,在处理相互关系上,中国传统文化强调讲仁爱,个人如此,群体亦如此。比如,儒家的"仁者爱人"(论语)、"德不孤,必有邻"、"己所不欲,勿施于人"(论语),墨家的"兼相爱""交相利"等。这些思想有助于当今建立和谐世界,坚持以和平手段处理矛盾与冲突,反对形形色色的种族主义、霸权主义和极端主义。特别是儒家"远人不服,则修文德以来之;既来之,则安之"(《论语·季氏》)的思想,对于当前帮助欧洲国家处理好难民与本地居民的关系,具有十分重要的借鉴意义。

二是重民本。对于构建理想国家和美好社会的追求,在中国不同的历史阶段有不同的表述,但其基本内容还是"民惟邦本"。比如,"民惟邦本,本固邦宁"(《尚书·五子之歌》)。在处理统治者与民众关系的问题上,认为"人民"是国家的根基,根基牢固,国家才能安宁。"民本"思想得到广泛认同。与此相类似的还有"水可载舟亦可覆舟"(《荀子·王制》)、"民为贵,社稷次之,君为轻"(《孟子·尽心章句下》)、"民之所欲,天必从之"(《左传·襄公三十一年》)等思想。这些思想即使在当今世界也具有广泛的国际认同度。

三是守诚信。古往今来,人与人之间的交往是以诚信作为基础的。早在中国古代就有"徙木立信""季札挂剑"等典故。思想界的各门各派均强调守信用的重要性。比如儒家的"言必信,行必果""人而无信,不知其可也"、墨翟的"志不强者智不达,言不信者行不果"、韩非的"内外相应,言行相称"、刘向的"人背信则名不达"、程颐的"人无忠信不可立于世"等。这些思想对于当今世界无论是处理人际交往,还是开展商贸往来,无疑都是至关重要的。

四是崇正义。从一定意义上说,中华传统价值观是以正义为骨架,以仁、礼、利、知、乐等为血肉构成的有机体。② 这里的"正"有正当、合适和公正之意,"义"有正当、应当和适宜之意。"正"和"义"不可分割,"义者,正也"(《墨子·天志下》)。正义是天下和谐、和顺的前提,"天下有义则治,无义则乱"(《墨子·天志中》)。"行义以正,事业以成。"(《荀子·赋篇》)正义体现了人之为人的基本社会性要求,"凡人之所以为人者,礼义也"(《礼记·冠义》)。要求人们行为合乎道义,"以义制事,以礼制心"(《尚书·仲虺之诰》)。当"义"与"利"冲突时,要"义以为上"(《论语·阳货》)。正义体现

---

① 习近平:《习近平谈治国理政》(第一卷),北京:外文出版社2018年版,第164页。
② 刘鹏:《弘扬崇正义的中华传统价值观》,《人民日报》2014年11月7日,第7版。

了个体为人处世和国家治理的基本原则,比如"君子喻于义"(《论语·里仁》),"政者,正也"(《论语·颜渊》)。

五是尚和合。和合是中华优秀传统文化的思想精华,其中,"和"有和谐、和平、祥和的意思;"合"有融合、合作之意。和合思想的主要内容有:和生并育的宇宙观,如"和实生物"(《国语·郑语》);和达共赢的发展观,如"万物并育而不相害,道并行而不相悖""和也者,天下之达道也。"(《中庸》);和心中节的心灵观,如"喜怒哀乐之未发谓之中,发而皆中节谓之和。"(《中庸》);和爱公正的道德观,如孔子的"泛爱众"和墨子的"兼相爱"思想;和平合作的国际观,如"协和万邦""己所不欲,勿施于人"等思想。① 和平共处、相互合作自远古即是中华文化的精神,也是人类生存发展上展现的共同价值,这才真有利于人之"生生"。"生生"之善在中国是最高的价值理念,超越各民族、各地域、各时期各自求生存的狭小需求。② 习近平总书记指出:"现在,国际上有人担心,中国发展起来后会不会也搞霸权主义、欺负别人。这种担心完全没有必要。中国已经多次向国际社会庄严承诺,中国将坚定不移走和平发展道路,永远不称霸,永远不搞扩张。'君子一言,驷马难追。'我们说话是算数的,实践已经证明中国是说到做到的。我们也希望世界各国都走和平发展道路,共同致力于促进世界和平与发展。"③ "实现中国梦给世界带来的是和平,不是动荡;是机遇,不是威胁。"④ 当然,希望和平并不意味着放弃国家利益。习近平总书记强调指出:"我们要坚持走和平发展道路,但决不是放弃我们的正当权益,决不能牺牲国家核心利益。任何外国不要指望我们会拿自己的核心利益做交易,不要指望我们会吞下损害我国主权、安全、发展利益的苦果。中国走和平发展道路,其他国家也都要走和平发展的道路,只有各国都走和平发展道路,各国才能共同发展,国与国才能和平相处。"⑤

六是求大同。"大同"反映了自古以来中国人对理想社会的向往。在儒家思想中,"大同社会"是人类社会的最高阶段。《礼记·礼运》中将之描述为"大道之行也,天下为公。选贤与能,讲信修睦"⑥。这是一个全民公有的社

---

① 张立文:《和合:中华心,民族魂》,《光明日报》2014年7月29日,第16版。
② 辛意云:《从中华文化特质看"共同价值"》,引自王志民,马啸:《中华文明与人类共同价值》,北京:清华大学出版社2017年版,第25页。
③ 习近平:《在接受金砖国家媒体联合采访时的答问》,《人民日报》2013年3月20日,第1版。
④ 习近平:《在接受拉美三国媒体联合采访时的答问》,《人民日报》2013年6月1日,第1版。
⑤ 习近平:《习近平在中共中央政治局第三次集体学习时强调:更好统筹国内国际两个大局,夯实走和平发展道路的基础》,《人民日报》2013年1月30日,第1版。
⑥ 郭沫若:《十批判书》,北京:人民出版社2012年版,第102页。

会，人人都能受到全社会的关爱，人人都能安居乐业，物尽其用，人尽其力。近代以来，随着中西文化的交流，"大同"思想在康有为和孙中山那里得到进一步阐发，从而更好地接纳自由、民主、平等、公平、正义等现代价值观。在经济全球化不断加强的今天，世界各国交往日益密切，特别是在全球化问题日益凸显的背景下，如何处理好国际关系，构建一个理想化的社会，直接关系到人类的前途命运。中国传统的"求大同"的思想可为人类社会的未来发展提供一个重要的参考视角。

以上六个方面是内在一致的：讲仁爱是根本，重民本是基础，守诚信是条件，崇正义是保障，尚和合和求大同是理想目标。这些思想构成了中国人精神文化的基本特质，对当代中国经济社会发展和对外文化交流的方方面面，产生了重大影响，理所当然是中国开展对外传播的重要内容。当然，中国优秀传统文化远不止以上这些。比如春节文化，一年一度的中国春节已经成为全世界华人的节日，对整个世界产生了巨大影响。有媒体说，中国人的春节正在成为世界级的节日。如果总结春节的意义，可以从几个方面来提炼：一是家庭团圆，尊祖敬宗（家庭）；二是走亲访友，交流感情（个人）；三是凝聚国民，振奋精神（国家）；四是总结过去，面向未来（工作）；五是休养生息，调整节奏（生命）；六是传承文化，扩大影响（世界）。

二、中国改革开放的实践经验以及由此衍生的时代文化

改革开放以来，中国经济社会发展取得了举世瞩目的成就，积累了丰富的发展经验。在思想文化方面也越来越开放多元，形成了独具特色的社会主义核心价值体系和社会主义核心价值观。这些构成了"一带一路"背景下中国对外传播的重要资源。

一是富强、民主、文明、和谐的国家发展观。这是中国共产党人对于社会主义理想的追求目标，是共产主义远大理想在当代中国的具体表现。这几个方面紧密相连，具有内在的逻辑一致性。其中，富强是经济发展的价值追求，民主是政治发展的价值追求，文明是文化发展的价值追求，和谐是社会建设的价值追求。

二是自由、平等、公正、法治的社会发展观。这是中国共产党人对于美好社会的理想追求。其中，自由是社会成员的存在状态，也是社会提供给每位社会成员的总体氛围；平等是指社会成员之间的关系，特别是在法律面前人人平等；公正是社会治理的基本原则；法治是社会治理的主要方式。

三是爱国、敬业、诚信、友善的公民素质观。这是中国共产党人对个体层面的价值追求，也是个体道德修养的重要内容。其中，爱国是公民政治道德的基本要求，敬业是公民职业道德的基本要求，诚信是个体处理自身与外部世界的道德要求，友善是公民处理人与人之间关系的基本要求。

以上三个层面的价值观是内在一致的，共同统一于中国特色社会主义的伟大实践之中。"这个概括，实际上回答了我们要建设什么样的国家、建设什么样的社会、培育什么样的公民的重大问题。"① 需要注意的是，这些价值观既不是突发奇想，也不会一成不变，而是中国特色社会主义实践经验的高度凝练和理论总结，也必将随着实践的发展而推陈出新。同时需要强调的是，我们对外传播这些价值观，不是为了让别的国家效仿中国，主要是为了让世界了解一个真实的中国。

在此，我们需要意识到"共同价值"与所谓"普世价值"两个概念。社会主义核心价值观的内容中包含了"自由""民主""平等"等概念，这些概念也常常出现在国家领导人的讲话中。2015年9月28日，习近平主席在第七十届联合国大会一般性辩论时的讲话中指出："和平、发展、公平、正义、民主、自由，是全人类的共同价值，也是联合国的崇高目标。"② 其实这还不是国家领导人第一次直接把"民主""自由"等字眼与"共同价值"相提并论。2006年，胡锦涛主席在耶鲁大学的演说中讲了不下十次"民主"，得到了学生的理解和认同。2007年，温家宝总理在《关于社会主义初级阶段的历史任务和我国对外政策的几个问题》一文中指出："科学、民主、法制、自由、人权，并非资本主义所独有，而是人类在漫长的历史进程中共同追求的价值观和共同创造的文明成果。"③ 有人把温家宝总理的这些话语硬贴上所谓"普世价值"的标签，认为这是中国高层领导人首次明确认可所谓的"普世价值"，对于"共同价值"和所谓"普世价值"，有人认为"很难说清楚两者之间有什么差异"，甚至认为"两者之间没有也不应该有差别"。我们认为，不管是有意还是无意，这种把"共同价值"与所谓"普世价值"混同起来的认识在理论上是错误的，在实践上是有害的。

---

① 习近平：《习近平谈治国理政》，北京：外文出版社2014年版，第169页。
② 习近平：《携手构建合作共赢新伙伴 同心打造人类命运共同体——在第七十届联合国大会一般性辩论时的讲话》，《人民日报》2015年9月29日，第2版。
③ 温家宝：《关于社会主义初级阶段的历史任务和我国对外政策的几个问题》，《中华人民共和国国务院公报》2007年第10期，第6~9页。

第一，两者的基本内涵不同。"共同价值"的内涵很明确，即不同的人对某一问题所秉持的价值共识。尽管每个人的生活方式和思维方式有差异，对待某些问题的看法有不同，但是在长期共同的生活实践中，特别是传承文化传统过程中，总有一些基本价值共识和行为规范，这是人类得以繁衍生息的价值基础。因此，"共同价值"的存在是不容置疑的。而所谓"普世价值"，如果在"共同价值"的意义上讲，即承认和尊重差异基础上的价值共识，便有其合理性；但如果是在"普遍存在""放之四海而皆准""永恒不变"的层面来讨论，就是不合理的，是一种"虚无"价值观，是需要加以批判的。从内容来看，"'普世价值'只能是一种有限度的价值统一"①。问题就出在这里：作为一种来自西方的话语，"普世价值"已经是西方所谓"自由""民主""平等""人权"的代名词。在一些人眼中，"自由""民主"等话语就是"普世价值"，而这种"普世价值"是"超越时空""超越地域和国家"的。这是一种"独断论"思维方式，是"西方中心主义"在文化和意识形态领域的典型表现。

第二，两者的基本诉求不同。"共同价值"的提出是为了在差异化的世界中寻求共识与合作，目的在于扩大"朋友圈"，不断坚持和完善中国特色社会主义，推动国家治理体系和治理能力现代化。胡锦涛、温家宝、习近平等党和国家领导人在不同场合提出"民主""自由"等"共同价值"理念，就是希望不同社会制度的国家在面对人类共同挑战的时候，能够超越意识形态的藩篱，携手合作。但是西方所谓"普世价值"的提出是寄希望于用西方的价值理念来改造中国的社会制度，最终走向西方道路。在"普世价值"论者看来，"民主"意味着追求西方式的"三权分立"和"多党制"，"自由"意味着西方的"个人主义""个人利益至上""批判自由"。透过话语表象可以看出，所谓"普世价值"的实质是要否定马克思主义，否定社会主义，否定中国共产党及其领导的中国革命、社会主义建设和改革的全部理论和实践。如果任由这些思想观念恣意蔓延，将会给人们的思想观念带来混乱，导致灾难的后果。由此观之，那些仍在大谈"普世价值"的人，如果不是真糊涂，就是居心叵测、别有用心。

第三，揭批"普世价值"，并不意味着否定人类的"共同价值"。当今世界，尽管全球化遭遇到挫折，但是全球化仍然是大势所趋，全球性问题的存在不可否认。全球变暖、恐怖主义、网络安全、全球性流行病等问题严重影响到人类的生存环境和生活质量。应对这些全球性问题，仅靠国际组织或几个国家远远不够，需要世界各国携起手来共同面对。而解决这些共同问题的前提就是

---

① 甄言：《关于"普世价值"的几个认识问题》，《人民日报》2008年7月4日，第7版。

要在思想观念上达成一致,用"共同价值"支撑共同行动。习近平总书记提出构建"人类命运共同体"理念,正是基于这一宏观背景。近年来,习近平总书记在不同场合多次提出"网络空间命运共同体""人类卫生健康共同体""海洋命运共同体"等理念,也是对"人类命运共同体"的具体化与丰富发展。中国不仅这样说,也这样做。"一带一路"倡议的提出和实施,正是在践行"人类命运共同体"理念。

三、以和平合作、开放包容、互学互鉴、互利共赢为核心的丝路精神

2017年5月,习近平主席在"一带一路"国际合作高峰论坛开幕式上的演讲中指出:"古丝绸之路绵亘万里,延续千年,积淀了以和平合作、开放包容、互学互鉴、互利共赢为核心的丝路精神。这是人类文明的宝贵遗产。"[①]古代丝绸之路的贸易规则,也是丝路精神的组成部分,其中的精华也应该成为今天"一带一路"背景下值得尊重的价值观,理应纳入"中国价值观"的组成部分。中央电视台大型电视专题片《丝绸之路经济带》中介绍了这样的情景:

> 土库曼斯坦的卡拉库姆沙漠(世界第四大沙漠),是古代丝绸之路的重要节点,一千多年来东来西往的商队在这片沙漠上建造出一座城市——梅尔夫城,并由这座城市繁衍了人类最初的商业价值理念和商业气质——"宽厚包容,兼收并蓄"。在这座城中,不同的肤色、不同的信仰,在这里都被包容。同样的商业节点还有土耳其的布尔萨城。在土耳其语中,布尔萨也被称为丝绸之城。这座城市不是以其丝绸出名,而是以其星罗棋布的丝路客栈以及一直以来秉持的贸易规则出名。一千多年以来,布尔萨人规定,丝路客栈无论大小都要遵守通用的服务规则,凡是过往的商队,不分民族和国家,都能在客栈里享受到相同的服务,比如为马匹或骆驼提供粮草、为客商代写书信、为不同宗教信仰的信徒提供礼拜场所等。不仅如此,当时奥斯曼帝国的统治者还赋予经过布尔萨城的商人一条特殊的权利:只要商人进入客栈,客栈就必须绝对保护商人的安全。无论外面的环境是战争还是动荡,客栈里的商品都是不允许受到干扰的。

---

① 习近平:《携手推进"一带一路"建设——在"一带一路"国际合作高端论坛开幕式上的讲话》,《人民日报》2017年5月15日,第3版。

20世纪70年代，在吐鲁番的乌尔唐墓葬中出土了与古代丝绸之路相关的文物。在高昌遗址出土的古老文书资料中有关于粟特人的文契，其中记载了一件发生在670年的纠纷事件：

> 一名粟特人起诉了一名中国商人，因为他借给这名商人的哥哥275匹丝绸，不幸的是这名中国人的哥哥去世了，于是他找来两名证人，这两名证人目睹了借贷发生的全过程。按照唐朝的法律，证人的证词和契约同样有效。于是法官判定粟特商人胜诉。中国商人支付275匹丝绸，并偿还借贷的利息。

这些文书记录了在丝绸之路上大家必须共同遵守的贸易原则和法律条文。于是，在万里之遥的丝绸之路上通行的价值理念渐渐呈现出来：公平、公正、互信、共赢。这些规则虽历经千年但始终被坚持。在经济全球化的今天，这些价值理念仍然值得世界各国在日益频繁和密切的交往中共同坚持和维护，因而也是当代需要广泛传播的价值观。

相反，因为破坏丝绸之路上的贸易公平规则而导致的惨剧也令人感慨。在伊朗南部的设拉子古城，2500年前是波斯帝国的都城。公元6世纪，波斯帝国的国王库萨和二世在他的王宫中接待了一批从东方来的粟特商人，这些商人向库萨和请求，允许从中国进口的丝绸进入波斯市场进行自由买卖。而此时的波斯帝国已初步掌握了丝绸的制作工艺，波斯生产的丝绸已经开始向欧洲销售，新纺织技术正在为这个帝国创造巨额财富。面对突如其来的竞争者，库萨和二世为了独占欧洲的丝绸市场，下令砍下粟特商人的头颅，并且关闭了丝绸贸易的通道，禁止丝绸从波斯过境前往欧洲。为了维护丝路上的贸易规则，三年后即公元571年，粟特商人联合丝绸之路上的中亚游牧民族和靠近地中海的东罗马帝国发动了针对波斯萨珊王朝的大规模战争，这场因丝绸之路贸易规则而引发的大规模战争延续了将近20年之久。最终在651年，波斯萨珊王朝被崛起的阿拉伯帝国推翻了，胜利之后的阿拉伯帝国随即开放了丝路商队通往欧洲的大门。

四、经济全球化时代以构建"人类命运共同体"为核心的观念体系

2017年1月18日，习近平主席在联合国日内瓦总部发表主旨演讲时指出："人类正处在大发展大变革大调整时期。世界多极化、经济全球化深入发

展,社会信息化、文化多样化持续推进,新一轮科技革命和产业革命正在孕育成长,各国相互联系、相互依存,全球命运与共、休戚相关。""同时,人类也处在一个挑战层出不穷、风险日益增多的时代。世界经济增长乏力,金融危机阴云不散,发展鸿沟日益突出,兵戎相见时有发生,冷战思维和强权政治阴魂不散,恐怖主义、难民危机、重大传染性疾病、气候变化等非传统安全威胁持续蔓延。"①这些全球性问题的凸显单纯依靠任何一个国家或少数几个国家都无法解决,需要世界各国共同努力。"中国方案是:构建人类命运共同体,实现共赢共享。"② 2017年1月,习近平主席在出席世界经济论坛年会并访问在瑞士的国际组织时,针对当今全球重大挑战,倡导坚持对话协商、共建共享、合作共赢、交流互鉴、绿色低碳,建设一个持久和平、普遍安全、共同繁荣、开放包容、清洁美丽的世界,阐释了实现命运共同体的目标路径。这些理念也是中国价值观国际传播的重要组成部分。

"人类命运共同体"思想与中国优秀传统文化是一脉相承的。孟子指出:"不违农时,谷不可胜食也;数罟不入洿池,鱼鳖不可胜食也;斧斤以时入山林,材木不可胜用也。谷与鱼鳖不可胜食,材木不可胜用,是使民养生丧死无憾也。养生丧死无憾,王道之始也。五亩之宅,树之以桑,五十者可以衣帛矣。鸡豚狗彘之畜,无失其时,七十者可以食肉矣。百亩之田,勿夺其时,数口之家,可以无饥矣;谨庠序之教,申之以孝悌之义,颁白者不负戴于道路矣。七十者衣帛食肉,黎民不饥不寒,然而不王者,未之有也。"③这些思想对于"如何有利于人生",即如何构建人类共生共存之道,具有重要启示意义。"人类命运共同体"思想与中国古代的"天人合一"思想也是相吻合的。张载强调天道与人道的同一性,"儒者则因明致诚,因诚致明,故天人合一,致学而可以成圣,得天而未始遗人"④。张载在《西铭》中主张,天地的交合生成了世界,赋予了人身体和本性,所有人都是天地生育的子女,万物与人一样,都是天地所生。因此,他人都是自己的同胞,人与自然、人与人、人与万物应成为共生和谐的整体。程明道说过,"人与天地一物也,而人特自小之,何

---

① 习近平:《共同构建人类命运共同体——在联合国日内瓦总部的演讲》,《人民日报》2017年1月20日,第2版。
② 习近平:《携手构建合作共赢新伙伴 同心打造人类命运共同体——在第七十届联合国大会一般性辩论时的讲话》,《人民日报》2015年9月29日,第2版。
③ 焦循:《孟子正义》,北京:中华书局1987年版,第54~59页。
④ 王夫之:《张子蒙注》,北京:中华书局2009年版,第333页。

耶?"① "天人本无二,不必言合。"② "夫和实生物,同则不继,以他平他谓之和,故能丰长而物归之。"③

"人类命运共同体"理念是中国共产党人在21世纪初提出的,其实质是推进和平共处、平等互利、合作共赢的全球治理观。这一理念伴随着2013年习近平主席提出的"一带一路"倡议的实施而广为传播和接受。2015年,习近平主席在纽约联合国总部举行的联合国第七十届大会上发表讲话时指出:"和平、发展、公平、正义、民主、自由,是全人类的共同价值,也是联合国的崇高目标。目标远未完成,我们仍须努力。""在经济全球化时代,各国安全相互关联、彼此影响。没有一个国家能凭一己之力谋求自身绝对安全,也没有一个国家可以从别国的动荡中收获稳定。弱肉强食是丛林法则,不是国与国相处之道。穷兵黩武是霸道做法,只能搬起石头砸自己的脚。"④

中国不仅提出构建"人类命运共同体",而且围绕这个概念相继提出了"网络空间命运共同体"和"人类卫生健康共同体"概念。2015年12月16日,第二届世界互联网大会在浙江省乌镇开幕,国家主席习近平在主旨演讲中强调:"互联网是人类的共同家园,各国应该共同构建网络空间命运共同体,推动网络空间互联互通、共享共治,为开创人类发展更加美好的未来助力。"⑤2020年3月21日,习近平主席就法国发生新冠肺炎疫情向法国总统马克龙致慰问电时指出:"中方愿同法方共同推进疫情防控国际合作,支持联合国及世界卫生组织在完善全球公共卫生治理中发挥核心作用,打造人类卫生健康共同体。"⑥可以说,"网络空间命运共同体"和"人类卫生健康共同体"的提出,是对"人类命运共同体"理念的具体化运用和创新性发展。难能可贵的是,中国不但提出"人类命运共同体"理念,而且在实践中率先践行。比如在2020年初,当新冠肺炎疫情暴发时,中国一方面积极做好国内的防控工作,一方面积极与世界卫生组织保持密切合作。中国-世界卫生组织新冠肺炎联合专家考察组外方组长、世界卫生组织总干事高级顾问布鲁斯·艾尔沃德(Bruce

---

① 程颢、程颐:《二程集》,北京:中华书局2004年版,第120页。
② 程颢、程颐:《二程集》,北京:中华书局2004年版,第81页。
③ 徐元浩:《国语集解》,北京:中华书局2002年版,第470页。
④ 习近平:《携手构建合作共赢新伙伴 同心打造人类命运共同体——在第七十届联合国大会一般性辩论时的讲话》,《人民日报》2015年9月29日,第2版。
⑤ 习近平:《习近平出席第二届世界互联网大会开幕式并发表主旨演讲》,《人民日报》2015年12月17日,第1版。
⑥ 《就法国发生新冠肺炎疫情习近平向法国总统马克龙致慰问电》,《人民日报》2020年3月22日,第1版。

Aylward）表示："中国为世界树立了标准。"世卫组织总干事谭德赛在德国慕尼黑安全会议上也指出："中国为从源头控制疫情所采取的措施为世界赢得了时间，中国为此付出了更大代价。"① 当中国疫情得到有效控制以后，积极向世界介绍中国防控疫情的经验，分享相关信息，还先后向意大利、伊朗、塞尔维亚等80多个国家派出医疗救援队，携带大量救援物资，为世界应对疫情防控发挥了重大作用，得到了世界卫生组织和国际社会的高度赞誉。比如2020年3月21日，当中国医疗救援队到达塞尔维亚的时候，塞尔维亚总统武契奇亲自率领政府官员到机场迎接，并且亲吻中国国旗以示感谢，场景十分感人。

"人类命运共同体"理念受到世界各国的广为认同，而"一带一路"倡议是这一理念得以传播的重要载体。尽管有少数国家的政客和学者对中国提出的"一带一路"倡议颇有微词，一些别有用心的人甚至炮制各种各样的"中国威胁论"，但是这些抹黑终究不能得逞。2018年3月2日参考消息网的数据显示，自"一带一路"倡议提出以后的5年间，中国通过平等协商，先后同86个国家和组织签署101个合作协议，同30多个国家开展了机制化产能合作，在沿线24个国家推进建设75个境外经贸合作区，中国企业对沿线国家投资累计超过500亿美元，创造近20万个就业岗位。正如原民主德国统一社会党中央总书记埃贡·克伦茨（Egon Krenz）所说的，"当其他资本主义中心正在盘算着占领和剥削其他国家的计划时，中华人民共和国正在把'一带一路'倡议发展成为真正连接世界各国人民的宏伟工程"②。尼日利亚中国研究中心主任查尔斯·奥努奈柱（Charles Onunay）也指出："在国际舞台上，'一带一路'近似于并对应于独特的和新的国际形势下的无产阶级国际主义。作为具有咨询性、全面性和包容性的国际合作框架，'一带一路'将广泛而复杂的国际社会与更广泛的参与式全球化重新联系起来，不歧视任何民族和国家。"③ 事实证明，无论是"人类命运共同体"理念，还是"一带一路"倡议，都受到国际社会的广泛好评，二者都是中国对外传播的重要内容。

总之，在"一带一路"背景下，需要对外传播的中国价值观包括几个系列：一是以讲仁爱、重民本、守诚信、崇正义、尚和合、求大同为核心的中国

---

① 杨海泉：《世卫专家组将与中国一道抗击新冠肺炎疫情》，《经济日报》2020年2月12日，第11版。

② 埃贡·克伦茨：《"要么过渡到社会主义，要么退回到野蛮时代"——在第八届世界社会主义论坛上的发言》，《世界社会主义研究》2017年第8期，第23页。

③ 查尔斯·奥努奈柱：《习近平总书记将中国特色社会主义推向前所未有的新高度》，《世界社会主义研究》2017年第8期，第25页。

优秀传统价值观，让世界了解一个具有悠久历史的文化中国；二是以社会主义核心价值观为内核的中国当代价值观，让世界了解一个充满生机的现代中国；三是以和平合作、开放包容、互学互鉴、互利共赢为核心的丝路精神价值观，让世界了解一个热爱和平、值得信赖的中国；四是以构建"人类命运共同体"为核心的时代价值观，让世界了解一个正在走向民族复兴且充满国际担当的中国。

第五节 "一带一路"背景下中国价值观国际传播的话语选择

毛泽东曾经指出："做宣传工作的人，对于自己的宣传对象没有调查，没有研究，没有分析，乱讲一顿，是万万不行的。"① 这个论断深刻阐明了宣传工作者了解工作对象的重要性，其基本原理对于"一带一路"背景下中国价值观的国际传播来说，同样具有重要指导意义。

一、精准确定传播对象

为尽可能地提高传播效果，在开展国际传播之前，需要弄清楚哪些是传播的重点人群，哪些是传播的重点人物。我们认为，一个基本的原则是"影响有影响力的人"。大致想来，有以下几个重点群体：

一是执政者。每一位执政者都应以国家利益作为自身政策的首要价值取向，这也是政权的合法性来源。鉴于执政者是国家大政方针的决定性因素，其必然成为"一带一路"背景下中国价值观传播的首要对象。在传播过程中，既要做好关于"一带一路"的释疑解惑工作，也要讲清楚"一带一路"倡议的价值诉求，特别是由此给对象国带来的现实利益和长远利益。最理想的效果是，在获得这些执政者认同的基础上，使其成为"一带一路"倡议的传播者和解惑者。

二是政治家。这里的政治家主要是指没有掌握执政地位的政治人物，包括在野党及各行业中的政治精英。这些人虽然没有执政权力，但是对于执政者的影响力不容小觑。特别是在西方政党选举体制中，这些政治家成为执政者的概

---

① 毛泽东：《毛泽东选集》（第3卷），北京：人民出版社1991年版，第837页。

率很大。作为一项长期的事业，"一带一路"背景下中国价值观的国际传播必须高度重视这类群体，无论其是否取得执政地位，都要最大可能获得其支持和协助。

三是学者。学者群体是国家发展的重要智库，是国家政策制定的参与者、评价者，也是社会舆论的重要引领者。在"一带一路"背景下，加强中国价值观的国际传播，必须加强同对象国相关学者的交流与联系，讲清楚该倡议的意义，特别是中国对于该倡议所秉承的价值理念，以便通过这些学者来影响更多的人，引导社会舆论向积极方向发展。

四是企业家。企业家是"一带一路"倡议实施过程中最直接的受益者。鉴于企业家在国家经济社会发展中的重要地位，企业家的言论对执政者具有不可忽视的影响力。正因如此，强化对企业家的联系与交流，是"一带一路"倡议实施过程中的重要内容。在此过程中，不应只停留在利益交往上，还应该提升到文化交流和价值观认同的层次上来。只有双方建立了在相互间价值观认同基础上的心理认同和信任，经济上的相互交流与合作才会更加持久。

五是媒体人。公众对于信息的需求决定了媒体人对于公众的影响力。但是，媒体是为政治服务的，媒体人的态度往往受到政治的影响和制约。在大多数情况下，主流媒体服从和服务于执政者的价值理念；另外，媒体是政治力量博弈的重要阵地，不同的政治力量拥有不同的舆论传播阵地。特别是随着新媒体的不断涌现，媒体人在社会舆论方面的影响力更是不容小视。在"一带一路"中国价值观传播过程中，需要区分和选择合适的媒体作为传播对象，发挥其正面作用，防止其消极作用。

六是普通民众。普通民众虽然不能直接掌握国家权力，但仍然是国家权力的重要影响力量，有时候甚至是决定性力量，正所谓"民意不可违"。在政党政治的背景下，这一点尤为重要。在"一带一路"背景下，需要向对象国的民众讲清楚该倡议的目标和意义，特别是联系民众的日常生活，让其感受到实实在在的利益，从中体会到中国价值观的合理性。

需要说明的是，以上这些群体是相互影响的，有的相互之间还有交叉。但这些只是大致的分类和描述，主要是出于分析的需要，不见得很全面。其价值在于，在传播中国价值观过程中，要尽可能找准对象，分类对策，精准施策，最大限度地提高传播效果。

二、精心选择话语策略

毛泽东曾指出:"我们不但要提出任务,而且要解决完成任务的方法问题。我们的任务是过河,但是没有桥或没有船就不能过。不解决桥或船的问题,过河就是一句空话。不解决方法问题,任务也只是瞎说一顿。"① 在"一带一路"背景下开展中国价值观的国际传播,需要根据不同内容选择适当的传播主体和传播载体,同时注意传播方法和传播技巧。

第一,从传播内容来看,要善于将中国话语转化为对象国话语,提高中国价值观的可理解性与可接受度。好的内容需要好的呈现方式方能产生好的效果。中国价值观是符合世界发展潮流和国际需要的,但是如果没有很好的概念、范畴和话语体系来呈现的话,好的意图很有可能被误会和曲解。习近平总书记提出的"人类命运共同体"理念,就是一个成功的对外传播范例。在这里,我们要处理好两个方面的关系:一方面,要善于用中国话语表达中国经验,不能盲目使用西方话语。因为"一定的话语体系必然包含一定的观念、反映一定的价值,并拥有特定的判断标准"②。当我们使用西方话语的时候,很容易被置于西方的话语逻辑之中,从而对我们本意产生话语侵蚀。另一方面,要善于将中国话语转化为对象国话语,恰当运用典故、俗语等通俗易懂的文化符号,使传播内容更加"接地气"。这就需要加强对中外文化的比较研究,特别是对对象国的文化、风俗、宗教、信仰等方面的研究,寻求文化的共通点,提高中国价值观的可理解性与可接受度。

第二,从传播主体来看,既要发挥政府的主渠道作用,也要发挥公共外交的强力。在众多的对外传播主体中,政府主体的影响力无疑是最大的。政府拥有最权威的传播信息、最权威的传播媒介和最强大的传播队伍,不仅可以通过信息渠道传播某些价值观,而且能够通过相应的政策来践行这些价值观,从而大大提高所传播的价值观的现实性和真实性。不过,政府的力量毕竟有限,对于日渐丰富的对外传播活动而言,显得越来越力不从心,迫切需要社会力量共同参与,这就为公共外交的出场提供了广阔的舞台。所谓公共外交,就是指一国政府、民间组织、社会团体、社会精英和广大公众等不同行为主体,通过各种途径向外国公众展示本国国情,说明本国政策,解释外国民众对本国的不解

---

① 毛泽东:《毛泽东选集》(第1卷),北京:人民出版社1991年版,第139页。
② 张康之:《用中国话语表达中国经验》,《人民日报》2017年3月22日,第7版。

之处，同时在国际交流中了解对方有关观点，以利于本国制定合适的对外政策和社会实践活动。"公共外交是为了有助于大成本国的对外利益与目的，提高本国的地位和影响力，提升国际形象，加深对本国的理解，通过与国外的个人及组织建立联系、保持对话、传递信息、相互交流等形式而进行的相关活动。"① 在"一带一路"背景下，随着我国企业和人员"走出去"越来越多，各种各样的公共外交，例如企业外交、城市外交、智库外交、旅游外交等也越来越丰富，成为对外传播中国价值观的重要方式。

第三，从传播载体来看，要利用新媒体、大数据等新技术，提高国际传播的覆盖面和影响力。当今世界的发展在很大程度上得益于科技进步和互联网发展，互联网已经成为全球经济的主要驱动力。中国信通院 2017 年 12 月 13 日发布的《2017—2018 年互联网发展趋势报告》显示，全球互联网用户持续规模增长。2017 年 6 月，全球互联网用户渗透率由 2016 年底的 47.1% 快速升至 48%，增至 35.83 亿。根据 eMarketer 预测，2019 年全球互联网普及率将超过 50%，届时全球将有 38.2 亿网民，占总人口的 50.6%。② 而在国内，中国互联网络信息中心（CNNIC）发布的第 44 次《中国互联网络发展状况统计报告》显示，截至 2019 年 6 月，我国 IPv6 地址数量为 50286 块/32，已跃居全球第一位。我国网民规模达 8.54 亿，互联网普及率达 61.2%。可以看出，以互联网、大数据为标志的网络科技发展正在改变着世界，也为中国价值观的国际传播带来全新的机遇和挑战。向互联网进军，成为"一带一路"背景下中国价值观国际传播的重要战略选择。

第四，从传播方法来看，要深入了解不同群体的利益诉求和价值观取向，做到精准施策，提高亲和力。一是善于运用"他者"视角和思维。在上文中提到了不同的传播对象群体，对待这些群体不仅需要在内容上有所差异，还需要在话语表达上下功夫。一个重要的方法论原则是"换位思考"，即从对方的视角来思考：他最想知道的是什么？我的话语他能否听懂？我的观点他是否已正确理解？能否接受？能接受多少？这些问题应该提前预判，并作出预案。毛泽东曾经批评一些文艺工作者不深入了解作品对象："什么是不熟？人不熟。文艺工作者同自己的描写对象和作品接受者不熟，或者简直生疏得很。我们的文艺工作者不熟悉工人，不熟悉农民，不熟悉士兵，也不熟悉他们的干部。什

---

① 金子将史，北野充：《公共外交："舆论时代的外交战略"》，《公共外交》翻译组译，北京：外语教学与研究出版社 2010 年版，第 5 页。
② 中国信息通讯院：《2017—2018 年互联网发展趋势报告》，北京：中国信息通讯研究院 2017 年版，第 2 页。

么是不懂？语言不懂，就是说，对于人民群众的丰富的生动的语言，缺乏充分的知识。许多文艺工作者由于自己脱离群众、生活空虚，当然也就不熟悉人民的语言，因此他们的作品不但显得语言无味，而且里面常常夹着一些生造出来的和人民的语言相对立的不三不四的词句。"① 在"一带一路"背景下开展中国价值观的国际传播，同样需要深入了解传播对象的语言结构、社会心理和价值诉求。萨丕尔和沃尔夫认为，不同的语言结构会影响语言使用者的思维，导致他们从不同的角度去观察世界，进而对世界产生不同的认识。因此，语言不仅是思维的工具，更影响并制约着人们的思维。② 美国著名心理学家理查德·奈斯贝特（Richard Nisbett）对于亚洲人和欧美人在描述事物时的差异性研究指出，亚洲人在描述的时候更关注自己所要描述的事物与其他事物之间的关系，而欧美人则倾向于从事物的类别展开描述。③ 为此，要精心研究不同国家的语言结构和话语特点，不能"头发胡子一把抓"。与此同时，要注意循序渐进，潜移默化，逐步培育"听众"的耐心，使之从"愿意听"，到"想听"，到"乐意听"，这是一个长期的过程，不能急于求成。二是善于运用对象国熟悉的话语讲故事。世界上每一种语言都有着不同的话语风格。"话语风格不仅仅是评价衡量一个人的重要指标之一，同时也是一种社会权力的体现。"④ 传播方法是与传播者的话语风格与技巧密不可分的。传播者要在传播过程中形成自己的风格与特色。在这方面，习近平主席的语言风格值得学习和借鉴，他善于运用目的国的名人和话语来表达。比如，2018 年 7 月 25 日，国家主席习近平应邀出席在南非约翰内斯堡举行的金砖国家工商论坛，并发表题为《顺应时代潮流 实现共同发展》的重要讲话，讲话中他用曼德拉的话语表达他对金砖国家未来携手合作的期待："今年是曼德拉先生诞辰 100 周年。他有一句名言：'攀上一座高山后，你会发现，还有更多的高山等着你去攀登。'金砖合作的历程，正是五国携手勇攀高峰、不断超越的历程。只要金砖国家携手同心，就能不断攀越险峰峭壁，登顶新的高峰、到达新的高度，为人类和平与发展的崇高事业

---

① 毛泽东：《毛泽东选集》（第 3 卷），北京：人民出版社 1991 年版，第 850~851 页。
② 艾瑞克·克莱默：《全球化语境下的跨文化传播》，刘杨译，北京：清华大学出版社 2015 年版，第 3 页。
③ 艾瑞克·克莱默：《全球化语境下的跨文化传播》，刘杨译，北京：清华大学出版社 2015 年版，第 4 页。
④ 艾瑞克·克莱默：《全球化语境下的跨文化传播》，刘杨译，北京：清华大学出版社 2015 年版，第 6 页。

作出新的更大的贡献!"① 习近平主席在中阿合作论坛第八届部长级会议开幕式上的讲话中,就引用了阿拉伯的谚语——"语言是叶子,行动才是果实",同时也与中国的传统话语——"锲而不舍,金石可镂"相对照。这些都是很好的话语表达的技巧。三是善于把握中西方价值体系的差异性。中国文明与西方文明的差异性决定了我们在传播中国价值观时的内容和策略,也决定了中国价值观国际传播的长期性和艰巨性。相比于西方价值观念,中华文明价值观念具有四个基本特点,即"责任先于自由""义务先于权利""群体高于个人""和谐高于冲突"②。中华文明的哲学基础主要体现在宇宙观上。杜维明认为,连续性、动态性和整体性是把握中国宇宙观的三个要点。陈来进一步认为,除此三者以外,还有关联性。就关联性思维（correlative thinking）而言,李约瑟认为至少在汉代,阴阳、五行、天人感应的思想是中华文明的某种特性,即有机主义。所谓有机主义,是指事物各部分相互关联、协调,而具有不可分的统一性。所有事物都是有赖于整个世界有机体而存在的一部分,它们之间的相互作用不是由于机械的推动或机械式作用,更像是由于一种自然的共鸣。③ 在这样一种世界观中,和谐被认为是自发的世界秩序的基本原则。"与西方近代以来的机械的宇宙观相比,古典中华文明的哲学宇宙观是强调连续、动态、关联、关系、整体的观点,而不是重视静止、孤立、实体、主客二分的自我中心的哲学。从这种有机整体主义出发,宇宙的一切都是相互依存、相互联系的,每一事物都是在与他者的关系中显现自己的存在和价值,故人与自然、人与人、文化与文化应当建立共生和谐的关系。"④ 据此,他把中华文明的哲学基础归结为"关联宇宙""一气充塞""阴阳互补""变化生生""自然天理""天人合一"。在中华文化中,个人不是原子式的存在,而是社会关系连续体中关联存在的一方。这一思想与马克思人的本质属性是社会性的观点不谋而合。中国哲学的另一个特点是注重关系而不是注重实体。实体思维倾向于把宇宙万物还原为某种最小的实体单位,关系思维则把事物理解为动态的关系,而每一个具体的存在都被认为处在一种不可分离的关系之中,每一个存在都以与其发生关系的他者为根据。"在社会伦理上,注重关系的立场必然不是个人本位的立

---

① 习近平:《顺应时代潮流　实现共同发展——在金砖国家工商论坛上的讲话》,《人民日报》2018年7月26日,第2版。
② 陈来:《中华文明的核心价值》,北京:生活·读书·新知三联书店2015年版,第51～56页。
③ 李约瑟:《中国科学技术史》(第二卷),上海:科学出版社、上海古籍出版社1990年版,第305页。
④ 陈来:《中华文明的核心价值》,北京:生活·读书·新知三联书店2015年版,第4页。

场。它主张在个人与其他对象结成的关系中个人与他方构成关系时,不是以自我为中心,而是以自我为出发点,互以对方为重。从这种有机整体主义出发,宇宙的一切都是相互依存、相互联系的,每一事物都是在与他者的关系中显现自己的存在和价值,故人与自然、人与人、文化与文化应当建立共生和谐的关系。"[①] 这一思维方式是解释中西方关于集体主义和个人主义的价值观差异的哲学基础。"正如人们早已知道的那样,中国人倾向于把对立双方看成是互补的,而西方人则强调二者的冲突。"[②] 从哲学上讲,世界上一切问题的根源都在于矛盾,考验人类社会智慧的是如何看待和处理各种对立中的关系。中华文明的古老阴阳平衡思维不仅是古代中国的基本思维方式,对于当代世界处理各种社会问题、构建人类命运共同体,同样具有十分重要的作用和启示。

---

① 陈来:《中华文明的核心价值》,北京:生活·读书·新知三联书店2015年版,第29页。
② 葛瑞汉:《论道者》,北京:中国社会科学出版社2003年版,第379页。

第五章 政府外交与中国价值观国际传播

我们将高举和平、发展、合作、共赢的旗帜,始终不渝走和平发展道路,始终不渝奉行互利共赢的开放战略,致力于同世界各国发展友好合作,履行应尽的国际责任和义务,继续同各国人民一道推进人类和平与发展的崇高事业。①

——习近平

国家价值观的传播载体很多,既有政府的,也有民间的;既有国家层面的,也有地方层面的;既有正式的,也有非正式的。在众多载体中,政府外交是最重要、最权威的载体,也是最直接的传播手段。本章我们将聚焦政府外交,考察政府外交与中国价值观的相关理论问题,回顾新中国外交理念与价值观传播的发展历程,重点讨论在"一带一路"背景下,政府外交在中国价值观传播过程中所面临的机遇、挑战及其优化策略。

第一节 政府外交与国家价值观国际传播的理论阐释

交往是人类社会最基本的生存方式和行为方式,其表现形式有个体交往、群体交往和国家交往等。每一种交往都承载着一定的信息以及价值观。在此,我们先就一些核心概念作简要讨论。

一、外交与价值观传播

从广义的传播视角来看,交往即传播。德国著名哲学家和社会学家、法兰

---

① 习近平:《习近平谈治国理政》(第一卷),北京:外文出版社2018年版,第42页。

克福学派第二代的主要代表人物尤尔根·哈贝马斯（Jürgen Habermas）在其代表性著作《交往行动理论》的第一卷——《行动的合理性和社会合理化》中提出"交往行动"概念，这里的"交往"就是广义的传播。哈贝马斯将人际传播、组织传播、大众传播、跨文化传播等传播类型都包括在"交往"之内。交往是主体与主体之间的活动，而主体并不局限于个人，还包括家庭、集体、民族、社会、国家等。对外交往可以发生在这些不同的主体之间，从个体、群体到国家都有。相比较而言，政府的对外交往（即"外交"）是最高层次、最具有权威性的对外交往。从严格意义上讲，除政府以外，其他交往主体并不能代表国家，也不具备"外交"的权力。

价值观传播与交往具有内生性关系。作为一种社会意识，价值观总是与一定的社会存在相联系，反映特定主体的思想观念和利益诉求。在不同的时间和空间，主体的思想意识会有所不同；即使在大致相同的时空之中，不同价值立场的主体也拥有不同的思想意识和价值观。作为社会性的存在，人与人之间需要就各自的思想观念进行沟通和协调，以便形成价值共识或价值认同，这一过程就是价值观传播，其结果就是"共同价值观"的形成。共同价值观是不同社会主体共同规范和统一行动的思想前提。"人心齐，泰山移"表达的就是共同价值观的力量，而"团结就是力量"中的"团结"也是因为对"共同价值观"的高度认同和坚守。没有价值观传播就不可能形成共同价值观，更谈不上共同规范和共同行动了。

外交是国家行为体之间传播价值观的实践活动。通常来说，外交的作用就在于增进理解、协调立场、化解矛盾、谋求共同利益，特别是以和平方式解决国际争端。由于外交主体不同，外交立场必然有差异。无论是双边外交还是多边外交，都需要协调立场形成共识，寻找办法解决问题。所有这一切，都需要参与外交的双方或多方建立共同的行动规范和原则，而构建共同行动规范和原则需要秉持一定的理念为基础，这个理念就是价值观。所谓"道不同不相为谋"中的"道"就是理念、原则或价值观。这表明，在进行协调沟通的时候，具有相同或相似价值观的国家之间更容易建立起价值共识，也更容易达成合作。相反，不同价值观的国家之间，产生误解和偏见的概率要高得多。当然，共同价值观的形成不是化解矛盾和冲突的充分必要条件，具有相同或相似价值观的国家之间也可能形成冲突；而拥有不同价值观的国家，在遇到问题的时候，也可以通过外交协调化解矛盾。无论哪种情况，都需要国家之间建立起共同的话语平台和行动规则，并在此基础上相互妥协，方能形成共识，否则都可能导致以武力方式解决矛盾和冲突，直到一方妥协并形成新的共识为止。

二、外交价值观与价值观外交

所谓外交价值观，是指在外交活动中遵循的理念和原则观点。不同的国家秉承的外交价值观不尽相同，有的崇尚和平，有的崇尚武力。在国际关系中，外交价值观是否能够得到对方的认同，对于达成什么样的外交效果具有极为重要的作用。在众多的外交价值观中，最为关键的是真诚和平等。① 关于这一点，哈贝马斯的"交往行为理论"具有重要启发意义。在他看来，通过"交往行动"促使"交往行动"的合理化、"生活世界"的合理化，最后归结于"社会合理化"，实际上是主张用主体间的平等对话，代替暴力、冲突与争端，达到相互理解或行动上的一致性。就个人的交往而言，真实、正确、真诚、有效是交往过程中的必要守则。而在国际交流中，和平解决外交事务，积极正面地解决外交争端，以文明的而非暴力的手段达到共同发展的目标，则是解决国际关系的正道。②

所谓价值观外交，是指依据意识形态和政治制度制定外交政策的外交理念和外交实践的总称。如前所述，每个国家的外交都包含着一定的价值观，不同的国家会有不同的价值观外交理念，在外交过程中有意无意地传播着本国的价值理念。从这个意义上讲，外交过程也是传播价值观的过程。但是，价值观外交不同，指的是一个国家在外交实践中把秉持某种价值观作为划分国家亲疏关系的基本原则。比如，按日本外务省的说法，价值观外交就是"基于普遍价值的外交"。本来，"价值观外交"这一概念是美国新保守主义思想家欧文·克里斯托（Irving Kristol）的发明，但安倍和麻生太郎等人深受其影响。③ 在此，我们以日本为例，对其所谓"价值观外交"的实质进行简要讨论。

2007年1月26日，日本外相麻生太郎在第166届国会演讲中指出，战后日本外交主要是三根支柱：日美同盟、国际协调及重视亚洲近邻各国，现在要打造第四根支柱，即打造"自由与繁荣的彩虹"（亦翻译为"自由繁荣之弧"），以民主主义、基本人权、市场经济以及法律的支配等普遍价值作为基础，希望把这里建成富裕、稳定的地区。所谓"自由与繁荣的彩虹"，即"位于欧亚大

---

① 在不同地位的国家之间也有外交，比如美国和日本的外交，但这种外交是以强势的一方处于主动地位而弱势的一方处于被动地位为前提的，容易导致霸凌主义。这不是平等的国家外交。所谓弱国无外交，应该是从这个意义上讲的。
② 陈露菡：《〈交往行动理论〉的传播学启示》，《青年记者》2014年第16期，第69页。
③ 张石：《价值观外交或令日本不战而败》，《青年参考》2016年2月17日，第2版。

陆的外圈形成弧形的地带，希望在民主化的漫长道路上出发了的国家和即将开始迈步的各国和我国肩并肩，成为共同迅跑的竞跑者。并且我国要与具有共同价值观和志向的美国、澳大利亚、印度、英法德等国、联合国及国际各机构携手推进这项事业"①。

　　2013年1月18日，日本首相安倍晋三与印度尼西亚总统苏西洛举行联合记者会，阐明了日本对东南亚外交新的五项原则，其中最突出的就是所谓"价值观外交"，即日本要与东盟共同巩固并扩大自由、民主、基本人权等普遍价值观。总体上看，安倍内阁"价值观"外交的实践方向是：以与西方国家共有的"普遍价值"为导向，以强化美日同盟为基石，拉近与欧美国家的关系，参与欧美国家的全球共同行动；以价值导向和利益导向为主，着力整治与其他价值观存在差异的国家的外交关系，以搭建双边长久对话加之以经济援助等方式，不惜以与其价值观相悖的极端方式，将原旧社会主义国家、新兴独立国家、重要地区支轴国家，直接改造成为接受并奉行"普遍价值理念"的自由主义阵营新成员，通过使这些"新成员"成为自由阵营的"伙伴国"，在欧亚大陆建立起一个较为可控的其所谓的繁荣"缓冲区"和"隔离带"。安倍内阁的"价值观外交"思想与实践都充分暴露出其虚伪性，主要体现在两个方面：一方面是基于感情联络的需求，借助"价值观外交"拉近与相关国家的距离，并彰显出日本位于"大国"之列；另一方面是基于战略伙伴关系，可视为"有主张的外交""战略性外交"的包装。

　　对于日本的价值观外交，《人民日报》曾发表评论指出，日本的"价值观外交"暴露出战略混沌。日本曾经发动侵略战争，将亚洲带入深重灾难。今天的日本，尚未清理军国主义历史残余，居然打出"价值观"旗帜。不管用什么华丽的辞藻来包装，安倍的"价值观外交"同日本历史上玩过的种种把戏没什么区别。有学者指出："一个没有道义勇气去直面、反思自己的历史罪行的日本，如何有能力以道义原则去担当与其他亚洲国家的可靠未来？一个无视自己国家的历史罪行的日本，也就是一个无视人类普世价值与普遍自由的日本。"②日中协会会长、自民党高官野田毅也认为，安倍"价值观外交"目的在于构筑对华包围，是"包含敌意的行为，而不是外交"③。东南亚多国学者指出，所

---

　　① 陈婷：《日本外务大臣国会外交演说的汉译研究——以西安外国语大学日语口译专业模拟实践为中心》，西安：西安外国语大学硕士论文，第120页。
　　② 黄裕生：《安倍政权右倾化：日本"价值观外交"的虚伪性》，《人民论坛》2013年第19期，第49页。
　　③ 钟声：《"价值观外交"结不出好果子》，《人民日报》2013年4月17日，第5版。

谓"价值观外交"不仅背离 20 世纪 70 年代以来日本政府奉行的"福田主义"，而且有明显的排他性，因而在东南亚国家很难行得通。①

三、国家利益与国际道义：外交价值观的双重维度

在国际政治和国际关系的基本原则中，存在着两种不同的理念：是国家利益至高无上，还是应该强调国际道义？这个问题指涉一对范畴的矛盾关系——国家利益与国际道义。

国家利益是政府外交的首要目标。在西方国家的国际关系理论中，"国家利益至高无上"，"没有永恒的朋友，只有永恒的利益"。可见，对于国家利益的考量是西方国家国际政治的核心目标。对于其他国家来说，国家利益同样是核心和首要目标，在此不必赘述。不过，有时候，意识形态会影响到国家利益的选择。比如，从 2018 年起，美国针对中国进行贸易战时，美国以安全为由在全世界范围内打压中国的华为公司，特别是企图利用"五眼联盟"的作用对华为 5G 技术进行围堵，迫于美国的压力，澳大利亚、新西兰、加拿大先后响应美国，禁止华为在其国内开展 5G 业务，而英国则为了国家利益选择与华为合作，认为美国所声称的安全问题是可控的。在这个事件中，英国坚持从本国利益出发，而澳大利亚等国家则出于意识形态的原因，更倾向于维护与美国的盟友关系。②

国际道义也是外交的重要目标。所谓国际道义，是指国家在处理对外关系中应当遵循的道德原则，即国际道德。对国际道义的质疑主要在两个方面：一种是质疑国际道义的存在，另一种是质疑国际道义的必要性和有效性。比如，乔治·坎南认为，外交是政府的事，而政府的首要义务是维护社会利益而不是道义，政府所要关注的军事安全等利益问题都不具有道义性质，在国际上不存在被普遍接受的道义准则。因此，国家政策应建立在对利益而非道义的追求上。③ 但是在现实国际交往中，对于国际道义的忽视容易招致国际社会的批评。特别是在经济全球化时代，世界各国的相互依存程度加深，如果忽视国际道义，片面追求狭隘的国家利益而不考虑国际公共利益，必然会对他国利益带来损害，继而影响到本国的国家形象。忽视国际道义有时甚至会导致极端主义

---

① 李宁：《日本"价值观外交"在东南亚行不通》，《人民日报》2013 年 5 月 3 日，第 21 版。
② 不过，根据外媒 2020 年 5 月 25 日的报道，英国首相约翰逊计划到 2023 年前将华为公司对该国 5G 网络基础设施发展的参与减少到零。这说明，在美国的持续压力以后，英国终于妥协。
③ 刘兴华：《国际道义与中国外交》，《外交评论（外交学院学报）》2003 年第 3 期，第 44 页。

和恐怖主义。反过来，符合国际道义原则就能够获得更多的国际认同和支持，这与国家利益是一致的。因此，维护国际道义是一个国家设计对外交往原则和国家政策的重要依据，国家利益与国际道义不能绝对分开。

国际道义直接关涉国际话语权。当一个国家把国内经验塑造为国际道义并上升为国际原则时，就获得了国际话语权。在这方面，美国的做法很值得关注。回顾美国作为新生大国转型期的历史可以发现，美国的政界和学界在塑造对外话语、谋划掌控国际话语权的过程中，呈现出明显和主动的国际道义意识。在作为新生大国转型期，面对纷繁复杂的国际政治斗争，美国通常首先祭出某项"国际道义"原则作为旗帜，通过确立一条或若干条冠冕堂皇的"道义"原则来维护自身利益。比如美国的"门户开放"政策就是一个例子。但是，仔细研究会发现，美国所谓的"国际道义"是其自我标榜的产物，带有鲜明的意识形态色彩和浓厚的排他性。① 美国常常以"国际道义"的名义，干涉他国内政，甚至颠覆他国政权。比如，2019年初，美国为了打击委内瑞拉总统马杜罗，一边在联合国大会上指责"马杜罗政权的腐败及其对委内瑞拉人民的暴行"，一边把给委内瑞拉的"人道"援助物资经哥伦比亚运到边境，展示美国的"道义"力量，企图从国际舆论上抹黑马杜罗，遭到委内瑞拉的拒绝。委内瑞拉政府认为，美国的援助是为了给军事干涉打前站。国际红十字会也发出担忧，认为美国是在滥用所谓的人道主义援助。② 如果从美国历史来考察美国的国家逻辑和美国价值观的话，会发现美国自建国以来，一直处于资本主义发展的快车道，其国家外交理念和价值观浸透着资本主义的基因，其以自由主义和新教伦理为核心价值观建构起国家的政治、经济、文化、社会、外交等领域的政策与制度体系，从"美国利益至上"的根本原则出发，逐步从孤立主义走向干涉主义和全球霸权主义。③

重视国际道义是我国外交一贯坚持的基本原则。特别是党的十八大以来，中国更加重视用正确的义利观来构建与广大发展中国家关系的重要原则，强调正确的义利观是义利兼顾、以义为先。只有义利兼顾，才能义利兼得。这里的"义"在国家层面就是指国际道义。2015年12月4日，习近平主席在中非合作论坛约翰内斯堡峰会开幕式上的致辞中指出："中方将秉持真实亲诚对非政策理念和正确义利观，同非洲朋友携手迈向合作共赢、共同发展的新时代。"

---

① 冯峰：《美国国际话语权的生成逻辑》，《中央社会主义学院学报》2020年第5期，第80页。
② 柳直：《俄媒：美哥或23日入侵委内瑞拉》，《环球时报》2019年2月19日，第2版。
③ 李辽宁：《美国价值观的历史演变、影响及启示》，《社会主义核心价值观研究》2019年第8期，第60页。

"中国人讲究'义利相兼,以义为先'。中非关系最大的'义',就是用中国发展助力非洲的发展,最终实现互利共赢、共同发展。"① 2016年1月26日,习近平主席在阿拉伯国家联盟总部发表演讲时强调:"中国坚持走和平发展道路,奉行独立自主的和平外交政策,实行互利共赢的对外开放战略,着力点之一就是积极主动参与全球治理,构建互利合作格局,承担国际责任义务,扩大同各国利益汇合,打造人类命运共同体。"② 中国秉持的和平外交理念和维护国际道义的原则受到国际社会的普遍认同和支持。

第二节 新中国外交理念与价值观传播的发展历程

外交理念和外交政策具有内在一致性,二者都是为了实现国家利益。二者的差异在于,理念通常是一以贯之的,具有较高的稳定性;政策需要根据外部形势的变化而变化,具有较高的适应性。相比而言,理念决定政策,政策是理念得以实现的手段和方法。新中国成立以来,我国的外交理念和外交政策既有稳定性,也有灵活性。回顾新中国成立以来的外交历程,大致可以分为以下几个阶段。

第一阶段:新中国成立至20世纪50年代中期。新中国成立前夕,毛泽东先后提出"另起炉灶""打扫干净屋子再请客"和"一边倒"三条方针。这三条方针奠定了新中国成立初期"一边倒"的外交格局。新中国成立以后,坚持独立自主的外交政策,倡导和平共处五项基本原则,反对霸权主义。为此,中国一方面联合苏联和其他社会主义国家,积极与第三世界国家建立和发展友好合作关系;另一方面,坚决反对帝国主义的侵略和战争政策,向世界呈现中国人民坚决维护世界和平的形象。在"一边倒"的外交格局下,中国取得了抗美援朝战争的胜利,参加了1954年的日内瓦会议,以大国的姿态登上了国际舞台。

第二阶段:20世纪50年代后期至60年代末。在这一时期,中国坚决顶住了两个超级大国的压力,捍卫了自己的独立、主权和尊严。一方面,抵制了苏联对中国的威胁;另一方面,坚决反对美国搞"两个中国"的阴谋。与此同

---

① 习近平:《开启中非合作共赢共同发展的新时代》,《人民日报》2015年12月5日,第2版。
② 习近平:《共同开创中阿关系的美好未来——在阿拉伯国家联盟总部的演讲》,《人民日报》2016年1月22日,第3版。

时，中国积极支持第三世界人民为争取人民解放和民族独立而斗争，赢得了第三世界人民的信任，与一批亚、非、拉国家及西欧的法国建立了外交关系，并解决了同某些邻国之间存在的历史遗留问题，签订了一系列边界条约。这一系列成就使得中国成为国际舞台上一支不可忽视的力量。但是在这一时期，对资本主义的危机估计过高，导致在外交上也有一定的偏颇。

第三阶段：20世纪70年代初至70年代末。在这个阶段，我国注重改善与西方大国的关系，集中力量应对苏联的威胁。1971年10月，在第三世界国家的大力支持下，第26届联合国大会以压倒性多数通过了阿尔巴尼亚和阿尔及利亚等23国提出的"恢复中华人民共和国在联合国的一切合法权利"、把蒋介石代表驱逐出去的提案，恢复了中华人民共和国作为安理会常任理事国的合法席位，从而使得中国的影响力不断扩大，中国外交迈上了一个新台阶。1972年，美国总统尼克松访华，标志着新中国成立后中美相互隔绝的状态被打破；1973年2月，毛泽东提出了联美抗苏的"一条线"战略；1974年2月，毛泽东在会见来华访问的赞比亚总统卡翁达时提出了划分"三个世界"的战略思想，中国与第三世界国家的关系不论是在广度还是在深度上都有了很大发展。1979年1月1日，中美建立正式外交关系，结束了中美两国之间长达30年不正常的状态。这是中美关系史上的大事，也是我国外交史上的大事。随着党的十一届三中全会确定改革开放的政策，中国对外关系获得大发展，在国际事务中发挥的作用进一步增大。

第四阶段：20世纪70年代末至21世纪初。以党的十一届三中全会为标志，中国进入了改革开放的新时期，中国开始实行全方位的外交政策和奉行真正的不结盟政策，外交政策更加灵活务实。从1982年起，中国放弃了"一条线"战略，致力于建立更均衡的对外关系。一方面，中国不断改善与周边各国的关系，加强了同第三世界国家的政治经济往来；另一方面，中国继续发展同西方国家和东欧国家的政治经济关系。20世纪80年代末90年代初，为应对东欧剧变、苏联解体"黑云压城城欲摧"的险恶局面，在深刻认识中国国情和全面把握世界局势的基础上，邓小平提出了"韬光养晦，有所作为"的外交政策，不仅使我国迅速摆脱了极为不利的国际局势，而且也促使中国国内建设在各个领域都取得了巨大的成功。在此过程中，中国恢复对香港和澳门行使主权，国际地位和国际影响力进一步提升。2002年，江泽民总书记将中国传统文化"君子和而不同"的理念运用到外交战略中，强调世界各种文明、社会制度和发展模式应相互交流和相互借鉴，在和平竞争中取长补短，在求同存异中共同发展。2005年，胡锦涛总书记进一步提出"和谐世界"的理念。这些都是对"韬光养晦,有所作为"思想的继承和发展。此外,中国积极拓展多边外交,加强与联合国的合作,广泛参与多种经济、政治、社会领域的活动,积极主动参与解决国际争端。中国以负责任的大国形象屹立在世界的东方。

第五阶段:党的十八大以来。2013年10月,中央政治局专门召开周边外交工作会议,此举标志着中国周边外交进入调整阶段,确立"周边外交的基本方针,就是坚持与邻为善、以邻为伴,坚持睦邻、安邻、富邻,突出体现亲、诚、惠、容的理念"①。习近平主席先后提出"一带一路"倡议和构建"人类命运共同体"的理念。我国在推进中国特色大国外交的过程中,积极利用国际场合推介中国的外交价值观,注重在讲述中国故事、提出中国主张、贡献中国智慧的同时,积极唱响中国价值,培育中国特色的外交价值观。这是以习近平同志为核心的党中央根据国际国内形势发展提出的重要理念和重大举措。经过近年来的发展完善,主权平等、独立自主、合作发展、公正合理、和平安全等价值观相互联系、相互促进,共同构成了中国特色的外交价值观体系。② 随着中国特色社会主义进入新时代,中国特色的大国外交也迈向新时代,即中国外交从"站起来"到"强起来"的新时代。

回顾新中国成立以来的外交理念,可以看到一些重要的价值观:和平、合作、平等、公正等。其中,讲究诚意的理念一以贯之。所谓诚意,是指"国家通过一系列的言辞和行为信号表达,向他者或国际社会表达自身的良善意图、行为的善意和信用。这种诚意界定包括了传统诚意的道德维度,即意图的真诚性和善意,同时也包括理性主义的信用维度,即国家的诚信及其可信性。具体到中国外交,中国的诚意信号内涵包括真诚的意图、合作的愿望、责任的体现以及国家信用的保持等。其重点维度在于和平、真诚、合作、责任等内涵"③。

在此,我们从中国与东南亚国家就处理南海问题的实践中进一步考察中国外交中的"和平"理念。1986年6月和1988年4月,邓小平系统提出了针对南沙问题的"搁置争议、共同开发"以及"主权属我"的原则。④ 从20世纪90年代到2010年前后,中国一直恪守这一原则,试图维护与东盟以及相关国家的友好关系。同时,经过与东盟的协商谈判,中国于2002年签署了《南海

---

① 习近平:《习近平谈治国理政》,北京:外文出版社2014年版,第297页。
② 徐正源,王昶:《培育中国特色的外交价值观》,《学习时报》2017年7月10日,第2版。
③ 尹继武:《诚意信号表达与中国外交的战略匹配》,《外交评论(外交学院学报)》2015年第3期,第3页。
④ 中共中央文献研究室:《邓小平年谱 一九七五——九九七》(下),北京:中央文献出版社2004年版,第1122、1227页。

各方行为宣言》，2003年更加入《东南亚友好合作条约》。2002年11月4日在柬埔寨王国金边，中国和东盟签署《南海各方行动宣言》，重申各方决心巩固和发展各国人民和政府之间业已存在的友谊与合作，以促进面向21世纪的睦邻互信伙伴关系。2003年10月8日，中国与东盟十国在印度尼西亚巴厘岛签署了《中华人民共和国与东盟国家领导人联合宣言》，宣布建立"面向和平与繁荣的战略伙伴关系"。2003年10月，中国在印尼巴厘岛举行的第7次东盟与中国（"10+1"）领导人会议上正式加入《东南亚友好合作条约》。中国-东盟自贸区是我国对外商谈的第一个也是最大的自贸区，于2002年开始实施"早期收获计划"，2010年全面建成。目前，中国是东盟最大的贸易伙伴，东盟是中国第三大贸易伙伴，双方累计相互投资已超过1500亿美元。2020年抗击疫情期间，中国与东盟的贸易额超过了与欧盟的贸易额，东盟一跃成为中国最大贸易伙伴，而美国则降到了第三位。

有学者把当代中国价值观指导下的中国外交的逻辑体系概括为：以"文明多元"为基本出发点，以"以人为本"作为核心理念，以"正确的义利观"为指导原则，以"合作共赢"为主要实践途径，以共同构建"命运共同体"为追求目标。[1] 这些理念体现了十八大以来党在外交战略上的新认识和新发展。以"正确义利观"为例。习近平主席对于"正确义利观"曾经这样阐述："义，反映的是我们的一个理念，共产党人、社会主义国家的理念。这个世界上一部分人过得很好，一部分人过得很不好，不是个好现象。真正的快乐幸福是大家共同快乐、共同幸福。我们希望全世界共同发展，特别是希望广大发展中国家加快发展。利，就是要恪守互利共赢原则，不搞我赢你输，要实现双赢。我们有义务对贫穷的国家给予力所能及的帮助，有时甚至要重义轻利、舍利取义，绝不能惟利是图、斤斤计较。"[2] 2014年3月，习近平主席在德国科尔柏基金会的演讲中指出，"中国坚持走和平发展之路，不是权宜之计，更不是外交辞令，而是从历史、现实、未来的客观判断中得出的结论，是思想自信和实践自觉的有机统一"[3]。2014年7月4日，习近平主席在韩国国立首尔大学的演讲中再次强调这一观点，同时指出："在国际合作中，我们要注重利，更要注重义……在国际关系中，要妥善处理义和利的关系。政治上，要遵守国际法和国际关系基本原则，秉持公道正义，坚持平等相待。经济上，要立足全局、放眼

---

[1] 谢晓光，孙洪刚：《当代中国价值观指导下的中国外交》，《唯实》2017年第6期，第93页。
[2] 王毅：《坚持正确义利观　积极发挥负责任大国作用》，《人民日报》2013年9月10日，第7版。
[3] 习近平：《习近平谈治国理政》，北京：外文出版社2014年版，第267页。

长远,坚持互利共赢、共同发展,既要让自己过得好,也要让别人过得好。"①从这些论述中,可以看到新时代中国外交的思想特色,即对于宏观"关系"格局的重视要大于对眼前微观利益的关注。"重情义"就意味着"关系"和"利益"都重要,而不是为了"利益"而牺牲"关系"。习近平主席多次提到"亲诚惠容""国之交在于民相亲"的"亲"等都体现了这一点。这是中国式的处世哲学在外交思想上的反映。

面向未来,中国致力于打造具有中国特色的"大国外交"。2014年11月28日至29日,习近平总书记在中央外事工作会议上的讲话中强调:"中国必须有自己的大国外交。我们要在总结实践经验的基础上,丰富和发展对外工作理念,使我国对外工作有鲜明的中国特色、中国风格、中国气派。"② 2018年6月,习近平总书记在中央外事工作会议上的讲话中指出:"党的十八大以来,我们深刻把握新时代中国和世界发展大势,在对外工作上进行一系列重大理论和实践创新,形成了新时代中国特色社会主义外交思想,概括起来主要有以下10个方面,即:坚持以维护党中央权威为统领加强党对对外工作的集中统一领导,坚持以实现中华民族伟大复兴为使命推进中国特色大国外交,坚持以维护世界和平、促进共同发展为宗旨推动构建人类命运共同体,坚持以中国特色社会主义为根本增强战略自信,坚持以共商共建共享为原则推动'一带一路'建设,坚持以相互尊重、合作共赢为基础走和平发展道路,坚持以深化外交布局为依托打造全球伙伴关系,坚持以公平正义为理念引领全球治理体系改革,坚持以国家核心利益为底线维护国家主权、安全、发展利益,坚持以对外工作优良传统和时代特征相结合为方向塑造中国外交独特风范。"③ 这些外交思想和理念对于通过政府外交传播中国价值观具有重要指导作用。

2019年5月15日,习近平主席在亚洲文明对话大会开幕式上的讲话,提出了亚洲人民共同的期待,即建立一个和平安宁、共同繁荣、开放融通的亚洲,并提出了实现这一目标期待的四点主张:"坚持相互尊重、平等相待;坚持美人之美、美美与共;坚持开放包容、互学互鉴;坚持与时俱进、创新发展。"④ 习近平主席的讲话得到广泛认同和赞誉。柬埔寨新闻部部长乔干那烈

---

① 习近平:《共创中韩合作未来 同襄亚洲振兴繁荣》,《人民日报》2014年7月5日,第2版。
② 《中央外事工作会议在京举行》,《人民日报》2014年11月30日,第1版。
③ 习近平:《坚持以中国特色社会主义外交思想为指导 努力开创中国特色大国外交新局面》,《人民日报》2018年6月24日,第1版。
④ 习近平:《习近平出席亚洲文明对话大会开幕式并发表主旨演讲》,《人民日报》2019年5月16日,第1版。

表示："今天的会议将成为我们相互理解的基础,助力创造一个更加美好的未来。"菲律宾新闻部部长马丁·安达纳尔认为,共建"一带一路",对于亚洲文明的传播和交流发挥着不可替代的作用,"'一带一路'倡议有助于促进思想文化交流,让不同文化和谐交融,互学互鉴"①。可以预见,随着中国经济社会的发展,中国外交将在更高水平上为中国的改革开放营造良好的外部环境。在此过程中,中国政府也将打造更多的交流平台,更加有效地传播中国改革开放的建设成就、中国经验和中国价值观。

第三节 "一带一路"背景下以政府外交传播中国价值观面临的机遇与条件

在"一带一路"背景下,通过政府外交推进中国价值观国际传播具有一些机遇和条件,主要表现在以下几个方面。

第一,中国的外交理念和中国价值观符合时代发展大趋势,得到世界的高度认同。当今世界发展到了一个重要的十字路口,各种全球性问题正在以前所未有的态势冲击着人类的生存空间:气候变暖带来的海平面上升、工业发展带来的大气污染、跨国界的流行性疾病、国际恐怖主义、跨国界的金融犯罪等。科技进步也带来新的挑战,比如人工智能发展带来的伦理问题,不是个别或部分国家所能应对的,而是直接拷问对于"人"这一物种的定义。此外,地区冲突导致的人道主义危机、大国博弈以及霸权主义等,特别是美国退出《反导条约》以后世界核武器扩散的风险进一步加大。人类未来之路如何,取决于世界各国特别是大国之间的合作。在这种背景下,中国提出的坚持以维护世界和平、促进共同发展为宗旨推动构建人类命运共同体,坚持以共商、共建、共享为原则推动"一带一路"建设,坚持以相互尊重、合作共赢为基础走和平发展道路的中国外交理念和中国价值观符合世界发展的大趋势,能够为世界面向未来发展提供全球治理的方案。2017年2月10日,联合国社会发展委员会第55届会议以协商一致的方式,通过了"非洲发展新伙伴关系的社会层面"决议,呼吁国际社会本着合作共赢和构建人类命运共同体的精神,加强对非洲经济发展的支持。同年3月17日,联合国安理会以15票赞成一致通过了关于阿富汗问题的第2344号决议,强调应本着合作共赢精神推进地区合作,有效促进阿

---

① 张慧中:《和谐交融 增进互信》,《人民日报》2019年5月16日,第5版。

富汗及其地区的安全、稳定和发展，构建人类命运共同体。3月23日，联合国人权理事会第34次会议通过了关于"经济、社会、文化权利"和"粮食权"两个决议，明确表示要以"构建人类命运共同体"为目标，着手解决面临的许多紧迫问题。"构建人类命运共同体"理念是中国共产党领导中国人民针对当今世界乱象贡献的中国方案，体现了中国胸怀、中国智慧和中国担当。

第二，中国特色社会主义彰显鲜活的生命力，中国价值观的国际说服力不断增强。改革开放以来取得的巨大成就，彰显了中国特色社会主义的生命力，为中国政府外交和中国价值观国际传播奠定了牢固的现实基础。改革开放以来，中国在经济、政治、文化、社会、生态、军队、党建等各方面都取得了巨大成就，人们的生活水平得到大幅度的提升，社会物质文明和精神文明建设取得重大成就，整个社会的风貌、国家的综合国力和国际影响力与改革开放以前相比有了天翻地覆的变化。比如，在经济建设方面，40年来，我国国内生产总值由3679亿元增长到2017年的82.7万亿元，年均实际增长9.5%，远高于同期世界经济2.9%左右的年均增速。我国国内生产总值占世界生产总值的比重由改革开放之初的1.8%上升到15.2%，多年来对世界经济增长贡献率超过30%。现在，我国是世界第二大经济体、制造业第一大国、货物贸易第一大国、商品消费第二大国、外资流入第二大国，我国外汇储备连续多年位居世界第一。在民生建设方面，全国居民人均可支配收入由171元增加到2.6万元，中等收入群体持续扩大；我国贫困人口累计减少7.4亿人，贫困发生率下降94.4个百分点；九年义务教育巩固率达93.8%。我国建成了包括养老、医疗、低保、住房在内的世界最大的社会保障体系，基本养老保险覆盖超过9亿人，医疗保险覆盖超过13亿人。居民预期寿命由1981年的67.8岁提高到2017年的76.7岁。① 这些成就都是在党中央的坚强领导下，坚持走中国特色社会主义道路取得的，是中国对外传播改革开放成就、讲述中国故事的鲜活内容，也是传播中国价值观的充足底气。正如俄罗斯驻华大使杰尼索夫在参观《伟大的变革——庆祝改革开放40周年大型展览》时所讲的，中国改革开放以来所取得的成就是经过时间检验的"无价经验"，中国创造了一种成功的经济发展模式。中国向全世界证明了"解放思想"对于发展的重要性，并将沿着改革开放的路线继续前进。塞尔维亚贝尔格莱德大学政治学院教授米特罗维奇表示，改革开放使7.4亿人脱离贫困，这是非凡的成就，是对全人类的重大贡

---

① 习近平：《在庆祝纪念改革开放40周年大会上的讲话》，《人民日报》2018年12月19日，第2版。

献。中国继续扩大开放不只对自身有利,也对整个世界有利。

第三,"一带一路"倡议给沿线国家带来实实在在的利益,赢得良好的国际口碑。"一带一路"是习近平总书记提出来的旨在加强中国与世界贸易和交往的重要倡议。该倡议自实施以来,尽管遭遇了各种各样的担心、质疑乃至非议,但中国言行一致,始终本着合作共赢的理念,兢兢业业、稳步扎实地推进倡议的落实。一些西方媒体对中国在非洲的援建提出质疑,认为这是新殖民主义。对此,塞拉利昂总统朱利叶斯·马达·比奥(Julius Maada Bio)在接受《国际金融报》采访时表示并不赞同,"如果是这样,我们不会参与其中。非洲国家不是傻瓜,我们知道要把非洲大陆和自己国家带向哪里,我们旨在打造双赢的关系。我知道我希望将塞拉利昂带到哪里,其他非洲国家领导人也同样如此。我们与中国,互惠互利"①。美国中东研究所语言及地区研究项目主任穆罕默德·艾尔门邵伊(Mohamed Elmenshoy)表示,"中国的崛起对阿拉伯国家人民来说是好消息,因为中国更懂得阿拉伯国家的文化和传统。数十年来,阿拉伯国家受到西方国家的影响较大,中国崛起平衡了世界发展,阿拉伯国家希望与中国的合作能够发展并更加多元化"②。《中国与世界贸易组织白皮书(2018)》显示,2013—2017年,中国同沿线国家贸易总额超过5万亿美元,中国企业在这些国家累计投资超过700亿美元。截至2017年底,中国企业在有关国家建设75个境外经贸合作区,上缴东道国税费超过16亿美元,为当地创造了22万个就业岗位。自2018年起,中国在3年内向参与"一带一路"建设的发展中国家和国际组织提供600亿元人民币援助,建设更多民生项目。通过"一带一路"建设,中国与沿线国家和地区在政策沟通、设施联通、贸易畅通、资金融通、民心相通方面齐头并进,实现基础设施、制度规章、人员交流三位一体,促使"一带一路"建设在全球经济治理体系中的位置迅速提升。事实证明,"一带一路"倡议顺应时代潮流,适应发展规律,符合各国人民利益,具有广阔前景。

第四,西方自由主义和资本主义制度面临困境,为中国外交和价值观传播提供了新契机。当今发达资本主义国家,资本主义固有的周期性危机非但没有缓和,反而更加深刻和复杂,呈现累积性、结构性、系统性等特点。主要表现为:一是经济复苏乏力,结构性改革困难,面临"三高"(高债务、高失业、

---

① 《塞拉利昂总统驳斥新殖民主义说:非洲国家不是傻瓜,我们与中国互惠互利》,《国际金融报》2018年9月10日,第1版。

② 孙健,张杰,杨迅,刘睿等:《中国梦与阿拉伯梦的美好结合——国际社会积极评价习近平主席在中阿合作论坛第六届部长级会议开幕式上的重要讲话》,《人民日报》2014年6月7日,第3版。

高杠杆）、"三低"（低增长、低利率、低通胀）等难题；二是政治极化严重，传统政党影响力下降，面临"政府失灵、政党失势、媒体失信、民调失真"等困境；三是贫富差距拉大，社会对立加剧，面临民粹主义盛行、保护主义抬头、极端主义蔓延等风险；四是多元文化遭到质疑，传统价值观受到冲击，面临难民潮泛滥、恐怖主义袭击频发等挑战；五是"阿拉伯之春"演变为"阿拉伯之冬"，西方民主光环褪色，陷入"萧条期""退潮期"；六是全球化遭遇逆流，区域一体化出现倒退，西方资本主义制度的信心可能动摇。皮尤研究中心2016年5月民调显示，57%的美国民众认为，当前美国国内矛盾丛生、困难重重，应更加重视和解决自身存在的诸多问题；这一比例较2010年类似民调结果上升了11个百分点；49%的美国民众明确反对美国参与经济全球化。①英国公投脱欧则给欧洲一体化敲响了警钟。作为唯一超级大国的美国的单边主义和霸权行为，不仅严重破坏国际规则，而且带来新的不确定性，威胁世界和平。2018年4月14日，中华人民共和国新闻办公室发布了《2017年美国人权纪录》，里面提到美国国内矛盾重重，人权状况堪忧：公民权利遭受严重侵犯、系统性种族歧视加剧社会撕裂、美式民主存在严重弊端、贫富分化现象持续恶化、特定群体遭受歧视和人身侵犯、继续粗暴侵犯他国人权。2020年，新冠肺炎疫情危重更加打击美国经济，使美国经济雪上加霜。国外一些国家的共产党也发出了预警，他们认为人类现在正经历着有史以来最艰难、最复杂多变的时刻，帝国主义除了向劳动人民转嫁危机外，还加紧制造国际紧张形势。丹麦共产党认为，资本主义内部矛盾的积累导致了严重的世界经济危机，人类历史正走向新的世界战争时代。② 人类的未来之路，已经不能按照资本主义的逻辑发展下去，急需新的发展理念和发展思路。正是在这样的背景下，中国坚持和平发展、各种文明和平共处等价值观更显得珍贵，是人类未来发展的必由之路。

第五，中国特色大国外交理念和格局日趋成熟和完善，传播中国价值观正当其时。中国特色大国外交理念是统筹国内、国外两个大局，基于国内外新形势、新任务而提出的。一方面，我国发展仍处于可以大有作为的重要战略机遇期。我国已经进入实现中华民族伟大复兴的关键阶段，国际国内新形势要求我们要善于与时俱进、审时度势地进行战略调整，善于化危为机、转危为安。另

---

① 周荣国：《当前资本主义的现实困境、内部争论和未来走势》，《当代世界》2017年第1期，第29页。

② 周淼：《国外左翼学者如何看待当代资本主义的危机和困境》，《红旗文稿》2018年第10期，第36页。

一方面，当今世界是一个变革的世界，是一个新机遇、新挑战层出不穷的世界，是一个国际体系和国际秩序深度调整的世界，是一个国际力量对比深刻变化的世界。中国特色大国外交理念的核心内涵是：中国坚定奉行独立自主的和平外交政策，尊重各国人民自主选择发展道路的权利，维护国际公平正义，反对把自己的意志强加于人，反对干涉别国内政，反对以强凌弱。中国决不会以牺牲别国利益为代价来发展自己，也决不放弃自己的正当权益，任何人不要幻想让中国吞下损害自身利益的苦果。中国奉行防御性的国防政策。中国发展不对任何国家构成威胁。正如习近平总书记所强调的："中国无论发展到什么程度，永远不称霸，永远不搞扩张。"① 中国特色大国外交理念既符合当代中国发展实际，也是民心所向，在民众中具有很高的认同度。更为重要的是，中国的外交理念与世界发展潮流是一致的，符合人类社会发展的时代要求，正所谓"天时地利人和"。在这种背景下，加强中国价值观国际传播正当其时。这是 21 世纪中国特色社会主义走向光辉未来、实现中华民族伟大复兴"中国梦"的关键一步。

第四节 "一带一路"背景下以政府外交传播中国价值观面临的困难与挑战

依托政府外交传播中国价值观，是"一带一路"背景下提升中国影响力的重要途径。在现有国际政治经济秩序下，传播中国价值观与中国外交具有相同的背景，所面临的困难和挑战也相似。

第一，中国在"一带一路"沿线国家媒体的关注度和传播度亟待提升。"一带一路"沿线国家是中国对外合作的重点，也是中国价值观传播的首要目的地。但是从当前情况来看，中国在沿线国家媒体中的影响力不够。国家信息中心"一带一路"大数据中心在 2018 年发布的《"一带一路"大数据报告（2018）》显示，2018 年一季度，沿线国家的媒体对涉华内容报道很少，其中"时政是'一带一路'沿线国家媒体最关注的内容，占比 32.5%；'一带一路'沿线国家媒体涉华内容占比 3%；在一带一路传播中，中亚媒体空白最大，这和中亚通常被视为'一带一路'热议区域形成鲜明对比。在'一带一路'沿线

---

① 习近平：《决胜全面建成小康社会 夺取新时代中国特色社会主义伟大胜利——在中国共产党第十九次全国代表大会上的报告》，北京：人民出版社 2017 年版，第 59 页。

国家中,美国的传播度最高,英国的关注度最高,印度媒体因在美食栏目中介绍中国美食而获得最高传播度"①。可见,中国在沿线国家媒体中的影响力还有待提高(如图5-1所示)。如何提高中国在沿线国家媒体的关注度和传播度,是未来我国对外传播需要重点思考和加大投入的课题。

"一带一路"沿线国家媒体涉华内容占3%

◆ 2018年一季度,"一带一路"沿线国家主流媒体共发文58889条,"一带一路"沿线国家共发布的涉华内容16714条,占比3%。
◆ 其中,中国媒体发文12513条,占75%,其他国家发表涉华内容共25%。

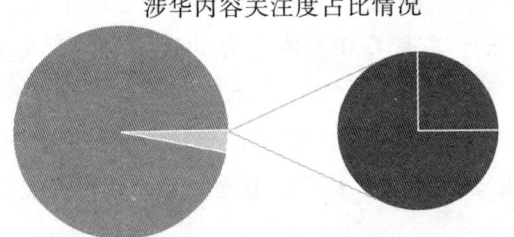

图5-1 2018年一季度"一带一路"沿线国家媒体涉华内容状况

第二,中外文化差异导致中国价值观在国际传播过程中遭遇巨大的阻力。东西方文化差异是众所周知的,这种差异直接影响到沿线国家民众对于中国外交理念和中国价值观的认知和理解。很多西方国家对中国的外交理念和政策理解不到位、不全面或不准确,中国的外交努力和实践常常被放在西方国家的文化逻辑、话语体系和相关国际关系理论框架下进行审视和解读,比如,所谓"修昔底德陷阱"几乎被认为是一种必然的理论预测,被西方国家学者用来分析中美关系,并用作南海争端和贸易摩擦的解释工具。按照这一逻辑,大国崛起必然导致霸权主义,因而不冲突、不对抗、互利合作的新型大国关系是不可能的,而这种不冲突、不对抗、互利合作的新型大国关系理念恰恰与中国传统文化中的和谐共生、和平共处等理念是一致的,也是"一带一路"背景下中国价值观传播的重要内容。在中国提出"一带一路"倡议以后,西方国家很快将其与"马歇尔计划"相提并论。无论这种类比是出于何种目的,但是确有一部分西方民众相信这套话语。这就是文化差异的原因。这样一来,中国所倡导的"共建、共商、共享"的价值观很容易被西方国家的民众所忽视,于是,误解

---

① 国家信息中心"一带一路"大数据中心:《"一带一路"大数据报告(2018)》,北京:商务印书馆2018年版,第133~145页。

和偏见在所难免。①

第三,西方国家部分学者抹黑中国的言论始终存在。学者的观点对于政府外交具有重要的影响力。1990年日本防务大学学者村井友秀在日本保守派月刊《诸君》发表《论中国这个潜在的威胁》一文,从国力的角度分析中国是一个潜在的敌人,这篇文章成为"中国威胁论"最早的一篇论文。②1992年后,"中国威胁论"甚嚣尘上,后又相继出现"中国责任论""中国强硬论"等抹黑中国的国际话语。2015年3月6日,美国乔治·华盛顿大学教授沈大伟在《华尔街日报》发表题为《中国即将崩溃》的文章,预测中国共产党已经步入其生命的最后阶段。以上都是占据国际话语主导权的西方国家从自身的文化传统、国家利益、思维方式出发,对中国的错误认知而形成的关于中国片面、狭隘的想象、理解和言说。2019年2月18日,美国军方背景的《星条旗报》罕见地用大篇幅详细介绍了日本自卫队一名退役将领的"惊人预言"——"中国大陆计划在2025年吞并台湾,并将在2045年入侵日本冲绳"。报道称"该言论已经引发轰动",但接受《环球时报》记者采访的中国专家表示,这些说法不过是日本某些顽固势力鼓吹"中国威胁论"的陈词滥调。③尽管如此,这些言论对于民众的误导性特别大,对于中国外交和中国价值观国际传播增添了困难。

第四,西方媒体的双重标准和故意混淆视听歪曲了中国的国际形象。媒体虽不是政府本身,但在西方被称为"第四权力",有些国家媒体直接是政府的喉舌。正因如此,媒体的政治立场和态度对于政府外交和大众舆论都具有重要的影响力。西方媒体在报道中国时常常采用双重标准。如《华盛顿邮报》2014年8月17日发表了题为《中国在西藏鼓励民族通婚以促进"团结"》的报道,在报道中国少数民族发展的时候,故意渲染少数民族在文化习俗上受汉族同化。在一些恐怖袭击的报道中,西方媒体采用双重标准,把发生在中国的恐怖袭击歪曲成民族之间的矛盾,并采用破坏程度轻得多的词汇来表达。由于民众主要是通过各类媒体来接收信息,西方媒体的双重标准和故意抹黑对于中国的国际形象产生了巨大的负面影响,这毫无疑问对中国价值观国际传播增加了新的难度。

---

① 孙吉胜:《传统文化与十八大以来中国外交话语体系构建》,《外交评论(外交学院学报)》2017年第4期,第5页。
② 谢晓光,孙洪刚:《当代中国价值观指导下的中国外交》,《唯实》2017年第6期,第94页。
③ 李珍,郭媛丹:《日退役将军妄言"中国侵略时间表"》,《环球时报》2019年2月20日,第8版。

第五，政治意识形态和国家利益的冲突和博弈长期存在。中国是世界上少数几个共产党执政的国家之一，马克思主义是主导意识形态。同时，中国又是世界上最大的发展中国家，是正在崛起的新兴国家。这些客观事实使得中国外交和中国价值观国际传播长期面临重大的挑战：一方面是社会主义意识形态与资本主义意识形态的对立长期存在。在这个层面，中国的繁荣发展彰显了马克思主义和社会主义的生命力，对于整个资本主义的理论体系和制度体系都是极大的威胁——考虑到社会主义的远大目标和共产党人的历史使命，这种"威胁"就更加令资本主义国家焦虑和不安。另一方面，中国崛起使得美国等老牌资本主义国家加大了对中国进行防范和遏制的力度，大国博弈将长期存在。在这个层面，一个强大的中国始终都是资本主义的竞争对手，都会遭到美国的打压和围堵，因为这与美国的霸权主义格格不入——当今的俄罗斯的境遇就是明证。特别是特朗普任美国总统以后，更加不顾一切地把美国利益放在至高无上的地位，甚至把国际道义弃之不顾，不择手段地对所有他认为不合作的力量进行打击——比如对中国等国家发动贸易战，对委内瑞拉采取军事威胁等。即使是与美国具有相同自由主义意识形态的欧洲，美国依然不希望一个统一强大的欧洲存在。

除了以上外部和客观层面的挑战以外，内部和主观上也面临一些挑战，比如外交人员对于传播中国价值观是否具有高度自觉的认识，并在实践中高水平地实施；外交人员传播中国价值观的能力和技巧，特别是在突发事件中彰显中国价值观的能力；不同层次的外交部门乃至整个外交系统在传播中国价值观方面的体系构建与力量整合等，这些都需要从整体上进行设计和研究，并在行动中付诸实施。在此就不一一赘述了。

第五节 "一带一路"背景下以政府外交传播中国价值观的优化策略

国家的外交政策与国际形势的发展是相辅相成的。自特朗普当选美国总统推出"美国优先"政策以来，国际局势更加充满不确定性。一方面，美国及西方国家更为保守内顾，传统安全威胁时有发生，非传统安全威胁持续蔓延，全球失序的恐惧弥漫充斥；另一方面，世界经济复苏在贸易战背景下增长缓慢，新科技革命蓄势待发，国际形势在大发展、大变革、大调整中保持总体稳定。面向新时代，王毅外长在2018年3月的两会记者会中强调，构建新型国际关系,共同构建人类命运共同体,这就是新时代中国大国外交的目标。通过政府外交来传播中国价值观,需要从宏观战略上做好规划,在微观战术上精心设计,促进政府外交与价值观国际传播的良性互动。

第一,加强顶层设计,把价值观国际传播纳入政府外交的目标任务,增强对外传播中国价值观的自觉性和行动力。对外工作是一个系统性工程,无论是政府外交还是对外宣传,都是为了维护国家利益,争取国家利益的最大化。在目标设计上,要把对外传播中国价值观作为政府外交的有机组成部分,纳入目标任务之中。为此,一是强化理念引领。要站在国家战略的高度充分认识中国价值观国际传播的重大意义,在思想观念上充分认识并高度重视外交工作和中国价值观国际传播的内在一致性,自觉将中国价值观的核心要素内含于政府外交的各项工作之中。二是加强工作协作。在做好各级政府外交部门内部力量整合的基础上,做好外交部门与其他相关部门的联系与沟通,建立联系机制,共享相关资源,形成整体合力。三是加强国别研究,重点研究对象国的外交价值观,同时了解和掌握不同国家的历史文化传统、民族风俗、宗教信仰等基本国情,根据不同国情来传播适当的价值观,并充分考虑传播策略与方法的可行性,增强传播效果。关于这一点,习近平总书记指出:"要高举构建人类命运共同体旗帜,推动全球治理体系朝着更加公正合理的方向发展。要坚持共商共建共享,推动'一带一路'建设走实走深、行稳致远,推动对外开放迈上新台阶。要运筹好大国关系,推动构建总体稳定、均衡发展的大国关系框架。要做好周边外交工作,推动周边环境更加友好、更加有利。要深化同发展中国家团结合作,推动形成携手共进、共同发展新局面。广大发展中国家是我国在国际事务中的天然同盟军,要坚持正确义利观,做好同发展中国家团结合作的大文章。要深入推动中国同世界深入交流、互学互鉴。"[①] 在这里,包含着对不同国家的外交重点:对于大国关系,要倡导构建人类命运共同体;对于周边国家,营造更加友好的环境;对于发展中国家,强调"正确义利观"。四是加强绩效评估,即价值观传播的效果研判与对策优化。价值观国际传播是一项长期的事业,也是一项战略性工程,既不可一蹴而就,也不能放任自流,需要考虑投入的经济效益和社会效益(国际效益),及时总结和反思工作中的不足,并提出针对性的应对之策。在此过程中,需要保持工作理念和工作实践的长期一贯性,切不可因为困难和挫折就半途而废。

[①] 习近平:《坚持以新时代中国特色社会主义外交思想为指导 努力开创中国特色大国外交新局面》,《人民日报》2018年6月24日,第1版。

第二，倡导多边机制，优化全球治理的规范和规则，在国际集体行动中实现中国的利益诉求。"众人拾柴火焰高"，面对全球性问题，需要各国的共同参与和努力合作。实际上，传播中国价值观的目标就是提高中国的国际声誉，树立国家良好形象，实现国家利益的最大化。参与多边机制，促进国际秩序的健康发展，本身也有助于国家利益的实现。这样做至少有两个好处：一是可以为良好国际秩序的构建贡献力量，从而赢得口碑，避免一些不必要的误解和指责；二是良好的国际秩序本身可以为国家发展营造良好的宏观环境。当然，参与多边机制意味着也要承担多边责任，没有"免费的午餐"，但这种付出是值得的。比如，自从中国加入世界贸易组织（WTO）以后，中国一方面按照WTO的规则处理相关的贸易问题，另一方面也享受到这种机制所带来的贸易红利。正如俄高等经济学院东方学教研室主任阿列克谢·马斯洛夫（Alexei Maslov）所说，中国加入世贸组织后，世界贸易往来变得更加活跃，全球贸易额逐步增加，中国与全球各国间的贸易额均呈增长之势。① 我们不必在乎个别国家对于我国所谓"搭便车"之类的恶意攻击，因为这是通过正当的途径获得的正当利益，这对于其他国家也是如此。中国的快速发展和对于世界贸易的贡献，本身就是传播中国价值观的极好载体。面向未来，中国要更加积极参与联合国和国际多边组织的行动②，积极参与对现有的国际秩序和国际贸易体系的改革进程，为建设一个美好和平的世界贡献中国智慧。

第三，强化"借船出海"，通过"他者"的平台讲述中国故事，提高中国价值观传播的落地率。通过他者的视野来描述中国的发展，对于传播对象国的民众来说，具有更高的可信度，传播效果也更好。比如，美国著名记者埃德加·斯诺（Edgar Snow）的不朽名著《红星照耀中国》（又称《西行漫记》），真实记录了自1936年6月至10月在中国西北革命根据地（以延安为中心的陕甘宁边区）进行实地采访的所见所闻，向全世界真实报道了中国共产党和中国工农红军以及许多红军领袖、红军将领的情况，产生了巨大的社会影响，向世界展示了中国共产党人的良好形象。再比如，索尼娅·布里迪是巴西第一大电视台环球电视网的著名新闻记者，在巴西家喻户晓。2005年，她和丈夫保罗

---

① 《中国入世对世界贸易贡献大》，《人民日报（海外版）》2018年7月3日，第3版。
② 据美国《外交政策》双月刊网站2019年2月14日报道，在妮基·黑利担任美国常驻联合国代表的最后几项行动中，她试图阻止一名资深中国外交官担任联合国秘书长非洲大湖地区特使这一有影响力的职位，但最终以失败而告终。这一外交行动反映了特朗普总统的国家安全团队日益担心中国正寻求通过类似联合国这样的国际组织来在传统上处于西方势力范围的地区彰显实力。报道称，2018年12月，特朗普的国家安全顾问约翰·博尔顿命令审查中国在联合国及其他国际机构的影响力。

（也是一位摄像记者）一起来到北京，担任环球电视网在中国的首任常驻记者。那一年，他们也成为南美地区最早一批对两会进行报道的电视新闻工作者。她把自己在北京的工作和生活记录下来出版成书，书名就叫作《老外》。当时，大多数巴西人对中国的发展与变化还不太了解，索尼娅在中国的报道与游览经历吸引了众多当地读者，《老外》这本书在巴西先后再版了多次。2018年，索尼娅率领环球电视网的拍摄团队再次来到中国。他们历时一个月，前往云南、青海、重庆、上海等多个地区，拍摄并制作了一部关于中国发展变化的大型纪录片《长江：生命的旅程》，让巴西当地民众对中国有了耳目一新的印象。"借船出海"的方式很多，比如参加在国外的展览、演习等，都可以达到讲好中国故事、传播中国价值观的目的。

第四，直面社会关切，引导国际舆论方向，为中国价值观的国际传播营造积极的国际舆论氛围。当今世界形势发展处在十分关键的时期，旧的国际秩序越来越难以维系，新的国际秩序尚未建立起来。在此背景下，中国的发展引起了西方国家特别是美国的戒备和焦虑。于是，形形色色的"中国威胁论""中国崩溃论"粉墨登场。所谓"修昔底德陷阱"正是在这样的语境下被炮制出来的。这些话语的流行既有其一定的客观基础，也有很复杂的主观心理土壤。一方面，中国经过改革开放，极大地解放和发展了生产力，社会财富迅速增长，综合国力显著增强，中国特色社会主义彰显出巨大的活力。这些在客观上引起西方国家的"羡慕嫉妒恨"——相对于资本主义持续性的经济危机而言，这种心理更加突出。另一方面，西方国家抹黑乃至遏制中国的做法一直没有停歇，在西方强势媒体的渲染下，有一部分对中国不甚了解的外国人误信谣言，对中国产生不好的印象。当然，我们还要看到，中国在"站起来"到"强起来"的过程中，国内部分媒体也有些过于乐观的宣传，宣传的口号和语气过于强势，在客观上让外国人加深了对中国的误解。对于这些不同的情况，要采取不同的应对策略和方法：对于那些因对中国不了解而产生的误解与误读，需要加强宣传，准确阐述中国立场和观点，达到释疑解惑的目的；对于那些不怀好意的言论，要坚决予以批驳，以正视听。2014年7月4日，习近平主席在韩国国立首尔大学的演讲中指出："面对中国发展，有些人认为发展起来的中国必然成为一种'威胁'，甚至把中国描绘成一个可怕的牛魔王。我想告诉大家的是，这种看法是不正确的。"[①] 通过在这样正式场合表达中国声音，能够最大限度地表达中国诉求，传播中国价值观。

---

① 习近平：《共创中韩合作未来 同襄亚洲振兴繁荣》，《人民日报》2014年7月5日，第2版。

第五，强化规则创新，对外推介中国标准，为世界未来发展贡献中国智慧和中国方案。规则具有双重维度：工具维度和价值维度。从工具维度来看，规则具有约束功能，对于参与主体的行为具有强制性约束力，对于违反规则的行为予以惩戒；从价值维度来看，规则具有导向功能，体现了参与规则主体的共同利益。这二者互为表里，不可分割。从性质来看，规则权是一种话语权（软权力），体现了规则制定者（无论是单一或多方）的价值诉求。相对于规则遵守者而言，制定者拥有更大的话语权。但是，规则权的实现需要两个基本条件：一是他者的主动参与（否则变成强制），二是对于违反规则的行为有能力予以惩戒（否则规则无效）。因此，一个国家的发展越是处于领先地位，制定规则的机会越多，就越能吸引他国的主动参与，其话语权也越大。有时候，处于领先的国家会将其诉求从国内制度"外化"为国际规则。① 关于这一点，中国可以参照美国关于保护知识产权的一些做法。美国在三十年间通过《贸易与竞争综合法》《特别301报告》《北美自由贸易协定》《与贸易有关的知识产权协定》（TRIPs）等国内国际条约的签订，最终建立全球层面的知识产权保护机制，实现了知识产权保护的"国际化"。② 当然，美国在将国内制度外化的过程中，有些没有经过合法的程序（比如根据美国《1974年贸易法》中的"301条款"启动对中国的调查，判断中国有关技术转让、知识产权和创新的法律或政策是否对美国企业造成歧视），这是应该引以为戒的。但是把中国的一些先进做法推介给世界，通过制定中国标准并被他国采纳，确实是中国引领世界、为世界发展做出中国贡献的重要途径，也是对外传播中国价值观的有效载体。在这方面，中国是有资源和能力的。比如，众所周知，中国在通信网络技术方面已经世界领先，虽然美国一再打压中国华为公司，但是在中国政府的大力支持下，华为越战越勇，许多标准都成为国际标准。其中，在新形成的技术和产品领域，根据国际权威分析师机构Dell'Oro发布的《2018年Q3—2019年Q3全球Wi-Fi6室内AP产品市场份额报告（除北美市场）》显示，华为Wi-Fi6产品市场份额在中国和全球（不含北美）市场排名均列第一，其中中国区份额为49.7%、全球39%。中国政府以及华为公司在反击美国的恶意打压中，不但向世界推介了中国在通信网络技术方面的标准和规范，也传递了中

---

① 在这里，"外化"一词是中性词，即"对外转化"，是指经过一定的合法正式程序，将国内的先进做法推介给世界，在取得国际认同的基础上转化为国际规则。这与个别国家用国内法来裁决国际事件是两回事，不可混同。

② 吴贤军：《当前中国国际话语权构建的三条转化路径思考》，《福建论坛（人文社会科学版）》，2015年第6期，第102页。

国人民不怕强权的精神气质,有力地传播了中国价值观。

第六,坚持行动导向,积极参与国际行动,用行动来表达中国的利益诉求和价值观。"一步行动胜过一打纲领",好的理念和价值观需要在实践中予以推动才能产生实效。比如,中国是一个爱好和平的国家,"维护世界和平,促进共同发展"是中国对外传播的重要价值观之一。为了践行这一价值观,中国派出维和部队就是对于中国热爱和维护世界和平的最好诠释。中国坚定不移地支持联合国维和事业,积极应联合国邀请,派遣各种类型维和人员参与维和行动。"从1990年中国第一次向联合国停战监督组织派出5名军事观察员,到如今成为联合国维和行动第二大出资国,安理会常任理事国第一大出兵国,中国迄今已参与近30项联合国维和行动,累计派出维和人员5万余人次,被誉为'联合国维和行动的关键力量'"。[①] 联合国负责维和事务的副秘书长让－皮埃尔·拉克鲁瓦(Jean-Pierre Lacroix)表示,中国在联合国维和行动中发挥的作用越来越大,为联合国在柬埔寨、老挝、埃及、东盟等地的维和人员提供排雷设备,而且还培训了1000名外国维和人员。"中国已经成为联合国维和行动最重要的贡献国之一。"[②] 随着中国人走出国门的人数越来越多,在海外保护中国人和中国侨民的需求也越来越大,在这方面,中国是世界上做得最好的国家之一,特别是包括2015年中国也门撤侨在内的大大小小几十次撤侨行动,表达了中国政府保护中国人民的坚定决心。

以上是通过政府外交提升中国价值观国际传播效能的重要举措。除了这些措施以外,还需要加强人员素质培训,强化外交队伍建设,整合多方力量,提高中国价值观国际传播的整体效能。

---

① 国纪平:《为联合国崇高事业不断作出新的更大贡献——写在中华人民共和国恢复联合国合法席位50周年之际》,《人民日报》2021年10月25日,第3版。

② 彭况、邵龙飞、王迪:《中国维和部队的贡献有口皆碑——第八届北京香山论坛新闻观察》,《解放军报》2018年10月28日,第2版。

第六章 公共外交与中国价值观国际传播

国之交在于民相亲,民相亲在于心相通。①

——习近平

习近平总书记在中共中央政治局第十二次集体学习时强调:"要加强提炼和阐释,拓展对外传播平台和载体,把当代中国价值观念贯穿于国际交流和传播方方面面。"② 长久以来,西方国家对于中国的污蔑和抹黑从未停歇。即使是"一带一路"倡议和"中国梦"这样的概念,也面临着来自西方国家右翼势力的恶意攻击。③ 面对这些污蔑和抹黑,仅仅依靠政府外交来回击和说明是远远不够的,需要创新平台和路径,主动出击。党的十八大报告指出:"我们将扎实推进公共外交和人文交流,维护我国海外合法权益。"④ 本章我们将聚焦于公共外交与中国价值观传播的内在关联,探寻依托公共外交讲好中国故事、推进中国价值观国际传播的策略和路径。

第一节 公共外交:概念及内涵解读

作为一种社会实践活动,公共外交自古就有。比如《史记》中记载中国与

---

① 习近平:《习近平谈治国理政》(第二卷),北京:外文出版社2017年版,第510页。
② 习近平:《习近平谈治国理政》(第一卷),北京:外文出版社2018年版,第161页。
③ 美国歪曲"中国梦"代表性人物之一白博瑞在其《百年马拉松:中国取代美国称霸全球的秘密战略》一书中污蔑中国,他深信不疑的一个看法是,如果相信中国不是志在成为丛林中的最大一头大象,世界独一无二的超级大国,美国就是幼稚。另一位是纳瓦罗,在其《卧虎:中国军国主义对世界意味着什么?》一书中也对中国进行了恶意攻击。他们有许多观点出现在特朗普的言论中和美国与我国的谈判中。这些观点已经成为美国民主党和共和党两党共识,也严重影响了美国民意乃至西方民意。
④ 胡锦涛:《坚定不移沿着中国特色社会主义道路前进 为全面建成小康社会而奋斗——在中国共产党第十八次全国代表大会上的报告》,北京:人民出版社2012年版,第4页。

周边国家和部落之间很早就有"宾于四门""诸侯远方宾客皆敬"的和平交往，这些交往既有官方的也有民间的。① 在西方，《荷马史诗》中也有关于使者发表演说、游说政府官员和民众以采取对己方有利的外交政策的记载。② 但是作为一个学术术语，"公共外交"（Public Diplomacy）一词被正式提出来还是 20 世纪的事情。1965 年，美国塔夫兹大学（Tufts University）弗莱切法律与外交学院院长埃德蒙·格里恩（Edmund Gullion）在默罗公共外交研究中心成立的讲话中提出："公共外交是传统外交范畴之外的国际关系的一个方面，包括一国政府在其他国家制造的舆论、本国利益集团与其他国家利益集团在政治范围之外的相互影响、外交官和记者等以信息传播为职业的人的交流联系，以及上述的过程对政策制定和外交事务产生的影响。"③ "公共外交的核心是观念和信息的跨国境界流通。"④

学界对于"公共外交"的概念解读有不同的侧重点。从行为主体来区分，主要有两种：一种认为公共外交是"外交"的一种，其行为主体限制为"政府"，由政府主导和组织实施。比如，有学者认为，公共外交是"由一国政府主导实施，委托本国或外国社会行为体，借助各种传播和交流手段与国外公众进行双向互动，以传递信息、塑造形象、影响认同、建构共识，进而更好地服务于国家利益的实现和不同文化间的交流"⑤。在这里，政府是公共外交的主导力量，其他行为体（社会力量）是从属于政府或由政府委托的。日本学者金子将史和北野充也认为："公共外交是为了有助于达成本国的对外利益和目的，提高本国的地位和影响力，提升国际形象，加深对本国的理解，通过与国外的个人及组织建立联系、保持对话、传递信息、相互交流等形式而进行的相关活动。"⑥ 他们还明确提出："本书把所涉及的进行公共外交的承担者设定为政府及政府相关机构。"⑦ 至于那些个人、企业、非政府组织，由于其活动并非政

---

① 韩方明：《公共外交概论》，北京：北京大学出版社 2011 年版，第 1 页。
② 黄金祺：《概说外交》，北京：世界知识出版社 1995 年版，第 6 页。
③ 李辽宁、李丹琪：《公共外交："一带一路"背景下中国价值观国际传播的重要载体》，《理论与评论》2019 年第 5 期，第 34 页。
④ 李辽宁、李丹琪：《公共外交："一带一路"背景下中国价值观国际传播的重要载体》，《理论与评论》2019 年第 5 期，第 34 页。
⑤ 谷宁：《借鉴与反思：交往行为理论视野下的公共外交》，引自贾国庆：《公共外交理论与实践》，北京：新华出版社 2012 年版，第 19 页。
⑥ 金子将史、北野充：《公共外交："舆论时代"的外交战略》，《公共外交》编译组译，北京：外语教学与研究出版社 2010 年版，第 5 页。
⑦ 金子将史、北野充：《公共外交："舆论时代"的外交战略》，《公共外交》编译组译，北京：外语教学与研究出版社 2010 年版，第 8 页。

策行为，因而不将其考虑在内，他们只能是公共外交的"环境"。

另外一种观点要宽松得多，主要强调行为主体与行为对象的关系，除了要区分"政府外交"（一国政府对另一国政府之间的外交）和"政策宣传"（一国政府对本国民众）以外，其他的交往形式（一国政府与他国民众的交往、一国民众与他国民众的交往即"民间外交"）都可以算是公共外交。比如，中宣部原副部长、国务院新闻办原主任赵启正就力推这种模式，他认为："开展公共外交的目的是提升本国的形象，改善外国公众对本国的态度，进而影响外国政府对本国的政策。为此目的而开展的活动就是公共外交。中国公共外交的基本活动是向世界说明中国。"① 他还用图示表达公共外交与政府外交的关系（见图6-1）。

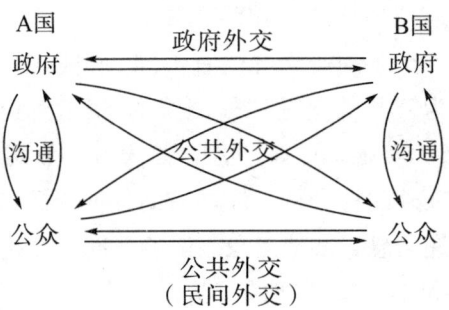

图6-1 公共外交的范畴以及与政府外交的关系

在图6-1中，包含几种公共外交的形式：A国政府与B国公众之间的互动、B国政府与A国公众之间的互动、A国公众与B国公众之间的互动等。其中的中介包括各自国家的主流媒体的对外传播，比如美国的美国之音（VOA）、英国的英国广播电台（BBC）、中国的中国国际广播电台等都属于公众外交的信息载体。

在众多关于公共外交的定义中，绝大部分都是把公共外交的对象定义为国外受众，只有印度学者拉那把公共外交的对象定义为国外和国内两个维度。他认为一个国家公共外交的实现包括国内和国外两个方面。有学者认为国际友好城市公共外交的实践证明拉那的观点是符合实际的。一般来说，普通民众之间对国家大事了解的程度差异较大，对国家某些外交事务难免不理解甚至会产生误解，也有可能对某些外交事件产生过激的行为。因此，公共外交在对外国民众做舆论工作的同时，也要对国内公众进行沟通、交流和引导，使他们理解并

---

① 赵启正：《公共外交与跨文化交流》，北京：中国人民大学出版社2011年版，第5页。

支持国家的外交政策，使其行为与国家保持一致。国际友好城市建设中，他国的市民是最广泛的国外公共外交客体，本国的市民是最广泛的国内公共外交客体。在国际友好城市的交往中，当本国市民的思想和行为与国家保持一致时，又由公共外交的客体变为公共外交的主体。①

在这里，有一个值得探讨和需要厘清的问题：是否应该把公共外交的行为主体限制为政府机构及其委托的相关单位和组织？如何判定国家之间的民间交往具有"外交"性质？如果把国与国之间除政府外交以外的所有交往行为都纳入公共外交，会不会导致概念的泛化？

回答这些问题需要具有创新思维和过程思维。应该说，以上关于公共外交行为主体的两种不同观点各有道理：前者更加注重行为主体的"权威性"，即必须是国家的政府机构或经政府机构授权从事外交的行为体才能算是公共外交的行为主体。毕竟外交是国家以和平手段对外行使主权的活动，主体必须是国家。从这个意义上讲，日常生活中所谓"民间外交"的表述也不严谨，只能算是"民间交往"。但是人们习惯于用类比的方法，把国家层面的交往称为"官方外交"，把民间层面的交往称为"民间外交"，这算是约定俗成的一个概念②。相比较而言，后一种观点更加关注现实发展的趋势，愿意把那些改善国家形象、为国家利益服务的对外交往行为主体都纳入进来，这样也更加符合全球化背景下交往越来越密切的国际现实，特别是在"一带一路"背景下，整合多方面的力量，共同讲好中国故事、传播中国声音显得越来越急迫。鉴于以上考虑，我们认为可以把第一种观点称为"公共外交"；把第二种观点称为"新公共外交"，即公共外交发展新阶段。很显然，"新公共外交"的"外交性"要弱一些。

从类型来看，按照行为主体的不同，可以将公共外交分为好多种，如企业（公司）外交、城市（友城）外交、智库（高校）外交、旅游外交、媒体（网络）外交、首脑（第一夫人）外交等。具体内涵和作用将在下文中进一步阐述。这些公共外交之所以重要，主要是相对于政府外交而言，公共外交有其不可替代的作用和优势：一方面，公共外交是一种"软实力"，相对于政府外交的"硬外交"来说，它是一种"软外交"。软有软的好处，在形式和内容上更加"接地气"，也更容易被人接受。另一方面，公共外交可以在更广泛的领域

---

① 杨娟：《国际友好城市：公共外交的新平台》，《才智》2013年第9期，第297页。
② 即使是这样，也不能把所谓的民间交往都称为"民间外交"或"公共外交"，比如跨国家的"走亲戚"、朝韩两国举办的亲属团聚会等。

内从事活动,其显性目标与政府外交不一样,但是隐性目标(或终极目标)是一致的,有时候效果会更好。

比如,在"一带一路"背景下,我国与沿线国家的经济、文化交往都非常频繁。"一带一路"倡议首先是经济交往,每年我国都有大量的企业"走出去"。但是企业在他国落地的过程中,并非只与政府部门打交道——实际上,企业之间的交往并不能只依赖于政府或者使领馆——更多的是要与公共管理部门,比如要注册就要与工商部门打交道,要纳税就要与税务部门打交道,要安全就要与安全部门打交道,要生产就要与电力、燃气、水务、交通等部门打交道,等等。在这些交往中,依靠我国在该国的使领馆是远远不够的,作用极其有限,弄不好还会产生负面效果。在这里,企业的产品竞争力是第一位的,而诚实守信、遵纪守法则是能够在对象国长久待下去的前提。

在此,有必要对我国从事公共外交实践的民间机构,即公共外交文化交流中心(简称"公共外交中心")进行简要介绍。该中心 2007 年 4 月 30 日落户北京建国路 78 号,2009 年 10 月 16 日正式揭牌,是中国创办较早、规模较大的民间外交机构。公共外交中心定位于中国公共外交的先行者、推动者与实践者,以"让中国走向世界,让世界了解中国"为目标,以"尊重、理解、共融"为理念,通过文化交流、艺术交流、公益慈善、民间对话等各种公共外交方式,加深中国人民同世界各国人民的相互了解、互动融合,努力促进中外友好关系的发展。还有就是孔子学院。孔子学院以语言为媒,架起了各国人民相遇相知的桥梁。2004 年,全球第一所孔子学院在韩国首尔揭牌。截至 2017 年 12 月 31 日,146 个国家(地区)建立了 525 所孔子学院和 1113 个孔子课堂,为增进中外人民的了解和友谊、促进人类文明交流互鉴发挥了独特作用。[①]

目前,我国关于公共外交的研究还处于起步阶段,从概念到内容、原理、机制等都很不系统,离实际工作需要还有很大距离。2011 年,由 GBD 公共外交文化交流中心主办的《公共外交》杂志应运而生(http://www.cpdcea.com/zazhi/)。此外,部分高校已经成为先行者。2013 年,北京外国语大学成立了公共外交研究中心,并建立专门的网站(https://cpds.bfsu.edu.cn/),招收公共外交二级学科硕士研究生。2015 年 6 月,中国人民大学、北京外国语大学和海南大学联合成立了"海南公共外交研究中心",并于同年举办了"公共外交青年领袖冬令营"活动,国务院新闻办公室原主任赵启正受聘为中

[①] 黄发红,朱玥颖,李欣怡:《文化结缘 民意相通(壮阔东方潮 奋进新时代——庆祝改革开放 40 年·数说·大数据观察)》,《人民日报》2018 年 10 月 29 日,第 9 版。

心名誉主任。该中心围绕海南"三个基地、一个示范区"(即三亚"首脑外交和休闲外交"基地、博鳌"公共外交"基地、万宁"中非合作交流促进基地"、海口"侨务交流示范区")的对外交往构想,积极开展应用性、前沿性研究与实践探索;整合资源,打造一流的专家团队,服务海南乃至国家的公共外交战略,推动海南大学国际关系、战略传播、跨文化交流等相关学科发展。[①]

第二节 公共外交与价值观国际传播的内在耦合

公共外交与价值观国际传播具有内在一致性:从具体目的来看,二者虽然有所差异,但最终目标是一致的,即都服务于国家利益;从二者的关系来看,公共外交是传播国家价值观的重要途径。在此,我们从三个维度进一步分析二者的内在关系。

一、公共外交的"名"与价值观国际传播的"实"

在这一组关系中,我们可以把公共外交和价值观国际传播看作是"名"与"实"的关系,即公共外交是"名",价值观国际传播是"实"。当然,传播价值观不是公共外交的唯一目标,甚至不是公共外交的预定目标,但是在客观上起到了传播价值观的作用。

众所周知,中非关系一直是双方外交关系的重要组成部分,中非友谊源远流长。在加强中非之间的交流与合作方面,除了官方的联系以外,民间的交往也很重要。2011年6月17日,时任非洲驻华使团团长、多哥驻华大使诺拉纳·塔·阿马率10位非洲驻华大使及代表访问我国公共外交文化交流中心,并出席"非洲之家"揭牌仪式。2014年5月23日,在公共外交中心举办的第51届"非洲日"庆典活动上,非洲驻华使团将"'非洲之家'永久落户公共外交中心"的证书颁发给该中心会长马振轩。2015年5月22日,"非洲日"庆祝活动在公共外交中心隆重举行。这些活动既是对公共外交中心长期以来所作工作的大力肯定,也进一步推动了中国和非洲国家的文化交流与友好合作。在此过程中,公共外交中心所秉承的"尊重、理解、共融"的理念得到了很好的弘扬,也达到了"让中国走向世界、让世界了解中国"的目的。

[①] 《海南公共外交研究中心揭牌成立》,《海南日报》2015年6月10日,第1版。

二、公共外交的"形"与价值观国际传播的"神"

在这一组关系中,我们把公共外交与价值观国际传播看作"形"和"神"的关系,即公共外交在"表",价值观国际传播在"里"。公共外交的形式有很多,范围、规模、对象也有很大差异,特别是针对不同国家、不同文化背景的民众,公共外交的方式和渠道也不一样。但是在扩大双方交流互信、传播国家价值观方面都是一致的,有利于从不同维度促进国外民众对本国的了解,树立国家的良好形象。

比如,人权问题一直是西方国家对中国指手画脚的借口。利用国际舞台阐述中国在人权事业上的成绩和进步,是包括公共外交在内的对外交往中需要高度重视的话题。2018年12月8日晚,丝绸之路音乐会在瑞士日内瓦万国宫人权厅举行。此次音乐会以纪念联合国《世界人权宣言》发表70周年为主题。联合国日内瓦办事处总干事迈克尔·穆勒(Michael Moller)、联合国人权理事会主席沃伊斯拉夫·苏克(Vojislav Suc)、西班牙前首相何塞·路易斯·罗德里格斯·萨帕特罗(Jose Luis Rodriguez Zapatero)、联合国艺术基金会主席米格尔·安赫尔·莫拉蒂诺斯(Miguel Angel Moratinos)、中国公共外交文化交流中心会长、世界公共外交组织主席马振轩,中国公共外交文化交流中心终身荣誉会长、世界公共外交组织副主席巴斯里(Basri)以及多国驻日内瓦外交官及日内瓦各界人士出席并参加活动。在此次活动中,马振轩利用发表致辞的机会,阐述中国改革开放40年来在人权事业方面取得的进步,强调40年来中国人民的生存权、发展权获得保障和发展,中国为世界人权进步事业作出了积极贡献。举办丝绸之路音乐会,旨在联合世界公共外交领域的机构和人士以音乐的方式共同促进世界各国民心相通。这次活动的形式是音乐会,但其内容还是为了在国家之间传播尊重人权的理念。而马振轩的致辞就是对中国关于人权价值观的很好的传播。"生存权""发展权"是人权的内核,如果离开了民众的生存与发展,抽象谈论尊重和保护人权,既没有抓手,也不具有现实性。由于每个国家的国情、生产力发展水平相差很大,各国在尊重人权方面所采取的措施也不相同,对于人权的保护水平也有差异。但是无论有哪些差异,从人的"生存权""发展权"入手,就抓住了人权事业的关键。西方国家往往脱离实际,或者采用双重或多重标准对他国人权情况说三道四,对本国人权方面存在的种种问题闭口不谈,这本身就是话语霸权。

三、公共外交的"量"与价值观国际传播的"质"

在这一组关系中,我们既关注公共外交的"量",也关注其在对外传播中国价值观的"质"(效果)。价值观国际传播是一项长期的事业,需要久久为功。公共外交也是长期的、常态性的,且覆盖广泛、形式多样,可以为价值观国际传播提供长久的载体和活动支持。

从"量"来看,改革开放以来,我国的公共外交事业取得长足进步。据统计,近年来我国的对外文化交流项目年均总数与受众人次均超过改革开放前30年的总和。截至2017年底,我国已与157个国家签署了文化合作协定,累计签署文化交流执行计划近800个,初步形成了覆盖世界主要国家和地区的政府间文化交流与合作网络。党的十八大以来,在五大洲举办了30余次大型中国文化年(节)系列活动,中俄、中美、中欧、中阿、中非等文化交流合作机制向更高层次发展。截至2017年,海外中国文化中心开展各类文化活动达4000余场次,直接受众达800余万人次,成为全方位展示中华文化精粹和国家形象的重要平台。到2020年,海外中国文化中心总数达到50个,形成覆盖全球主要国家和地区的中国文化对外传播推广网络。[①] 从"质"来看,公共外交与中国价值观国际传播已经形成了良性互动。"一带一路"倡议的推进为沿线国家的多样文化交汇相通注入动力。过去5年多来,"丝绸之路国际艺术节""海上丝绸之路国际艺术节""丝绸之路(敦煌)国际文化博览会"等平台以及"丝绸之路国际剧院联盟""丝绸之路国际博物馆联盟""丝绸之路国际艺术节联盟"等交流与合作机制,都有效夯实了"一带一路"沿线国家的民意与社会基础,为对外传播中国价值观营造了良好的舆论氛围。

第三节 我国公共外交的类型分析

由于"公共外交"在我国出现的时间较晚,在理论建构方面还很不足,难以为公共外交实践提供扎实的理论基础和学理支撑,实际上已经落后于公共外交实践。近年来,我国公共外交在多个领域展开,丰富多彩的公共外交实践为

---

① 黄发红,朱玥颖,李欣怡:《文化结缘 民心相通(壮阔东方潮 奋进新时代——庆祝改革开放40年·数说·大数据观察)》,《人民日报》2018年10月29日,第9版。

我们思考和总结相关理论提供了丰富的素材。在此，我们无法把所有的公共外交类型一一分析到，仅就其中的五种常见形式，即企业公共外交、友城公共外交、旅游公共外交、智库外交和首脑外交的基本情况进行阐述。

一、企业公共外交：经贸合作中的中国价值观国际传播

在全球化背景下，企业走出国门成为常态，企业公共外交（以下简称"企业外交"）是公共外交的重要组成部分。从来源来看，企业外交包括两个部分，即"走出去"的企业和"请进来"的企业。正如联合国前副秘书长沙祖康在"新时代中国软实力建设与企业公共外交"座谈会上所指出的，我们的企业公共外交不能只讲中国的公共外交。随着全面深化改革开放，越来越多的外国企业走进中国。所以企业既包括"走出去"的中国企业，也包括到中国来的外企，要做好这两者的工作。不过，这两者的角色和作用是不同的："走出去"的企业是中国公共外交的主体，是目标国公共外交的对象；"请进来"的企业是中国公共外交的对象，是外国公共外交的主体。

跨国企业承载着公共外交的职能和使命。有人可能认为："企业的目标是盈利，与公共外交没有什么关系。"这种观点是不全面的。原因有三个：一是盈利需要正确的义利观，二是盈利需要良好的环境，三是企业的经济效益与社会责任相辅相成。其中每一项内容都与公共外交有深刻的联系。

盈利需要正确的义利观。企业是否能够盈利，既与其经营方法密不可分，也与其经营理念息息相关。也就是说，企业在追求盈利的过程中，采取怎样的理念和方法，就涉及义利观。这在我国传统文化中早有论述。孟子说："鱼，我所欲也，熊掌亦我所欲也；二者不可得兼，舍鱼而取熊掌者也。"（《孟子·告子上》）在儒家思想体系中，"义利关系"是基本道德关系，提倡"重义轻利""先义后利""义以为质""义以为上"。把这一思想运用到企业经营中，就成为企业的核心价值观。在"一带一路"背景下，企业开展对外合作时需要树立长远目标和战略思维，特别是要愿意先"吃小亏"，让利于当地的群众，使其真切的获得感和幸福感。只有先"吃小亏"才能有"大便宜"。这就是"以利为先""先予后取"。只有等对方也发展起来，感受到合作能够带来好处时，才会有更大规模、更深层次、更为持久的合作。这一理念应该贯穿于企业开展对外合作的全过程。这虽然不是公共外交本身，但与公共外交的价值理念完全一致。

营利需要良好的社会声誉。当企业走出国门从事经贸投资和经济合作时，

其秉承的价值理念与经营方法对于企业形象的打造至关重要。一方面，相比一般的企业，一个负责任、社会声誉好的企业更容易获得合作的机会；另一方面，在信息海量的时代，"酒香也怕巷子深"，企业的良好形象需要通过对外传播来扩大影响力。这就需要企业开展公共外交，向对象国的政府和民众讲清楚本企业的经营理念和价值原则，讲清楚企业合作能够为对象国的民众带来利益和福祉，以取得对象国政府和民众的信任和支持。一些中国企业之所以能够在他国（包括在一些动乱国家）生存下来，就在于中国企业的良好声誉，能够获得对象国政府和广大民众的支持和认同（甚至能够同时获得政府和反对派的支持）。可见，只有与对象国搞好关系，企业才能真正行稳致远。这个过程就是公共外交。因此，处理好与对象国的关系，营造良好的经营环境既是企业公共外交的内生动力，也是企业在对象国"站得住""走得好"的必要条件。

企业的经济效益与社会责任相辅相成。这里的社会责任包含两个向度：一是企业承载的对于本国的社会责任。当企业还处于国内发展阶段的时候，其社会责任主要是通过自身的诚信经营来服务民众，将企业精神、企业文化贯穿于商业经营之中，成为塑造良好社会风气、建设社会主义精神文明的主体之一；当企业发展到国外时，其社会责任包含着服务国家利益，通过树立企业良好形象来塑造国家良好形象，传播国家价值观。实际上，当一个跨国企业出现声誉危机时，其对于本国的国家形象也会带来负面影响。比如，德国大众汽车丑闻不仅直接冲击着德国汽车业，而且其行为甚至损害了"德国制造"的国际声誉；而波音737MAX系列飞机的事故频出不仅引发企业管理问题，对于美国国家形象也是不小的打击。因此，跨国企业承载着树立国家形象的社会责任。二是企业承载着对于对象国的社会责任。当一家企业落户以后，就成为当地企业的一员，其企业行为与本地的经济社会发展融为一体，其日常经营关乎老百姓的生活幸福，其企业形象也关系到当地的地方形象。所以，跨国企业在日常经营中也要树立"主人翁意识"，充分考虑自身承载的对于对象国的社会责任，成为"大众欢迎""政府放心"的品牌企业。

政府外交要与企业外交形成良性互动。在对外交往中，政府外交与企业外交在地位和功能上不同，发挥的作用也不一样，二者不可替代，需要相互配合。一方面，政府要履行好管理责任，指导和服务企业的跨国经营，尽可能争取对企业对外投资贸易有利的政策，为企业外交营造良好的宏观环境；另一方面，企业外交要与政府外交同向同行，自觉接受政府外交的规范和指导，瞄准政府外交所不能及之处，做好细微工作，形成政府外交和企业外交优势互补。

特别是在国家之间关系处于低潮的时候,政府外交很难发挥作用,此时企业外交能够充当先锋和桥梁作用,以经济纽带连接起两国民众之间的交往。在此过程中,不同的企业发挥的作用也不尽相同,每个企业可以根据自身的特点和规模,做力所能及之事,不必好高骛远,那样反而达不到理想的效果。2018年,我国商务部会同相关部门出台了《民营企业的境外投资经营行为规范》,出台该规范主要是为了进一步引导和规范民营企业境外投资的方向,促进民营企业理性、合规、有序地开展境外投资活动,防范和应对境外投资的风险,推动境外投资健康、持续发展,实现与东道国互利共赢、共同发展。需要说明的是,我们在这里讲的主要是国内的企业走出国门开展企业外交。实际上,相反的情况也是大量存在的:国外的企业来到中国,传播他国的价值观,如同我国企业"走出去"一样。而对于这样的外国企业,国家和地方政府乃至普通民众应该如何同它们打交道,这些总体上也应是公共外交的范畴。对于这些问题,都需要进行详细的分析和研究。

二、友城公共外交:城市交往中的中国价值观传播

友城公共外交(以下简称"友城外交")是公共外交的重要组成部分。随着我国对外开放的不断深入和"一带一路"倡议的稳步推进,国际友城之间的公共外交越来越受到重视,成为地方扩大对外开放的重要抓手。

1973年,在国务院总理周恩来的推动下,天津市与日本神户市在中日邦交正常化次年结为了友好城市,从此开启了中国地方政府"民间外交"的时代。此后,各大城市逐渐活跃在对外交往的舞台上。其间可分为三个阶段:1973年至1978年为第一个阶段,中国共缔结了6对国际友好城市,仅限于和日本一个国家,处于"起步探索阶段";1979年至1991年为第二个阶段,友好城市发展到390对,扩展到许多国家,而且友好往来拓展到经济、文化、教育、人才培训等领域,进入"深入发展阶段";1992年以后为第三个阶段,随着中国改革开放的深化、中国各城市经济实力的增强,友城工作取得了巨大发展,迎来了"蓬勃发展阶段"。到2013年,我国有30个省、自治区、直辖市(不包括台湾地区及香港特别行政区、澳门特别行政区)和404个城市与五大洲130个国家的438个省(州、县、大区、道等)的1336个城市建立了1936对

友好城市（省州）关系。① 到 2018 年，我国已同 136 个国家缔结了 2571 对友好城市（省州）关系。②

回顾几十年来友城发展的历程，可以总结其中的一些特点：

第一，交往受到官方的高度重视和大力支持。友城外交属于半官方的公共外交平台。在众多的公共外交形式中，友城外交的实力可以说是最强劲的，主要原因在于其得到了地方政府的重视和支持，甚至有些活动就是地方政府直接主办或者牵头参与。由于公共外交的行为主体是政府，参与主体和受众是国内和国外的社会精英和普通群众，其中，政府是主导，社会精英是中坚，普通群众是基础。友城外交能够最大限度整合地方政府的资源，有效推动城市之间多领域、多层次的交流合作，对于其他形式的公共外交起到直接的推动作用。当然，仅仅依靠政府用官方的语言沟通，很难实现沟通效率的最大化和效果的最佳化，还需要有效地配备公共外交资源，在政治、经济、文化、教育、媒体、青少年交流等领域实行有效沟通。

第二，服务国家大外交，交往活动主题鲜明。随着中国对外开放的不断深化，各个省市也拥有了越来越多的参与外交事务的机会。此时的友城外交需要与国家的总体外交格局相配合，着力于促进国家之间的交流与合作。比如，天津与神户结成友好城市后，以该框架为依托在经济、贸易、教育、文化、体育、城市及港口建设等各个领域开展了交流活动，为中日城市间交流起到了示范作用。在这些交流与合作的过程中，天津人民与神户人民加深了了解，增进了友谊，成为两市合作发展的宝贵财产与基础。两市的友好交流与合作在推动中日关系发展中发挥了良好的作用。据 2018 年 10 月 19 日中国江苏网报道，江苏友城工作利用友城资源，在国家总体外交框架下，推动与重点国家交流合作，服务大国外交、周边外交战略，参与中欧、中非、中阿、中拉论坛等多边外交平台。比如，刚果共和国总统萨苏来访期间，在两国元首见证下，苏州市与黑角市缔结友城成为签约现场唯一地方交流合作成果。江苏省省长出席第二届中澳省州负责人论坛，并举办"维州江苏日"系列活动。国家领导人访问柬埔寨期间，省领导陪同会见友城西哈努克省省长润明，加大力度推进柬埔寨西哈努克港经济特区建设。国家领导人访问捷克期间，组织企业并优选合作项目参加"2017 中国投资论坛"，与捷克摩拉维亚西里西亚州正式签署结好

---

① 李利国：《中国国际友城工作发展现状与总体目标》，《公共外交季刊 2013 春季号（总第 13 期）》，2013 年第 13 期，第 35 页。

② 《中国国际友城大会在汉闭幕》，《湖北日报》2018 年 11 月 17 日，第 1 版。

协议。

　　第三，交往形式多样，内容丰富，成果丰硕。友城外交形式多样。从层次上看，主要包括两大类：一类是全国性的公共外交机构牵头举办的友城大会。比如，为了推动国际友城之间的交往与合作，由中国人民对外友好协会、中国国际友好城市联合会主办的"中国国际友好城市大会"。另一类是地方城市举办的友好城市交流活动。由于每个城市都建立了众多的友好城市，开展活动更是涉及经济社会发展的众多领域。

　　比如，自2000年5月上海与阿联酋迪拜正式"牵手"成为友好城市以来，双方务实合作不断取得新进展——确定由上海世博发展集团向迪拜申办2020年世博会相关机构提供涉及申博的排他性技术咨询服务，上海国际能源交易中心与迪拜商品交易所就促进原油期货发展等达成相关共识，上海黄金交易所与迪拜黄金与商品交易所签署协议。以广东省深圳市福田区为例。福田区的友城"朋友圈"的成员包括日本长野县饭山市、法国伊西莱·莫利诺市、俄罗斯陶里亚蒂市、韩国首尔江南区、加拿大奥克维尔市、意大利阿普利亚大区这些分布在亚洲、欧洲、北美洲等世界各地主要国家的城区。另外，近年来，已有来自美、英、法、韩、日、俄等8国近20批次的外国政府代表团先后到访深圳市福田区，另有瑞士、印度等7个国家和地区向福田区抛出结好的"绣球"。在友城工作中，福田区始终坚持"产业引导、文化助力"的工作理念，把友城工作作为国际化要素的集聚平台。为助力福田区打造"现代金融高地"，区外事办邀请来自粤、港、澳三地的百余名韩国金融企业高管到福田区参加招商引"金"活动，加强韩国金融人才及金融企业与福田区相关人员及机构的交流，推动韩国金融企业落户福田，增强福田作为深圳金融中心核心区和港深大都会国际金融中心的重要地位。①

　　在此，我们整理了近年来在我国举办的部分友好城市大会等交流活动（见表6-1），从中可以看出，随着我国改革开放的深入推进，友城外交越来越活跃，成为我国公共外交的亮丽风景线。

---

① 张光岩：《"朋友圈"不断扩容尽显"国际范"》，《南方日报》2018年8月6日，第SC03版。

表 6-1 近年来"中国国际友城会议"等部分国际友城活动情况一览表①

时间	地点	主办单位	国家数量	主要内容
2008年11月8日	北京	中国人民对外友好协会 中国国际友好城市联合会	35	中俄城市交流论坛,中非友城工作研讨会,第三届美、加、澳、新及部分拉美英语国家友好组织论坛
2010年9月8日	上海	中国人民对外友好协会 中国国际友好城市联合会	49	如何应对全球金融危机,城市环保、节能减排与开发利用新能源、城市基础设施建设与公共交通、打造城市新品牌等
2012年9月12日	成都	中国人民对外友好协会 中国国际友好城市联合会	49	城市国际化发展战略、城市转型与跨越发展、城市定位与投资导向、城市的应急救灾、城镇人口老龄化
2014年11月27日	广州	中国人民对外友好协会 中国国际友好城市联合会	56	"城镇化与智慧城市"和"丝绸之路与地方政府合作"两大主题
2016年11月10日	重庆	中国人民对外友好协会 中国国际友好城市联合会	50	"创新发展,合作共享"
2016年5月25日	绍兴	中国人民对外友好协会 浙江省人民对外友好协会 绍兴市人民政府	12	首届国际友城大会
2017年7月28日	成都	成都市人民政府	31	2017成都国际友城青年音乐周
2018年7月27日	成都	成都市人民政府	31	2018成都国际友城青年音乐周
2018年12月21日	成都	成都市人民政府外事侨务办公室 成都天府绿道建设投资有限公司	25	2018成都国际友城雕塑创作展
2018年11月16日	武汉	中国人民对外友好协会 中国国际友好城市联合会	60	表彰友好城市,发布《武汉倡议》
2018年12月1日	福州	福州市侨办	12	"国际友城看福州"活动,共建海丝之路
2019年3月16日	昆明	昆明国际友城旅游联盟秘书处	5	昆明国际友城旅游联盟媒体海外采风行

---

① 表中所列的只是部分活动,实际上开展的相关友城活动远多于此。

三、旅游公共外交：域外旅游中的中国价值观传播

旅游公共外交（以下简称"旅游外交"）是"一带一路"背景下实现"民心相通"的重要手段，也是在推进过程中阻力相对最小、外部正效果巨大的公共外交形式。在实际生活中，还很少看到哪个国家因为自身接待能力不足而限制境外游客进入的情况（除非因为政局不稳而影响旅游）。随着经济全球化的推进，旅游业发展迅速，旅游外交的重要性也越来越凸显。世界旅游和旅行理事会预测，2015—2025年，旅游业的增长率将继续高于宏观经济增长率，且高于大多数其他行业的增长率；十年间，旅游业将提供7290万个新工作岗位，其中2320万个就业机会将直接在该行业内部产生；到2025年，全球每年国际游客数量将达18亿人次。① 2012年，中国出境旅游人数达到7700万人次，中国人旅游消费能力超越美国成为全球之冠。此后，我国一直是旅游花费最多的国家。由于游客对于目的地居民的影响要远大于目的地居民对游客的影响，游客在价值观传播方面处于强势地位。这种态势对于"一带一路"背景下推进我国旅游外交和传播中国价值观提供了有利条件。

旅游外交的主体和对象都是相互的，既包括出国旅游的国内民众，也包括从国外进来的外国游客。当本国人员赴国外旅游时，代表着本国的形象，言谈举止传递着本国的价值观；外国游客入境旅游的时候，代表的是所在国的国家形象，言谈举止也传递着所在国的价值观。正是在这种交流互动中，不同国度的文化传统和价值理念相互碰撞。几千年来，就是在这种相互交流中，民族历史逐步演变成世界历史。

在旅游外交中，每个游客都是一张外交名片。正因如此，在国民外出旅游之前，政府相关部门需要对国民加强公共外交培训，使其掌握必要的公共外交知识和技能，在外旅游时特别是在遇到紧急状态时，能够从容处理。这样既有利于保护自身的安全和利益，也有利于维护国家形象和国际声誉。在《中华人民共和国旅游法》中，涉及的相关条款有："第十三条　旅游者在旅游活动中应当遵守社会公共秩序和社会公德，尊重当地的风俗习惯、文化传统和宗教信仰，爱护旅游资源，保护生态环境，遵守旅游文明行为规范……第十六条　出境旅游者不得在境外非法滞留，随团出境的旅游者不得擅自分团、脱团。"

---

① 邹统钎，胡莹：《旅游外交与国家形象传播》，《对外传播》2016年第5期，第22页。

2006年，为提高公民文明素质，塑造中国公民良好国际形象，中央文明办、国家旅游局联合颁布《中国公民出境旅游文明行为指南》《中国公民国内旅游文明行为公约》。其中，《中国公民出境旅游文明行为指南》提出：

> 中国公民，出境旅游，注重礼仪，保持尊严。
> 讲究卫生，爱护环境；衣着得体，请勿喧哗。
> 尊老爱幼，助人为乐；女士优先，礼貌谦让。
> 出行办事，遵守时间；排队有序，不越黄线。
> 文明住宿，不损用品；安静用餐，请勿浪费。
> 健康娱乐，有益身心；赌博色情，坚决拒绝。
> 参观游览，遵守规定；习俗禁忌，切勿冒犯。
> 遇有疑难，咨询领馆；文明出行，一路平安。①

近年来走向世界的中国人越来越多，部分中国游客在国外的不文明行为对国家形象的负面影响不容小觑。不文明行为不仅发生在中国游客身上，国外游客中也大量存在。应该说，文明程度是与社会发展程度相一致的。古语说得好，"仓廪实而知礼节"。当基本物质生活条件还没有得到满足的情况下，精神文明发展也会受到一定程度的限制。当然，物质文明和精神文明的发展水平不一定完全同步，即使是物质文明建设比较落后的国家，精神文明建设也可能处于比较先进的地位。正如恩格斯所说，"经济上落后的国家在哲学上仍然能够演奏第一小提琴"②。应该看到，大部分中国旅客在国外旅游时还是讲文明的，特别是近年来通过有关部门的宣传教育和在发达国家耳濡目染，已经有了很大的进步。我们相信，随着时间的推移，中国游客也会很快进步和改善自身形象。

四、智库外交：智库交流中的中国价值观传播

所谓智库外交，就是以智库为载体开展公共外交的活动形式。由于智库能影响国家领导人和国家政策的制定，相比其他公共外交形式，智库外交的重要性更加凸显，更能直接影响到国家的核心圈层人物。因此，智库外交是国家政府外交的重要辅助力量。

---

① 《中国公民出境旅游文明行为指南》，《人民日报》2006年10月3日，第4版。
② 中共中央马克思恩格斯列宁斯大林著作编译局：《马克思恩格斯选集》（第4卷），北京：人民出版社2012年版，第612页。

从智库的来源来看,智库可以分为官方智库、半官方智库、高校智库和民间智库四类。在不同的国家,这些智库的运作机制、经费来源、社会影响不尽相同,甚至人们对智库的概念内涵的理解也不完全相同。尽管如此,大家对智库的认识还是有一些共同点:一是从事政策研究,包括"政策研究"(research of policy,偏重理论)和"政策分析"(research for policy,偏重应用);二是非营利性;三是相对独立性(观点中立、地位平等,独立于政党、政府和利益集团)。① 不同智库在对外传播中国价值观方面的地位和作用是不同的,其中的差别主要体现在智库本身的性质、综合实力和社会影响力上。一般来说,智库的涉外程度越高,受到境外智库或媒体的关注度越高,其传播中国价值观的机会也越多,影响力也就越大。智库在对外传播中国价值观方面的作用主要体现在以下几个方面:

一是推介发展成就。改革开放以来,我国在经济社会发展方面取得了巨大成就,已经摆脱了近代以来国家积贫积弱的状况,从"站起来"昂首阔步地向"富起来"和"强起来"迈进。正是这些成就,为中国赢得了国际上的好评。智库在开展对外交往过程中,要善于在各种场合"理直气壮"地推介中国的发展成就,特别是在经济发展、环境保护、脱贫攻坚等直接涉及民生福祉方面的一些成功做法,以及对世界经济发展的贡献度,用实实在在的成果树立中国良好的国际形象,使"中国需要世界"和"世界需要中国"的理念成为国际共识。

二是阐释中国理念。智库外交不能停留在现象上,还要透过现象讲清楚本质。在对外推介中国发展成就方面,智库要善于深度剖析中国取得的成就背后的理念因素,比如创新、绿色、开放、协调、共享的新发展理念;人与自然和谐共生、"绿水青山就是金山银山"的生态观;全心全意为人民服务、以人民为中心的政党宗旨观;没有标准发展模式、各国道路要符合本国实际的发展观;国家不分大小均应主权平等、按照联合国宪章处理彼此关系的国际交往观;秉承多边主义,构建开放包容、合作共赢的经贸秩序观;等等。

三是回应他国关切。随着中国快速成为世界经济巨人,国外关于中国的发展存在多方面的关切和疑虑,甚至是误解和歪曲。智库在开展对外交往中要把回应国外关切作为重要使命。比如,中国经济发展起来以后,能否保持长期良好的发展态势?中国在成为世界经济强国以后,是否愿意担当更多的国际责任,是否会像西方国家那样走"逢强必霸"的道路?中国提出"一带一路"倡

---

① 黄忠敬:《美国教育的"智库"及其影响力》,《教育理论与实践》2009 年第 5 期,第 20 页。

议和构建人类命运共同体的构想是基于中国自身的利益,还是着眼于世界各国共同发展的理念?对于这些关切,有些方面中国已经通过自身的行动予以回答,有的还在实践过程中。需要注意的是,不同地区的国家对于中国关切的内容不尽相同,智库需要对于这些不同的关切点逐一进行深入研究,并作出合情合理的回应。

四是表达利益诉求。每个国家的发展都有自己的利益诉求,中国自然也不例外。智库在对外交往中要讲清楚中国的利益关切,特别是在重大活动和热点事件中,要能够透彻分析事件的内在矛盾与利害关系,预测和评判相关各方的态度与行动,对事件可能的发展趋势进行研判,从中分析与我国相关的利益风险点和行动方向,从而为国家制定相应的对策提供参考。分析、预测和研判功能体现了智库在重大事件和重大决策中的重要性和不可替代性。智库外交可以在两国或多国之间建立起沟通的桥梁,澄清和化解相互之间的矛盾与误解,在国家之间寻求合作与共赢。

五是构建中国话语。话语权是国家软实力的重要体现。由于历史原因,在国际话语权领域,长期以来都是"西强我弱"的态势,西方的话语霸权给世界其他国家和地区的人们带来很大的负面影响。在未来发展中,智库外交要把话语权建设放在国家安全的高度予以重视,着力打造中国特色国际话语体系。在此过程中,既要能够熟练运用国际通用话语特别是对象国的话语表达,又要能构建具有中国特色的话语体系和表达方式,彰显话语的时代性和普遍性。党的十八大以来,习近平总书记提出的"一带一路"倡议和构建"人类命运共同体"话语,就很好地实现了"中国声音"与"国际话语"的对接与融合,堪称国际话语权建设的典范。

除了以上几个方面以外,智库外交还需要整合力量,实现智库之间的合作共赢。2019年4月24日,由新华社研究院联合15家中外智库共同发起的"一带一路"国际智库合作委员会在北京宣告成立。这是响应中国国家主席习近平"要发挥智库作用,建设好智库联盟和合作网络"建议的重要举措,也是对中外专家关于搭建合作平台、推动"一带一路"学术交流机制化常态化共同意愿的积极回应。该合作委员会是一个开放型学术交流合作机制,参与方主要是智库和具有智库职能的媒体机构,同时包括国际组织、高校研究机构以及以个人名义参与的知名学者。其宗旨是服务国际智库、国际和地区组织以及各国专家学者,推动"一带一路"相关课题研究和思想交流,促进理论创新、成果共享、知识传播和人员往来。会上还举行了"一带一路"国际智库合作委员会官网上线仪式。① 习近平主席在向智库合作委员会的贺信中指出:"智库是共建'一带一路'的重要力量。开展智库交流合作,有助于深化互信、凝聚共识,推动共建'一带一路'向更高水平迈进。'一带一路'国际智库合作委员会的建立,为各国智库加强思想对话、进行决策咨询提供了重要平台。希望合作委员会深入开展学术交流,推出更多高质量研究成果,为推动共建'一带一路'走深走实、构建人类命运共同体作出贡献。"②

五、首脑外交:国家元首在公共外交中的中国价值观传播

国家元首既是政府外交的重要主体,也是公共外交的重要主体。一国元首与另一国的政府代表进行的交往属于政府外交,一国元首与另一国的民众进行的交往就属于公共外交,即元首公共外交(以下简称"元首外交")。比如,一国元首在另一国的媒体上发表署名文章,阐述本国的理念和愿望;或者一国元首回复另一国人民的来信,并予以勉励等,都是首脑外交的重要形式。2020年2月15日,国家主席习近平亲切复信美国犹他州卡斯卡德小学学生,鼓励他们继续努力学习中文,了解中国文化,为增进中美两国人民友谊作出贡献。③ 这就是典型的首脑外交。限于篇幅,我们在此主要以习近平主席近年来在境外发表的署名文章为对象,分析元首外交在传播中国价值观中的重要作用。

经统计,自2014年3月23日在荷兰《新鹿特丹商业报》上发表《打开欧洲之门 携手共创繁荣》的署名文章以来,截至2019年3月20日,习近平以中华人民共和国主席的名义在境外共发表署名文章45篇,这些国家涵盖亚洲、欧洲、非洲、大洋洲和拉美地区,以亚洲和欧洲国家居多。其中既有发达国家,也有发展中国家;既有建交时间比较长的国家,也有刚刚建交一年多的国家;既有信仰佛教的国家,也有信仰伊斯兰教的国家,还有信仰基督教等其他宗教的国家。我们在推进"一带一路"时要特别注意对象国的历史文化传统和宗教信仰状况。习近平主席的文章也充分体现了这些特征。

从话语主题来看,习近平主席的署名文章中除外交礼节(比如表达美好祝愿)以外,主要包括两大主题:一是回顾历史,总结双方合作所取得的成就;

---

① 《"一带一路"国际智库合作委员会在京成立》,《光明日报》2019年4月25日,第5版。
② 《习近平向"一带一路"国际智库合作委员会成立大会致贺信》,《人民日报》2019年4月25日,第1版。
③ 《习近平复信美国犹他州小学学生》,《人民日报》2020年2月23日,第1版。

二是展望未来，期待双方合作新的着力点。比如，2017年6月7日，习近平主席在哈萨克斯坦发表题为《为中哈关系插上梦想的翅膀》的署名文章中就回顾总结了中哈建交25年来所取得的重要成就：中哈政治互信日益牢固、中哈务实合作不断加深、中哈人文交流更加紧密等，还列举了许多数据予以说明。在展望未来时，习近平主席强调指出，双方"要推进共建'一带一路'合作，加快发展战略对接，共同落实'一带一路'国际合作高峰论坛成果；要将产能合作打造成中哈合作新增长极，加快实施双方已确定的早期收获项目；要大力发展高技术和创新合作，深化航空航天、数字经济、新能源等前沿领域合作；要打造中哈民心相通工程，更积极推动人员交往和文化交流；要深入开展安全合作，践行共同、综合、合作、可持续的安全观；要密切国际和多边领域合作，加强在联合国、上海合作组织、亚信等多边框架内沟通和协调"①。

从话语特点来看，习近平主席署名文章有三个明显的特点：

一是拉近距离，从历史的视角寻找相似点和连接点。比如在意大利，习近平主席指出："中国和意大利是东西方文明的杰出代表，在人类文明发展史上留下浓墨重彩的篇章。早在两千多年前，古老的丝绸之路就让远隔万里的中国和古罗马联系在一起。汉朝曾派使者甘英寻找'大秦'。古罗马诗人维吉尔和地理学家庞波尼乌斯多次提到'丝绸之国'。一部《马可·波罗游记》在西方掀起了历史上第一次'中国热'。马可·波罗成为东西方文化交流的先行者，为一代代友好使者所追随。"② 在葡萄牙，孔子学院成为文章的切入点："目前，中国有17所高校设立了葡萄牙语课程；葡萄牙开办了4家孔子学院，多所院校设立了汉语课程。"③ 在老挝《人民报》等媒体发表的题为《携手打造中老具有战略意义的命运共同体》的署名文章中，习近平主席则强调"中老是理想信念相通、社会制度相同、发展道路相近的社会主义友邦"④。通过这些不同的方式，找到两国之间的共同点或共同关心的话题，拉近了双方的距离，为后面的阐述和传播打下民心基础。

二是以古喻今，引用对象国著名人物的诗词作品或地方谚语。在文章中，习近平主席常常引用对象国的名人名言和谚语来表达和平、友谊、合作等意愿。比如，"友谊不是偶然的选择，而是志同道合的结果"（意大利著名作家莫拉维亚），"志向远大方能进步，目光长远才能前行"（西班牙思想家加塞特），

---

① 习近平：《为中哈关系插上梦想的翅膀》，《人民日报》2017年6月8日，第1版。
② 习近平：《东西交往传佳话　中意友谊续新篇》，《人民日报》2019年3月21日，第1版。
③ 习近平：《跨越时空的友谊　面向未来的伙伴》，《人民日报》2018年12月4日，第1版。
④ 习近平：《携手打造中老具有战略意义的命运共同体》，《人民日报》2017年11月14日，第2版。

"找到同呼吸、共命运的朋友是人世间最大的幸福"(瑞士著名诗人、诺贝尔文学奖获得者施皮特勒),"友谊是相互信任,是长存于心"(智利文学家米斯特拉尔),"抓住今天,才能不丢失明天"(菲律宾谚语),"没有相互了解,就不能建立深厚情谊"(文莱谚语),"独行快,众行远"(拉美谚语),"相知无远近,万里尚为邻""友谊是沙漠中的水渠"(太平洋岛国谚语),"一根柴棍烧不成旺火,一根木棍围不成篱笆""只有在患难中,才能识别谁是真朋友,谁是假朋友"(柬埔寨谚语)。有时候,习近平主席甚至同时引用中国和对象国的俗语。比如在越南,习近平主席指出,中国有句古语:"积力之所举,则无不胜也;众智之所为,则无不成也。"越南有句俗语:"独木难成林,三树聚成山。"这些话语言简意赅,包含着人与人相互交往的深刻哲理,发人深省,对于今日国家之间建立友谊的桥梁具有重要启示。

三是分类对待,针对不同国家讲述不同的重点。"一带一路"国家情况各异,文化风俗习惯各有不同,与中国的交往历史和相互关系也有差异。面对不同国家,习近平主席在文章中采用不同的表达方式。比如,在越南发表的署名文章中,习近平主席强调两国一衣带水的关系:"提起中国和越南,说到中越关系,我们都会想起那首两国民众耳熟能详的歌曲'越南—中国,山连山、水连水','共饮一江水,早相见、晚相望,清晨共听雄鸡高唱'。作为山水相连的友好邻邦,中越两国人民友谊源远流长。"① 他还强调两国在民族解放斗争、社会主义建设和改革开放过程中相互帮助和相互支持的友谊。在俄罗斯,习近平主席则强调第二次世界大战时期两国人民在反法西斯和军国主义的战斗中相互支持,相互援助,并肩战斗,用鲜血和生命凝成的战斗友谊,同时指出在当今世界,合作共赢应该成为各国处理国际事务的基本政策取向。这体现了中俄两个大国在国际事务中的责任担当。在比利时,习近平主席用数字来表达中欧合作所取得的成果:"中欧建立全面战略伙伴关系以来,中欧双方贸易额在10年间翻了两番,2013年达到5591亿美元。现在,双方每年人员往来达到550多万人次,互派留学生27万多人。"② 这些表达形式不同,但各有特色,清晰地传播了中国热爱和平、珍惜友谊、寻求合作共赢的价值观。

以上关于公共外交的类型及其传播中国价值观方面的作用的阐述,主要基于实践层面的考察和分析,带有比较多经验层面的色彩或实践层面的经验总结。实际上,公共外交的理论研究严重滞后于实践发展,特别是公共外交自身

---

① 习近平:《携手开创中越关系的美好明天》,《人民日报》2015年11月6日,第1版。
② 习近平:《中欧友谊和合作:让生活更美好》,《人民日报》2014年3月30日,第2版。

的伦理意蕴问题以及不同类型公共外交的理论依据等，相关的理论研究还有待进一步深化。

第四节　当前我国公共外交传播中国价值观所面临的机遇与挑战

依托公共外交来传播中国价值观是"一带一路"背景下中国价值观国际传播的重要渠道和载体，在当前国际背景下，这种传播方式面临的机遇和挑战都是前所未有的。客观冷静地分析这些机遇和挑战，有利于在认识上更加全面，在实际操作中减少误判，提高传播效果。

一、主要机遇

第一，"一带一路"传承了古丝绸之路的"丝路精神"，本身拥有深厚的文化底蕴和良好的历史文化基础。古代丝绸之路不仅是商贸之路，也是文化之路、友谊之路、合作之路，在这条道路上传颂着很多可歌可泣的故事。习近平主席指出："古丝绸之路绵亘万里，延续千年，积淀了以和平合作、开放包容、互学互鉴、互利共赢为核心的丝路精神。"[①] 正是这种精神，涵养了古代东西方的文化交流和商业贸易，后来虽然一度中断，但是古丝绸之路上流传的千年传奇，成为沿线国家和地区人们美好的集体记忆和加强文化商贸交流的精神动力。"一带一路"秉持古代丝绸之路的和平发展理念，着力于"道路沟通、设施联通、贸易畅通、资金融通、人心相通"，这些思想和理念与古丝绸之路精神一脉相承。正是在这个意义上，我们说"一带一路"拥有深厚的文化底蕴和良好的历史文化基础，是古丝路精神在当代的传承与发展。作为古丝绸之路的起始国和"一带一路"倡议的发起国，我们有信心也有责任把这种精神发扬光大。这需要运用包括公共外交在内的各种途径和载体，共同谱写新时代对外开放的新篇章。

第二，"一带一路"倡议取得显著成效，为我国公共外交和中国价值观传播奠定了重要的民意基础。"一带一路"倡议取得的成效是开展公共外交的极

[①] 习近平：《携手推进"一带一路"建设——在"一带一路"国际合作高峰论坛开幕式上的演讲》，北京：人民出版社2017年版，第6页。

好资源。以知识产权为例,2017年5月,在"一带一路"国际合作高峰论坛期间,国家知识产权局代表中国政府与世界知识产权组织签署了加强"一带一路"知识产权合作协议,被列为论坛重要成果之一,成为中国与世界知识产权组织开展面向"一带一路"沿线国家知识产权合作的指导性文件。两年来,中国还与塔吉克斯坦政府以及越南、老挝、菲律宾、孟加拉国、吉尔吉斯斯坦、哈萨克斯坦、亚美尼亚、阿尔巴尼亚、保加利亚、拉脱维亚、立陶宛、埃及等国知识产权主管部门签署知识产权领域合作谅解备忘录。截至2017年,中国已与沿线近40个国家建立知识产权双边合作关系,与海湾阿拉伯国家合作委员会(GCC)、东南亚国家联盟(ASEAN)、欧亚专利局(EAPO)等地区组织签订了合作协议。不仅如此,中国与"一带一路"沿线国家在知识产权教育、宣传培训、信息化建设等方面开展了广泛务实的合作。这些成果表明,随着"一带一路"建设的推进,越来越多的"中国方案"得到支持和响应,这些方案承载着中国的理念和价值观,充分考虑到沿线国家的实际需要以及国际上通行的做法和原则,因此很受欢迎。

第三,中国特色社会主义现代化建设对世界经济增长做出重大贡献,为公共外交的开展准备了巨大的国际资源。经过40多年改革开放,中国特色社会主义不断取得重大成就,也为世界和平发展做出了重大贡献。这些成就和贡献为世界其他发展中国家走好现代化进程提供了重要的借鉴,在"一带一路"沿线国家甚至在更广大地区产生良好的社会反响,为中国赢得了巨大的国际声望。今日的中国日益走近世界舞台的中心,成为国际社会公认的世界和平的建设者、全球发展的贡献者、国际秩序的维护者。与此相适应,希望了解中国文化、学习汉语的人越来越多。根据国家汉语国际推广领导小组办公室提供的数据,进入21世纪以来,许多国家的汉语学习需求呈"井喷式"增长:2016年法国约5.2万名中小学生在学习汉语,是2004年的500多倍;西班牙学习汉语人数已突破4万,美国近年来汉语教学发展迅猛……2018年年初,在线少儿中文平台Lingo Bus"你的新年目标"调查结果显示:有近一半的外国人选择将学习汉语列入2018年重点目标。这些数字彰显了汉语的巨大影响力,为公共外交的开展准备了重要的资源。

第四,中国人出境旅游与开展对外合作的人员数量不断增多,为我国公共外交和价值观传播提供了广阔的机会和平台。人是公共外交的主体,也是公共外交的对象。人员跨国流动的数量反映了公共外交的活力。文化和旅游部官网发布的《2018年文化和旅游发展统计公报》显示,2018年我国入境旅游达14120万人次,比上年同期增长1.2%;出境旅游达14972万人次,比上年同期增长 14.7%。我国和沿线国家建立了"一带一路"文化和旅游交流机制，成立丝绸之路国际博物馆联盟、国际图书馆联盟、美术馆联盟，在"一带一路"沿线国家和地区打造"丝绸之路文化之旅"和"丝绸之路文化使者"等重点交流品牌，助力"一带一路"沿线国家民心相通。在此基础上，制定《文化和旅游部与地方合作共建海外中国文化中心工作指南》，加强驻外文化和旅游机构相关制度建设。与此同时，我国公共外交平台不断拓展。以孔子学院和孔子学堂为例，截至 2018 年底，全球 154 个国家和地区共设立 548 所孔子学院和 1193 个孔子课堂、5665 个教学点。孔子学院现有中外专兼职教师 4.7 万人、各类面授学员 186 万人、网络注册学员 81 万人。全年举办各类文化活动受众达 1300 万人。可以看出，我国公共外交呈现良好的发展态势。

二、主要挑战

第一，西方国家的蓄意破坏与抹黑是公共外交面临的重要挑战。对于中国的发展，西方国家一直都心存疑虑，对于"一带一路"也是如此。有的是从维护霸权需要或从地缘政治出发，担心中国借助"一带一路"削弱西方国家的全球影响力。有的是从国家制度和发展模式竞争出发，警惕"一带一路"成为向国际社会推广"中国模式"、提高大国影响力的战略。一位来自英国剑桥大学的教授就指出，西方国家担心中国向全世界"推销中国特色社会主义"。有的是从西方理念和西方标准出发，揣测中国对外投资"有违原则""不遵守国际环境标准""转移债务危机"；有的是对"一带一路"所蕴含的中国文化传播的担心。无论是基于怎样的出发点，这些言论客观上给中国开展公共外交带来了障碍。

第二，沿线国家的历史文化和宗教信仰的差异对公共外交提出了不小的挑战。公共外交主要以"民心相通"为着力点，而"相通"的前提在于相互之间的文化认知和文化理解。问题在于，沿线国家的历史文化和宗教信仰差异巨大，其中东南亚国家以信仰佛教和伊斯兰教为主，中亚国家主要保持伊斯兰教的传统，有些国家也保持着基督教信仰的传统。更为复杂的是这些国家或地区的政教关系：有的国家政教合一或以某种宗教为国教，如巴基斯坦、叙利亚、也门、伊朗、沙特阿拉伯、约旦、卡塔尔、马来西亚、文莱等以伊斯兰教为国教，泰国、柬埔寨、不丹、斯里兰卡等以佛教为主要信仰，以色列以犹太教为国教，尼泊尔以印度教为国教等；一些国家的某一宗教乃是绝大多数人的信仰，如印度尼西亚的伊斯兰教、印度的印度教、缅甸的佛教、菲律宾的天主教以及中亚各国的伊斯兰教等。而随着丝绸之路的延伸，我们还需要面对以基督教信仰为主的众多国家。显然，公共外交要面对这些复杂的宗教信仰受众，难度非常大，稍有不慎，就可能导致外交问题。

第三，国民的公共外交意识薄弱，公共外交能力有待大幅提升。每位国民都是公共外交的名片。无论是国民"走出去"还是在国内应对境外来宾，都需要具有公共外交的意识和能力。在这方面，虽然外事部门对于"走出去"的国民进行了一定程度的教育和培训，但是总体上还是有很大提升空间的。

第四，不同主体之间缺乏联系沟通，公共外交亟待形成整体合力。不同的公共外交主体拥有不同的功能定位，各自在对外传播方面发挥不同的作用。但是由于不同的公共外交主体在具体业务主管上分属不同的政府部门，相互之间缺乏有效的联系沟通，难以形成整体合力。比如，根据笔者的调查，在一些地方的对外部门中，对外投资、对外贸易、外事活动、对外宣传、对外联络等部门都有对外传播的职能，但是其中有的属于党委系统，有的属于行政系统，由不同的领导分管，各自拥有对外联络的资源和渠道，能够相对独立地开展对外传播。但是相互之间没有建立更有效的统一的协调联系制度，或者缺乏统一的牵头领导和牵头部门，或由于牵头单位与其他单位处于同一等级而缺乏权威性，导致工作中协同不够，力量分散。

以上还不是公共外交面临的挑战的全部。实际上，不同公共外交所面临的挑战既有个性也有共性。在个性方面的挑战主要在于不同类型的公共外交起步时间不同，发展的水平不同，所面对的对象也不相同。比如，在媒体外交方面，要全面了解国外媒体和网站关于中国的报道信息，以便有针对性地开展交流，面临着政府关于信息安全管理方面的有关措施。而旅游外交就跟国家之间的关系关联性更高，同时也跟一些偶然因素（比如新冠肺炎疫情对旅游外交的影响几乎是毁灭性的）密切关联。在共性方面，所有的公共外交都遇到人才不足的挑战。比如，在对外传播方面需要政治素质高、业务能力强、外语水平好的复合型人才。笔者在成都国际传媒有限公司的调研中了解到，媒体对外传播中面临外语人才匮乏的挑战。这倒不是懂外语的人才少了，而是"一带一路"沿线国家语种的专业翻译人才严重不足。即使是专业的翻译人员，在"外译中"的过程中，有时候也面临对于对象国的俚语、方言不熟悉的情况，这使得交流过程中的政治风险比较高。这些内容就不一一赘述了。

第五节　强化公共外交传播中国价值观的对策举措

中国价值观国际传播事业是一项系统工程，需要久久为功，同时要发挥包括公共外交在内的多种手段的作用。就公共外交而言，需要加强相关教育和培训，处理好主观与客观的关系，统筹不同领域的公共外交资源，形成合力。

一、广泛开展公共外交的教育和培训，形成全民公共外交的大格局

公共外交，人人有责。在国际交往不断扩大的今天，每个人有意无意地充当着公共外交者的角色。因此，加强对广大民众的公共外交教育培训显得十分必要。为此，需要做好几个方面的工作：一是加强各级领导干部的公共外交培训，提高其公共外交的综合素养。领导干部具有示范和引领作用，其公共外交素养的提升有利于改善地方形象。二是加强窗口行业从业人员的公共外交素质培训。由于窗口行业服务质量直接关系到国家和地方形象，提高从业人员的公共外交素质就显得更加紧迫和必要。三是从长远来看，有必要将公共外交教育纳入国民教育体系，从小抓起。与此相适应，需要编写相关的教材，强化师资培训，在此基础上，逐步加强大中小学公共外交知识的一体化学习。可以预想，当大部分国民都具有公共外交意识和能力时，形成全民公共外交的大格局、共同讲好中国故事、传播好中国价值观的愿景就不会遥远。

二、加强公共外交的理论和实践研究，提高传播中国价值观的效果

理论是行动的先导。当前，公共外交的理论研究严重落后于实践，无论是研究的水平还是研究者的数量都难以满足现实需要。基于此，加强公共外交的理论研究显得十分紧迫。相关研究重点包括：一是公共外交基础理论研究，包括公共外交的概念如何准确定义、其主体和客体如何界定、公共外交的场域与边界如何划定、公共外交的基本原理是怎样的，其中有哪些基本规律等。二是中外公共外交比较研究，包括西方国家在公共外交研究的最新进展、不同类型公共外交的作用和效能比较等。三是公共外交的方法和载体研究。主要是如何

结合不同地域和不同国家的实际情况采取哪些不同的传播载体和传播策略,如何把握传播尺度等。四是公共外交的评价研究,包括如何构建评价指标体系、评价的主体和评价方法、评价结果的运用等。除此以外,可以开展公共外交的典型案例研究,从中总结公共外交的经验和规律,从而丰富和发展公共外交的相关理论,提高通过公共外交传播中国价值观的实效。

三、打造公共外交的精品名牌,提高传播中国价值观的艺术性和影响力

公共外交的最高境界是"润物细无声",在不知不觉中达到传播效果。但这并不妨碍公共外交品牌的打造。从传播学的角度看,品牌具有操作规范、可信度高、影响力大的特点,具有事半功倍的效果。目前,我国公共外交的品牌并不多,经过多年的培育,逐渐形成了孔子学院(孔子学堂)、少林功夫、中国美食等少数公共外交品牌。但这些远远不够,与美国的"好莱坞""麦当劳""肯德基"等品牌相比,在"接地气"和普及性方面还有很大差距。为此,一方面要在内容上精心选择,针对"一带一路"不同国家的风土人情和宗教信仰发掘公共外交资源,选择合适的内容进行精准传播;另一方面要在形式上精心设计和包装,比如,多年来我国在不同国家和地区举办的"中国文化年""旅游文化节"等活动,通过扩大相互之间的联系和交往,在潜移默化中增加彼此之间的认知和理解,效果十分显著。当然,打造品牌需要耐心和持久,不可心浮气躁、急于求成。

四、加大公共外交的系统化建设,提高传播中国价值观的整体效能

系统化建设有利于发挥聚合效应。目前,我国各领域的公共外交相互之间没有形成更有效的配合。即使同一类型的公共外交,也会因为地域管辖的关系而力量分散。诚然,由于公共外交所涉及的行业和地域很多,各地的需求和发展水平不一,要想一下子做到统一管理显得不切实际。但是从全国层面进行顶层设计,以行业管理为抓手进行系统化建设还是可能的。为此,一是明确定位。基于公共外交的实际运作和现实需要,可将公共外交协会的性质定位为"半官方机构",这样有利于整合官方和民间的资源。二是完善机制。建立和完善国家与地方的公共外交协会及其运作机制,明确各级管理部门和参与部门的

职责任务，协调不同行业和区域的公共外交协会，发挥不同公共外交主体的积极性，避免公共外交协会"虚化"。三是强化合作。发挥全国公共外交协会的作用，每年对全国各地、各行业的公共外交开展情况进行总体协调，加强合作，提高传播中国价值观的整体效能。在此基础上，出版《公共外交年度报告》，对全国公共外交的开展情况进行总结评价，总结经验和规律，推动公共外交的理论与实践良性互动。四是激发潜能。外国的华人聚居区有中国城、唐人街，驻外使领馆应从中国价值观传播的战略高度参与其文化建设，提升中华文化的国际影响力。

总之，公共外交是开展传播中国价值观的重要手段和载体。在"一带一路"背景下，公共外交在讲好中国故事、树立中国良好形象、传播中国价值观等方面正发挥着越来越重要的作用。通过公共外交，世界能够了解一个更加全面、真实、立体的中国；通过公共外交，人们可以化解许多对于中国的误解、猜忌和疑虑，让那些抹黑和污蔑不攻自破。这启示我们，传播中国价值观，提高中华文化的影响力，首要的是做好自己的事，用事实证明中国价值观的时代性和先进性。虽然目前公共外交这一概念对于大多数中国人来讲还比较陌生，但是我们期待相关部门积极行动起来，开展广泛的宣传教育，让"公共外交"的理念"飞入寻常百姓家"，让每一位国民在日常工作和生活中更加自觉地当好"公共外交者"，成为中国价值观国际传播的积极践行者。

第七章　网络安全与中国价值观国际传播

> 我多次说过，没有网络安全就没有国家安全；过不了互联网这一关，就过不了长期执政这一关。①
>
> ——习近平

随着网络科技的迅猛发展，网络安全问题日益凸显，成为影响国家形象建设和价值观传播的重要因素。习近平总书记在全国网络安全和信息化工作会议讲话中指出："没有网络安全就没有国家安全"，"要以'一带一路'建设等为契机，加强同沿线国家特别是发展中国家在网络基础设施建设、数字经济、网络安全等方面的合作，建设21世纪数字丝绸之路。"② 在"一带一路"建设过程中，需要不断加强网络建设，维护国家利益和国家安全，为中国价值观的国际传播提供绿色、高效、便捷的网络条件和网络环境。

第一节　网络科技发展是中国价值观国际传播面临的全新境遇

自20世纪90年代全球互联网商用以来，其发展规模和技术更新速度远超人们的预期，网络已经成为当今世界推动经济发展和社会进步的重要信息基础设施。互联网正在全面融入经济社会生产和生活各个领域，引领了社会生产新变革，创造了人类生活新空间，带来了国家治理新挑战，并深刻地改变着全球产业、经济、利益、安全等格局。同时，网络空间也成为国家之间开展价值观

---

① 习近平：《加快推动媒体融合发展　构建全媒体传播格局》，《求是》2019年第6期，第1页。
② 习近平：《敏锐抓住信息化发展历史机遇　自主创新推进网络强国建设》，《人民日报》2018年4月22日，第1版。

传播的主阵地和意识形态博弈的角斗场。在"一带一路"背景下，网络科技发展对于中国价值观国际传播具有重要作用。

一、网络空间是维护国家安全的前沿阵地

网络是虚拟空间，也是现实社会。人们常常把网络空间称作"虚拟空间"，这主要是基于网络空间的多端性、参与身份的隐匿性而言的。实际上，网络也是现实的，是与现实社会同步的。凡是在现实世界发生的事件，都会在网络空间以某种方式存在着，只不过其存在的方式和逻辑有差异罢了。比如，现实社会中有经济，网络空间有网络经济；现实中有文化，网络空间有网络文化；现实中有政治，网络空间中有网络政治。即使是现实世界的战争，在网络空间也同样有网络战争、信息战争。在人类社会的战争史上，信息战从未缺席。网络科技的发展使得信息战以更加现代的形式介入到战争之中。网络战中不仅可以散布各种虚假信息，扰乱对手的视听，也可以窃取对手的信息，让对手的思维和行动暴露于天下。它甚至可以潜入对手的信息指挥中心，将对手的网络基础设施进行"硬破坏"。根据 2013 年 1 月 21 日中国网报道的《美国造"超级工厂"蠕虫病毒，伊朗核设施遭破坏》一文，伊朗在纳兰兹的铀浓缩设施的计算机系统可能是世界上最安全的系统之一，存放核计划设备的建筑在地下，由混凝土墙、泥土层和卫兵保护。这是一个不与互联网连接的"封闭"网络，不易遭受系统基于 Windows 软件的漏洞攻击。但是，这么严密的防护措施并未能阻止"超级工厂"蠕虫病毒感染其系统，病毒干扰了铀浓缩离心机的平衡，使它们失去作用。据说"超级工厂"是已知最具破坏力的网络武器，是美国和以色列对伊朗核计划实施的网络战攻击的一部分，被称为"奥运会"，病毒是通过一个小型闪存驱动器携带的。如果某个不知情的人或间谍将它插入核设施内部的计算机 USB 接口，就能使病毒进入"安全"的伊朗系统。2007 年，美国国家安全局（NSA）和联邦调查局（FBI）启动代号为"棱镜"的秘密监控项目，直接进入美国网际网路公司的中心服务器里挖掘数据、收集情报，包括微软、雅虎、谷歌、苹果等在内的 9 家国际网络巨头皆参与其中，世界多国政府首脑都在美国的监控之中，甚至包括美国的盟国。"棱镜门"事件告诉我们，即使是和平时期，网络空间也不是清静之地，仍然是国家之间博弈的重要场所。

鉴于网络的特殊重要性，网络安全越来越受到各国政府的重视。从内容上看，网络安全既包括国家安全，也包括社会组织和企业的信息安全，还包括个

人信息安全。美国是世界上最早建立和使用计算机网络的国家,其经济和社会严重依赖先进和庞大的信息系统,对于网络安全的立法实践走在他国前面。2005年,美国国防部明确把网络空间与陆、海、空、太空定义为同等重要的、需要美国维持决定性优势的五大空间之一。2012年2月14日,美国参议院国土安全及政府事务委员会主席乔·利伯曼提出了《2012网络安全法案》,这是美国在信息安全综合立法领域的又一重要动作。虽然该法案未能在参议院获得通过,但其在关键基础设施网络安全的总体部署、制度设计、重点规定等方面得到了很大关注。① 2015年底,在美国国会例行通过的年度《综合财政拨款法》中,《网络安全法案》被夹在其中一并出台。法案由《网络安全信息共享法》《国家网络安全促进法》《联邦网络安全人力资源评估法》等共计四章四十七节组成,是一部组合性质的法律。法案中所谓"网络安全",既包括传统意义上的"信息系统安全",也包括"数据安全",即所有"存储在信息系统上的""正处于处理过程中的""途经该信息系统的"数据,都属于这部法案最新调整的范围。② 2017年5月11日,美国总统特朗普签署了一项网络安全行政令,旨在进一步改善美国网络安全、提高网络安全水平。

除美国以外,其他国家对于网络安全也十分重视。2016年11月1日,英国财政部发表声明,宣布计划在5年内投入19亿英镑(约合165亿人民币)资助开发自动化网络安全防御系统。该系统旨在提升互联网安全防御能力,强化网络安全力量,保护英国企业和网民的在线安全。此外,英国政府也设立了"网络安全研究所"和"国家网络安全中心",作为发展新网络安全计划的一部分,以提升英国网络安全水平。

日本在网络安全方面的理念是很先进的。早在2005—2009年度日本的《中期防卫力量发展计划》中,就明确提出了新的作战理论——"瘫痪战",而且日本军方认为,"网络瘫痪战"将是"瘫痪战"的重中之重。在具体的网络战力量建设上,2008年日本自卫队联合参谋部成立了第一支具有网络战职能的信息化专业部队——自卫队指挥通信系统队。其中的网络运用队,专门负责维护、管理与监察防卫信息通信网,并与陆上自卫队系统防护队联合应对网络攻击。2011年版的日本《防卫白皮书》中,更是进一步对日本政府机关及自卫队等关键部门的网络安全现状作出分析,并且明确指出,网络安全对国家安

---

① 耿贵宁,张向宏:《美国〈2012网络安全法案〉的解读与思考》,《保密科学技术》2012年第12期,第27页。

② 沈玲:《解读美国〈网络安全法案〉,网络安全不只是"网络"安全》,《人民邮电报》2016年9月27日,第6版。

保有重大影响,日本今后要把提高预防黑客攻击能力作为一个重要课题。2014年11月,日本将"情报安全政策会议"升级,制定了《网络安全基本法》。

中国关于网络安全的立法相对较晚。2016年11月7日,《中华人民共和国网络安全法》由中华人民共和国第十二届全国人民代表大会常务委员会第二十四次会议通过,并于2017年6月1日起施行。其中第十二条规定:"任何个人和组织使用网络应当遵守宪法法律,遵守公共秩序,尊重社会公德,不得危害网络安全,不得利用网络从事危害国家安全、荣誉和利益,煽动颠覆国家政权、推翻社会主义制度,煽动分裂国家、破坏国家统一,宣扬恐怖主义、极端主义,宣扬民族仇恨、民族歧视,传播暴力、淫秽色情信息,编造、传播虚假信息扰乱经济秩序和社会秩序,以及侵害他人名誉、隐私、知识产权和其他合法权益等活动。"① 新出台的《中华人民共和国网络安全法》十分符合当前网络安全工作的实际需要,也为《中华人民共和国个人信息保护法》的制定奠定了坚实的基础。但是相较于欧美等国家的网络安全建设,中国在这一方面仍需加强。中国的网络安全建设任重而道远。根据网信办2020年4月27日的消息,我国已经出台了一项新规,那就是《网络安全审查办法》,此条新规发布的主要目的就是通过审查网络运营者采购的网络产品和服务存在的风险,来确保我国网络信息的安全。

目前,西方发达国家仍掌握网络空间的话语权,现在情况略有改善。一个典型案例就是《塔林手册》(*The Tallinn Manual*)的编写。《塔林手册》是全球唯一阐述网络空间国际法的文本,2009年由北约(NATO)卓越合作网络防御中心(CCDCOE)发起编写,目前已经出了两版。1.0版于2013年完成出版,2.0版于2017年2月由剑桥大学出版社首发。在这两个版本的编写中,1.0版有20名国际法专家参与,他们都来自北约成员国。2.0版参与编写的专家总数为19名,成员构成也有不小的变化,新增了3名非西方国家的专家,分别是中国、泰国、白俄罗斯。《塔林手册》把现实世界已有的国际法规则运用到网络空间去。由于1.0版本的编写专家都来自西方国家,其国际代表性受到质疑。在2.0版本编写过程中,专门在海牙组织了两次政府代表咨询会议,邀请了50多个国家包括中国政府的代表,听取各国政府代表的意见,力求使学者的见解与政府的实践更好地结合。当然,这种有限的国际化,并不能掩盖《塔林手册》背后西方主导规则的事实。中国唯一参加2.0版本编写的专家黄志雄认为,尽管西方国家试图拿出全球性的方案,在更大程度上让更多国家接

---

① 《中华人民共和国网络安全法》,《人民日报》2016年11月23日,第14版。

受，但其核心仍是西方的利益与价值，它的内容不可避免地带有西方的价值和偏好。虽然《塔林手册》对于国家没有法律的约束力，但是其唯一性和权威性还是可以起到事实上的规则指导作用的。

中国主张和平利用网络空间。中国一贯坚持在国际关系中采用和平手段而非武力解决国际争端，这一原则同样适用于网络空间。2014年11月19日至21日，首届世界互联网大会（乌镇峰会）在浙江乌镇举行。这是中国举办的规模最大、层次最高的互联网大会，也是世界互联网领域一次盛况空前的高峰会议。大会由国家互联网信息办公室和浙江省人民政府共同主办。从那时至今，中国已经成功举办了六届世界互联网大会，主题分别是"互联互通共享共治""互联互通·共享共治——共建网络空间命运共同体""创新驱动造福人类——携手共建网络空间命运共同体""发展数字经济促进开放共享——携手共建网络空间命运共同体""创造互信共治的数字世界——携手共建网络空间命运共同体""智能互联开放合作——携手共建网络空间命运共同体"。其中，习近平主席在第二届世界互联网大会开幕式上的讲话中提出了"四项原则"和"五点主张"，"四项原则"分别是尊重网络主权、维护和平安全、促进开放合作、构建良好秩序。"五点主张"分别是加快全球网络基础设施建设，促进互联互通；打造网上文化交流共享平台，促进交流互鉴；推动网络经济创新发展，促进共同繁荣；保障网络安全，促进有序发展；构建互联网治理体系，促进公平正义。① 这些原则和主张可以看作中国对维护网络空间安全的价值观。

中国主张在推动全球互联网体系变革时，应该坚持尊重网络主权、维护和平安全、促进开放合作、构建良好秩序的原则。习近平主席指出："《联合国宪章》确立的主权平等原则是当代国际关系的基本准则，覆盖国与国交往各个领域，其原则和精神也应该适用于网络空间。我们应该尊重各国自主选择网络发展道路、网络管理模式、互联网公共政策和平等参与国际网络空间治理的权利，不搞网络霸权，不干涉他国内政，不从事、纵容或支持危害他国国家安全的网络活动。"② 维护网络空间安全是各国的共同心愿，也需要各国共同付诸行动。"维护网络安全不应有双重标准，不能一个国家安全而其他国家不安全，一部分国家安全而另一部分国家不安全，更不能以牺牲别国安全谋求自身所谓绝对安全。"③ 近年来，围绕网络安全问题，一些国家自己在大肆进行网络渗

---

① 习近平：《在第二届世界互联网大会开幕式上的讲话》，《人民日报》2015年12月17日，第2版。
② 习近平：《在第二届世界互联网大会开幕式上的讲话》，《人民日报》2015年12月17日，第2版。
③ 习近平：《在第二届世界互联网大会开幕式上的讲话》，《人民日报》2015年12月17日，第2版。

透的同时，却在极力制造焦点事件，丑化中国形象，转移国际视线。对于这些企图和不良居心，我们需要提前防范，并作出有效应对。

二、网络舆情是"围观"热点事件的"窗口"

网络是热点舆情的集散地。由于网络等新媒体的便捷性以及内容的海量，受众从网络获得信息以及通过网络参与发表意见的频率已经远远高于传统媒体，特别是在重大事件的评论中，如果支持一方的受众达到一定"量"，就会形成"网络舆情"。与传统意义上的舆情比起来，网络舆情具有随机性更强、受众规模更大、爆发速度更快、负面影响更广等特征，因此受到政府部门的高度重视。由于外部条件的限制，普通网民很难在第一时间完全了解事件真相，很容易被网络虚假信息裹挟，从而被动进入网络舆情的"暴风眼"中。被卷入网络舆情的一方如果回应不及时，或者回应内容中的某一点被网络"围观"和放大，很容易形成网络次生舆情。

网络是回应舆情的"前沿阵地"。被称为"推特总统"的美国总统特朗普是将推特运用到政府治理的"先行者"之一。由于他特立独行的个性，他与美国现行的几乎所有主流媒体"相互对不上眼"。在他参与竞选美国总统时，他甚至禁止《华盛顿邮报》《纽约时报》《政治家》和《赫芬顿邮报》等媒体记者参加其选战活动，如果发现就会有保安礼貌地将他们"请出"。虽然他的反自由贸易、反移民和排外等观点在建制派看来属于"政治不正确"，但是这些话题都是舆论关注的热点问题，极大地激发了底层民众的参与热情，大量民众纷纷通过小额捐款的方式帮他筹集竞选资金，直至最后送他入住白宫。从某种程度上讲，希拉里不是败给特朗普，而是败给新媒体。尽管希拉里有丰富的政治阅历，但是在选民看来，这些并不是最重要的。实际上，无论是特朗普还是希拉里，民众都不欣赏。根据2016年10月20日新华网报道，一项针对1247名18~35岁的美国年轻人的调查问卷显示，在问及"你支持希拉里·克林顿还是唐纳德·特朗普当选美国总统"时，每4个人中就会有1人表示，他们宁可让一颗巨大的流星毁灭地球也不愿这两名总统候选人中的任何一人当选。相比于"科班出身的政客"希拉里，"不走寻常路"的特朗普更擅长抓眼球，凭借推特炒作和造势就是他最主要的手段。在他看来，宣传极为重要，"即使是糟糕的宣传也比没有宣传要好"（Even bad publicity is better than no publicity at all）。当选总统之后，特朗普更是直接通过推特发布他的施政策略，同时回怼他认为负面的言论。特朗普在推特上找到了更为直接和有效的与民众沟通的手段。2017年1月6日中国网报道，其推特粉丝高达1870万人，多数是活跃于网络的"新千年一代"和他的"铁杆""死忠"支持者。到2017年11月，《经济学人》的一项调查显示，特朗普的推特粉丝数量达到4225万人，位居该社交平台的第21位，而其粉丝数量在过去一年内的增速达到225％。从世界范围来看，除了特朗普以外，许多国家元首——比如法国总统马克龙和印度总理辛格——都拥有个人的推特。2018年1月8日，马克龙携夫人访问中国，曾一天之内更新了31条推特，还推送了自己在大明宫国家遗址公园丹凤门演讲的重要内容，对演讲的内容进行了直播。其推特内容与特朗普的观点大相径庭。比如，他在推特中提及，在他的任期当中，他每年将至少来一次中国。

　　网络是舆情的强大推手，甚至影响国家的政治走向。网络和大众传播的发展大大扩大了人们交流的空间，提升了个体参与交往和表达的机会。"在文化领域，大众传播已为小规模网络以及文化共同体增加它们的交往密度、提高它们的群体参与水平开辟了新的可能性。"[1] 然而，只要有人的活动，就会有活动控制权的争夺。在网络空间，存在着这样的权力，即运用网络技术来实现对于信息的获取、选择和发布，从而使得受众在不知不觉中建构起一种对于现实世界的"镜像"，以达到控制受众的精神世界和价值观念的目的。有学者将这种新型权力与"制空权""制海权"等相提并论，并形象地称之为"制脑权"[2]。拥有"制脑权"比拥有其他权力更容易让权力的拥有者躲在幕后，兵不血刃地达到目的。在这方面，美国多次把网络作为干涉他国内政的政治工具而且屡试不爽。在2010年初，当谷歌退出中国市场的时候，美国国务卿希拉里·克林顿就在演讲中把"不受限制的互联网访问作为外交政策的首要任务"，将推动"全球互联网自由"（即享有信息技术的自由、言论自由、信仰自由和连接自由）作为美国"21世纪国策"。她还大肆攻击和指责中国的网络政策。对此，中国外交部发言人马朝旭在答记者问中进行了坚决的驳斥。在突尼斯、埃及等中东北非国家的"颜色革命"中，一些网络工具特别是"脸书"、推特、维基解密等起到了推波助澜的作用，发挥了动员草根、传播信息、塑造舆论、推动网络公共领域等作用，使得一些像穆巴拉克这样的执政多年的政治强人黯然退场。网络在国际关系中强大的政治动员力足以让任何国家政府和党派都不敢小觑。

---

[1] 安东尼奥·D.史密斯：《全球化时代的民族与民族主义》，龚维斌、良警宇译，北京：中央编译出版社2002年版，第28页。
[2] 石海明，曾华锋：《夺取未来战争"制脑权"》，《解放军报》2013年12月31日，第7版。

三、网络是中国价值观国际传播的重要载体

网络的飞速发展使得它成为传播价值观的新平台。与传统国家安全疆域相比，从网络上突破意识形态疆域而开展价值观传播要容易得多。这里有两种方式：一种是通过先进的科学技术翻越对方的网络防火墙，在对方的空间里散布自己的观点——这是黑客惯用的手法。这种方式可以称作"硬突破"。另一种是通过网络交流的方式，将己方的价值观隐藏在一定的载体之中（比如文化产品），使对方在接受文化产品的同时，不知不觉受到价值观的影响，就像把文化产品变成"特洛伊木马"而达到渗透的目的。2014年9月25日光明网发表了一篇文章《如何利用网络平台传播社会主义核心价值观》，文章称在全球网络化发展的大背景下，国家间的自然疆界和关隘对于价值观来说可以被轻而易举地突破，通过各种网络平台，在其触角所及的地方各种价值观都会以直接或间接的形式自由出入。可以说，以网络方式传播价值观，已经与传统的教育、读书、自省和身教等方式并驾齐驱，成为价值观选择和影响的重要条件。

网络的优势在于它能够使信息在很短的时间内突破物理边界到达受众。速度越快，受众越多，影响力就越大。同时，网民既是信息传播的受众，又是信息传播的主体，就特定的信息传播而言，网民的数量及其分布对于信息传播具有重要的价值。无论是商业炒作还是政治运作，一旦转向网络空间，"眼球竞争力"就是硬道理。中国互联网络信息中心在2019年8月份发布的第44次《中国互联网络发展状况统计报告》记载，"截至2019年6月，我国网民规模达到8.54亿，较2018年底增长2598万，互联网普及率达到61.2%。在网民群体中学生最多，占到26.0%"。学生群体恰恰处于价值观形成的关键时期，容易成为价值观渗透的对象，因而加强网络阵地建设，对于学生的价值观引导极为重要。正如现实生活中传播主体有分层和差别一样，网络中传播主体也有分层和差别，"千军易得，一将难求"在网络中表现得更甚。相比于一般网民，网络意见领袖是网络传播的精英主体。一个有上万甚至上百万粉丝的意见领袖对于舆情的影响力远非一般政府官员可比，其对于某一事件的态度评价有时候足以影响事件发展的走向。正因为这样，加强网络舆情治理在各国社会治理中占有十分重要的地位。而就价值观国际传播来讲，针对网络意见领袖开展传播，往往能收到事半功倍的效果。在"一带一路"建设过程中，互联网成为沿线国家了解中国文化的重要平台，这为中国价值观国际传播提供了重要机遇。根据北京师范大学文化创新与传播研究院开展的"'一带一路'沿线七国青年

对中国文化认知"的调查,在七国青年接触中国文化的渠道方面,互联网占比为53.60%,社交网站和搜索引擎成为青年群体了解中国文化的主要方式。此外,家人或朋友(占6.20%)、NGO(非政府组织)或NPO(非营利组织)等社会组织(占3.90%)、工作伙伴(占3.20%)等人际传播与组织传播渠道超过广播(占1.40%)、报纸(占1.30%)和杂志(占1.50%),成为青年群体接触、了解和认知中国文化的重要渠道。①

网络文化产品承载着意识形态和价值观。1995年7月25日,在美国参议院对外关系委员会上,美国东亚和太平洋事务助理国务卿帮办魏德曼指出:"贸易不只是创造财富的手段,它还是美国思想和理想借以渗透到所有中国人意识中的渠道;从长期看来,它为美国的意识形态产业(诸如电影、激光唱片、软件、电视节目)和使国际交流更为便利的产品(诸如传真机和互联网络计算机)开辟市场。"② 曾几何时,美国电影《泰坦尼克号》感动了无数中国人,在中国电影市场赚得盆满钵满的同时,让美国价值观在年轻人中大行其道,众多的优秀大学生争相前往美国,即使不能去,也在内心对美国充满神往。如果仔细琢磨,会发现在美国大片中无不承载着美国价值观——美国是人类的拯救者。比如电影《超人》《钢铁侠》《蜘蛛侠》《美国队长》等,在这些电影中,每当人类遇到灾难的时候,美国总是冲在最前面。这种在文化产品中嵌入的价值观,与美国超强的经济实力和军事实力一起,共同讲述着"美国神话"。现在,这样的"美国神话"通过网络媒介,继续在世界范围内讲述着。网络是交流和传播的工具,美国将其用来传播美国价值观,中国同样可以用来传播中国价值观,美国的实践可以为我们提供借鉴。

第二节 网络安全的内涵及其影响因素

网络安全是国家总体安全的一部分,其本身也是一个综合系统,有着十分丰富的内容。虽然学界已经从狭义和广义两个层面讨论网络安全,但是我们认为结合本论题的需要,仍然有进一步讨论的空间。

---

① 北京师范大学文化创新与传播研究院课题组:《"一带一路"沿线七国青年对中国文化认知的调查》,《光明日报》2017年8月24日,第11版。

② 刘永涛:《文化与外交:战后美国对外文化战略透视》,《复旦学报(社会科学版)》2001年第3期,第66页。

一、网络安全的内涵

所谓安全,是指客观上不受威胁和侵害,主观上没有恐惧和不安的状态。网络安全通常是指计算机网络的安全,更具体而言,是指计算机通信网络的安全。有学者给网络安全下了一个定义,即"一个网络系统不受任何威胁与侵害,能正常地实现信息交换和资源共享"①。正如"安全"是一个相对的概念一样,网络安全也是一个相对的概念,没有绝对的网络安全。对于不同的主体而言,网络安全的内涵和诉求不一样。对于信息拥有者而言,网络安全意味着对于特定的网络信息拥有所有权和处置权,信息不被他者非法获取。对于信息发布者而言,网络安全意味着可以在网络上自由发布信息,信息在传输过程中不被他者阻滞和篡改,并能及时被预期的受众接收。对于网络用户来讲,网络安全意味着其网络信息的获取、传输和网络服务不受威胁,没有被曲解和拒绝服务。对于信息管理者而言,网络安全意味着网络没有病毒侵蚀,网络秩序平稳健康,不受各种非法网络行为的侵害。对于国家安全部门来讲,网络安全意味着网络上不存在泄密等危害国家安全的行为。

有学者从狭义和广义两个层面来分析网络安全。狭义上讲,网络安全就是指信息处理和传输的安全。它包括硬件系统的安全、可靠的运行,操作系统和应用软件的安全,数据库系统的安全,电磁信息泄露的防护等。广义的网络安全是指网络系统的硬件、软件及其系统中的信息受到保护。它包括系统连续、可靠、正常地运行,网络服务不中断,系统中的信息不因偶然的或恶意的行为而遭到破坏、更改或泄露。② 出于课题研究的需要,本书中的网络安全是广义上的安全,指网络信息传播与资源共享不受内部和外部因素威胁,从而保持连续、可靠和正常运行的状态。具体而言,本书中的网络安全追求的是:通过构建公正的网络秩序和网络环境,使得在网上传播中国价值观过程中,免于受到各种内部和外部因素的干扰和破坏,清晰准确表达中国的政治立场和价值诉求,全面客观介绍中国改革发展的理念、做法、成就和经验,树立中国良好形象,维护中国国家利益。

在本书中,网络安全不仅是一个工具范畴,还是一个价值范畴。作为工具范畴,网络安全关注的是技术层面的先进、无漏洞,能应对来自内外部的威胁

---

① 王国才,施荣华:《计算机通信网络安全》,北京:中国铁道出版社 2016 年版,第 6 页。
② 王国才,施荣华:《计算机通信网络安全》,北京:中国铁道出版社 2016 年版,第 6 页。

和侵害；作为价值范畴，网络安全强调主体的价值立场和合法利益能得到有效维护。

二、网络安全的影响因素

基于对网络安全概念的广义理解，其影响因素需要从网络资源所涵盖的所有内容来审视，主要包括四个方面：网络自然资源、网络资本资源、网络信息资源和网络人力资源。

第一，网络自然资源，即客观存在的自然物和外部环境要素，包括电视波段、光波频率、电磁场、无线电、声波、光波以及稀土等各种各样的矿产资源。人类的传播手段的进步，一方面是科学技术的进步，另一方面是利用自然资源手段的进步。人类的文明和理智永远不能发展到完全摆脱对物质依赖的程度，也不可能真正做到控制自然界。无论多么先进的科学技术，都离不开自然资源作为基础。纸张的质量提高除了需要制作工艺的提升以外，还需要制作纸张的原材料的改进；电脑芯片的先进性要依托其制作材料的先进性和特殊性。正如石油、天然气等能源资源对于人类生产生活的基础性意义一样，拥有和控制自然资源是取得网络传播优势和维护网络安全的基础性工程。自然环境的改变也会对网络传播产生影响，比如当地震发生的时候，网络往往无法正常传输。

第二，网络资本资源，即网络正常运行所需要的资金投入，以便研发、制作或者购买相关设施设备。一是硬件设施。如果说传统传播方式所需要的硬件设施主要是纸张、印刷机、照相机、厂房等，网络传播所需要的硬件设施主要是网络基站、交换机、路由器、安全设备、无线设备、服务器和网络存储等，即使是小小的芯片，也属于硬件设施。当然，传统方式中的一些传播设备在网络时代也需要计算在内，比如摄影机、照相机等。没有充足的硬件设施和设备，网络安全就无从保证。因此，保有尽可能多的网络硬件设施是维护网络安全的必要手段。二是软件技术。比如网络运行所需要的程序、密码、口令等方面的技术。三是网络传播所运用的理论知识和操作技能，比如不同流派的传播理论（框架理论、启动理论、议程设置理论等）。

第三，网络信息资源，即网络发挥作用所需要的信息本身。这涉及信息的生产、传播、选择、共享等不同环节。一是信息的生产。比如政治活动、经济活动、军事活动等都是信息生产的过程。需要指出的是，信息生产都是人类实践活动，但人类的实践活动并非都是信息生产，有些实践活动不具有"信息"

价值。二是信息的传播。虽然信息是网络传播的内容,但不是所有信息都需要传播,也不是所有传播的信息都能被预期的对象接收。信息在传播过程中因为各种原因可能会被曲解、损耗。三是信息的选择。信息本身的价值受到受众的价值偏好的影响,从而被选择性接收或拒绝。四是信息的共享。当受众认同信息的内容和价值时,愿意将其转发和再次传播,从而被更多的受众所接收。所有这些,首先取决于信息自身的质量和满足受众需要的程度。

第四,网络人力资源,即从事网络传播事业的人才。习近平总书记指出:"发展是第一要务,人才是第一资源,创新是第一动力。"[1] 网络传播离不开人才支撑,包括网络记者、网络编辑、管理人员、技术人员等。在人才使用上,不同的理念产生不同的效果。特别是在网络传播、对外传播等方面,需要开阔视野和转换思维方式,不拘一格地使用人才。比如在对外传播中适当使用外国员工,能够产生更好的效果。

第三节　网络环境下中国价值观国际传播面临严峻挑战

由于我国接入国际互联网较晚,在发展水平上与西方国家有较大差距,国际传播能力和国际传播平台建设都有很大的提升空间。近年来,随着我国不断加大投入,已经取得了较为显著的成绩。2009 年,中央电视台在脸书(Facebook) 开设第一个英文账号;2010 年,《人民日报》在脸书和推特(Twitter) 上建立了 People's Daily, China 账号;2014 年,新华社也开通了脸书账号。当前,脸书上影响力较大的中国官方媒体有中央电视台、人民日报社、新华社、中国日报社和中国网 5 家,形成了 8 个比较有影响力的公共主页账号。其中,隶属央视的 CGTN 和 CCTV 账户在总关注量上已经超越了包括 BBC、CNN 和 New York Times 等西方主要媒体在内的各国媒体,跃居第一和第二位。而《人民日报》、新华社和《中国日报》的脸书账号则分列第四、第七和第九位。如果按谈论人数排名,则 CGTN 仅居 CNN 和 BBC 之后,名列第三。《人民日报》位列第五,《中国日报》位列第十一,CCTV 位列第十二。由此显示出中

---

[1] 《习近平李克强栗战书汪洋王沪宁赵乐际韩正分别参加全国人大会议一些代表团审议》,《人民日报》2018 年 3 月 8 日,第 1 版。

国媒体对外传播初见成效,并颇具竞争优势。① 这些都为中国价值观网络国际传播提供了重要条件。

与此同时,我们要清醒认识到所面临的挑战也是严峻的。习近平总书记在中央政治局第十二次集体学习时强调,全媒体不断发展,出现了全程媒体、全息媒体、全员媒体、全效媒体,信息无处不在、无所不及、无人不用,导致舆论生态、媒体格局、传播方式发生深刻变化,新闻舆论工作面临新的挑战。② 这些论述对于我们考察网络条件下中国价值观国际传播面临的挑战具有重要指导意义。在众多挑战中,除了在意识形态和价值立场上面临西方的打压以外,还有网络传播理论话语权、网络传播经验积累、网络传播平台建设等多方面的挑战。

一、西方国家意识形态偏见及打压长期存在

在中国价值观国际传播中遇到的很多现实问题,在网络传播中同样存在。西方国家长期以来对中国存在意识形态偏见,也反映在其包括网络媒体在内的各种媒体报道中。比如,在中国抗击新冠病毒肺炎引发的疫情防控中,美国新闻媒体对中国政府的做法的报道中充斥着偏见。《纽约时报》通过官方推特账号发布了两条态度完全不同的新闻。第一条关于中国:"为了抗击新冠病毒,中国对6000万人实施了封锁,并对几亿人实施了严格的检疫和交通限制。这些措施给人们的生活与自由带来了巨大损失。"20分钟后发布第二条关于意大利的新闻:"意大利正在封锁米兰、威尼斯,以及北部大部分城市,冒着牺牲自己经济的风险以阻止这场欧洲最严重疫情的蔓延。"对此,《海外网评》评价道:"同样谈'封城',这家美媒双标操作真是溜"。再比如,关于新冠病毒的来源问题,西方政客和媒体也沆瀣一气污名化中国。这些不负责任的言论严重损害了中国人民的感情和尊严,也受到了国际舆论的谴责。为此,中国外交部和《环球时报》等媒体进行了有力的批驳。同时,中国吊销了《华尔街日报》三名驻京记者的记者证。但是令人惊异的是,美国政府不仅马上偏袒《华尔街日报》,还变本加厉予以报复:2020年2月18日,美国国务院宣布将新华社、中国国际广播电台、中国国际电视台、《中国日报》和《人民日报》五家中国

---

① 刘静,刘煦尧:《以海外社交媒体策略传播讲好中国故事》,《中国出版》2017年第18期,第7页。
② 习近平:《推动媒体融合向纵深发展 巩固全党全国人民共同思想基础》,《人民日报》2019年1月26日,第1版。

新闻机构在美分部列为"外国使团"管制。之后又宣布,自3月13日起,美方将限制新华社、中国国际电视台、中国国际广播电台和《中国日报》驻美人数,上限从目前的160人降至100人。法新社援引美国国务院一位官员的话说,受影响最大的将是新华社,该机构将获准在美保留59名中国员工。中国国际电视台获准保留30人,《中国日报》9人,中国国际广播电台2人。美方还威胁称,如果中方报复,所有选择都摆在台面上。坚决打赢舆论保卫战,营造风清气正的外部环境,是抗击疫情之外另一个重要而艰巨的任务。这也警示我们,加强国际传播能力建设,事关国家荣誉和国家利益。如果中国在国际传播方面的能力和水平领先美国,美国政府是不敢轻易做出这样无理的决定的。

二、国际传播理论话语权亟待增强

实践离不开理论的指导,中国价值观国际传播需要科学的国际传播理论。同时,理论话语权是一个国家软实力的重要体现。从理论发展演变的历史来看,第二次世界大战以后,国际传播理论发展经历了三个阶段,即国际化阶段、全球化阶段和跨国化阶段。在国际化阶段,时间上基本与国际关系中的冷战局势相对应,基于东西方对抗和南北方发展不平衡的基本假设研究国际传播相关问题,其技术基础主要是收音机广播,民族-国家是主要推动力。在全球化阶段,卫星电视成为主要传播技术手段,资本运作是主要推动力。在跨国化阶段,网络和新媒体是主要技术基础,个体公民和非政府组织成为国际传播的主要推动力量。[①] 新闻传播实践和技术的进步推动着新闻传播理论的不断发展。

目前,国际传播的理论话语权都在西方发达国家。只要在期刊网上输入"传播学"作为主题词,映入眼帘的全都是用西方的传播学理论来解读中国社会现实的文章。有国外学者以四种国际权威传播学刊物《传播学刊》《人类传播研究》《传播学专论》和《传播学研究》为研究对象,对其从2000—2009年期间发表的全部研究论文为样本进行文献分析,梳理出89种国际传播理论,分别涉及大众传播理论、人际传播理论、健康传播理论和新技术理论四个门类,从中可以看到,目前国际传播学领域中应用最广泛或学界认同程度最高的理论是框架理论(framing theory),其余从高到低依次是启动理论(priming

---

① 卢嘉,史安斌:《国际化·全球化·跨国化:国际传播理论演进的三个阶段》,《新闻记者》2013年第9期,第37页。

theory)、涵化理论（cultivation effect）、议程设置理论（agenda setting theory）、慎思可能性模式（elaboration likelihood model）、使用与满足理论（uses and gratification theory）、第三人效果假说（third-person effect）、社会认知理论（social cognitive theory）、自我效能感理论（self-efficacy theory）、社会资本理论（social capital theory）。① 在这些理论中，且不说理论的创立来源，就是有些理论本身，中国学者也大都不熟悉，这从论文中运用的理论分析工具就看得出来。比如，以启动理论的英文对译单词"priming theory"为主题词在中国知网进行检索，相关传播学论文仅有一篇。② 有学者指出："中国大陆的传播学一直以美国为师，但以美国为代表的传播学研究，一开始便落入了政治宣传和媒体企业经营的逻辑。虽然有美国实证主义哲学的传统起作用，但政治公关和企业绩效思维，左右着传播学的效果研究……中国传播学的研究，从主体上看，基本是美国式传播学研究的翻版。"③ 从中可以看出我国在传播学理论研究上的差距。

有学者认为，考察中国新闻传播理论有三个维度：一是马克思主义新闻观及其对中国新闻舆论工作的指导和解释，二是国外传播理论的本土化译介、整理和发展，三是回应习近平总书记强调的原创性和时代性。但学界公认的一个历史判断是：美国传播学者威尔伯·施拉姆（Wilbur Schramm）带来的大众传播理论才是形塑当今中国新闻传播学尤其是传播学学科体系的主要力量。④ 如何提升中国特色新闻传播理论的国际话语权，仍然是我国哲学社会科学工作者面临的重大任务。

三、网络国际传播平台亟待拓展

国际传播需要媒介平台。如果说国际传播是"过河"，那么传播媒介平台就是"桥"和"船"。在传统传播模式下，西方国家占据绝对优势地位。在网络时代，新媒体发展突飞猛进，尽管包括中国在内的发展中国家正在奋起直追，并取得不俗的成绩，但相对于发达国家，广大发展中国家还有很大的差

---

① 郭毅：《哪种传播理论是国际传播学界的"宠儿"？——〈关于传播理论和学科的分析〉及其启示》，《新闻研究导刊》2013年第8期，第54页。
② 郭毅：《哪种传播理论是国际传播学界的"宠儿"？——〈关于传播理论和学科的分析〉及其启示》，《新闻研究导刊》2013年第8期，第55页。
③ 吴飞：《何处是家园？——传播研究的逻辑追问》，《新闻记者》2014年第9期，第42页。
④ 姬德强：《中国特色新闻传播理论及其国际影响力的提升》，《国际传播》2017年第2期，第20页。

距,主导权仍然由西方国家的跨国集团掌握着。有研究显示,20世纪末,10个跨国集团控制着全球近80%的媒介市场。①

以新媒体中的推特为例。推特是一个美国社交网站,2006年7月15日由杰克·多尔西推出,一经推出就风靡全球。2012年,它拥有超过5亿的注册用户,每天发布超过3.4亿条推特,系统每天要处理超过16亿次的搜索查询量。自推出以来,推特已经成为互联网上十大最常用的网站,并被称为"互联网短信"。正是因为拥有数量庞大的受众,推特成为国际传播领域颇有影响力的媒介平台。有学者专门对推特上的全球传播图景进行了研究,结果显示,各国和地区媒介机构在推特上开设英文认证账号的数量分别是:美国63个,英国42个,加拿大、澳大利亚、印度各13个,中国内地只有4个。推特全球媒介机构网络中最具影响力的15个节点依次为:英国广播公司、美联社、《纽约时报》、路透社、《华盛顿邮报》、《华尔街日报》、美国有线电视新闻网、《经济学人》、《卫报》、《时代周刊》、《赫芬顿邮报》、哥伦比亚广播公司、《新闻周刊》、Slate及半岛电视台。其中10个是美国的媒介机构,4个来自英国,卡塔尔的半岛电视台是唯一一个非英美国家的媒介机构。推特全球媒介机构网络中处于最中心位置的15个媒介机构分别是:英国广播公司、路透社、美联社、《卫报》、《金融时报》、《纽约每日新闻》、《华盛顿邮报》、《纽约时报》、澳大利亚第九新闻台、《印度快报》、美国有线电视新闻网、《悉尼先驱晨报》、《华尔街日报》、《外交杂志》、《经济学人》。其中美国媒体7家,英国媒体5家,澳大利亚媒体2家,《印度快报》作为唯一的发展中国家媒体位列第十。中国在推特上开设的账号除了香港(《南华早报》)以外,中国内地只有3家,分别是新华社、《中国日报》(美国)、中央电视台新闻及中央电视台(美国)。从影响力来看,在这四个中国媒介机构账号中,表现最好的是新华社,它在推特上的整体被关注数达到第34名,在内节点度和紧密中心度②上也分别达到第76名和第51名。《南华早报》在内节点度和紧密中心度上表现较好,但在整体被关注数上落后。其他3个媒介机构账号则在各项数值上均表现不佳,只有中央电视台(美国)在紧密中心度上排到第50名。但即使是表现最好的新华社,在推特全球媒介机构网络中也只获得来自8个媒介机构的链接,而排名第一的

---

① 韦路,丁方舟:《社会化媒体时代的全球传播图景:基于Twitter媒介机构账号的社会网络分析》,《浙江大学学报(人文社会科学版)》2015年第6期,第93页。
② 内节点度是测量社会关联网规模的指标,即指向某一节点的连线数目。紧中心度是行动者在网络中占有的资源比例,即一个行动者与另一个行动者之间的密切程度,数值越高,越处于联结的中心地位。

BBC 则获得全球 76 个媒介机构的链接。总体来看,在推特全球媒介结构网络中,中国媒介机构获得了部分来自发达国家媒介机构的链接,但在整体的社会资本中仍然处于弱势地位。①

以上关于推特网站上的状况只是我国在国际传播平台建设方面的一个缩影,其实在其他领域也存在类似的情况。比如,在网络学术国际传播方面,我国海外传播渠道和平台与西方国家存在很大差距。我国数字学术期刊的海外传播主要依托知网、万方、维普等,在国际传播渠道方面存在的问题主要包括:对西方出版集团和数据库存在依赖;缺少整体规划,国际传播渠道延续单刊的分散格局;国内外开放性学术平台的渠道作用没有凸显等。②有学者对国内的网络学术社交平台"科研之友"与国外的网络学术社交平台 RG(Research Gate)进行了比较研究,其中的差距也是巨大的。科研之友于 2006 年上线,有 250 万注册用户和 2300 万科研成果,至 2018 年 7 月,机构用户有 152332 家。RG 由三名德国科学家于 2008 年创建,截至 2018 年,在 RG 上注册的用户达到 1500 万,这些用户是来自全球 193 个国家和地区的科研工作人员,注册会员中 89% 获得硕士以上学位,其中有 68 位诺贝尔奖获得者,网络平台上学术文献超过 10 亿篇。③

四、网络国际传播人员的素质能力有待进一步提升

相对于一般的传播,从事网络国际传播对于个体或团队的要求更高。一方面,需要具有国际传播的相关素质;另一方面,需要具有网络的相关素质。其综合素养主要包括三个部分:一是理论素养,即掌握网络国际传播的理论知识;二是技术水平,即通过网络进行信息收集、筛选和发布的能力,以及应对(或发动)网络攻击、维护网络安全的能力;三是实践经验,特别是从事网络对外传播的经验。

网民的网络安全意识和理论素养是基础。既然是网络传播,其主体首先必须是网民,而网民的主体是年轻人,特别是大中学生。因此,大中学生的网络

---

① 韦路,丁方舟:《社会化媒体时代的全球传播图景:基于 Twitter 媒介机构账号的社会网络分析》,《浙江大学学报(人文社会科学版)》2015 年第 6 期,第 102 页。
② 许志敏,杨蕾歆:《我国学术期刊国际传播渠道现状、问题及对策》,《科技与出版》2019 年第 6 期,第 61 页。
③ 许志敏:《提高我国学术社交网络的国际传播能力——基于 Research Gate 与"科研之友"等的比较研究》,《科技与出版》2018 年第 7 期,第 29 页。

素质状况在一定程度上反映了我国在网络国际传播方面的后备人才队伍建设状况。从实证调查结果看，虽然大部分大学生接受过网络安全方面的教育，但是还有约五分之二的学生没有接受这方面的教育。在个人信息维护方面，约四分之一的学生没有安全防护。① 关于对网络的认知，有些年轻人在思想观念上存在严重偏差，有些沉溺于网络游戏、网络社交，甚至发展为网络成瘾，还有的甚至踏破网络底线，发展为网络犯罪。有民众担心，一些网络平台，比如抖音、快手传播一些畸形的价值观，盲目追求粉丝量可能会毁掉我们的下一代。加强网络社交平台的社会责任治理，提高广大网民特别是青年大学生的网络辨别能力、网络免疫力、网络评价能力和网络批判能力，是有效开展网络国际传播的前提和基础。

绝大多数网民缺少网络安全实战化经验。"网络安全讲一百遍不如打一遍"，在2019年6月15日第三届"强网杯"系列活动之一"强网论坛"的主题演讲中，奇安信集团总裁吴云坤表示，实战化水平是检验网络安全能力的唯一标准。针对当前网络安全面临的"组织化"攻击和"数据化"架构的特点，他认为需要用"实战化"思想，构建创新的网络安全体系。由于维护国家安全的原因，我国对于互联网采取必要的信息审查制度（外媒称之为"防火墙长城"，China the Great Firewall，即GFW），对于一些不符合中国政府要求的传输内容，采取相关防范举措。

全媒体时代对网络国际传播人员的综合素养要求更高。网络科技的飞速发展推动着国际传播从传统媒体时代向全媒体时代的转型，由此带来整个社会交往方式的重大变革。在传统媒体时代，无论是专业记者还是其他传播人员，传播内容和形式相对简单，要完成一项传播任务，往往有摄影、文字方面的专业人员就大致可以了。但是在全媒体时代，既要考虑网络的因素，还要考虑国际因素，其中对政治性要求更高，稍有不慎，将会影响到国家形象。因此，在开始传播之前，除了要做好文字、摄影等准备工作以外，还需要钻研受众的政治立场、文化传统、欣赏习惯和阅读偏好，从标题到内容都要仔细推敲，琢磨不同的传播方式和内容的呈现方式。这些对于传播人员的综合素养要求更高，从而为网络传播中国价值观带来更大的挑战。

---

① 董苗苗，张璐，赵临龙：《大学生网络安全意识的调查与分析》，《内蒙古统计》2019年第5期，第37页。

第四节　在维护网络安全中加强中国价值观国际传播

化解中国价值观国际传播的网络风险，根本在于建设网络强国。2014 年 2 月 27 日，习近平总书记在中央网络安全和信息化领导小组第一次会议上发表的讲话中指出："没有网络安全就没有国家安全，没有信息化就没有现代化。建设网络强国，要有自己的技术，有过硬的技术；要有丰富全面的信息服务，繁荣发展的网络文化；要有良好的信息基础设施，形成实力雄厚的信息经济；要有高素质的网络安全和信息化人才队伍；要积极开展双边、多边的互联网国际交流合作。"① 习近平总书记的讲话为我们开展中国价值观国际传播的网络建设提供了重要理论指导。

一、构建中国特色国际传播理论，争取网络传播国际话语权

理论源于实践。要想在理论上赶超西方国际传播理论，就必须在学习借鉴西方理论的同时，立足于中国国际传播实践，推动实践经验成果的理论转化，构建中国特色国际传播理论。习近平总书记在哲学社会科学工作座谈会上指出："只有以我国实际为研究起点，提出具有主体性、原创性的理论观点，构建具有自身特质的学科体系、学术体系、话语体系，我国哲学社会科学才能形成自己的特色和优势。"② 这些论述为构建中国特色国际传播理论指明了方向。

第一，加强实践向理论转化，从中国实践中总结具有中国特色、中国气派的国际传播理论。在现有新闻传播理论格局中，要想一下子摆脱西方理论占主导的情势是很困难的，需要有一个过程，可以借鉴西方理论，借用一些西方传播学的概念和范畴，进行"中国化"的内涵改造，使之更符合中国的传播实践。比如，商业媒体（commercial media）在欧美国家指的是私人的、市场化运作的媒体，但是在中国的语境中，仅仅指市场化运作的媒体，并不涉及所有

---

① 习近平：《总体布局统筹各方创新发展　努力把我国建设成为网络强国》，《人民日报》2014 年 2 月 28 日，第 1 版。
② 《习近平主持召开哲学社会科学工作座谈会强调　结合中国特色社会主义伟大实践　加快构建中国特色哲学社会科学》，《人民日报》2016 年 5 月 18 日，第 1 版。

权性质。① 这种情况在西方传播学理论中比较普遍。按照当前主流传播学理论——框架理论的理论假设，在社会宏观层面，框架就是指在某个特定时间用来理解社会境遇的一套特定期望；在微观层面，人们倾向于按照自己的认知框架去体验现实，并根据这种框架采取行动，从而建构现实。但是，无论是宏观的社会境遇，还是微观的个体认知，背后的逻辑都是一致的——都必须以当时的社会历史条件为前提。这里的"社会历史条件"是既存的社会现实，是决定个体、社会组织以及其他社会群体思维方式的总体背景。即使是同样的话语和概念，在不同的社会历史条件中，其内涵也不尽相同。比如中西方对于"民主""自由""人权"等概念的内涵解读，在"是什么"和"如何实现"方面都有不同的优先项。这就意味着，我们在运用和借鉴西方传播理论过程中，有许多东西是无法直接拿来就用的。因此，中国特色国际传播理论要基于中国的社会实践，反映中国人对于传播者和传播对象之间关系的认识，揭示中国传播实践中的规律，并将其进行抽象概括和理论升华。

第二，创新国际传播模式，讲好中国故事。与传统传播媒介和方式相比，网络有其独有的优势——即时性、便捷性、参与性更强。发挥这方面的优势，可以将传统传播模式中的"对空气讲话""演讲式"传播转化为"精准共情"的"对话式"传播，促进相互理解。一个典型的案例是中美主持人"隔空约架"事件。据2019年5月30日中国日报网报道，北京时间2019年5月30日上午8点20分，美国福克斯电视台女主播翠西·里根（Tracey Reagan）与中国中央电视台主播刘欣的隔空对话如期而至。辩论中，双方围绕"中国是第二大经济体，为什么还是发展中国家""知识产权盗窃""中美贸易关系"等问题进行了讨论，引起海外媒体的高度关注。辩论结束后，在里根感谢刘欣的推文下，不少网友对这次中美女主播"辩论"表达了理性的看法。一位叫David的网友说："希望中美两国并肩努力，谋求共识，这对两国和全世界都是好事。巴菲特说过，中美在接下来的一百年里都是超级大国。"此次中美主持人的隔空对话，是一次重要的国际传播新尝试，这种双方直接就关注的问题进行对话的方式，有利于打破传播过程中多余的障碍，产生"涟漪效应"。这也体现了中国主流媒体在国际传播方面的新思维。正如中央广播电视总台台长慎海雄指出的，要"积极引导国际舆论，敢于交锋亮剑，面对热点问题做到迅速发声、

---

① 姬德强：《中国特色新闻传播理论及其国际影响力的提升》，《国际传播》2017年第2期，第22页。

有力回应,有效传播中国声音、中国主张、中国立场"①。这种传播方式值得推广。当然,前提是双方有强烈的意愿,同时要有充分的准备,方能达到预期效果。

第三,着眼于增强国际传播公信力,推动全球传播秩序重构。今天,我们仍然在期盼"世界信息和通信新秩序"的到来,但全球传播秩序在很大程度上仍由少数强权操控。②受资本主义逻辑的推动,无论是大众文化还是新闻媒介,其根本的动因还是利润的扩张,与此相随的是政治权力的运作。呈现给信息消费者的都是经过处理和"过滤"的信息商品。为了实现利益的最大化,受众所得到的是权力拥有者所愿意提供的。即使是在信息化时代,媒介网络发达,能够最大限度地为民众提供更多更直接的"真相",但形形色色的"监控"和"编辑"手段可以让这些"真相"面目全非,从而使传播公信力大打折扣。而当公众得到真正的"真相"时,往往时过境迁。比如,2020年抗击新冠肺炎疫情期间,有几则视频在国内社交媒体上疯传。视频配文说,由于新冠肺炎疫情蔓延,当地华人遭殴打,店铺被打砸,意大利爆发"反华大游行"……不过,很快就有网友出来"辟谣",指出这些视频记录的都是"陈年旧事":所谓"反华游行"其实是几年前的反法西斯游行;而打砸华人店铺则是早先一段"股东纠纷"引起的。意大利毛里齐奥·埃斯蒂(MaurizioEsti)市长也坦言,作为索尔托科利纳(Solto Collina)市政府的代表,却被网络上看到的假新闻和视频蒙蔽,发了一个让自己感到非常羞愧和后悔的帖子。他向意大利的华人和中华人民共和国表示真诚的歉意。推动全球传播秩序重构,需要从媒介的国际传播公信力着手,拒绝"说谎"文化的蔓延,打造风清气正的国际舆论空间。

二、加强网络传播资源建设,构建全媒体智能化国际传播体系

如前所述,网络传播资源包括自然资源、资本资源、信息资源和人力资源四个部分。这几种资源是相互关联的,其中前三项都是"物"的因素,最后一项是"人"的因素。自然资源是前提,资本资源是经济基础,信息资源是创新的着力点,而人力资源是关键。全媒体时代的到来,已打破各要素"原生相

---

① 慎海雄:《不忘初心、牢记使命 奋力打造国际一流新型媒体》,《机关党建研究》2019年第8期,第31页。
② 拉里·格罗斯:《传播与传播研究:历史与展望》,洪宇、赵欣瑞译,《国际新闻界》2019年第1期,第62页。

加"的阶段和"你中有我、我中有你"的格局,而走向"你就是我,我就是你"的融合发展格局。能否应对好这个趋势,直接关涉到党的执政地位。习近平总书记强调:"过不了互联网这一关,就过不了长期执政这一关。"① 在此背景下,网络安全要着力于全媒体融合的整体发展。

第一,积极布局海外,加快开放化、国际化、多样化的国际传媒网络体系建设。平台和载体对于信息来讲具有基础性作用:信息的收集需要"眼睛"和"耳朵",信息的发布和传播需要"嘴巴"和"通道",这些都是信息传播必需的平台和载体。国家信息传播的实力强弱首先取决于平台载体的多少和质量的优劣。新中国成立以来,我国在新闻传播方面取得了很大成就,但是与西方国家相比仍然存在巨大的差距。网络时代的到来给了我们"弯道超车"的机会。为此,需要在已有建设的基础上,进一步完善国际传媒网络,加快国际传媒网络体系建设。一是开放化建设。要打破单位之间、组织之间的性质壁垒,纵横联合,从事业发展的需要出发,组建跨媒体、跨行业、跨区域的传播联合体。二是国际化建设,通过投资、并购、租赁等不同方式加强合作,积极在海外拓展市场,增强信息获取力、筛选力、投送力。三是多样化建设。打破不同媒体之间的壁垒,将传统媒体与现代媒体有机融合,融合新闻发布、信息传播、学习交流、娱乐互动等多种功能,增加媒体与受众的接触面和交汇点,进而提高媒体的市场占有率。

第二,加强网络传播队伍建设,扩大网络传播人才规模。主要抓好两个方面:一方面,加强学科融合建设,提高复合型网络人才培育质量和规模。在全媒体背景下,电影制作、文化出版等产业呈现出创意性,各类产业实现了高度融合,宣传、公关等行业的界限越来越模糊。根据网络传播的现实需要,改革高等院校和职业院校相关专业的培养方式和课程建设内容,通过校企联合、校校联合等方式,有针对性地培养网络传播复合型人才。另一方面,以开放思维打造三支队伍:一是主流媒体"有立场、有格局、有温度"的"国家队"及其下辖的各级"地方队",这些都是塑造国家形象的主力;二是用好"有活力、有色彩、有故事"的"社会队",把社会中特别是高校和企业中的传播力量整合起来;三是用好"有深度、有魅力、有情怀"的"名人队",充分利用社会公众人物、娱乐明星、网红等在社会上的号召力,发挥其积极作用,传递正能量。②

第三,加大资金投入,跟踪网络传播前沿,推动网络技术创新。在创新推

---

① 习近平:《习近平谈治国理政》(第三卷),北京:外文出版社2020年版,第317页。
② 田丽,方菲:《互联网时代国际传播体系的建设》,《新闻战线》2017年第13期,第71页。

动下，媒体传播技术的代际更替速度加快，把理论研究与实践探索相结合，打造"智能化"全媒体平台，融合"情景"与"场景"以增强受众的参与性、互动性，成为全媒体未来发展的一大趋势。在此背景下，一些媒体组织已开始组建研究机构，比如人民网成立智慧媒体研究院，《南方日报》尝试建立媒体智库。在这方面，主要存在两大难点——资本、研究人员。为此，一方面，需要与有志于网络传播事业的企业联合，或者在条件允许的情况下涉足资本市场；另一方面，加强与高校和科研院所的合作，研究网络传播的重难点问题以及未来发展趋势，提前布局，加强技术与媒体融合发展，形成自己的独特个性和优势，真正实现"弯道超车"。

三、加大政府调控和引导力度，促进网络文化产业健康发展

网络安全与网络文化发展息息相关，而网络文化产品的生产和经营离不开市场，市场离不开传播企业与自媒体人。这一连贯的关系，都需要政府的宏观调控和管理引导。其中的重点，就是政策扶持、法治完善和市场监管。

第一，加大政策扶持力度，引导并鼓励媒体创新发展。创新方式多种多样，除了在技术层面的创新以外，内容和方式创新是十分重要的内容。一个典型的例子是被誉为"东方美食生活家"的李子柒。她2016年初开始拍摄制作视频，前期视频从编导、摄像、出演、剪辑都由李子柒完成。作品题材来源于中国人真实、古朴的传统生活，以中华民族引以为傲的美食文化为主线，围绕衣食住行四个方面展开。李子柒的作品中传达出积极向上、热爱生活的态度，其内容中结合人生经历传达出独立自强的奋斗精神，曾被共青团中央官方微博等众多主流媒体转发肯定。截至2019年12月，她在YouTube上的粉丝量超过746万，她用充满烟火气和人情味，制作精良、唯美的美食和传统手工制作视频征服了众多国际受众。她的个人空间（https://space.bilibili.com/19577966）拥有粉丝超过480万，作品播放量达1.4亿次。这一案例的成功启示我们，人类在对自然的向往和情感、审美等方面的共通性是国际传播的重要基础。[①] 对于此类自媒体人，国家除了给予一定的精神奖励以外，还可以在资金投入、市场拓展等方面进一步加大政策支持力度，使更多的"李子柒"式的人物及其优秀作品脱颖而出。

第二，加强市场监管，提高文化产品和文化作品的整体质量。文化产品的

---

① 刘滢：《2019年国际传播理论与实践创新》，《新闻与写作》2020年第2期，第85页。

发展状况反映出国家在对外传播中能够提供的公共产品的质量和数量。当前，世界各国文化产业总值占GDP总量的比重不等，美国是25%以上，日本是20%左右，欧洲平均在10%~15%，韩国略高于15%，而我国只有4.5%。2012年以来，文化产业年均增长13.7%，已经成为我国调整优化产业结构、推动新旧动能转换的一支重要力量。有专家估计，到2022年我国文化产业占GDP比重将达到5%，成为国民经济支柱产业。近年来，新兴文化产业呈蓬勃发展之势。以博物馆、城市馆为例，传统博物馆、城市馆主要依托实物展示，而在互联网技术推动下，多家博物馆引入数字化技术，利用全息投影、VR/AR等技术，增强与游客的互动性，提升游客体验。但是其中也存在一些不可忽视的问题。根据社科院的调查，公众对文化产品质量的认可度不高，特别是影视作品。针对"电影电视剧仍然存在粗制滥造现象"这一问题，投赞同票的占73.98%，这一结果说明随着人民群众对艺术文化需求的日益增长，观众对于电影质量的要求也越来越高，中国电影需大幅度地提高质量和水平；针对"电视文艺节目制作质量显著提高"这一问题，投赞同票的占57.3%，这一结果说明当前公众认为电视节目质量不尽如人意。为此，需要进一步加大市场监管，加强对文化作品和文化产品的审查力度，防止质量低劣的文化产品流入市场。

第三，坚持德法兼治，维护网络空间的风清气正。网络空间并不是净土，网络攻击、网络诈骗等安全问题层出不穷，破坏了网络空间的正常秩序。2016年11月7日，全国人民代表大会常务委员会发布《中华人民共和国网络安全法》，旨在保障网络安全、维护网络空间主权和国家安全、促进经济社会信息化健康发展。但是在利益驱动下，仍然存在诸多网络不端行为乃至违法犯罪行为。为此，一是加强网站经营管理人员和从业人员的行业自律意识和责任意识，坚持以价值导向正确引导公众舆论，通过文明办网，积极响应和践行《文明办网自律公约》，担当社会责任，不断提升网络媒介的传播实力和社会公信力。二是重点强化对社交媒体、自媒体的管理，加强对网络大V、社会公知等意见领袖的教育引导，特别是加强对网络博客、微博、论坛等的管理，督促网络经营者承担舆情监管的社会责任。三是不断丰富和加强网络内容建设，大力发展健康的网络文化，推动优秀传统文化、先进时代文化走向数字化和网络化，打造网民认可的网络文化品牌。四是加强对网络内容的审查和监管，坚决打击各类违反国家制度和法律的网络行为，维护国家利益，构建一个积极向上、风清气正的网络空间。

四、强化网络安全国际合作,共同提升网络安全防护水平

网络的全球性决定了其安全威胁的全球性。2018 年以来,全球性超大规模的网络安全事件频发。无论是脸书曝出史上最大数据外泄丑闻、华住旗下酒店上亿开房记录大规模泄露、"黑客"入侵快递公司后台盗近亿客户信息的安全事件,还是各种加密货币挖矿恶意软件不断对企业策动攻击,抑或是纳斯达克数据中心被"攻击"导致北欧交易全线宕机,等等,都给全球网络安全带来深远负面影响。据 IDC[①] 数据显示,全球每年因为网络不安全造成的直接经济损失超过了 1000 亿美元。仅就 2017 年 5 月暴发的勒索病毒的危害便涉及 150 个国家、50 万台电脑,损失达到近 100 亿美元。应对全球性网络威胁,单靠任何一个国家或跨国机构都无能为力,各国需深化务实合作,以共进为动力、以共赢为目标,走出一条互信共治之路,让网络空间命运共同体更具生机活力。

第一,构建跨境网络安全事件快速响应和协调处置机制。一是建立跨境重大威胁预警机制。网络安全不能单靠"打针吃药",核心是提高自身免疫能力。换句话说,不能总是"先亡羊再补牢",而应该在病毒和问题出现之前就预知和防御。有了跨境重大威胁预警机制以后,当一国出现网络安全重大威胁时,就能在第一时间与合作方分享信息,为应对威胁争取时间。二是建立跨境协调处置机制。由于各国应对网络安全的规则和做法不尽相同,当危机发生时,需要在处置危机的目标、重点、程序和方法等方面协调一致,避免出现漏洞和误判,从而提高处置效果。三是逐渐扩大合作范围,从国别合作、区域合作走向全球合作。

第二,推动完善网络信息共享的国际规范和标准。目前,中西方在网络信息安全的规范和标准等方面存在一定差异,其中既有理念上的原因,也有发展阶段和水平方面的原因。为了维护网络安全,我国相继出台了《中华人民共和国网络安全法》《国家网络空间安全战略》《网络空间国际合作战略》和《国家网络安全事件应急预案》等一系列法规和政策,确定了我国网络空间安全的基本方略和行动指南。但是如何在国际层面开展合作,各国的标准不同。2017年由多个国家共同努力制定的《塔林手册》虽然可以为国际开展网络安全协调行动提供指导,但是本身没有对于国家网络行为的法律约束力。因此,需要进

---

① IDC 是 Internet Data Center 的缩写,指的是互联网数据中心。

一步推动《塔林手册》的身份转化，使其在进一步的修改完善以后，从一种倡导性规则变成具有法律约束力的国际标准和规范。

第三，加强构建互信基础上的双边或多边技术交流。网络技术是网络安全防护的关键指标，其中的核心技术属于国家机密，但随着科学技术的进步和技术升级，有一些技术逐步从机密级别降低到非机密级别，成为一般性或基础性网络安全基础。不同国家在开发网络安全技术方面也会各有所长。通过建立国家之间的互信合作机制，加强双边或多边技术交流与合作，不仅有利于提升各自的安全防护层次，而且有利于整合力量，提升共同应对网络攻击或化解网络风险的能力。以此为基础，进一步加强网络安全培训的国际合作，共同提高网络安全人员技术水平。

总之，网络安全不仅事关国家安全和国家发展，事关广大人民群众工作生活，也同时深刻影响政治、经济、文化、社会、军事等各领域的发展和安全，并潜移默化地影响着中国价值观的传播和发展。因此，网络安全是中国价值观稳健传播和健康发展的基石。党的十八大以来，以习近平同志为核心的党中央重视互联网、发展互联网、治理互联网，走出了一条中国特色治网之道，推动我国网信事业取得历史性成就。与此同时，我们也要清醒地看到，目前世界范围的网络安全威胁和风险日益突出，重大网络安全事件时有发生；我国网络安全保障体系还不完善，不断加剧的网络安全风险和防护能力不足的矛盾日益凸显。这些都时刻威胁着中国价值观在网络中的传播和发展。[①] 网络安全维护任重道远，需要国家、社会和每一位网民的共同努力和有机配合。

---

① 陈伟军：《"一带一路"背景下中国价值观的国际传播路径》，《学术界》2018年第5期，第70页。

第八章 危机应对下的中国价值观国际传播
——以中美贸易战为例

> 既要高度警惕"黑天鹅"事件,也要防范"灰犀牛"事件;既要有防范风险的先手,也要有应对和化解风险挑战的高招;既要打好防范和抵御风险的有准备之战,也要打好化险为夷、转危为机的战略主动战。①
>
> ——习近平

中国价值观国际传播总是在一定的环境和条件下进行的,其中既有机遇也有挑战。对于中国价值观国际传播而言,机遇和挑战都是相对的:机遇利用得不好,也可能错失良机;挑战应对得当,也能有助于传播中国价值观。这就是"危"和"机"的辩证法。在"一带一路"背景下,中国价值观国际传播所面临的风险和危机既有来自沿线国家的,也有来自域外大国的。由于世界上绝大多数国家甚至包括大多数西方国家都积极支持并参加"一带一路",其主观上引发危机的概率相对较低。相比之下,对"一带一路"持反对态度的国家引发风险和危机的概率要大得多,特别是作为世界上唯一超级大国的美国对"一带一路"的干扰和破坏最大。美国虽不属于"一带一路"沿线国家,但是鉴于美国的影响力以及对"一带一路"倡议实施的巨大影响,其必须成为本研究的重要分析对象。因此,本章我们将以"中美贸易战"为例②,重点讨论在危机背景下加强中国价值观国际传播的相关问题。

---

① 习近平:《坚持底线思维 增强忧患意识》,《人民日报》2019年1月22日,第2版。
② 美国虽不是"一带一路"沿线国家,但是其对于中国价值观国际传播的影响是巨大的。美国不断污名化中国,发动贸易战诋毁中国,在高科技方面特别是5G运用方面构陷中国。特朗普承认,他亲自出面要求英国等国家放弃华为的5G技术。

第一节　危机的特点及其发生机理

所谓危机，顾名思义，指人或事的命运面临严重的危险关头，比如经济危机、生化危机、核危机等。危机是事物发展的困难和障碍，是事物发展过程的挫折和中断。因而及时预防和合理应对危机是国家经济社会发展过程中的重大课题。

一、危机的特点

危机具有几个方面的特点：

一是突发性。危机的发生往往出乎人们意料，其"黑天鹅"成分远大于"灰犀牛"成分。当危机来临的时候，容易导致人们不知所措甚至引发恐慌。比如 2014 年 12 月 31 日 23 时 35 分，正值跨年夜活动，很多游客市民聚集在上海外滩迎接新年，由于陈毅广场东南角通往黄浦江观景平台的人行通道阶梯处底部有人失衡跌倒，继而引发多人摔倒、叠压，致使拥挤踩踏事件发生。

二是破坏性。伴随着危机发生的是人们生命财产的损失，其突发性使得人们应对危机的准备性不足，危机的规模越大，程度越深，其破坏性越大。

三是紧迫性。危机所蕴含的破坏性能量需要及时释放和处理，危机一旦蔓延可能带来延伸性破坏，其后续损失以及对人们心理上的冲击不可估量。

四是难控性。这是危机中最难以处理和对人们心理上带来强烈冲击的地方。危机发生的不可控性和发展趋势的不确定性决定了危机处理的紧迫性。正因如此，如果没有事先建立的快速反应机制，危机很容易蔓延开来。

二、危机的类型

根据不同的分类标准，可以将危机分为不同的类型。

按照引发危机的源头，可以将危机分为外源性危机和内生性危机。外源性危机是指危机发生是外部因素导致的。内生性危机则是指危机是由事物内部因素导致的。这里的原因需要细分，即主观原因和客观原因。主观原因是指人为因素导致的危机，客观原因是指人以外的因素导致的危机。由此，就可以把危机按照原因不同分为四种：主观外源性危机、主观内生性危机、客观外源性危机和客观内生性危机。比如,特朗普政府主动发起的针对世界其他国家的贸易战,对于美国自身属于主观内生性危机,但对他国而言就属于主观外源性危机。

按照危机的发展方向,可以将危机分为输入型危机和输出型危机。输入型危机是指危机的发生地在一定的范围以外(国外或者境外);输出型危机是指危机从一个地方向外扩展和延伸,比如流行性疾病和恐怖主义的蔓延等。危机的不可控性决定了其发展方向的多维性,这也是危机防不胜防的原因之一。

按照规模和影响,可以将危机分为一般性危机和重大危机。一般性危机是指在速度、规模、数量、程度和破坏性方面处于中等强度,对人们心理带来较大冲击力的事件。重大危机是指在速度、规模、数量、程度和破坏性等方面处于高强度,局势处于"高危"状态,对人们心理带来巨大冲击力的事件。一般性危机和重大危机是相对的,如果应对不当,一般性危机可能发展为重大危机。比如,在2019年9月开始的森林大火已成为澳大利亚历史上最严重的野火,连续4个月蔓延不灭。其中固然有澳大利亚气候异常的客观原因,但是澳大利亚政府特别是总理莫里森的应对失职是这次火灾没有在第一时间得到遏制的主要原因之一。早在2019年9月,澳大利亚的气候部门就对莫里森强调,2019年底与2020年初森林大火灾情将超过往年。结果莫里森非常不以为然,甚至还削减了消防部门的预算。最令人不解的是,2019年12月,澳大利亚的森林大火灾情已经非常严重,然而,莫里森作为澳大利亚总理竟然到夏威夷度假去了,从而引发民众广泛质疑。

三、危机发生的过程分析

任何危机事件的发生都是一个过程,有起点也有终点,考察危机需要过程思维。作为一个事件,危机从发生到结束一般要经过几个阶段:生发阶段—扩散阶段—高涨阶段—稳定阶段—消退阶段。

生发阶段,即危机从酝酿到爆发的阶段。危机的发生是一个从"量变"到"质变"的过程,是事物内部矛盾双方不断积累的结果。在多次量变累积的过程中,处于主要矛盾的双方不断加剧矛盾,直至突破"临界点"而爆发。如果此时矛盾得到缓和(不管是主观因素还是客观因素导致),"量变"就难以上升到"质变",危机也只是处于"风险"阶段而不至于爆发。比如,近年来美国退出联合国的伊核协定导致美伊关系紧张,这种紧张使得这一地区的战争风险严重存在。2020年1月3日,美国在伊拉克巴格达国际机场暗杀伊朗高级将领卡西姆·苏莱曼尼（Qassim Soleimani），成为美伊关系紧张新的爆发点，为此伊朗向驻有美军和国际联盟军队的伊拉克基地发射了数十枚导弹，导致多名美军受伤。

扩散阶段，即危机从源发地向其他地区或领域蔓延阶段。危机爆发以后，其内含的能量迅速向四周扩散，从而对周边甚至更广阔的空间产生破坏性影响。此时危机的破坏属于"原发性"破坏。当危机在其他空间和领域产生新的破坏则属于继发性破坏。原发性破坏与危机本身蕴涵的能量相关；继发性破坏除了与危机本身相关以外，还与人们应对危机的能力和资源相关。比如地震本身属于原发性破坏，地震以后所带来的瘟疫流行等公共卫生问题就属于继发性破坏。扩散阶段的时间长短与危机控制的难度相关，也与政府和相关部门应对危机的能力相关。

高涨阶段，即危机经历一段时期的发展直至最高点的阶段。从危机爆发直至解除有一个临界点，处于临界点之前的阶段都属于高涨阶段。在这个阶段，危机的能量逐渐达到最大化，破坏力充分显现，对人们的思想、心理以及日常生活的冲击也最大。此时如果应对不力，危机可能失控，从而进一步恶化。到达临界点以后，危机的各项特征和发展趋势逐渐被掌握，应对的办法也基本趋于成熟，这样危机就发展到僵持和相对稳定阶段。

稳定阶段，即危机进入稳定阶段以后，其内部和外部的各项矛盾处于相对平衡，人们对于危机的认识更加理性和自觉，应对方法已经成熟。但是此时的风险仍然高度存在，经历前期的努力，人们在应对危机过程中做出巨大付出，不仅身心容易疲惫，思想上也容易麻痹大意。弄不好可能导致危情再一次发展。因此，在这一阶段重点是综合考察与危机相关的各项因素，重点排查可能出现的新的风险点，提前做好预案，以应对任何不测情况。

消退阶段，即危机发生的末期直至危机解除的阶段。在这一阶段，危机的内部主要矛盾基本消除，危机能量得到充分释放，其破坏性虽然存在，但基本没有新的风险出现，人们的日常生活基本恢复。这一阶段的重点一方面是继续查找问题，清除危机带来的影响；另一方面是总结危机事件全过程的经验和教训，在此基础上，根据危机发生的情况制定和完善相关制度和法规，防止类似事件出现。

以上对于危机发生全过程的描述是一个大致的图景，不可能十分精确，对于具体的危机事件而言，各有各的特征，也可能会出现反复的情况。这种分析的价值在于，它有助于我们对危机事件有规律性认识，从而提前做好预案，防患于未然。即使出现了危机，也不至于不知所措。需要强调的是，在危机事件中,"危"和"机"总是相互依存的,考察危机需要辩证思维。虽然危机是破坏性的,但绝不是没有任何积极意义的,危机暴露了人们日常生活中的一些问题,对于这些问题的解决,也会推动社会进步。同时,危机应对需要整体思维,比如在应对疫情危机中,需要卫生、交通、宣传、食品供应、后勤保障等多部门联动和密切配合,这既是对于国家综合实力的检验,也是对政府和相关部门应对和化解危机能力的检验。

四、危机应对中的价值观问题

如何看待危机?采取怎样的方式应对危机?价值观不同,采取的态度和方法迥异,有怎样的价值观就有怎样的方法论。可见,应对和化解危机不仅是方法论问题,还有价值观问题。价值观的表现形式多种多样,在态度、精神、思想、观念等方面都体现着价值观,甚至在作风、规范、制度、法律中都体现着一定的价值观。以这样的方式考察价值观,我们可以在危机处理的全过程中都渗透着价值观问题。

以 2020 年春节期间发生的新冠病毒感染引起的肺炎疫情为例。在应对和处置此次疫情过程中,从中央到各级政府再到民间,体现了多方面的价值观。主要有:

一是以人为本、珍重生命。疫情发生以后,中共中央政治局常务委员会召开会议,专门听取疫情防控工作汇报,对疫情防控特别是患者治疗工作进行再研究、再部署、再动员。习近平总书记和李克强总理先后作出批示,要求各相关部门和地方要以对人民群众健康高度负责的态度,完善应对方案,全力以赴做好防控工作,落实早发现、早报告、早隔离、早治疗和集中救治措施。这些都体现了我党"以人民为中心"的价值理念。

二是听党指挥、众志成城。为了防止疫情扩散,党和国家专门成立了抗击疫情指挥部,每天发布疫情通报,部署应对疫情工作。在党中央的统一领导下,各相关单位雷厉风行,在生产、保障等各方面提供充足的防护物资。广大民众按照要求统一待在家里,最大限度减少病毒传播和受感染概率。媒体的宣传报道也很及时,通过新闻发布、人物专访、前线报道等方式,最大限度让民众在第一时间了解疫情,告知应对疫情、讲究卫生的方法,在缓解民众的紧张和恐惧心理的同时,也让民众掌握一些日常卫生知识。

三是一方有难、八方支援。2020 年 1 月 27 日上午,国家卫健委召开新闻发布会公布,已调派上海、广东、浙江、江苏、山东、四川、湖南、河南、吉林、辽宁、山西、陕西、天津、重庆等14省市医疗队共1918人,中医医疗队25人,军队医疗队450人赴疫情暴发地支持医疗救治,继续筹备后续医疗队,紧急调配医用外科口罩、N95口罩、防护眼镜、防护面屏、医用防护服、隔离衣等个人防护用品,并建立临时物资库,保障医疗队员个人防护。另外,海南、广西等地的医疗队也将陆续出发。

四是不怕牺牲、勇于奉献。在此次疫情攻坚战中,涌现出一大批先进典型。许多医生护士在疫情来临时舍小家顾大家,放弃假期,告别家人,毅然投身到抗击疫情的第一线。除了在一线的医务人员以外,许多生产口罩的工厂迅速恢复生产,加班加点,保证抗击疫情的物资充足。此外,针对抗击疫情的捐赠活动也很积极。比如,根据2020年1月27日泉州网报道,1月25日—26日,仅两天时间,泉州民营经济人士、泉籍异地商协会就捐赠善款5700多万元,用于购买医疗物资,支援防控疫情工作。

五是守望相助、共克时艰。在这次抗击疫情过程中,众多国家对中国伸出了友谊之手,中国也在疫情得到控制之后向80多个国家派出医疗队并提供物资援助,向世界介绍中国经验。2020年3月份,当新冠肺炎在意大利流行之际,中国、俄罗斯伸出援手,派遣专家提供医疗物资。为表达感谢,意大利人自发将欧盟旗帜换成了中国和俄罗斯国旗。据2020年3月24日海外网报道,俄罗斯Life新闻网3月24日发布了一段视频,一名意大利居民把欧盟旗帜换成俄罗斯国旗。视频中原本立着意大利国旗和欧盟旗帜,而一名意大利人拿掉欧盟旗帜,换成了俄罗斯的三色旗。3月21日,当中国医疗队到达塞尔维亚的时候,塞尔维亚总统武契奇亲自到机场迎接,并亲吻五星红旗[1],其情景令人动容。2020年3月26日,习近平主席在出席二十国集团领导人特别峰会上的发言中提出了四点倡议:坚决打好新冠肺炎疫情防控全球阻击战、有效开展国际联防联控、积极支持国际组织发挥作用、加强国际宏观经济政策协调。[2]

除了以上价值观以外,还有一些价值观逐步得到人们的重视,比如,珍爱自然、健康生活的价值观等,都传递着正能量,虽然在此期间,也有少数商贩利用物资紧缺趁机涨价,还有少数人制造和传播不实消息的现象。对于这些做法和价值观,则是需要批判的,甚至需要使他们受到法律上的制裁。

通过以上考察我们发现,危机应对中的价值观问题是十分重要的,应对得

---

[1] 叶琦,石中玉:《"铁杆朋友,风雨同行"》,《人民日报》2020年3月23日,第3版。
[2] 《习近平出席二十国集团领导人应对新冠肺炎特别峰会并发表重要讲话》,《人民日报》2020年3月27日,第1版。

好,可以提升民众的精神境界,树立执政党的良好形象。在此次应对疫情中,中国政府的做法在国际上赢得了高度赞誉。比如,世界卫生组织总干事谭德塞说:"我对中国应对疫情采取的有力措施印象十分深刻。中国采取的有力措施不仅对中国有利,对世界也有利。"他表示,中国政府采取了非凡的措施来阻止病例输出,"为此,中国值得我们感激和尊重"①。2020年1月29日《中国青年报》刊登了一篇文章——《多国专家和官员积极评价中国疫情防控努力》。文章写道,英国帝国理工学院公共卫生学院医学系教授尼尔·弗格森(Neil Ferguson)强调,在应对疫情方面,中国政府正努力追赶上疫情的暴发速度,全力控制疫情,希望随着应对措施的扩大和到位,他们能够最终控制住疫情传播。这是国内危机应对的案例。同样的道理,在国际背景下的危机应对中,也可以利用危机过程中的有利因素开展价值观的国际传播。需要强调的是,在危机背景下开展国家价值观的国际传播,绝不是权宜之计,而是应对危机的重要举措,它有利于我们向世界澄清事件真相,表达中国的合理诉求,为应对危机寻求更多的国际支持和资源营造良好的国际舆论环境。

就在中国全身心投入抗击疫情并和世界其他国家开展合作的时候,以美国为首的部分西方国家却掀起排华浪潮。《华盛顿邮报》摄影记者在一次特朗普讲话的会议现场抓拍到一张照片,照片显示特朗普讲话打印稿中有一处明明为"新冠病毒"的表述竟被人用黑色记号笔改成"中国病毒"。对于这明显带有地域和种族偏见的行为,国际政要和媒体纷纷表示批判和谴责。比如,据2020年3月15日环球网报道,澳大利亚前总理陆克文表示,此种将新冠病毒称为"中国冠状病毒"的"幼稚"言论将有损全球应对这场危机的努力。美国民主党籍国会众议员孟昭文要求麦卡锡道歉,并指责他使用"中国冠状病毒"一词的举动是"寻找替罪羊和政治权宜伎俩","给疾病贴标签令人蒙羞、粗鲁无礼、令人作呕,这非常无耻"。据2020年3月22日中国日报网报道,连美国的媒体都对这种污名化中国的做法看不下去了。美国广播公司(ABC)报道称,特朗普扬言中国要对新冠病毒负责,并将该病毒称作"中国病毒",这种有害的、误导性的言论导致亚裔美国人面临暴力和仇视。美国商业内幕网站(Business Insider)指出,将病毒贴上种族标签,致使亚裔美国人成为种族主义者和仇外者的眼中钉,部分中餐厅因为客流量减少而被迫歇业,一些亚洲人被谩骂甚至遭到殴打。该网站指出,将新冠病毒与亚洲人挂钩,只会在这个恐惧和不信任蔓延的时刻进一步加剧分裂。针对网上的排华事件,2020年2月2

---

① 张朋辉:《中国值得我们感激和尊重》,《人民日报》2020年1月31日,第3版。

日新加坡《联合早报》报道了新加坡总理李显龙的观点，他认为这是错误的心态，也是很不好的做法。这样的心态只会造成自己更惶恐，不能帮助自己解决问题。这是一个公共卫生突发事件，不是国与国之间的问题，更不是一个种族的问题。可见，在危机背景下加强中国价值观国际传播不仅必要，而且十分紧迫。

以下我们以近年来"中美贸易战"为例，讨论危机背景下中国价值观传播的相关问题。

第二节 "中美贸易战"的过程回顾与本质透视

本书中的"中美贸易战"，是指2018年以来中美因经贸摩擦而导致两国相互以增加关税为手段而采取的制裁与反制裁的一系列事件。2018年北京时间3月23日凌晨，美国总统特朗普签署备忘录，基于美国贸易代表办公室公布的对华"301调查"报告①，对从中国进口的商品征收大规模关税，其规模近600亿美元，同时限制中国企业对美国公司投资并购。针对美国的做法，中国政府反应迅速。据2018年3月23日搜狐网的《中方反击：商务部拟对30亿美元美对中出口产品实施中止减让措施》报道，2018年3月23日7点，中国政府发布了针对美国的钢铁和铝产品232项中止减让产品清单并征求公众意见，拟对自美进口部分产品加征关税，以平衡因美国对进口钢铁和铝产品加征关税给中方利益造成的损失——3月23日正是美国对中国进口钢铁和铝产品全面征税（即232措施）的日子（税率分别为25%和10%）。2018年4月3日，美国公布对华"301调查"征税产品建议清单，涉及每年美国从中国进口的价值约500亿美元商品。4月4日下午，中国采取反制措施，经国务院批准，国务院关税税则委员会决定，对原产于美国的大豆、汽车、飞机等14类106项商品加征25%的关税，涉及中国从美国进口的价值500亿美元的商品。至此，中美贸易战正式打响。

回顾中美贸易战的历程，中美贸易战早在美国总统竞选期间就埋下了伏笔。2016年6月28日，还在竞选总统期间，特朗普展示了所谓应对中国不公

---

① "301条款"是指美国《1974年贸易法》中的第301条。该条款授权美国贸易代表可对他国"不合理或不公正贸易做法"进行调查，并可在调查结束后，建议美国总统实施单边制裁，包括撤销贸易优惠、实施惩罚性贸易关税等。

平贸易行为的计划,威胁要根据美国贸易法第 201 条和第 301 条规定对中国征收关税。2017 年 3 月底,他上任之后迅速签署了两项行政命令,审查美国的贸易逆差问题。以下我们根据事件进展情况,梳理中美贸易战的大致过程(见表 8-1)。

表 8-1 中美贸易战重要时间节点

时间	美国举措	中国应对
2017 年 3 月 3 日	特朗普签署两项行政命令,一项是加强对现有反补贴和反倾销惩罚措施的执行,另一项是要求审查美国的贸易逆差及其原因	
2017 年 4 月 7 日	习近平主席和特朗普总统在美国佛罗里达州海湖庄园举行首次会晤,双方就为期 100 天的贸易谈判计划达成共识	
2017 年 7 月 19 日	经过 100 天的贸易谈判之后,中美双方未能就减少美国对华赤字的新举措达成共识	
2017 年 8 月 14 日	特朗普下令依据《美国贸易法》"301 条款"对中国是否侵犯美国知识产权展开调查,此举被视为针对中国采取的第一个直接贸易措施	
2017 年 8 月 18 日	美国正式对中国发起"301 调查"	中方表示将采取必要措施应对美"301 调查"
2018 年 1 月 17 日	特朗普威胁要针对所谓中国"侵犯美国企业知识产权行为"征收"巨额罚款"	
2018 年 1 月 22 日	特朗普批准对所有进口洗衣机和太阳能电池板征收关税,该关税不限于中国商品	
2018 年 2 月 27 日至 3 月 3 日	第一轮经贸磋商开启,刘鹤率中方代表团赴美访问,就两国经贸问题进行磋商	
2018 年 3 月 8 日	特朗普正式签署命令,对美国进口的所有钢铁和铝分别征收 25% 和 10% 的关税。该关税不仅针对中国	
2018 年 3 月 15 日	美国决定对中国产铝箔产品征收"双反"关税	中方回应"让子弹乱飞绝不具建设性"
2018 年 3 月 22 日	特朗普签署备忘录将对中国商品大规模征收关税,涉及征税中国商品规模达 600 亿美元	中方发布针对美国 232 措施的产品征税清单
2018 年 4 月 2 日		中国决定对 128 种美国产品征收 25% 的关税
2018 年 4 月 3 日	特朗普公布向总价值约 500 亿美元的中国进口商品征收 25% 关税的计划	

第八章 危机应对下的中国价值观国际传播——以中美贸易战为例

续表8-1

时间	美国举措	中国应对
2018年4月4日		中国就针对美方加征关税是否计划采取报复性关税作出回应
2018年4月16日	美国商务部部长罗斯宣布,因违反美国政府制裁禁令,中国电信设备商中兴通讯被禁止从美国市场上购买零部件产品,期限为7年	
2018年5月3日至4日	第二轮经贸磋商开启。美国总统特使、财务部部长姆努钦率美国代表团访华磋商	
2018年5月15日	第三轮经贸磋商开启。刘鹤率中方代表团赴美访问,就两国经贸问题进行磋商。	
2018年5月19日	中美两国发表联合声明,同意不打贸易战并鼓励双向投资	
2018年5月29日	美国白宫宣布将对从中国进口含有"重要工业技术"的500亿美元商品征收25%的关税,其中包括与"中国制造2025"计划相关的商品。最终进口商品清单于2018年6月15日公布,并很快对这些进口产品征收关税	中方回应对白宫发布的策略性声明既感到出乎意料,但也在意料之中,这显然有悖于不久前中美双方在华盛顿达成的共识
2018年6月2日至3日	第四轮经贸磋商,美国商务部部长罗斯访华,没有发表联合声明	
2018年6月15日	美国决定自7月6日起对中国进口的340亿美元商品征收25%关税,同时针对另外160亿美元商品加征关税开始征求公众意见	中国宣布对340亿美元的美国商品征收关税
2018年7月6日	美国开始对第一批清单上818个类别、价值340亿美元的中国商品加征25%的进口关税。美国打响贸易战第一枪(迄今为止世界经济史上最大规模的贸易战正式打响)	作为反击,中国也于同日对同等规模的美国产品加征25%的进口关税
2018年7月10日	美国公布对2000亿美元中国进口商品征收10%关税的计划	
2018年8月1日	特朗普命令美国贸易代表办公室对2000亿美元中国进口商品关税从原先提议的10%提高到25%	
2018年8月7日	美国公布计划征收25%关税的160亿美元中国商品清单	中国对160亿美元的美国商品征收25%的报复性关税
2018年8月23日	中美双方于8月7日公布的清单上出现的商品关税正式生效	
2018年9月7日	特朗普威胁要对至少2670亿美元中国商品征收关税。	

续表8-1

时间	美国举措	中国应对
2018年9月24日	美国正式对2000亿美元的中国进口商品征收10%的关税。美国政府表示这一比例将在2019年1月1日上调至25%	作为回应,中国决定对600亿美元美国商品征收关税,并发表《关于中美经贸摩擦的事实与中方立场白皮书》
2018年12月1日	中美双方一致同意停止相互加征新的关税,并"休战"90天。在双方会谈中,特朗普同意把原定于2019年1月1日对2000亿美元中国商品关税上调至25%的决定推迟到3月1日。中国同意"大量进口"美国产品	
2019年1月30日至31日	第五轮经贸磋商开启。刘鹤率中方代表团赴美磋商	
2019年2月14日至15日	第六轮经贸磋商开启。美国贸易代表莱特希泽、财政部部长姆努钦访华磋商	
2019年2月21日至24日	第七轮经贸磋商开启。刘鹤率中方代表团赴美磋商	
2019年2月24日	特朗普再度推迟上调中国商品关税的日期	
2019年3月28日至29日	第八轮经贸磋商开启。美国贸易代表莱特希泽、财政部部长姆努钦访华磋商	
2019年4月3日至5日	第九轮经贸磋商开启。刘鹤率中方代表团赴美磋商	
2019年4月30日至5月1日	第十轮经贸磋商开启。美国贸易代表莱特希泽、财政部部长姆努钦访华磋商	
2019年5月5日	特朗普发布推文表示,计划在5月10日将2000亿美元中国商品的税率提高到25%	中方回应:"当务之急,我们还是希望美方能够同中方共同努力,相向而行,争取在相互尊重的基础上达成互利双赢的协议。"
2019年5月8日	美国政府正式宣布,从5月10日起,将对2000亿美元中国进口商品征收的关税从10%提高到25%	
2019年5月9日至10日	第十一轮经贸磋商开启。刘鹤率中方代表团赴美磋商	

续表8-1

时间	美国举措	中国应对
2019年5月10日	美国对2000亿美元中国输美商品加征的关税正式从10%上调至25%	中国于2019年6月1日起，对原产于美国的部分进口商品提高加征关税税率，并于6月2日发表《关于中美经贸磋商的中方立场白皮书》
2019年6月18日	美国总统特朗普和中国国家主席习近平通电话，双方同意重启贸易谈判，两国领导人决定6月末在日本召开的20国集团（G20）峰会期间举行会晤	
2019年6月29日	在大阪举行的G20峰会上，美国和中国正式同意重启贸易谈判，双方均作出让步。特朗普同意不再征收新关税，并放松对华为技术有限公司的限制。中国同意增加美国农产品采购，规模未明确	
2019年7月30日至31日	第十二轮经贸磋商开启。美国贸易代表莱特希泽、财政部部长姆努钦访华磋商	
2019年8月1日	特朗普抱怨称，中国没有履行购买更多美国农产品的承诺，他宣布对3000亿美元中国商品加征10%的关税	
2019年8月5日	美国财政部称确定中国操纵汇率，这是1994年以来首次给中国贴上"汇率操纵国标签"	中国商务部暂停购买美国农产品，人民币兑美元破"7"，连累股市大跌
2019年8月6日		中国人民银行称，中国没有也不会利用人民币来应对贸易摩擦
2019年8月9日	特朗普表示，他还没有准备好与中国达成贸易协议，表明他可能取消定于9月在华盛顿举行的中美面对面贸易协商。他表示美国将继续限制与中国电信巨头华为的业务往来	
2019年8月13日	原定9月开始加征关税的3000亿美元中国商品，特朗普政府宣布清单上约半数产品推迟实施，改为12月15日起征税	
2019年8月23日	特朗普对中国新一轮关税行动给予回击，宣布将把2500亿美元中国进口商品的关税从现在的25%提高至30%。9月及12月计划对3000亿美元中国商品征收的关税税率从10%提高至15%。特朗普还表示将责令美国企业以其他地方替代中国，包括把它们的制造设备迁回美国或迁至其他地方	中国宣布针对美国此前对自华进口的商品加征关税采取反制措施，对原产于美国的约750亿美元商品，加征10%、5%不等关税

续表8-1

时间	美国举措	中国应对
2019年9月1日	美国对1250亿美元中国输美商品加征15%关税,这些商品包括鞋履、蓝牙耳机、智能手表和平面电视	中国对美国原油征收5%关税。对原本税率25%的美国大豆,再额外加征5%关税;美国牛肉和猪肉则额外加征10%关税。9月2日商务部发言人表示在世贸组织争端解决机制下提起诉讼
2019年9月11日		国务院关税税则委员会公布第一批对美加征关税商品第一次排除清单
2019年10月11日至12日	第十三轮经贸磋商开启。刘鹤率中方代表团赴美访问。两国已考虑要达成第一阶段经贸协议。美方明确表示,取消10月15日对华价值2500亿美元产品的关税税率从25%提升至30%行动	
2019年10月	美商务部称将自10月31日起对中国3000亿美元加征关税清单产品启动排除程序	
2019年12月13日	中美第一阶段经贸协议文本达成一致,美方将履行分阶段取消对华产品加征关税的相关承诺,加征关税将由升到降	
2019年12月19日	国务院关税税则委员会公布第一批对美加征关税商品第二次排除清单	
2020年1月15日	中美签署第一阶段经贸协议	
2020年2月7日	习近平和特朗普通电话。习近平希望美方同中方相向而行,认真落实两国元首达成的共识,坚持协调、合作、稳定的总基调,推动中美关系在新的一年沿着正确轨道向前发展。特朗普表示,美国愿同中方一道努力落实好协议,共同推进两国关系。两国元首同意,继续通过各种方式保持密切沟通	

理念指导行动,有怎样的价值观,就有怎样的做法。通过对中美贸易战的过程回顾,可以看出中美两国在理念和做法上有诸多不同,其中有几个显著的特点:

第一,美国霸道偏执,中国有理有节。根据国际贸易规则,国家之间的经贸交往应该公平公正。但实际上美国总是主动发难,中国是被迫应对。据2018年4月4日中国经济网报道《中方强势回应美对华"301调查"征税产品建议清单》。针对美国的做法,中国外交部发言人陆慷就美国贸易代表办公室公布对华"301调查"征税产品建议清单答记者问时指出:必须再次强调,美方不顾中方的严正交涉,毫无事实根据,公布征税建议,是典型的单边主义和贸易保护主义做法，中方强烈谴责，坚决反对。美方此举罔顾40年来中美经贸合作互利共赢的本质，罔顾两国业界的呼声和消费者的利益，不利于美国国家利益，不利于中国国家利益，也不利于全球经济利益。美方做法严重违反了世贸组织的基本原则和精神，中方将立即将美方这一错误做法诉诸世贸组织争端解决机制。同时，我们将根据《中华人民共和国对外贸易法》相关规定，准备对美产品采取同等力度、同等规模的对等措施。这些措施，近日将会公布。我们有信心、有能力应对美方任何贸易保护主义措施。中国常驻世贸组织代表团张向晨大使就美国公布"301条款"拟采取措施清单发表声明指出，美国"301条款"调查报告歪曲事实，东拼西凑，对中方妄加指责，完全不符合中国推进市场化改革、扩大对外开放和加强知识产权保护的实际情况。美国根据"301条款"调查报告，公布拟采取的限制措施，蓄意严重违反世贸组织最基本、最核心的最惠国待遇、关税约束等规则和纪律，是典型的单边主义和贸易保护主义行径。对此，中方强烈谴责，坚决反对。美国的做法严重动摇了世贸组织的根基，使多边贸易体制面临空前险境。中国呼吁所有世贸组织成员和中国一道，坚决抵制美国的贸易保护主义行径。

第二，美国四面出击，中国广交朋友。从世界范围来看，此次中美贸易战只是美国发动的针对世界贸易摩擦的一部分。自特朗普当选美国总统以后，在"美国优先"和"让美国再次强大起来"的口号下，美国除了针对中国提高关税以外，还先后对俄罗斯、日本、韩国和欧洲各国甚至美国的近邻加拿大、墨西哥也增加关税，其露骨的单边主义做法引起各国的不满，对世界经济产生巨大影响。事实上，美国这种"损人不利己"的做法也影响到美国的自身利益。相比之下，中国愿意与世界各国和各经济体保持良好的合作。比如，2018年11月14日，中国和东盟在新加坡通过《中国－东盟战略伙伴关系2030年愿景》，双方坚定反对日益上升的保护主义和逆全球化思潮，重申国际贸易与投资是实现经济可持续增长、减少社会不平等、保障各国人民享有更美好生活的重要引擎。[1] 2019年4月9日，李克强总理同欧洲理事会主席唐纳德·图斯克、欧盟委员会主席让－克洛德·容克在布鲁塞尔举行第二十一次中国－欧盟领导人会晤并发表联合声明，双方承诺支持多边主义，尊重以联合国为核心的国际法和国际关系基本准则。双方承诺维护《联合国宪章》、国际法以及联合国三大支柱，即和平与安全、发展和人权。[2] 这份文件的发布表明，中欧之间

---

[1] 《中国－东盟战略伙伴关系2030年愿景》，《人民日报》2018年11月16日，第3版。
[2] 《第二十一次中国－欧盟领导人会晤联合声明》，《人民日报》2019年4月10日，第2版。

的分歧完全可以通过对话协商妥善解决，体现了中欧全面战略伙伴关系的高水平。

第三，美国饱受批评，中国赢得赞誉。中国台湾的《旺报》发表评论文章称，美国对中国贸易战不断升级，任由美国这样下去，将会给世界经济及美国自身利益带来负面影响。该文提出，美国的做法破坏了国际贸易规则。实际上，美国正在修改国际秩序。第二次世界大战后的国际秩序、国际规则，包括三大国际机构都是在美国主导下建立的，WTO也是如此。经济全球化、贸易便利化、贸易自由化，都是美国所倡导的。美国如今的行为无疑是出尔反尔。新加坡《联合早报》也发表署名文章称，美国在这场贸易战中所使用的手段，主要是利用自身的综合优势，抛开国际多边机制，在双边架构中逐个向对方极限施压，意图在局部空间里让对手分别屈服，同时还使不同对手相互之间陷入囚徒困境，无法形成有效合作，最终让美国获得巨大收益。这种手法既是对自身优势地位的滥用，也是对现行贸易秩序的公然破坏，反复无常的贸易政策更是打破了稳定预期，必将增加美国市场的不确定性。中国香港的《大公报》在社评中进一步指出，事实上，中国经济与外贸韧力十足，有能力、有条件、有信心战胜包括贸易战等外在挑战。菲律宾《世界日报》也援引诺贝尔经济学得主、美国哥伦比亚大学约瑟夫·斯蒂格利茨（Joseph Stiglitz）的话指出，从国家经济、贸易逆差等角度分析，美国恐将在对中国贸易战中落败。主客观因素表明，美国企图采取高压手段令中国屈服，这是痴心妄想，中国上下意志坚定，面临美国的打压，态度坚决，予以有力的反击。美国政府企图迫使中国屈服徒费心机，永远无法得逞。可以预期，这场贸易战最后将以美国失败而告终。

第四，美国封闭倒退，中国开放包容。美国从自身利益出发，不顾自身作为世界上最大的发达国家所肩负的国际责任，明目张胆提出"美国优先"，是彻头彻尾的霸权主义。为了这一目标，美国发动与世界的贸易战只是其中的手段之一。从特朗普当选总统以后，美国陆续从国际组织"退群"：在他宣誓就任总统的当天就宣布退出跨太平洋伙伴关系协定（TPP）；2017年6月1日，特朗普宣布美国退出《巴黎协定》，称其给美国带来"苛刻财政和经济负担"；2018年5月8日，美国宣布退出伊核协议；10月12日，美国国务院宣布退出联合国教科文组织，决定将于2018年12月31日生效。这一系列的"退群"行为让世界大跌眼镜又无可奈何。相比之下，中国从世界整体利益出发，既维护自身合理合法利益，又兼顾国际利益和国际道义。就在中美贸易战如火如荼之际，2018年11月5日，首届中国国际进口博览会在上海开幕。国家主席习近平在开幕式发表主旨演讲时指出,"中国经济是一片大海,而不是一个小池塘","经历了无数次狂风骤雨,大海依旧在那儿!经历了5000多年的艰难困苦,中国依旧在这儿!面向未来,中国将永远在这儿!""开放已经成为当代中国的鲜明标识。中国不断扩大对外开放,不仅发展了自己,也造福了世界","中国开放的大门不会关闭,只会越开越大"。① 这些讲话郑重宣示了新时代中国将以更高水平的开放推动全球共同开放、助力各国共同发展的愿景和情怀,充分彰显出中国人民的开放品格、开放气质、开放胸襟。2019年11月5日至10日,第二届中国国际进口博览会在上海举行。中国的做法得到了国际社会高度认同和广泛赞誉。

第三节 "中美贸易战"的危机和风险因素分析

中美贸易战无论对于中美双方还是对于世界都是一种伤害。对于中国而言,其中的危机和风险因素主要体现在以下几个方面:

一是给我国经济发展带来直接负面影响。根据国家统计局公布的数据,2019年我国国内生产总值为99.0865万亿元,比上年增长6.1%;按年平均汇率折算,人均GDP突破1万美元大关,达到10276美元。按照现价美元估算,我国人均GDP大致相当于世界平均水平的90%。在世界经济总体放缓的背景下,这仍然名列前茅,反映了中国经济的韧性。就不同行业和不同类型的企业而言,中美贸易战带来不同程度的影响。由于美国2018年宣布将中国进口关税从10%上调至25%的1102种产品的名单中,很多都与"中国制造2025"的战略计划有关,比如机械产品、航天以及电子产品等,因此与高科技相关的企业受到的影响最大。比如,我国半导体产业还不能完全实现自给自足。如果贸易战全面开展,中国以芯片为基础的信息产业将遭受巨大损失,有的企业(比如中兴公司)可能会瘫痪。这将严重影响到我国的产业转型。相对而言,与消费品相关的行业影响小一些。2018年11月15日新浪财经发表了《宏观深度:中美贸易战对中国经济影响评估》一文。文章指出,为了满足"2000亿美元"商品清单,随着征税规模和范围的扩大,美国不得不把对其国内消费者权益有损害的商品加入征税清单,使得消费品占比大幅上升,从"500亿美元"清单的1%提高到"2000亿美元"清单的23%,"500亿+2000亿美元"

---

① 习近平:《共建创新包容的开放型世界经济》,《人民日报》2018年11月6日,第3版。

商品清单几乎涵盖中美贸易的全部类别商品。当然，中美贸易战对于中国经济的影响远不止这些，在金融、房地产等领域也会遭受巨大挑战，就在第二次美国突然宣布对中国商品加征关税之后，中国股市开始暴跌。在应对贸易战的抗冲击能力方面，中国抗冲击能力大于美国抗冲击能力的商品有11类，涉及征税金额452亿美元，仅占"500亿+2000亿美元"清单征税金额的19%。因此从双方对贸易战的抗冲击能力看，美国胜中国一筹。从对行业影响的角度看，机械及其相关制造业和通信设备制造业是"500亿+2000亿美元"清单的征税重点。有学者认为，美国对"500亿+2000亿美元"中国商品加征关税，将使中国总出口下降8~13个百分点。分行业看，高技术制造业、化学工业和金属冶炼及压延加工业的出口受"贸易战"影响较大。从长期来看，美国对"500亿+2000亿美元"中国商品加征关税，会导致中国GDP增速下降0.14~0.36个百分点。剔除中间品贸易带来的影响，美国对"500+2000亿美元"中国商品加征关税会使中国GDP增速下降0.09~0.25个百分点，最坏情况下中国GDP增速将下降0.54%。与不发生贸易战的基准情形相比，2018年中国GDP增速将下降约0.1个百分点，2019年下降约0.5%。

二是打压和遏制我国高新科技进步。2018年12月1日，华为公司CFO孟晚舟女士在加拿大温哥华突然遭到非法扣留，震惊中外。2019年1月29日，美国正式向加拿大提出引渡孟晚舟的请求。中方敦促美方立即撤销对孟晚舟女士的逮捕令及正式引渡要求。中方认为，孟晚舟案从一开始就不具有合理性。从加拿大方面看，她没有违反加任何法律。从美国方面讲，美国指控她违反了所谓的制裁伊朗法案，而这是美国国内的法律。美国的"长臂管辖"没有任何国际法依据，这是将国内法凌驾于国际法之上。"孟晚舟案"只是美国打压中国高科技企业的一个案例——美国"制服"中兴公司的"成功尝试"增强了其任意打压中国高新技术的自信心——其目的与美国发动贸易战是一致的。中美贸易战的本质是什么？中国国际经济交流中心总经济师陈文玲表示，我们看到的所谓的贸易战实际上是制造业之争、高技术之争、国家战略之争，说白了也是国运之争。美国贸易谈判代表莱特西泽很明确地提出，如果让"中国制造2025"实现的话，中国这些战略产业就会全面超过美国，那个时候美国会怎么办？所以美国当然要对中国进行制裁。全国政协委员、中央党校原副校长赵长茂认为，美国发动对华贸易战，表面上是针对中美贸易逆差，实际上打压的是中国的高新技术产业，战略意图是阻挠"中国制造2025"的实施，妄图打乱中国现代化和中华民族复兴的进程。① 事实证明，美国的打压和遏制虽然在短期内会产生一定的影响，但是也更加激发了我国自主创新的动力。虽然美国到处挑唆其他国家封堵华为公司，特别是在5G技术方面四处发难，但是显然不能如其所愿，包括英国、法国、德国、奥地利等众多西方国家都并不愿意跟随美国禁止华为公司参与本国的5G建设。相反，美国的打压更加推动了华为自主创新的自觉性。2019年5月17日，华为操作系统团队发布自主知识产权操作系统——鸿蒙。习近平总书记强调："中国要强盛、要复兴，就一定要大力发展科学技术，努力成为世界主要科学中心和创新高地。……实践反复告诉我们，关键核心技术是要不来、买不来、讨不来的。只有把关键核心技术掌握在自己手中，才能从根本上保障国家经济安全、国防安全和其他安全。"② 习近平总书记的讲话为我国未来科技发展提供了新的信心和动力。

三是破坏世界贸易规则和国际经济大环境。2019年1月，世界银行发布《全球经济展望》报告，将2019年全球经济增长预期进一步降至2.9%，贸易关系持续紧张是主要下行风险之一。国际货币基金组织2019年4月发布的《世界经济展望》报告，将2019年全球经济增长预期从2018年预计的3.6%下调至3.3%，并表示经贸摩擦可能会进一步抑制全球经济增长，继续削弱本已疲弱的投资。意大利国际政治研究所亚洲中心主任、高级研究员阿莱西亚·阿米奇尼撰文指出，自美国政府挑起贸易战以来，中美贸易摩擦不断升级，引起世界各国的普遍担忧。美国政府的贸易保护主义政策源自对中国经济高速、高质发展的不安，这种零和思维不仅不会使美国"再次强大"，反而会损害美国自身利益，更将对现有世界经贸关系和世界经济持续稳定增长造成破坏性影响。③《人民日报》撰文称："美国挑起对外贸易战对世界带来三重危害：第一害是打乱全球产业链、价值链。第二害是破坏全球经贸秩序。第三害是损害世界经济复苏动力。"④ 据2019年6月1日新华网报道，美国国内媒体对于特朗普的做法也提出批评。2019年5月30日，美国总统特朗普动用《美国国际应急经济权力法》，宣布将于6月10日起对所有墨西哥输美商品加征5%关税，以迫使墨西哥解决经美墨边境入境美国的非法移民问题。对此美国彭博新闻社播发报道，批评特朗普以加强边境安全为由对墨西哥挥舞关税大棒，认为

---

① 李攀：《美国发起贸易战露出哪些意图》，《北京日报》2018年9月3日，第15版。
② 习近平：《在中国科学院第十九次院士大会、中国工程院第十四次院士大会上的讲话》，《人民日报》2018年5月29日，第2版。
③ 陈晓晨：《美挑起贸易战不得人心》，《光明日报》2018年8月12日，第8版。
④ 思楚：《美国挑起对外贸易战给世界带来三重危害》，《人民日报》2018年7月8日，第3版。

此举旨在利用关税实现与经济和贸易无关的政策目标，可能会给全球经济和金融市场造成破坏性影响。美国政府实施的关税措施不仅仅针对中国，欧盟、日本、韩国等美国的传统贸易伙伴也受到切实影响，甚至邻国加拿大和墨西哥也未能幸免。2018年6月，美国开始对欧盟、加拿大和墨西哥的钢铝产品分别征收25%和10%的关税，于是欧盟委员采取反制措施，对总额达28亿欧元的美国商品额外征收25%的关税。IMF警告称，美国政府采取的提高进口关税和其他措施正在损害全球贸易体系，增加对货物和服务贸易的限制，并引发一系列贸易反制措施。如果贸易争端继续升级或金融市场环境突然逆转，将会对美国经济构成实质性风险。2019年6月，美国多家大型电脑生产企业发表联合声明，指出美国对中国产品加征关税将导致美国笔记本电脑和平板电脑价格上涨19%以上，且生产成本增加将挤占美国企业研发投入，最终不利于美国企业创新能力和国际竞争力的提升。[1]

四是给社会思潮和社会心理带来消极影响。美国挑起对外贸易战绝不是一时兴起，而是有着深刻的战略考量和文化背景，由此所带来的社会思潮和社会心理反应也有不同。其中需要区分几种情况：一是美国对华贸易战和对其他国家贸易战的异同，二是国际舆论与国内舆论的差异，三是发达国家舆论与发展中国家舆论的差异。美国发动其他的贸易战针对的主要是日韩、欧洲、加拿大、墨西哥等，绝大部分是美国的盟国，贸易战的目的主要是经济利益的考量，使得美国在贸易方面的利益最大化，没有意识形态或国家战略方面的根本差异。但与中国的贸易战则不仅仅是经济方面的考虑，还有对于未来发展主动权的战略博弈。据2015年1月21日中评社报道，奥巴马在国情咨文中讲道："中国想制定世界发展最快地区的规则。那会令我们的工人和生意处于不利状态。为什么我们要让它发生？我们应当制定这些规则。"2015年3月5日，人民网报道了长期从事中国经济研究的宾夕法尼亚大学沃顿商学院院长吉尔菲·盖瑞特（Gilfi Garrett）的观点。他认为，西方真正要担心的并不是中国的"贸易保护倾向"，而是中国企业做大做强的规模和不断深化的创新意识。正因如此，在网络舆情方面出现明显的西方主要国家排华势力联动现象，以美国为首的排华舆情在社交网络引来部分西方资本主义国家用户的跟随，并且这种联动是国家事件引导下产生的外溢效果。[2] 值得注意的是，虽然美国有部分高层

---

[1] 张建平，韩姝萍：《贸易保护主义实质是对世界经济的危害》，《时事资料手册》2019年第4期，第16页。

[2] 石家宜，郭继荣：《"中美贸易战"涉华舆情、层级成因及对策研究：基于Youtube平台的考察》，《情报杂志》2019年第8期，第171页。

第八章 危机应对下的中国价值观国际传播——以中美贸易战为例

精英和普通民众并不同意调高关税的做法，但是并不意味着他们欣然接受中国的发展。在一定程度上，特朗普挑起中美贸易战契合了相当一部分美国国内民众的意愿，在美国媒体的炒作下，贸易战使得美国国内对于中国不断发展的敌视、不满、担忧和焦虑等情绪得到了宣泄，其中不乏对于中国的恶意攻击。而在我国国内，对于中美贸易战的舆论也有分化。虽然大部分舆论是对中国发展的支持和对于美国挑起贸易战的批判，认为中美贸易战暴露了帝国主义的狼子野心，必须坚决斗争到底，不能做任何妥协；但也有部分民众担心贸易战带来消极后果，进而产生不自信心理，认为"在任何情况下都不能与美国摊牌、决裂"[①]，甚至埋怨主流媒体对于中国发展成就的正面报道。凡此种种，都需要客观对待，理性评价，科学引导。

　　五是助长国际霸权主义的风险。中美贸易战不仅仅是经济领域的较量和博弈，甚至还是国家之间的"国运之争"，在我们看来，这场较量在一定程度上代表着正义与非正义之争，是世界秩序的多边主义与单边主义之争，是国际关系的合作共赢与霸权主义之争。自20世纪90年代冷战结束以后，美国凭借其压倒性优势的军事力量、无与伦比的国土安全、庞大而坚实的经济基础，肆意运用"硬权力"来处理国际关系，凡事以美国的国家利益为标准，不受国家法的约束。不仅多次违背联合国决议和国际通行的规则，甚至用国内法代替国际法来处理国际事务。关于这方面的内容，美国著名学者乔姆斯基在《美国说了算：乔姆斯基眼中的美国强权》中进行了精辟分析，探讨了一些迫切的国家议题：美国和伊朗、朝鲜之间的对抗，以巴冲突的恶化，伊拉克和阿富汗的占领，中国的崛起等。在一定程度上讲，美国决意发动贸易战，就是想趁中国还没有完全崛起的时候"半渡击之"。问题在于，这个过分自信的帝国主义利欲熏心，不仅想整垮中国，还想顺便把其他国家连同盟友也一并收拾，从而招致出现了国际反霸大联盟。2020年在伊核协议、俄欧天然气项目等问题上多数欧洲国家不愿意跟随美国，反映了欧洲国家也厌烦了美国的贪婪，以至于德法等主要欧盟成员国发出"欧洲要靠自己"的呼声。但是，我们不能有丝毫放松，我们要时刻警惕西方国家沆瀣一气，屈从于美国霸权。因此，关于中美贸易战，我们要处理好"坚持原则"与"必要妥协"的关系，既要敢于斗争，也要善于斗争。早在1953年毛泽东就指出："美帝国主义者很傲慢，凡是可以不

[①] 李慎明：《妥善应对美国挑起的中美贸易战》，《世界社会主义研究》，2019年第7期，第6页。

讲理的地方就一定不讲理,要是讲一点理的话,那是被逼得不得已了。"①1970年10月8日,毛泽东对来访的金日成说:"这个美国,它管的地方太宽了,又要管亚洲,又要管欧洲,又要管中东,又要管非洲,又要管拉丁美洲,还要管它本国的人。现在世界大战可能性比较小,我看也是有原因的,就是帝国主义搞世界大战信心不足。美国的力量还是相当大的,但是它抓得很宽哪,力量不能集中,就难解决问题。要打,靠美国。而一打呢?势必有些地方的革命要趁机而起。第一次世界大战出了苏联,第二次世界大战出了我们这些国家。现在还不能断定它一定不打。总而言之,美国人进退两难。要退,它不愿意;要打,打不下去,它也难。"② 这些话语即使在今天看来也一点都不过时,对于我们分析和研究中美贸易战的应对策略具有重要指导意义。

第四节 "中美贸易战"中的中国价值观国际传播

在中美贸易战中,中国的应对有理有据、张弛有度,其中既有针对美国挑起贸易争端召开的新闻发布会,也有专门发布的白皮书,还有具体的反制措施。这些举措包含着重要的中国价值观。这些价值观主要包括:

第一,斗争观:不惹事不怕事,坚决反对霸权主义。关于中国对待中美贸易战的态度,外交部发言人多次明确作出了回答。就在美国总统特朗普即将签署备忘录决定对中国展开"301调查"前两天,外交部发言人华春莹在例行记者会上答问时说:"中方不想跟任何人打贸易战,但如果有人非逼迫我们打,我们一不会怕,二不会躲。"③ 如果美方采取损害中方利益的行动,中方必将采取坚决和必要的应对措施,维护好自身的正当权益。2019年5月10日,当美国对2000亿美元中国输美商品加征的关税正式从10%上调至25%的时候,2019年5月14日,外交部发言人耿爽在主持例行发布会时指出,"中方一再表示,加征关税解决不了任何问题,发起贸易战只会损人害己,对于贸易战,中方不想打,不愿打,但绝不怕打,如果有人打到家门口,我们必然会奉陪到

---

① 《毛泽东军事文集》(第6卷),北京:军事科学出版社、中央文献出版社1993年版,第354页。

② 中共中央文献研究室:《毛泽东年谱(一九四九——一九七六)》(第6卷),北京:中央文献出版社2013年版,第344页。

③ 吴乐珺,任彦,陈尚文,韩秉宸:《"一旦发生贸易战,将不会有赢家"(国际视点)》,《人民日报》2018年3月22日,第22版。

底。中方从来不会屈从于任何外部的压力,我们有决心,有能力,来维护自身的合法和正当权益"。2019年5月13日央视网报道了央视国际锐评,认为中国已做好全面应对的准备,"对于美方发起的贸易战,中国早就表明态度:不愿打,但也不怕打,必要时不得不打。面对美国的软硬两手,中国也早已给出答案:谈,大门敞开;打,奉陪到底"。作为对美国提高关税的回应,中国于2019年6月1日起,对原产于美国的部分进口商品提高加征关税税率。当然,中国也不是一味蛮干,当机会来临的时候,我们也会积极参与谈判,争取和平解决贸易争端。自2018年以来,中美双方已开展13轮贸易谈判,达成第一阶段贸易协议。这是双方共同努力的结果,体现了我国在贸易磋商中既要讲原则性,也要讲灵活性。

第二,利益观:涉及国家主权和根本利益的问题决不让步。白皮书既是国家在重大问题上亮明立场的重要途径,也是对外传播国家价值观的重要方式。2018年9月24日,国务院新闻办发布了《关于中美经贸摩擦的事实与中方立场》白皮书。白皮书指出,中美双边贸易互补性强。美国居于全球价值链的中高端,对华出口多为资本品和中间品,中国居于中低端,对美出口多为消费品和最终产品,两国发挥各自比较优势,双边贸易呈互补关系。因此,中美互为重要的投资伙伴,中美双方均从经贸合作中明显获益。但是,现任美国政府通过发布《对华301调查报告》等方式,对中国作出"经济侵略""不公平贸易""盗窃知识产权""国家资本主义"等一系列污名化指责,严重歪曲了中美经贸关系的事实,无视中国改革开放的巨大成绩和中国人民为此付出的心血汗水,这既是对中国政府和中国人民的不尊重,也是对美国人民真实利益的不尊重,只会导致分歧加大、摩擦升级,最终损害双方根本利益。在中美贸易中,不应仅看货物贸易差额片面评判中美经贸关系得失,不应脱离世界贸易组织的互惠互利原则谈论公平贸易,不应违背契约精神指责中国进行强制技术转让,不应抹杀中国保护知识产权的巨大努力与成效,不应将中国政府鼓励企业"走出去"歪曲为一种推动企业通过并购获取先进技术的政府行为,不应脱离世界贸易组织规则指责中国的补贴政策。同时,白皮书列举了美国种种不端行为并进行批评:歧视他国产品;滥用"国家安全审查",阻碍中国企业在美正常投资活动;提供大量补贴,扭曲市场竞争;使用大量非关税壁垒;滥用贸易救济措施;根据美国国内法单方面挑起贸易摩擦;片面指责他国实施产业政策;以国内法"长臂管辖"制裁他国;将国内问题国际化、经贸问题政治化;现任美国政府背信弃义等贸易霸凌行为。① 白皮书内容丰富，资料翔实，论证充分有力，向世界说明了中国在美国挑起的贸易战中的立场和决心，对于澄清事实真相，凝聚国内民众共识，争取国际舆论支持，发挥了重要作用。

第三，规则观：遵从世界贸易规则，反对贸易霸凌主义。自加入WTO以来，中国一直遵守WTO有关规则。依据规则从事贸易合作和解决国际争端，反对以国内法来解决国际问题。在中美贸易战中，中国也是如此。2018年3月8日美国总统特朗普签署公告，对进口钢铁产品征收25％的关税，对进口铝产品征收10％的关税，并于3月23日正式生效。4月5日，中国就美国进口钢铁和铝产品"232措施"，在世贸组织争端解决机制项下向美方提出磋商请求，正式启动争端解决程序。② 7月6日，美国开始对340亿美元中国产品加征25％的关税。同日，中国在世贸组织就美国对华301调查项下正式实施的征税措施追加起诉。③ 2019年9月1日，美国对华3000亿美元输美产品中第一批加征15％关税措施正式实施，中方就此在世贸组织争端解决机制下提起诉讼。④ 在中美贸易磋商过程中，美国多次出尔反尔，缺乏诚信和平等意识，导致双方的贸易谈判进展缓慢。为了向世界澄清事实、表达中国立场，2019年6月2日，国务院新闻办公室发布了《关于中美经贸磋商的中方立场》白皮书，用翔实的数据阐明了美国挑起对华经贸摩擦损害两国和全球利益，美国在中美经贸磋商中三次出尔反尔、不讲诚信，中国始终坚持平等、互利、诚信的磋商立场。白皮书指出，美国挑起对华经贸摩擦损害两国和全球利益。美国加征关税措施损人不利己，贸易战没有给美国带来所谓的"再次伟大"，美国贸易霸凌行径殃及全球。中美经贸磋商严重受挫，责任完全在美国政府。白皮书强调，经贸磋商要相互尊重、平等互利，双方要相向而行、诚信为本。在经贸磋商中，一国的主权和尊严必须得到尊重，对于重大原则问题，中国决不退让。⑤ 中方一贯主张并致力于通过谈判磋商妥善解决贸易分歧或摩擦问题。"我们谈判磋商的大门始终是敞开的。但是必须要强调一点，这种谈判磋商绝不是一方居高临下地提要求，而是双方相互尊重、平等相待、建设性地谈判和

---

① 韩洁，刘劼：《中国〈关于中美经贸摩擦的事实与中方立场〉白皮书》，《人民日报》2018年9月25日，第1版。
② 王珂：《中国已向世贸组织起诉美国232措施》，《人民日报》2018年4月6日，第1版。
③ 王珂：《中国在世贸组织起诉美国301征税建议措施》，《人民日报》2018年7月17日，第2版。
④ 《商务部新闻发言人就中国在世贸组织起诉美国对3000亿美元中国输美产品征税措施发表谈话》，《光明日报》2019年9月3日，第12版。
⑤ 《关于中美经贸磋商的中方立场》，《人民日报》2019年6月3日，第8版。

磋商，结果应该是互利双赢的。"①

第四，发展观：共商共建共享，扩大国际贸易合作。作为一个发展中国家，中国在发展方式上一直秉承开放包容的理念，立足于共建、共商、共享，扩大国际贸易合作。就在美国不断从国际组织中"退群"并紧锣密鼓挑起中美贸易战的时候，中国却更加坚定了扩大开放的信心和步伐。2017年5月，习近平主席在"一带一路"国际合作论坛上宣布，中国将从2018年起举办中国国际进口博览会。2018年11月5日至10日，首届中国国际进口博览会（简称进博会）在国家会展中心（上海）举办，来自五大洲的3600多家企业参展，包括中国企业在内的境内外采购商超过40万人。首届进博会期间，按一年计，与会参展企业和采购商达成了578.3亿美元的意向成交额。大部分交易团完成合同率都超过90%，参展商、采购商和消费者都得到了实实在在的好处。②据2019年12月16日《国际商报》报道，2019年11月5日至10日，第二届中国国际进口博览会在上海举办，吸引了超50万境内外专业采购商，按一年计的累计意向成交额达711.3亿美元，比首届增长23%，首发新产品、新技术或服务近400件，配套活动380多场。不仅如此，第二届进博会溢出效应更加明显，年度主场外交收官之作名副其实。法国总统马克龙出席第二届进博会开幕式并成功访华，推动双方在多领域达成合作，中法关系也迈上了新台阶。与首届相比，第二届进博会规模更大、质量更优、创新更强、层次更高、成效更好。国际进博会只是中国对外开放的一个缩影。除此以外，中国在众多方面与世界多个国家和地区签署合作协议。比如，据2019年9月10日新华网报道，自2018年9月中非合作论坛北京峰会以来，中非高层交往更趋密切，共建"一带一路"加速推进，已有44个非洲国家和非盟委员会同中方签署"一带一路"合作文件。2019年5月20日，中国和欧盟在布鲁塞尔共同签署了《中华人民共和国政府和欧洲联盟民用航空安全协定》和《中华人民共和国政府和欧洲联盟关于航班若干方面的协定》。这是中国与欧盟首次在民航领域签署协定，是双方民航领域合作的重要里程碑。2019年11月18—19日，主题为"求同存异、凝聚共识"的第九届中欧论坛在比利时布鲁塞尔举行。在美国对欧对华发动贸易战的背景下，中欧经贸合作加强的趋势不改，而在未来可能达成新的中欧合作协议。2019年9月21日，以"共建'一带一路'共绘合

---

① 韩秉宸：《外交部回应"中美正就避免贸易战开展谈判"报道》，《人民日报》2018年3月28日，第3版。
② 姜微，刘华，赵超，孙奕，姚玉洁：《大江奔腾势如虹》，《人民日报》2019年11月7日，第1版。

作愿景"为主题的第十六届中国-东盟博览会和中国-东盟商务与投资峰会在广西开幕。据2019年9月25日新华网报道,截至目前,包括东盟10国在内的130多个国家和30个国际组织同中国签署共建"一带一路"合作文件。中国的发展理念和发展方式正得到越来越多的国家和地区的认同和支持。

第五,国际观:构建人类命运共同体,建设一个共同繁荣的多极世界。随着世界多极化、经济全球化、社会信息化、文化多样化深入发展,各国之间的相互联系和依存日益加深。昔日那种你死我活、弱肉强食、赢者通吃的冷战思维和零和博弈越来越过时,和平、发展、合作、共赢越来越成为各国人民共同的期盼。党的十八大以来,习近平总书记在不同场合多次谈到中国关于人类未来发展的理念。2015年9月,习近平主席在联合国大会提出共同构建人类命运共同体的具体主张,体现了中国人民追求和平,发展、合作、共赢的心愿和胸怀,道出了各国人民的共同心声,得到各国领导人热烈响应。习近平总书记在党的十九大报告中指出:"没有哪个国家能够独自应对人类面临的各种挑战,也没有哪个国家能够退回到自我封闭的孤岛。……各国人民同心协力,构建人类命运共同体,建设持久和平、普遍安全、共同繁荣、开放包容、清洁美丽的世界。要相互尊重、平等协商,坚决摒弃冷战思维和强权政治,走对话而不对抗、结伴而不结盟的国与国交往新路。要坚持以对话解决争端、以协商化解分歧,统筹应对传统和非传统安全威胁,反对一切形式的恐怖主义。要同舟共济,促进贸易和投资自由化便利化,推动经济全球化朝着更加开放、包容、普惠、平衡、共赢的方向发展。要尊重世界文明多样性,以文明交流超越文明隔阂、文明互鉴超越文明冲突、文明共存超越文明优越。要坚持环境友好,合作应对气候变化,保护好人类赖以生存的地球家园。"① 这一宣示体现了中国共产党面对当今世界形势和人类面临的各种挑战对国际关系和人类前景的基本主张。推动构建人类利益共同体、责任共同体、命运共同体的主张和实践,已经成为当代中国对当今世界的又一重要贡献。

---

① 习近平:《决胜全面建成小康社会 夺取新时代中国特色社会主义伟大胜利——在中国共产党第十九次全国代表大会上的报告》,北京:人民出版社2017年版,第58~59页。

第五节　从"中美贸易战"看危机背景下中国价值观国际传播的反思与强化

通过对"中美贸易战"的内容和过程考察，可以看到中国非常鲜明地向世界表达了和平发展、合作共赢、包容开放、反对霸权等价值观，和世界上绝大多数国家一样，中国主张在联合国的框架下按照国际贸易规则化解国际争端。为了更好地向世界说明中国，在传播中国价值观过程中，有一些问题值得长久思考和反思。

第一，高度重视两种世界观的巨大差异及其深远影响。世界观是一个哲学话题。所谓世界观，是对世界的根本观点和看法。世界观的内容很多，包括人与自然的关系、人与人的关系、人与社会的关系。世界观对于个人和国家来说都具有极为重要的意义。世界观决定着方法论。对于个体来讲，不同的世界观决定了不同的人生观，进而决定了个体采取怎样的人生态度和生活方式；对于国家来讲，不同的世界观决定了不同的民族观、国家观、国际观，进而决定了采取怎样的态度和方式与其他国家和民族相处和发生联系。2015年9月8日，《联合早报》刊登新加坡著名学者郑永年的文章《郑永年：中美两种世界秩序观及其冲突》。文章指出："今天中国和美国之间很多方面的冲突，根源就是两者之间的不同世界秩序观。……尽管中美两国都生活在同一个世界秩序里面，但中国所说的和美国所说的'世界秩序'之间存在着差距，甚至是两个不同的'世界秩序'。"他认为中国的发展已经到了这样的阶段："无论从增进自身的利益（可持续的发展），还是从履行更大的国际责任的角度，中国都有必要利用自己所拥有的能力去倡议和构建区域秩序，例如'一带一路'倡议、亚洲基础设施投资银行（AIIB）和金砖国家银行等。但中国的这些努力，又被美国定义为要取代和挑战现存国际秩序，往往导致中美之间关系的紧张。"[①] 为此，他认为，中国必须找到有效的方式回应美国的国际秩序定义权。

在这里，"国际秩序定义权"就属于世界观的内容，即国际秩序观。一旦拥有对国际秩序的定义权，一个国家无论如何作为，都可以向本国民众以及国际社会说明其行为的合法性与合理性——但这并不意味着拥有定义权的国家就可以为所欲为，恰恰相反，拥有定义权的国家必须时时处处维护国际秩序。即

---

① 郑永年：《有效回应美国的"国际秩序"定义权》，《北京日报》2019年9月2日，第16版。

使是在古代，无论国家大小，都很注重对共同规则的遵循，以免沦为他国的笑柄。由于现存国际秩序是近代以来由西方资本主义国家所构建的，特别是第二次世界大战以后美国在国际秩序中占主导地位，美国希望按照自己的想法构建一个符合自身利益的世界图景。然而，世界秩序和国际规则一样具有历史性，它不是从来就有，也不会一成不变。国际秩序的构建是在国家实力基础上国际社会成员力量较量和利益博弈的结果。当一个国家的行为方式符合国际规则的时候，其就是国际秩序的维护者，否则就是国际秩序的破坏者。而当占主导地位的国家成为国际秩序破坏者的时候，往往有两种结果：一是在国际社会共同努力下该国家的主导地位被削弱而被迫重新回到国际规则中，维护现存国际秩序；二是该国主导地位无法撼动，国际社会只能委曲求全，修改现存国际规则，重新构建国际秩序。

当今世界正处于这个重要关头：作为世界唯一超级大国，美国既是现存国际秩序的主导者，又是这个秩序的破坏者。相比之下，中国是国际秩序的维护者。美国不断从国际组织中"退群"，声称在这些组织中"美国吃亏了"。面对中国崛起，美国不是反思自身存在的问题和不足，而是指责中国在"搭便车"，污蔑中国不遵守国际规则。我们认为，美国发动中美贸易战，根本原因在于美国对于中国崛起的焦虑和对于其自身可能失去霸权地位的恐惧。在反思危机背景下中国价值观国际传播问题时，要透过现象本身反思危机形成的原因和本质，并将其作为中国价值观国际传播的宏大背景。从哲学层次上讲，中美贸易战根源是两国世界观的差异。笔者曾考察美国国家价值观的发展演变，并将其归纳为"以自由主义和新教伦理为核心价值观并渗透在国家的政治、经济、文化、社会、外交等领域，从'美国至上'的根本原则出发，逐步从孤立主义走向干涉主义和全球霸权主义"[①]。相比之下，中国价值观从历史到现在，都是强调和平合作、和而不同，这与美国价值观追求单极世界和霸权主义的理念迥然不同。面对当今世界人类所面临的全球性问题，依靠美国价值观只能给人类带来灾难。相反，中国价值观更加适合人类社会的发展。因此，在危机背景下，我们要从深层次上解释中国价值观的深刻内涵，揭示其与世界各国命运共同之处，更加自信、更加理直气壮地传播中国价值观。

第二，应对危机既要"做得好"也要"说得好"。通常情况下，危机除了带来直接的经济损失以外，也给人们带来恐惧和焦虑，有时还会给社会的秩序

---

① 李辽宁：《美国价值观的发展演变、影响与启示》，《社会主义核心价值观研究》2019年第4期，第60页。

第八章 危机应对下的中国价值观国际传播——以中美贸易战为例

和规则带来冲击。在应对危机过程中，一方面要"做得好"，切实提高应对危机的能力，把危机带来的损失降到最低；另一方面要"说得好"，通过妥善应对危机树立良好形象，赢得国际声誉。

要"做得好"，需要从几个方面着手：一是有针对性地做好预案，提高自身"抗压性"。比如，华为公司早在2004年成立海思半导体，专注于从事芯片研发设计，成为保障华为极限生存的"B计划"。面对美国政府"实体清单"与来自美国芯片供应商的断供压力，华为旗下海思半导体公司总裁何庭波宣布："海思芯片，多年备胎，一夜转正！"二是及时调整自身发展方式。在中美贸易战中，我国根据美国增加关税的产品情况，迅速从其他国家寻找替代性市场和产品（比如我国2018年7月从俄罗斯进口4400吨大豆），同时加快自身产业结构优化，有效降低了贸易战带来的冲击。三是针对危机作出相应对抗举措。"解铃还须系铃人"，精准打击对方的痛处是效果最好的。据2019年8月8日参考消息网报道，在贸易战开始之前，中国在2017年购买了大量美国农产品，主要是大豆、奶制品、高粱和猪肉。据美国农业局的数据，贸易战开始后，美国在2018年的对华出口大幅减少。美国主要的农民团体相继发出警告，彭博社的报道指出，这标志着关键的共和党政治堡垒正在对总统特朗普升级的贸易战失去耐心。

要"说得好"，也需要从几方面着手：一是要提前预警，表明关切。此时的预警不仅针对本国而是针对世界，目的在于引起各方对问题的关注，占领道义制高点。在中美贸易战过程中，中国一方面通过多种渠道对美国越来越疯狂的行为表示担忧，指出贸易战只会给世界经济带来伤害；另一方面在态度上毫不示弱。比如每当美国威胁要增税时，中方发言人就会迅速反应，强调"若美方对华加征关税，中方必然会反制"，"中方不得不进行反制，以维护我们的合法权益"。二是要及时反应，指明危害。比如，2018年10月初美国与墨西哥、加拿大宣布达成贸易协定，其中包括一项试图阻止成员国与"非市场化国家"达成自贸协定的条款。该条款规定，如果三方中任何一方与非市场化国家达成自贸协定，那么另外两方可以退出美墨加自贸协定，并彼此建立双边贸易协定。虽然协定本身没有说"非市场化国家"指的是谁，但美商务部部长罗斯事后挑明，它指的就是中国，并称美国要将这一做法向美国与其他国家的自贸协定推广。对此，《环球时报》社评指出："毒丸条款是对'美国优先'的狂妄实践"，"堪称是美国霸权主义前所未有的张扬表现。这一毒丸条款严重违背世贸组织规则的非歧视原则和不能干涉主权的原则"。三是要揭露本质，引导舆论。在中美贸易战过程中，中国先后发布了两次白皮书，分别就中美贸易战的来龙去脉和中方对于贸易磋商的态度,向世界澄清了中美贸易是"双赢"的事实,有力驳斥了美方对我国的各种污蔑。针对特朗普提出的"美国优先"口号及其所作所为,笔者曾在《红旗文稿》上撰文指出,"'美国优先'的实质是美国霸权"[1],揭露其帝国主义的实质。四是要善于妥协,化解矛盾。危机终究要过去,问题总是要解决。在对外传播中国的态度时要留有余地,为可能的机会提供回旋空间。

第三,要把争取人心作为应对危机的第一要务。危机是客观存在的,但是应对危机需要主观的努力。无论是人为因素还是自然因素导致的危机,都需要我们凝心聚力,共同面对。只有这样才能最大限度地把危机带来的影响限制在最低程度。如果人心不齐,应对危机就更加困难。本书在写作过程中,正值抗击疫情关键时期,在党中央的坚强领导下,人们众志成城,谱写了许多可歌可泣的英雄故事。党中央专门成立疫情工作领导小组,发挥举国体制的制度优势,取得了显著成效,不仅得到了民众的充分理解和支持,也在国际上赢得了高度评价。

在中美贸易战中,中国高度重视争取人心的问题,既要争取国内民众的支持,又要争取国际民众的支持。实际上,在这场战斗中,人心向背早已清楚,美国挑起针对全世界的贸易战本身不得人心。中国不仅仅是为中国而战,也是为世界的正义和道义而战。正因如此,特朗普政府的做法饱受国际舆论批评。法国国际关系与战略研究院副院长、经济学家西尔维·马特丽(Sylvie Mattley)指出:"特朗普政府对美国经济的认识是错误的,特朗普鲁莽的经济政策妄图通过抑制进口打击外国竞争,只会使国内相关经济部门遭到打击,而无法创造新的就业。"[2] 即使在美国国内,特朗普政府的贸易保护主义做法也被很多人质疑和批评。比如,2019年8月2日新华网报道,美国白宫国家经济委员会前主任加里·科恩(Gary Cohen)对美国的贸易保护主义政策提出批评,并明确表示自己反对贸易战。他不认为(有任何一方)可以赢得贸易战,在贸易战中所有人都是输家。与美国的霸权主义不同,中国历来注重与邻国的友好相处,不是追求以"我"为中心,而是追求"共商、共建、共享",积极推动全世界经济的全球化,倡导全世界各国的共同发展。因此,面对美国的不理之举,中国的反击能够赢得世界的认可,已经赢得道义之战。不仅如此,此次贸易战将会提醒国内民众,要树立危机意识,只有团结一致,才有能

---

[1] 李辽宁:《"美国优先"的实质是美国霸权》,《红旗文稿》2018年第16期,第13页。
[2] 吴云等:《挑起贸易战让全球贸易整体受损》,《人民日报》2018年4月1日,第3版。

力做好自己的事情，才能为实现中华民族伟大复兴"中国梦"贡献自己的力量。从这个意义上讲，中美贸易战就从"坏事"变成了"好事"。

第四，因势而进加大改革，最大限度化"危"为"机"。既然危机存在，一定有其存在的原因。有时候危机是"三分天灾七分人祸"。在此次中美贸易战中，就暴露出国际治理中一些制度设计的问题。虽然美国不断"退群"的行为受到世界各国的批评，但是如果美国不配合，联合国的运作就会受到极大的限制。比如，据 2019 年 12 月 12 日央广网报道，由于美国频频阻挠新法官遴选程序，对国际贸易争端拥有终审判决权的世界贸易组织上诉机构 2019 年 12 月 11 日因只剩一名法官，被迫暂时停止运转。这是世贸组织成立近 25 年来遭遇的首次"停摆"危机。由于这个原因，中国提交给世界贸易组织的起诉也无法最终得到落实。类似的问题还包括，随着中国经济的发展和在世界贸易中发挥作用越来越大，中国在国际组织中的话语权也亟待提升。但是在现有的国际组织相关规则框架下，中国的话语权受到限制，发声的机会和能力有限。比如中国在国际货币基金组织里面的权限就因为美国国内因素而受到极大的限制。这些都暴露出现有国际治理体系存在的不足，改革势在必行。要通过改革联合国和其他国际组织，提高联合国在国际治理和维护国际秩序中的地位和作用。当然，这是一个漫长的博弈过程。由于国际秩序观和世界观的不同，中美两国对于国际组织需要改革的要求和取向存在差异。美国为了继续维持其霸权主义行径，企图通过联合国的改革建立一个以西方国家甚至是美国为中心的世界秩序，在国际制度层面确保"美国优先"；以中国为代表的发展中国家则希望通过改革建立一个更加公平公正的世界秩序。最终的结果如何，取决于包括中国在内的发展中国家的实力增长，也取决于发展中国家与发达国家特别是美国的沟通。在美国不愿意作出让步的情况下，中国所能做的就是与众多发展中国家和其他西方发达国家一道加强合作，逐步采取"逼毛驴上山"的办法，逐步说服美国。倡导建立公平公正、开放包容的世界秩序，始终是中国加强价值观国际传播的重要内容。

第九章　全面提升中国价值观国际传播质量的路径选择

"大鹏之动,非一羽之轻也;骐骥之速,非一足之力也。"中国要飞得高,跑得快,就要汇集和激发近14亿人民的磅礴力量。①

——习近平

"一带一路"倡议是21世纪具有标识性的全球性工程,也是中国价值观国际传播的重要载体。为了更好地运用好这个公共产品,对外讲好中国故事,树立良好的国家形象,需要从战略层面对中国价值观国际传播进行总体设计,分类施策。在此过程中,需要在人才队伍、资源整合、制度构建、技术创新、经费投入等多方面着手,为中国价值观国际传播提供充分的条件保障。

第一节　加强顶层设计,优化中国价值观国际传播的战略布局

价值观国际传播属于文化建设的范畴,从战略层面思考中国价值观国际传播,需要把文化建设与经济建设、政治建设、社会建设等统筹起来,把国际传播与国内宣传统筹起来,把近期目标与中长期目标统筹起来。只有这样才能做到"胸中有全局,把握大态势"。为此,建议制定"一带一路"背景下中国价值观国际传播总体规划,从国家政策层面制定中国价值观国际传播的总体规划,有利于协调不同地区、行业、组织等力量,避免不同传播主体之间相互影响,做到"全国一盘棋",推进中国价值观国际传播的规范化、制度化、常态化。其主要内容包括:

---

① 习近平:《习近平谈治国理政》(第三卷),北京:外文出版社2020年版,第323页。

第一,"一带一路"背景下中国价值观国际传播的功能定位。传播中国价值观本身不是目的而是手段,其目的在于清晰传递中国对于"一带一路"倡议的态度和立场,彰显中国在哲学层面和谐共生的价值理念,在国际政治和全球治理中的和平共处五项原则,在经贸交往中共建共享、合作共赢的价值理念,在文化交流中和而不同、美美与共的价值理念等,树立中国良好形象,团结一切愿意团结之力量,为共同构建人类命运共同体、建设一个更加美好的世界贡献中国智慧和中国力量。基于此,"一带一路"背景下中国价值观国际传播的功能定位为:一是释疑解惑。向世界特别是沿线国家讲清楚中国提出"一带一路"倡议的价值立场,不是为了获取地区乃至世界霸权,而是为了共同繁荣与和平发展。二是介绍经验。向世界特别是发展中国家分享中国在经济社会发展方面的做法和成就。三是表达诉求。在全球化和国际治理面临重大挑战的背景下提出中国方案,助力构建开放包容、和平公正的世界。四是澄清是非。批驳那些抹黑中国和"一带一路"倡议的错误论调,维护我国的正当权益。

第二,"一带一路"背景下中国价值观国际传播的核心范畴及其中外比较。如前所述,在"一带一路"背景下需要对外传播的中国价值观包括四大部分:一是中华优秀传统价值观(包括讲仁爱、重民本、守诚信、崇正义、尚和合、求大同等理念),二是中国改革开放积淀的经验以及由此衍生的时代价值观(社会主义核心价值观是其中的核心内容),三是以和平合作、开放包容、互学互鉴、互利共赢为核心的丝路精神,四是经济全球化时代以构建"人类命运共同体"为核心的观念体系。在传播过程中,需要其中的核心范畴进行研究。比如,社会主义核心价值观中的"自由""民主"等与西方国家所宣扬的"自由""民主"等,无论在内容还是在实现方式上都有差异,讲清楚这些差异,是正确理解中国文化和政治的重要途径。再比如"共享""和谐"等价值理念,蕴含着中国人对社会主义本质的理解和对社会治理目标的内在追求。传播这些理念,可以让国外进一步理解中国的"精准扶贫"等政策,也能够更好地认识到当代中国价值观为世界勾勒出的不同于西方的未来图景。只有解决这些基础理论问题,中国价值观才能被他者所理解,真正"飞入寻常百姓家"。

第三,"一带一路"背景下中国价值观国际传播的具体内容及其要求。在"一带一路"背景下的"中国价值观"需要针对不同的领域和场景传播不同的具体内容。在对外传播中国价值观过程中,需要对几组问题进行区分和厘定:一是"我拥有什么""我需要传播什么"和"我能够传播什么",二是"我希望传播什么""他者需要什么"和"他者希望我传播什么",三是"我传播了什么"和"他者认为我传播了什么",四是"我是怎样传播的""他者认为我是怎样传播的"和"我应该怎样传播",五是"传播效果怎样""我认为传播效果怎样"和"他者认为传播效果怎样"。这一系列的对比和区分的背后是话语体系的对接问题。对外传播和对内传播在原理上既有联系也有区别,但是从规律上讲,二者是相通的,都是为了"说服人"。如果不能准确定位好传播内容,就无法取得预期效果。

第四,"一带一路"背景下中国价值观国际传播的中远期目标及其相互关系。目标是行动的方向和指南,也是激励前行的动力。中国价值观国际传播不能停留在自发、零散状态,不能由不同传播主体各行其是,而应该是有组织、有计划、系统地、有步骤地协同推进的。这就需要制定行动的目标。如果把"一带一路"实施过程中的具体项目实施看作战役性目标,那么应把价值观传播看作战略性目标。其中,近期目标(或年度目标)以具体的项目实施(战役性目标)为重点,兼顾价值观传播(战略性目标)的内容要求;中远期目标(如五年规划、十年规划等)应将项目实施(战役性目标)与价值观传播并重。越往后走,战略性目标所占比重越大。这是因为价值观国际传播不是一日之功,不能一蹴而就,需要长期谋划和积累。单就价值观传播而言,应明晰对于不同国家和地区传播的内容、方式、依托载体和预期效果。要着重关注不同国家和地区的价值共识。价值共识多了,分歧自然就少一些。同时,要做好价值观国际传播效果的"成果转化",把价值共识转化为更多的经贸合作和文化交流项目,使得双方的合作共赢更加深入和持久。

第五,"一带一路"背景下中国价值观国际传播的动力与条件。"我们的任务是过河,但是没有桥或没有船就不能过。"① 把握好中国价值观国际传播的进程,需要了解目前已有的条件,把"过河"所需要的"桥"和"船"统计清楚,方能知道"能做什么"和"需要做什么"之间的差距,既不能好高骛远、冒险前进;也不能故步自封、自我束缚。一是外部环境条件,特别是沿线国家对于"一带一路"倡议的期待、已有的建设成果以及由此建立起来的情感纽带。二是内部动力条件,即在对外交往中对于价值观国际传播的需要,特别是需要对外澄清的具体问题。三是人员队伍条件,这是价值观国际传播的主体因素,其队伍规模、知识储备、情感态度、工作能力、人员分布等直接影响到传播的效果。所有这些都需要通过大数据方式建立起信息库,从中识别有利于开展价值观传播的有利因素。

第六,"一带一路"背景下中国价值观国际传播的风险与挑战。凡事预则

---

① 毛泽东:《毛泽东选集》(第1卷),北京:人民出版社1991年版,第139页。

立不预则废。中国价值观传播和"一带一路"倡议是互生共荣的，其中既有沿线诸多国家和民众的支持和参与，也有少数国家以及部分民众的质疑、担心和诘难。伴随着"一带一路"的推进，风险和挑战迎面而来。推动中国价值观国际传播，需要对这些风险和挑战进行全面的梳理和排查：一是我们自身存在哪些困难和不足？是否有足够的人力资源和科学的传播方法？在不同的传播主体之间是否建立了有效的协调机制，形成了一致的看法？二是我们对于传播对象国是否有充分的了解？是否建立了科学有效的分析框架和数据库？三是传播对象所在的国家和地区是否稳定？是否存在政治、经济或文化方面的发展风险？他们对于"一带一路"倡议的看法与其参与程度、利益分配具有怎样的相关性？四是域外力量对于中国价值观国际传播是什么态度？他们采取了怎样的方式方法来推动或阻碍"一带一路"的实施？五是在沿线国家是否存在突发事件的可能？对于这些可能的突发事件，我们是否有应对预案？

第七，"一带一路"背景下中国价值观国际传播的效果评价。科学评价中国价值观国际传播的成效，既是确定传播目标的需要，也是对整个传播过程的检验，还是对未来改进工作的前提。需要解决的问题有：一是如何确立评价主体？在不同的评价主体和评价目标之间具有怎样的内在关联？二是如何建立科学的评价指标体系？比如，在政府官员、企业员工、学者智库和普通民众之间，采取怎样的评价方法才能获得相对客观的答案？在不同的评价指标之间如何建立科学的权重？再比如，对于不同国家和地区的评价标准有何共性和差异？标准确立的依据是什么？三是评价的具体方法有哪些？每种评价方法的适用范围如何？各自有哪些优缺点？随着时间和实践的推进，评价方法和标准是否需要进行调整？调整的依据和内容是怎样的？四是评价结果的运用，即这些评价对于当前中国价值观国际传播的实践，效果到底如何？这些评价结果如何科学运用到新一轮的决策之中，以便更好地指导实践？

第八，"一带一路"背景下中国价值观国际传播的领导与组织。科学的领导和组织是有效时间的前提和保障。从传播的方式来看，价值观国际传播主要包括政府传播（通过政府外交）和公共外交传播（通过民间外交、友城外交、旅游外交、智库外交等）两种类型。为此，需要从国家层面加强统筹，强化组织人事、对外传播、对外贸易以及教育培训等主管部门之间的协调沟通，把国际传播素质提升纳入重点部门特别是涉外单位人员的素质培训和业务考评之中，以及涉外干部的考核体系之中。为了保障工作的长期性和常态化，需要有针对性地建立人才干部培训体系，以便为"一带一路"倡议的项目实施和中国价值观国际传播提供数量充分、质量合格的人才工作干部队伍，提高"一带一路"建设的推进质量,提高中国价值观国际传播的实效。

以上内容是对于"一带一路"背景下中国价值观国际传播总体规划的初步构想。从国家层面进行总体设计和推动,需要把这项工作纳入中国特色社会主义现代化的战略之中,纳入国家治理体系和能力现代化的大格局中。这是一项长期的战略性工程,需要久久为功,持续推进,方能产生实效。

第二节 坚持教育为本,在对外交往中提高民众国际化素质

鉴于国家形象与国家价值观之间的紧密关系,打造良好的国家形象有利于传播国家价值观。在国家形象建构的这本"大辞典"中,每一个公民都是"一个词条",都在讲述着各自的"中国故事"。特别是在新媒体时代,国民的不文明行为(无论发生在国内还是国外)很快就能被传播出去,进而影响到国家形象。因此,从根本上讲,国民综合素质的高低直接关系着中国价值观传播的成败。

第一,把跨文化教育和国际化素质培育纳入国民教育体系。一个国家和民族的整体素质的提升是一个长期的历史性过程,需要从小抓起。在世界范围内,随着全球化进程的加快,关于国际化素质教育的问题也日益受到重视。早在 1980 年,联合国召开"世界文化政策大会"之后,联合国教科文组织开展"世界文化十年"活动,便倡导跨文化教育。1992 年,联合国教科文组织国际教育大会发布了《教育对文化发展的贡献》,系统提出跨文化教育理念,组织系列跨文化教育实践。1994 年,联合国教科文组织召开第 44 届国际教育大会,发表了《国际理解教育的总结与展望》宣言。1996 年联合国教科文组织又发表了《国际理解教育:一个富有根基的理念》专题报告,强调通过跨文化教育,可以促进国际理解,并可以通过学校教育、课程教育进行跨文化教育。2006 年,联合国教科文组织对跨文化教育提出具体的指导方针,发布《跨文化教育指南》,系统总结跨文化教育的主要问题,在注重国民精神教育的同时,十分重视在全球经济一体化背景下公民的国际视野和交往技能的培养。在联合国的推动下,一些国家相继把跨文化理解教育纳入国民教育之中。比如,1995年,韩国发布"为建立主导世界化、信息化时代的新教育体制"教育改革报告,要求"加强实践为主的人性教育"。日本在跨文化公民教育方面也有一定的体现,比如在中学阶段就有这样的目标:"具有世界中的日本人的自我意识,

具有国际视野,为世界和平与人类福祉做出贡献。"西班牙作为一个多民族国家,通过各种形式的跨文化教育的宣传活动,学生很早就树立了尊重和分享多元文化、不同民族和睦共处、共同建构新生活的意识。在我国,邓小平早在1983 年就提出"教育要面向现代化,面向世界,面向未来"[①],但是在落实措施中,在过去很长一段时间都没有受到足够的重视。我国的教育纲要并没有提出明确的跨文化教育要求,"跨文化"概念直到 2001 年才出现在我国基础教育文献之一《国家英语课程标准(试验稿)》中,学界对于"跨文化教育"的研究也主要集中在外语教学方面。价值观国际传播是国际化素质的重要内容,需要跨文化教育的长期积累和滋养。

加强跨文化教育,把国际化素质作为大中小学教育的重要内容,需要区分不同层次和学段的教育要求和重点。在小学阶段,侧重于跨文化认知教育,懂得人类社会文化的多样性,从小培养尊重和包容不同文化的观念意识。在中学阶段,侧重跨文化理解教育,了解不同文化的历史传统和风俗习惯(初中阶段的视野主要是国内,高中阶段的视野主要是国际),理解社会文化背景是如何影响个体的,理解社会冲突的文化根源,并逐步培养跨文化交流的能力。在大学阶段,侧重跨文化交流能力的培养,在尊重所有个体和团体平等权利的前提下,通过跨文化交流与对话来化解社会矛盾与冲突。在以上每一个阶段,都要制定相应的考核标准,以方便实际操作。通过这样系统化的国际化素质培养,从根本上提高全体社会成员的综合素质。

第二,强化对涉外职业人群特别是跨国公司员工的国际化教育。跨国公司是公共外交的重要主体,在中国价值观国际传播中承担着重要使命。虽然跨国公司不是直接开展价值观国际传播的业务,但是跨国公司的国际化管理程度和质量同样代表着国家形象。21 世纪以来,我国跨国公司的总体实力不断增强,国际化经营继续取得积极进展。根据 2018 年 9 月 3 日中国网报道,中国企业联合会、中国企业家协会在 2018 中国 500 强企业高峰论坛上发布了"中国跨国公司 100 大及跨国指数",2018 年中国 100 大跨国公司的平均跨国指数为 15.80%,较上年提高 0.95 个百分点;入围门槛、海外资产和海外员工都有所提高。其中,2018 年中国 100 大跨国公司海外员工总数达到 1297121 人,比上年增长 11.23%。从公司所有制性质看,2018 年中国 100 大跨国公司中,民营企业 27 家、国有及国有控股公司 73 家,其中,中央企业 39 家,说明当前大企业国际化的主力军仍然是国有控股公司。除了跨国公司以外,国内涉外窗

---

① 邓小平:《邓小平文选》(第三卷),北京:人民出版社 1993 年版,第 35 页。

口单位也是中国价值观国际传播的重要力量。据2018年6月27日中国新闻网报道，中国旅游研究院发布了《中国入境旅游发展年度报告（2018）》，数据显示，2017年入境旅游人数为1.39亿人次，同比增长0.8%，其中外国人入境市场同比增长3.6%，"一带一路"沿线国家活跃度明显上升。2017年中国入境旅游外汇收入为1234.17亿美元，同比增长2.90%。另外，2019年8月29日国家统计局官方网站发布的《国际地位显著提高国际影响力持续增强——新中国成立70周年经济社会发展成就系列报告之二十三》指出，1995—2017年，我国出境旅游人数由0.05亿人次增至1.43亿人次，年均增长17%。我国出境旅游人数居世界位次不断提升，1995年居世界第17位，2013年首次跃居世界第1位，2014—2017年稳居世界第1位，是全球最大的出境游市场。无论是出境旅游还是接待入境游客，都是展示中国良好形象的重要契机，相应的素质培训不可缺少。

加强涉外职业群体的培训，需要从几个方面着手：一是提升思想观念，增强责任意识，提高在涉外活动中维护国家信誉和国际声望的自觉性。二是加强多元文化理解教育。学会在涉外活动中尊重不同文化传统和风俗礼仪，反对形形色色的种族主义和文化霸权主义，构建相互尊重、和谐包容的人文环境。三是加强生存能力训练。特别是在环境相对恶劣的国家和地区，在遵守当地法律制度的前提下，要善于收集相关信息，随机应变，维护自身的合法权益。四是加强处置各种问题特别是突发事件的能力。人们常说，"外事无小事"。在涉外活动中时时处处都要维护国家形象，不能有丝毫松懈。

第三，加强各级领导干部的国际化素质培训，提高国际交往的能力和水平。领导干部是一个特殊的群体，在各项涉外活动中都发挥着组织推动和模范带头作用。与普通民众相比，在国际化素质方面要求更高。一是坚定的政治信仰和宽广的国际化视野。这二者相辅相成。2014年2月17日，习近平总书记在省部级主要领导干部学习贯彻十八届三中全会精神全面深化改革专题研讨班上的讲话中指出，我们治国理政的根本，就是中国共产党领导和社会主义制度。我们思想上必须十分明确，推进国家治理体系和治理能力现代化，绝不是西方化、资本主义化！在国际化素质方面，既不是妄自菲薄，一切唯西方马首是瞻；也不是盲目自信，故步自封，而是要善于学习人类一切先进文明成果为我所用，按照中国的实际情况进行本土化改造。二是对于国际社会思潮的鉴别力。社会思潮的核心是意识形态和价值观。面对形形色色的国际社会思潮，特别是西方新自由主义、民主社会主义、后现代主义、民粹主义等话语及其在政治和生活中的表现，作为领导干部要有高度的政治敏锐性和清晰的判断力，不盲目跟风。三是国际化项目的策划和组织能力。按照前文所述的中国价值观国际传播的总体布局和发展策略，领导干部要善于审时度势，谋划相关的国际项目，或者把价值观国际传播与经贸合作、文化交流、人员互访等结合起来，推动中国价值观国际传播得以贯彻实施。这是一项技术性要求很高的任务，既要有宏观上的战略谋划，也要有微观上的精细推进。四是应对和化解各种涉外方面复杂问题的能力。任何工作都不会总是一帆风顺的，尤其是像"一带一路"倡议和价值观国际传播这样的宏大工程，不仅因为其本身的规模大、难度大，而且各种外部因素的变化也给工程的实施带来很多变数。作为领导干部一方面需要加强经验积累，在实践中提高处理问题的能力；另一方面要加强理论学习，特别是提高马克思主义哲学方法论方面的理论修养和思维训练，为实践操作提供方法论指导。

  第四，加强国际传播的专业人才培养。人们常说，专业人做专业事。中国价值观国际传播是一项技术性很强的工作，其中既涉及本国经济社会发展和优秀历史文化方面的知识，也涉及国际政治和国际关系的知识，涵盖政治学、经济学、文化学、历史学、宗教学、民族学以及外国语等不同学科和专业，政治性、知识性、业务性都很强，没有系统化的专业教育是难以胜任的。这类人才应该是复合型的，既有扎实的外语功底，又通晓我国的内政外交的基本政策，还要熟悉相应国家的基本国情，了解国际形势发展的特点和趋势。然而，仅就"通晓语言"方面就有很多不足。据统计，"一带一路"沿线的众多国家和地区，有着复杂多元的语言文化环境，官方语言及民族语言等多达2400余种。在目前与我国建交的172个国家中，非通用语种有95种。2017年，察哈尔学会、中译语通·译世界以及语言大数据联盟共同发布的学术报告《"一带一路"语言服务市场全景式分析与行业及政策建议》显示，目前我国外语教育中仍存在英语"一家独大"的局面。以我国中小学外语为例，目前可供学生选择的外语为英语、俄语和日语，但是开设俄语和日语的学校稀少，而且选学这些语言的学生人数也在不断下降。2017年9月15日中国青年网发表了《"一带一路"大背景下 复合型外语人才紧缺》一文，指出，目前我国懂专业、懂技术、会外语的"三通"语言服务人才非常稀少。我国高校每年毕业外语类学生约20万人，翻译硕士（MTI）专业学位研究生约1.5万人，但是大多数外语专业学生不能适应当前语言服务行业的发展。为此，应该在扩大外语专业人才数量的同时，进一步在语言教育中增设"一带一路"沿线国家语言的种类，制定小语种人才储备战略，为后续开展中国价值观国际传播提供充足的小语种人才。以上关于外语水平的素质要求只是国际传播专业人才的基本素质之一，其他的素质包括对国际政治和国际形势的研判力、熟悉对象国历史文化和法治体系、善于处理各种人际关系和媒体沟通等，都应该有专门的学习和培训，在此不一一赘述。总之，要全面提升对外传播专业人员在跨文化、外语、媒体与传播等方面的专业素养，努力建立一支政治信念坚定、专业素质上乘、创新意识强烈、外语水平精湛、人员数量充足的对外传播复合型人才队伍。在此基础上，建立并不断丰富中国价值观国际传播的专业人才库，做到"有才可用、人尽其才"。

第三节　发挥特色优势，打造中国价值观国际传播的精品名牌

在人类文明发展进程中，留下了浩如烟海的文化精品，这些文化精品对于人类文明的形塑和人类精神家园的建构发挥着不可磨灭的作用。在价值观国际传播中，精品名牌的作用是不可替代的。中国价值观国际传播不可图一时之功，要立足长远，打造精品名牌。

第一，加强理论研究，深挖特色，着力提升中国价值观的"高度"与"精度"。作为对于现实世界的理念表达，价值观无处不在。但是本书中所讲的中国价值观，是价值观"链条"中处于"高位势"的部分。它凝聚着中华民族千百年积淀下来的精神文化智慧，表征着中国人民对于人与自然的关系、人与社会的关系、人与自身的关系、国家与国家之间的关系的体认，它崇尚生命的价值和力量，倡导不同文化之间的社会和谐，弘扬人与人之间相互尊重和开放包容，传递人类社会发展的"正能量"。为此，要加强对于"中国价值观"本身内容的凝练，打造中华优秀文化的精神标识和理论标识。所谓"精神标识"，就是能够反映民族文化精神特质、具有典型代表性的文化符号，如同美国的自由女神像、法国的埃菲尔铁塔、中国的"长城"等具象化符号一样深入人心，每当人们提起的时候就能想到。所谓理论标识，就是能够反映时代特征和发展趋势、具有战略意义的经典理论，比如毛泽东的"三个世界"理论，成为众多学者认识和理解当今世界格局的重要分析工具。就当代中国而言，我们可以把社会主义核心价值观当作中国特色社会主义的精神标识。但这主要是针对国内民众的，如果作为对外传播的内容，只能是其中的重要组成部分而不是全部，甚至可能不是最重要的部分。比如，针对当今全球重大挑战，习近平主席在出席世界经济论坛年会时倡导坚持对话协商、共建共享、合作共赢、交流互鉴、

绿色低碳，建设一个持久和平、普遍安全、共同繁荣、开放包容、清洁美丽的世界，阐释了实现命运共同体的具体路径。① 这些理念也是中国价值观国际传播的核心部分。在此基础上，针对不同文化背景的国家，在传播文化产品和文艺作品的内容上有所侧重。比如，"礼"和"孝"都是我国优秀传统文化的组成部分，但实证调查表明，在沿线国家中，除了泰国对"孝"的认同度最高外，其他国家都是对"礼"的认同度最高。这从一个角度说明，以礼相待不仅被儒家文化高度认同，而且也是基督教、东正教以及日本文化中普遍认同的价值观。而"重面子"在大部分文化形态中都是认同度最低的。②

第二，注重话语包装，构建多模态话语体系，提升传播的"落地率"和"接受度"。好的话语内容还要有好的表达方式，方能更好地被人接受。在传播中国价值观过程中，要坚持话语表达创新，构建既有中国特色又有国际高度的话语体系，提出能够体现当代世界时代特征和发展趋势的新范畴，比如习近平总书记提出的"新型大国关系""人类命运共同体"等概念就是典范。就总体而言，当前我国在国际话语权上的地位有待提升，在众多领域都是"防守""反击"，从不主动挑衅。相反，西方国家凭借其强大的媒体传播优势四处发难，在议题设置、框架构建、话语表达、热点炒作等各方面占据主动。对于中国发展，西方炮制了形形色色的"中国威胁论""中国崩溃论""中国责任论"，很少从正面提出"中国榜样论"。亨廷顿的"文明冲突论"虽然受到了众多学者的批判，但是这一议题本身吸引了舆论的注意力，其关于"中国的崛起是核心国家大规模文明间战争的潜在根源"③的谬论成为美国右翼政客进一步叫嚣"中国威胁论"的理论依据。再比如，就在中国众志成城抗击新冠病毒引发的肺炎（COVID-19）时，《华尔街日报》和福克斯电视台就曾发表一些诋毁中国政府和中国人民抗击新型冠状病毒肺炎疫情的言论，美国总统特朗普、国务卿蓬佩奥等政要也将新冠病毒与中国挂上钩来，企图"甩锅"中国，转移国内矛盾，引起中国人民的极大愤慨和国际社会的广泛谴责。为此，中方决定吊销该报三名驻京记者的记者证。当然，《华尔街日报》和美国右翼政客的拙劣表演并不能给其形象加分，反而暴露了美国"言论自由"的虚伪性。换一个角度讲，要改变这种"被动挨打"的状况，需要增强我国对外传播的整体实力，特

---

① 《赢得世界喝彩的大国外交行动（钟声）》，《人民日报》2017年1月21日，第2版。
② 吴瑛：《中国文化对外传播效果研究——对5国16所孔子学院的调查》，《浙江社会科学》2012年第4期，第151页。
③ 塞缪尔·亨廷顿：《文明的冲突与世界秩序的重建》，周琪、刘绯、张立平、王圆译，北京：新华出版社1998年版，第229~230页。

别是在话语体系创新上下功夫,处理好政治话语、学术话语和日常生活话语之间的关系,善于把"硬话语"(正式场所话语)与"软话语"(日常生活话语)结合起来,针对不同受众打造文化精品,提高中华文化的国际认同度。即使是日常生活话语,也需要创新形式。现实生活中有些流行的文化作品,比如韩国的"鸟叔",也能在一段时间里引领文化活动潮流。

第三,筑牢经典意识,着眼创新共享,推动精品名牌的可持续发展。精品名牌不仅是物质财富,也是精神财富。一项品牌的诞生往往需要长时间的精心耕耘,无不是呕心沥血之作。比如,中国优秀传统文化的系列宝藏中,孔子及其弟子们创立的儒家学说,不仅影响了两千多年的中国历史,而且还成为人类文明的共同财富。1988年1月,在巴黎召开的第一届诺贝尔获奖者国际会议上,75位与会代表经过4天的讨论,提出了16条以"面向21世纪"为主题的结论,其中很重要的一条就是:"人类要生存下去,就必须回到25个世纪以前,去汲取孔子的智慧。"[①] 对于已有的经典,我们需要加大传播力度,在形式和内容上进行现代化的包装,进一步扩大其影响力。同时,我们还需要创新思维,打造反映当代中国发展、彰显地域或行业特色,又能够被国外所认同和共享的精品力作。比如,为响应习近平总书记提出的"一带一路"倡议,落实教育部《推进共建"一带一路"教育行动》,天津市在国家职业教育改革创新示范区建设目标的统领下,在国内率先创办"鲁班工坊"。2016年,天津渤海职业技术学院在泰国建成我国首个境外"鲁班工坊"。2017年5月,由天津市第二商业学校(天津市烹饪技术学校)和英国奇切斯特学院合作建立的"鲁班工坊"正式揭牌运行。这是天津市在海外建立的第二个"鲁班工坊",也是我国在欧洲建立的首个"鲁班工坊"。同年9月,英方学历资格认证体系专家来津,确定中英双方合作的"中餐烹饪技术"项目符合英国教学质量体系,并颁发了国家学历资格认证证书,这标志着"中餐烹饪技术"正式进入英国学历教育。2018年9月3日,国家主席习近平在2018年中非合作论坛开幕式上提出,将在非洲设立10个"鲁班工坊",向非洲青年提供职业技能培训。天津市作为现代职业教育改革创新示范区,在"一带一路"沿线国家搭建"鲁班工坊"平台,把优秀职业教育成果输出国门与世界分享,成为我国职业教育服务"一带一路"建设、与世界对话交流的实体桥梁。从"鲁班工坊"三年多的实践来看,已经取得了初步成效,成为"一带一路"建设人才培养的新动力、职业教育国际化的新典范、产教融合国际化的新引擎和政府学校企业国际化交流

[①] 顾犇:《〈论语〉在海外的传播》,《北京图书馆馆刊》1999年第2期,第101页。

合作的新纽带。在"鲁班工坊"的未来发展中，要从国家层面予以支持和培育，着眼长期发展，切忌急功近利，同时在理念和策略上进一步提升，扩大其国际影响力，将其打造成为中国价值观国际传播的行业经典。

第四节　优化传播策略，提升中国价值观国际传播的综合效能

科学决策和正确方法是工作取得成功的关键。在中国价值观国际传播中，既要了解自身的优势，也要掌握对象的需要；既要发挥已有力量的整体合力，也要善于借助外力为我所用。为此，需要优化思路，科学谋划，精准施策，提高中国价值观国际传播的综合效能。

第一，坚持精准传播，编制《"一带一路"背景下中国价值观国际传播国别报告》。习近平总书记反复强调，"要不断提升中华文化影响力，把握大势、区分对象、精准施策"[①]。目前，中国价值观国际传播要走出"粗犷型"状态，向精细化、精准化跃升，走向精准传播。所谓精准传播，是指在特定的时间和空间，在对传播对象的特性和需要进行精准定位的基础上，运用现代科技向传播对象提供个性化服务的信息传递活动。精准传播的前提是对传播对象国进行"精准画像"，充分了解对象国的历史文化传统和经济社会发展的方方面面，掌握其在宗教信仰、政治格局、经济发展、社会心理、民族政策等方面与国际传播密切关联的因素，厘清其中的机遇与风险，在此基础上编制《"一带一路"背景下中国价值观国际传播国别报告》，实现"一国一策"或"一国多策"。为此，可以按照地缘特征或历史文化传统的不同，把"一带一路"沿线国家进行分类，其中针对我国周边国家的情况，设立"南亚东南亚传播""东北亚传播""东欧传播""南美传播"等专项资金，与沿线国家协商搭建议题，共商联合机构，编制议题规划，形成一批面向不同区域国家"走出去""走进去"的议题策划项目，着手安排合适的传媒机构和民间组织落实和实施。以此为依据，加大专门人才培养力度。比如，就南亚东南亚国家传播来说，依托国际国内传媒机构和国内外大学联合共建"南亚东南亚人才培训基地"，加大新型国际传媒人才的培养。培养既了解对象国的历史文化和国家政策，又了解中国文化、中

---

① 《习近平在全国宣传工作会议上强调　举旗帜聚民心育新人兴文化展形象　更好完成新形势下宣传思想工作使命任务》，《人民日报》2018年8月23日，第1版。

国政策、"一带一路"倡议理念,懂产业发展和国际传媒市场运作的专业人才。在南亚东南亚留学生中,选拔优秀留学生人才,专项指导跨国的议题选题和设置,通过举办征文、展会参与、志愿者服务等多项社会实践活动向他们所属国传播资讯,扩大有效影响力。在传播产品设计和生产方面,生产符合所在国家政策允许范围和宗教文化价值观认同范畴的移动产品,将"我者"的认知通过新的设计、新的表达、新的引导方式转换为"他者"的喜爱,提高对外传播的落地率。

第二,坚持百花齐放,充分激发不同传播主体的积极性和创造力。中国价值观国际传播是一盘大棋,不仅需要彰显国家的主导意识形态和政治理念,更需要润物细无声、多元化的对外交流。这种格局如同春节联欢晚会的"主会场"和"分会场",二者相互映衬。在"国家一盘棋"的大格局下,按照国家的总体要求和部署,各地区、各行业、各群体需要发出自己的声音,让国际传播呈现出百花齐放的多元态势。比如,广西以东盟为重点外宣方向,创新理念、内容和传播体裁,2016年完成5个外宣项目,摄制《海上新丝路 东盟万里行》《寻梦中国·我在广西》,两大系列专题片以每年一季的进程持续发力,逐渐发展成为广西外宣品牌节目。中老合拍纪录片《光阴的故事——老挝篇》、中泰合拍纪录片《家在青山绿水间》以两国主流媒体联合策划摄制的合作模式,推动广西与东盟国家间影视合作不断加深,共创精品。中英双语版宣传片《相约广西》作为多个重大官方场合宣介广西的名片,成为广西外宣的一大新亮点。2017年11月13日,中共中央总书记、国家主席习近平在对老挝人民民主共和国进行国事访问之际,在老挝《人民报》《巴特寮报》《万象时报》发表题为"携手打造中老具有战略意义的命运共同体"的署名文章中指出:"中老合拍的纪录片《光阴的故事》网络总播放量达数百万次,深深撼动两国民众心灵。"[①] 再比如,作为我国优秀传统文化之一的客家文化在国际传播上也做得很有特色。1971年,由中国香港乃至亚太地区最具影响力的客属组织——香港崇正会召开第一届世界客属恳亲大会(简称世客会)以来,已在亚、美、非三大洲10个国家和地区共20多个城市举办过近30届,规模逐渐扩大,已由单纯的恳亲联谊发展为融经济合作、文化交流和学术研讨于一体的活动载体,成为各国各地区客家开展经济合作和文化交流与传承的重要舞台,海内外多地争相举办。该活动的指导思想就是弘扬客家精神,增进海内外客家

---

① 《习近平在老挝媒体发表署名文章 携手打造中老具有战略意义的命运共同体》,《人民日报》2017年11月14日,第2版。

的团结，促进经济合作和文化交流，推进祖国和平统一，成功指导世客会跨国家和地区传播，使之成为在客家人心目中的地位不亚于奥运盛会，并让更多人认识客家人，理解客家人精神。①

第三，坚持借船出海，在国际合作中争取和强化国际话语权。在对外宣传和国际传播中，"借船出海""借鸡下蛋"是常用的方法，其目的在于最大限度减少身份差异带来的传播损耗，提高信息在受众心目中的权威性和可接受度。在具体操作中，一是在重大事件中利用国际组织特别是联合国的平台表达中国声音，提升中国媒体对全球和地区事务的解释权与话语权。二是借助他者的话语维护中国形象。三是直接利用他者的资源为我所用，特别是通过沿线国家的政府官员、专家智库、外国留学生、社会组织和新闻媒体，宣传"一带一路"所带来的积极变化。在这方面，中央电视台大型电视专题片《丝绸之路经济带》就做了很好的尝试。另一个典型的例子是在抗击新冠病毒感染肺炎疫情的战役中，中国通过与世界卫生组织的紧密合作维护了国家形象。2020年1月29日，世界卫生组织在瑞士日内瓦总部召开记者会，介绍世界卫生组织总干事谭德塞率团访华情况。谭德塞和世卫组织高级官员在会上高度评价中国采取有力措施对新冠病毒感染肺炎疫情进行科学有效防控，展现了勇气和担当。谭德塞表示，中国政府采取了非凡的措施来阻止病例输出，"为此，中国值得我们感激和尊重"②。世界卫生组织当天发表新闻稿指出，中国在抗击新冠病毒感染肺炎疫情过程中展现出了强大的公共卫生能力，为应对疫情提供了巨大资源。消除中国和多个国家出现的新冠病毒感染肺炎疫情也是当前世界卫生组织最重要的议程，世界卫生组织对中国自上而下展现出的领导力、透明度表示感谢。针对少数国家对中国的污名化，2020年2月17日央广网报道了国际社会积极评价中国抗击疫情的举措，如谭德塞强调，应对当前的疫情，国际社会最大的敌人不是新冠病毒本身，而是导致人们对立的污名化。世卫组织卫生紧急项目负责人迈克尔·瑞安（Michael Ryan）强调，中国政府在抗击疫情时与世卫组织始终保持密切合作，全球应对疫情要基于事实而非臆测。东盟轮值主席国越南发表主席声明说，对中方抗击疫情的努力表示支持，并强调东盟各国应齐心协力应对新冠肺炎疫情。一些国际政要也对中国积极应对疫情并取得成效表示赞赏。南非农业、土地改革政策和农村发展部部长迪迪扎表示："中国政府采取了积极有效的应对措施，中国有战胜'非典'的经验，我相信中国也能

---

① 李虹霏：《大众传播时代的客家文化传播策略》，《今传媒》2014年第7期，第156页。
② 《"中国值得我们感激和尊重"》，《人民日报》2020年1月31日，第3版。

战胜这次疫情。"意大利外交与国际合作部发展合作司副司长克拉米内也表示："中国医护人员奋战在最前线，我们愿意向他们提供支援。相信团结合作一定能战胜疫情。"2020年2月10日新华网报道称，2020年2月9日，世界卫生组织总干事谭德塞通过社交媒体，向抗击新冠肺炎疫情的中国医护人员致敬："我向在中国的医护人员、特别是在湖北省的医护人员致敬。他们在巨大压力之下，不仅在照顾（新冠肺炎）患者，还在为针对新冠病毒的科学分析搜集数据。全世界感激你们为找到最好的治疗办法和防止病毒蔓延所作的努力。"中国－世界卫生组织新冠肺炎联合专家考察组外方组长、世界卫生组织总干事高级顾问布鲁斯·艾尔沃德（Bruce Aylward）表示："中国为世界树立了标准。"

第四，坚持科技引领，推动中国价值观国际传播的现代转型。科技的飞速发展给人类的信息传播带来天翻地覆的变化。从文字、印刷术、电信技术到互联网，传播历经四次革命，出现了"全程媒体、全息媒体、全员媒体、全效媒体"。舆论生态、媒体格局、传播方式深刻变化，重组着内容生产与信息传播的链条，一个"万物皆媒"的全媒体时代也渐行渐近。① 在这个"科技碾压"的时代，新媒体平台成为争夺国际舆论话语权的前沿阵地。在此背景下，国际主流媒体以及新兴媒体出现融合发展态势，都努力向全媒体转型，主要做法包括完善媒体架构，新媒体平台建设与社交媒体发布并重，节目制作全媒化，新闻内容定制化、定位本地化、分发集群化。② 2020年1月25日，习近平总书记在中央政治局就全媒体时代和媒体融合发展举行第十二次集体学习时强调："推动媒体融合发展、建设全媒体成为我们面临的一项紧迫课题。要运用信息革命成果，推动媒体融合向纵深发展，做大做强主流舆论，巩固全党全国人民团结奋斗的共同思想基础，为实现'两个一百年'奋斗目标、实现中华民族伟大复兴的中国梦提供强大精神力量和舆论支持。"③ 关于网络传播，习近平总书记指出："科学认识网络传播规律，提高用网治网水平，使互联网这个最大变量变成事业发展的最大增量。"④ 中国价值观国际传播必须顺应时

---

① 李浩燃：《勇立潮头，推进全媒体时代"融合+"（评论员观察）》，《人民日报》2019年1月28日，第5版。
② 杜毓斌：《试析全媒体时代国际传播媒体的融合发展之路》，《国际传播》2019年第3期，第28页。
③ 习近平：《推动媒体融合向纵深发展 巩固全党全国人民共同思想基础》，《人民日报》2019年1月26日，第1版。
④ 习近平：《举旗帜聚民心育新人兴文化展形象 更好完成新形势下宣传思想工作使命任务》，《人民日报》2018年8月23日，第1版。

代潮流，迎头赶上，必须从"关系我国国家安全和我党长期执政基础"的高度认识国际传播方式转型的重要性，充分发挥网络和新媒体的作用，提高对外传播效率。为此，一是要建立"一带一路"与中国价值观国际传播的网络数据库，加强关于中华优秀传统文化、当代中国时代文化等相关的对外传播大数据的研发和利用。二是要加强社交媒体等新兴传播平台建设和新媒体新技术的研究与开发，拓展与国外特别是"一带一路"国家的受众进行交流互动的平台和渠道。三是要加大网络技术人才的培养力度，提高网络传播的质量和水平。四是善于利用重要事件和时间节点，策划和开展对外传播的专题活动，通过集约化、系列化的宣传介绍，提高对外传播的效果。五是加强对网络新媒体的管理和网络舆论治理，及时化解网络舆情中的不利因素，听取和吸纳网络中有利于改进国家形象的意见和建议，而对于那些故意抹黑中国形象的恶意言论要进行坚决的驳斥和批判，维护网络空间的风清气正与公平正义。

　　第五，加强阵地建设，不断拓展中国价值观国际传播的渠道和平台。国际传播平台建设是国际传播能力建设的基础性工程。多年来，我国主流媒体在国际传播方面起步虽晚，但进步很快。以电视媒体为例，1991年6月1日，央视首个专门从事对外宣传的栏目《中国报道》正式开播，每周一期，每期30分钟。1992年10月1日，CCTV-4正式开播，当时主要覆盖亚洲地区，开播初期全天播出15小时40分钟，后来逐渐覆盖到东欧、东非、北美、欧洲、大洋洲等区域，实行24小时播出。1997年英语新闻频道开播，2004年西班牙语和法语频道开播（后于2007年拆分成西班牙语国际频道和法语国际频道），2009年阿拉伯语国际频道和俄语国际频道开播。2016年12月31日，中国国际电视台（中国环球电视网，CGTN）成立，由6个电视频道、1个视频发稿通讯社和新媒体机构等组成。① 当美国发动海湾战争时，我们只能通过美国CNN和半岛电视台看直播画面。如今，在中东乃至非洲发生的热点事件，我们都可以在第一时间看到中央电视台的实况直播。不过总体上讲，与西方发达国家相比，我国国际传播平台建设还有很大差距。"当代国际受众借助于西方媒体了解中国的信息获取率高达68%，经过其他国家了解中国的有10%，仅有22%的受众从中国媒体了解中国。"② 当前，国际传播的主战场已由一国国内转移到海外。任何一个国家的国际传播如果脱离海外主战场，就会处于被边

---

① 卜彦芳：《"一带一路"背景下中国传媒国际话语平台建设》，《对外传播》2017年第8期，第18页。

② 孟威：《构建全球视野下中国话语体系》，《光明日报》2014年9月24日，第16版。

缘化的境地。① 为此，中国主流媒体仍然需要加快步伐，一是要扩大在海外的媒体分支机构、节目制作室等传播平台，提高传播平台的空间覆盖面。二是加快建设播出发布媒体平台，使中国媒体的传播内容能够在第一时间到达世界上每一个与中国利益攸关的重要地区。三是建立和完善国际传播相关管理机构，在媒体与社会、企业、高校之间建立合作联系，形成聚合效应。比如，2019年7月，成都市通过政府机构改革，专门设立国际传播处，成立天府成都国际传播研究中心，制订国际传播能力建设三年行动计划。这是在"融媒体"时代提高国际传播力的重要探索。

第五节　坚持科学设计，建立中国价值观国际传播评估指标体系

建立和完善价值观国际传播的标准测评体系，目的在于对中国价值观国际传播的效果和存在的问题进行评价，提高传播的针对性和实效性。为此，需要从评估指标建构、评估方法实施、评估结果运用等不同方面进行系统化考察和设计，维护评估本身的科学性、权威性和有效性。

一、价值观国际传播效果的评估指标构建

价值观国际传播的效果依据什么标准来评价？标准本身又是依据什么原则来确定？中国价值观国际传播的效果评价与一般意义上的传播效果评价有何不同？在正式对传播效果进行评价之前，这些方法论层面的前提性问题需要确定下来。

（一）价值观国际传播效果评价指标设置的基本原则

客观性原则。即对传播效果进行实事求是的评价，不以个人的主观意志或感受代替客观情况。毫无疑问，评价本身需要主体的积极参与，个体的主观意见是不可或缺的，但这种主观意见不是任意给出的，而是在运用科学方法的基础上，根据客观情况作出的结论。因此，客观性原则并不是否定个体的主观感受，而是强调个体主观感受的客观性，否定其随意性。这些都决定了在设置指

---

① 王庚年：《中国国际传播的现状与发展趋势》，《人民日报》2013年9月12日，第7版。

标体系的时候,需要综合考虑。

全面性原则。在评价的时候既要看到主流和大局,也要看到支流和局部。不能以偏概全,也不能抓大放小。全面性原则有利于在价值观传播过程中抓住主要矛盾,同时发现工作中的问题和不足,对于一些看似不重要的细节也能够尽量做到完善。对外传播中不确定性决定了"外事无小事",不能因小失大。

价值性原则。价值观的国际传播本身就是一项意识形态性很强的社会实践活动,带有鲜明的政治立场,有具体的价值指向。无论在具体的方法上如何"润物细无声",但就其内容和实质而言,都是为了达到预期的价值目标,获得一定的利益。如果停留在表面上的热热闹闹,没有实质性的目标实现,传播就是不成功的。价值性原则决定了在构建评价指标的时候,需要把预期目标的内容纳入其中。

层次性原则。传播目标的多样性以及传播内容的复杂性决定了评价指标体系的多层次性。在评价目标设计中,对于重点目标设置的权重相对较高,内容较细致;对于次要目标设置的权重相对较低,内容也较少。如前文所述,中国价值观国际传播的具体目标主要包括五个方面:树立形象,向世界说明一个真实的中国;释疑解惑,回应外部对中国的关切;勇于亮剑,反驳对中国的诋毁和污蔑;增进理解,提高社会主义意识形态吸引力;扩大交流,共谋世界发展与共存之道。这五个方面可以作为一级指标的核心内容,二级指标和三级指标需要以此为基础进行细化。

动态性原则。时代在发展,形势在变化,决定了价值观国际传播的效果评价指标也需要根据形势发展而进行调整。同时,在不同的国家和地区,由于环境和难度的不同,传播的目的和内容也会有一定差异,这也决定了评价指标体系不可能是"一把尺子量到底",需要根据具体情况作出适当微调。

(二)中国价值观国际传播效果评价指标体系的内容构成

根据前文阐述的价值观国际传播的目标,将其作为一级指标,然后根据其内在逻辑将所有一级指标分解成二级指标和三级指标,所有指标都赋予一定的权重。按照这一思路,可以将中国价值观国际传播效果评价的指标体系设置如表9—1。

表 9-1 中国价值观国际传播效果评价的指标体系

一级指标	二级指标（每项5分）	三级指标（每项2.5分）	评价方式
树立形象，向世界说明一个真实的中国（25分）	政治	政治体制和权力运行方式	文献查阅调查问卷
		政党建设方式和水平	
	经济	经济发展方式	
		经济发展水平	
	文化	优秀传统文化	
		文化发展水平	
	社会	社会发展方式	
		社会发展水平	
	生态	生态发展方式	
		生态发展水平	
释疑解惑，回应外部对中国的关切（20分）	解读中国发展理念	讲清楚理念的内容	调查问卷个别访谈文献查阅
		讲清楚理念的科学性	
	解读中国发展道路	讲清楚发展道路的内容	
		讲清楚发展道路的依据	
	传播中国发展成就	横向比较发展成就	
		纵向比较发展成就	
	总结中国经验教训	主要经验	
		发展教训	
勇于亮剑，反驳对中国的诋毁和污蔑（20分）	批驳及时	发现及时	文献查阅个别访谈问卷调查
		反应迅速	
	批判精准	直面问题	
		全面批判	
	批判深入	揭示问题本质	
		揭露问题根源	
	主动出击	主动发现问题	
		敢于大胆批判	

续表9-1

一级指标	二级指标（每项5分）	三级指标（每项2.5分）	评价方式
增进理解，提升社会主义意识形态吸引力（15分）	增进他者对中国化马克思主义的理解度	了解中国的兴趣在提高	问卷调查
		理解的正确性在提高	
	提高他者对中国化马克思主义的认同度	认同者的数量在增长	
		认同的程度在提升	
	彰显马克思主义的生命力	与时俱进的创新力	个别访谈
		面对困境的抗挫折力	
扩大交流，共谋世界发展与共存之道（20分）	中国的全球互动更加频繁	人数增加	文献查阅问卷调查
		频率提高	
	在国际平台发出中国声音	数量增加	
		平台提升	
	中国的全球治理方案被广泛认同和支持	被国际组织采纳数量	
		被国际组织采纳程度	
	中国的朋友圈在扩大	合作（建交）者增多	
		合作程度加深	

在表9-1中，一级指标包括五个方面：树立形象，向世界说明一个真实的中国；释疑解惑，回应外部对中国的关切；勇于亮剑，反驳对中国的诋毁和污蔑；增进理解，提升社会主义意识形态的吸引力；扩大交流，共谋世界发展与共存之道。这五个方面分别指向中国价值观国际传播的主要目标，也体现了价值观传播的五个主要功能：推介功能、释疑功能、批判功能、交流功能和合作功能。

二级指标的设置是按照一级指标的内容展开的。其中，"树立形象，向世界说明一个真实的中国"是从中国特色社会主义的五大战略布局即"政治、经济、文化、社会、生态"五个方面展开的，这样设置的优势在于比较全面地对外讲述中国故事，避免挂一漏万。

在"释疑解惑，回应外部对中国的关切"部分，考虑到他者对于中国发展存在的常见疑惑，将其内容进行分类，大致涵盖几个方面，即中国发展理念、中国发展道路、中国发展成就和中国发展经验教训等。事实上，在后文关于西方国家对于中国的各种污蔑，主要也是这些方面。

在"勇于亮剑，反驳对中国的诋毁和污蔑"部分，着重考察我们对于各种错误言论是否反应及时、是否应对精准、是否批判深入和是否积极主动。前面三者属于"防御性"的,相对处于"被动"状态;后者是主动性的。之所以这样设定,是希望我们对于西方各种错误思潮和言论不要总是处于"被动挨打"的地位,当机会成熟的时候也要主动出击,"该出手时就出手"。

在"增进理解,提升社会主义意识形态的吸引力"部分,主要从三个方面来考察,即"增进他者对中国化马克思主义的理解度""提高他者对中国化马克思主义的认同度""彰显马克思主义的生命力"。这部分内容设置很重要,但是也有风险。一些西方学者也担心中国把中国特色社会主义意识形态传播到全世界。习近平总书记多次指出,我们不对外输出我国的意识形态。但是我们认为,"不输出"不等于"不传播"。传播的目的不是让他国模仿我国,而是让他国更好地了解中国,了解马克思主义。由于当前意识形态领域的博弈还很激烈,马克思主义又是我国的主导意识形态,作为马克思主义的继承者和实践者,我们有必要更有义务让中国化马克思主义被世人所认知、理解和认同,让马克思主义在 21 世纪焕发出更强的生命活力。不过,鉴于这个问题的敏感性,我们在设置权重的时候,考察项和分数相对削减,削减的部分增加到第一个方面,即"树立良好国家形象"部分。

在"扩大交流,共谋世界发展与共存之道"部分,着重考察中国价值观传播在全球治理方面的成效,包括四个方面,即"中国的全球互动更加频繁""在国际平台发出中国声音""中国的全球治理方案被广泛认同和支持""中国的朋友圈在扩大"四个方面,分别涉及与世界相关国家和国际组织的交流程度、我国在国际舞台发声状况、"中国方案"的认同度和采纳率,以及中国的"国缘"状况,其内在逻辑是:积极交流—主动发声—贡献智慧—朋友增多。比如,根据最新公布的数据,与中国建交的国家数量世界第一,超过美国。这说明中国的"朋友圈"在扩大,愿意与中国合作的国家越来越多。这也在一定程度上反映了中国价值观被越来越多的国家所认同。

在表 9-1 中的三级指标是按照二级指标的内容和逻辑设定的,每个小项的内容都是二级指标的核心部分。由于该部分直接涉及考察的具体内容,因此更需要体现"可操作性"。有些内容可以直接通过文献资料的查阅获得(比如在一定时期内关于某话题的媒体报道篇数),有些问题只能通过主观观察和判断(比如是否"彰显马克思主义的生命力"),还有些通过访谈和问卷调查得出的结论更为可信(比如"提高他者对于中国化马克思主义的理解度")。因此,不同的内容需要采取不同的方法获得相关信息。在此就不赘述了。

二、价值观国际传播效果的评估方法实施

（一）评估活动的组织

中国价值观国际传播的效果评估需要由具有合格资质的第三方即专业的社会组织来实施。在实施过程中，一方面需要得到国家相关部门的支持和认可，另一方面需要做好相关保密工作。

（二）评估方法

在中国价值观国际传播效果评估过程中，主要方法有三种：文献查阅法、问卷调查法和个别访谈法。这三种方法的作用分别如下：

文献查阅法。主要针对文献资料和媒体报道材料。比如，在国际传播中到底传播了什么？是如何做的？传播以后媒体有哪些反应？再比如，中国在世界舞台上发声，什么时间？什么地点？有哪些不同的场合？中国提出全球治理方案以后，国际社会是如何回应的？我们说，构建"人类命运共同体"的理念受到世界各国的高度认同，体现在哪些方面？联合国文件是如何表述的？类似的信息需要通过查阅资料来证明。当然，在具体操作的时候，不同单位和部门的文献资料保密程度不同。有的文献可以直接在网络或图书文献（研究报告、蓝皮书等）中查阅，有的文献需要与相关单位联系方可获取。

问卷调查法。主要针对主观性强、难以从文献中直接获取信息的情况。比如，如何了解对象国受众对于中国发展方式和发展道路理解和认同的程度？不同国家和地区的不同群体，其理解和认同的程度有何异同？如何证明对于中国化马克思主义表示理解和认同的人数在增多或减少？原因何在？类似的问题通过问卷调查（包括网络调查、电话调查）的方式获取更方便快捷。

个别访谈法。这种方法主要用于对某一行业或某个问题的深度评价。通常是对重要人物的专访，这样有利于对某一问题进行深刻剖析。比如，如何评价我们在反击各种诋毁和污蔑中国特色社会主义的言论时所作出的批判的及时性、精准性和深刻性？如何看待马克思主义具有与时俱进的品质和创新性，能够抵抗不同时代提出的深刻问题？如何看待中国的朋友圈在扩大？这样的问题无法从文献中查阅，用调查问卷的方式也不合适，而通过对某些重要部门的官员或专家访谈，可以得出相对深刻的结论。

当然，以上方法的运用也不是机械、片面的，有时候需要多种方法结合使

用。比如，在调查问卷的基础上结合专家访谈，对于大概率的倾向进行深度分析，可以找到现象背后的原因或本质。

三、价值观国际传播效果的评估结果运用

评估的作用在于发现问题和不足，从而改进工作。为此，对评估的结果需要加以科学利用。利用的方式为：一是将评估结果以研究报告的方式提交国家相关部门，在顶层设计和制度建设中予以参考；二是将评估结果反馈给相关传播主体（政府部门、社会组织或跨国企业），便于改进工作；三是将评估结果以合适的方式呈现给公众，以引起广大民众的理解和参与，共同为中国价值观国际传播贡献出力。

结　　语

一、世界格局演变与态势研判

中国价值观国际传播的效果与中国的国际竞争力和国际地位成正相关：国际竞争力越强，国际地位越高，价值观国际传播的效果就越好。因此，正确研判中国的国际竞争力，并且构建与中国国际竞争力相匹配的国际传播体系显得越来越重要。

我们认为，当前世界格局主要是四个力量之间的博弈：美国、俄罗斯、欧盟和中国。其他力量都在一定程度上从属于这四个力量，不足以形成独立的"能量源"，在此暂不作分析。在已有的四个力量之中，因为历史和现实的原因，其力量的特点各有不同。其中，美国是综合实力和多项单项实力都名列前茅，但也有短板；其他力量也各有短长。

新冠肺炎疫情改变中国，也改变世界。对于中国而言，当前除了要应对疫情之外，在国际和地区关系上面临巨大的风险。这一风险主要在于几个力量的叠加：一是中美贸易战尚未结束。由于疫情的原因，美国暂时腾不出手来加大贸易战的筹码，但美国并未放松针对中国的贸易战。二是"五眼联盟"正在从情报共享组织变成打压中国的联盟。美国政府抗疫不力，极力污名化中国和世界贸易组织，意图转移国内矛盾，其他一些国家紧跟美国步伐，也在纷纷出台打压中国的政策。三是中国边境安全环境依然严峻。中印边境冲突虽然暂告一段落，但是印度国内民族主义高涨，印政府颁布的一系列旨在对抗中国的手段对于中国是一个现实的挑战。四是中国为了维护香港稳定，出台《中华人民共和国香港特别行政区维护国家安全法》，此举招致西方一些国家对中国指手画脚。五是"台独"势力依然猖獗。如果说单独应对这些风险中的某一项，无论是中国自身的实力，还是国际舆论方面，中国都可以比较从容地应对；但是当这些因素一同"发酵"的时候，风险成倍增加。因此，妥善处理好这些风险和矛盾，是未来中国发展的重大任务。而加强中国价值观国际传播，就是其中非常重要的一环。如何掌握其中的规律，提高传播效果，需要进一步加强理论研究。

二、中国价值观国际传播的基本规律

第一，中国价值观国际传播与国家需求共生互动规律。马克思指出："理论在一个国家实现的程度，总是取决于理论满足这个国家的需要的程度。"①这句话揭示了理论与国家需要之间的内在关系。并非每一种理论都能得到国家的认同。同样道理，不是每个国家都有价值观国际传播的需要，只有当国家发展到一定程度，树立国家形象、表达国家诉求已经直接影响到国家利益的时候，传播国家价值观才会被提上议事日程。当中国还处在积贫积弱的时候，对外传播中国价值观既不会成为国家发展的"必需"，也不会产生任何效果。换一个角度，当中国综合国力还不够强大的时候，中国没有资格成为西方国家的竞争对手，此时"污名化中国"是不必要的。只有当中国综合实力快速跃升，西方国家明显感受到中国崛起带来的压力的时候，各种各样对于中国的污名化才会接踵而来。因此，通过这种"逆向思维"，我们能够感受到"污名化中国"背后令人振奋的力量。但是，我们不能对"污名化中国"无动于衷。当代中国已经到了这个境地，即如果不加强中国价值观国际传播，中国的国际形象和国家利益就会严重受损，中国对外开放的进程也会受到严重阻滞。对外讲好中国故事、表达中国诉求、传播中国价值观，已经成为对外树立国家形象、维护国家利益的重大需求。这是一个共生互动的关系：一方面，对外传播中国价值观有利于维护国家利益、促进国家经济社会发展；另一方面，国家发展和综合实力的提升也有利于国家形象建构，有利于中国价值观的国际传播。

第二，中国价值观国际传播与大国博弈同频共振。"居高声自远，非是藉秋风。"当一个国家足够强大的时候，其影响力会"自然而然"地展示出来。从某种程度上讲，价值观国际传播是一种力量的展示。这种力量既包括经济和军事等"硬实力"，也包括文化、意识形态和价值观等"软实力"。当今世界，大国之间的竞争和博弈已经超越了传统的范围和手段，经济、军事、文化、科技等各个领域都是大国博弈的竞技场，任何一个领域的落后都可能带来被动，

---

① 中共中央马克思恩格斯列宁斯大林著作编译局：《马克思恩格斯选集》（第1卷），北京：人民出版社2012年版，第11页。

有时候可能导致不可估量的损失甚至是全局性失利。特别是在中、美、俄、欧四股力量之间，这种综合实力的较量尤为突出。比如，时任美国总统特朗普擅长用"极限施压"的方式打压对手，当政治打压不奏效的时候，会采取经济制裁、军事威胁等不同方式进行"压力测试"，并且伴随着"甩锅""污名化"等舆论欺骗方式，以便"乱中取胜"。虽然中国没有刻意在疫情防控中传播中国价值观，但是中国在应对疫情的时候所体现的"以人民为中心"的理念、与世界其他国家"守望相助，共克时艰"的理念，随着中国政府在国内和国际的行动得到了广泛传播。中国用实际行动反驳了各种污名化中国的言论。从某种程度上讲，疫情期间来美国对中国的"甩锅"和污名化行为，正是为了摆脱美国自身在抗击疫情方面消极被动局面的"自保"手段，而当世界卫生组织出面为中国"正名"的时候，美国立刻把矛头指向世界卫生组织。当然，美国的企图不可能得逞。特朗普政府的所作所为已经招致国际社会甚至美国国内媒体的强烈批评。因此，一定要站在大国博弈和维护国家安全的战略高度看待中国价值观国际传播的价值和意义。这个较量是长期性的，是不以人的主观意志为转移的客观规律。

第三，中国价值观国际传播与国际道义协同共进规律。在国际社会中，每个国家都拥有自己的国家利益，不同的国家利益之间既有冲突也有交汇。在长期的国际交往中，国家之间逐渐形成一定的行为规范，建构起一定的国际秩序，目的在于避免国家之间始终处于矛盾和冲突之中。尽管不同时期的国际秩序不同，但是从长远来看，国际秩序总是趋向公平公正的，总是受到国际道义的牵引和指向的。"得道多助，失道寡助。"价值观国际传播的实质是在不同价值主体之间建立"价值共识"的过程，而国际道义是国际社会最大的价值共识。长期以来，中国秉承独立自主和平外交政策，在国际交往中遵循联合国宪章的基本规定，不断扩大"朋友圈"。21世纪以来特别是党的十八大以来，在习近平新时代中国特色社会主义思想的指导下，在"一带一路"倡议和构建"人类命运共同体"理念的大背景下，中国价值观国际传播与国际道义协同共进，共同推动建设一个和平公正的世界。这启示我们，在对外交往中，一方面我们不搞意识形态输出，不寻求把中国制度和中国道路"普世化"；另一方面，我们也不必在对外传播中国特色社会主义建设成就的时候遮遮掩掩。"四个自信"不仅要体现在对外宣传中，也要体现在对外传播中。在此过程中，我们需要遵循几个基本原则，即循序渐进原则、内外统筹原则和全民参与原则，让中国价值观国际传播成为全体社会成员的价值共识和行动自觉。

三、几个基本结论

第一，中国价值观国际传播既是必需的，也是必然的。国家价值观属于国家核心利益。当一个国家的国民对本国价值观失去信任时，预示着这个国家已面临重大危机。近代以后的"西学东渐"不仅是在民族危亡之际中国知识分子对国家发展道路的探索，也说明当时中国国民已对几千年传统价值观失去信任的现实。当"天朝帝国"形象崩塌，取而代之以"东亚病夫"时，国人蒙受的羞耻与屈辱是无可名状的，需要几代人甚至更长时间来洗刷。如今的中国早已今非昔比，中国价值观国际传播不仅意味着对于传统中国形象的"重塑"，更是意味着走在"新时代"的中国正面临着对西方主导的现代性的全面超越。"当代中国价值观"不仅包含着时间和地域维度，也包含着现代性维度，是一种反映中国特质的"新现代性"。"今天，中国新现代性已经展露在人类的地平线上。中国道路是中国现代性'改造世界'的最主要的实践成果。"① 值此重大历史关头，传播中国经验是一个大国应有的使命和担当。然而，中国经验、中国道路不会自然而然地被外界所知，需要通过国际传播来实现。中国"不但要做得好，还要说得好"。对比美国在新冠肺炎疫情防控中的所作所为以及美国总统特朗普的"自我吹嘘"，我们太有理由向世界讲述中国故事、传播中国价值观了。

第二，"一带一路"是中国价值观国际传播的重大契机，无论遇到多大困难，也要坚持传播中国价值观。"一步行动胜过一打纲领。"呈现国家价值观的方式主要有两种：语言和行动。用话语表达的方式固然重要，但是用具体的行动来证明更有说服力。"一带一路"倡议与中国价值观国际传播是"互生共荣"的关系，是中国践行构建"人类命运共同体"这一"当代中国价值观"的行动方案。在"当代中国价值观"这个"篮子"中，既包含着"天人合一""仁者爱人""己所不欲勿施于人"等中国优秀传统价值观，也有"富强民主文明和谐、自由平等公正法治、爱国敬业诚信友善"等社会主义核心价值观，还有"合作共赢""构建人类命运共同体"等体现世界发展趋势的时代价值观。"一带一路"倡议所提出的"五通"（政策沟通、设施联通、贸易畅通、资金融通、民心相通）目标中的"民心相通"就意味着互相对对方价值观的理解和共识。换句话说，没有相互之间"共同价值观"的形成，"一带一路"也不可能行稳

---

① 陈曙光：《现代性建构的中国道路与中国话语》，《哲学研究》2019年第11期，第22页。

致远。因此，以"一带一路"倡议的实施为契机加强中国价值观国际传播，既是可行的，也是必要的。

第三，中国价值观国际传播的道路是曲折的，前途是光明的。无论是从当前我国自身条件来看，还是从外部环境来看，中国价值观国际传播都是机遇与挑战并存、优势和不足同在。放在历史大视野中，存在的不足是历史形成的，挑战则是长期的，但是我们有信心克服困难，战胜挑战。这份自信（包括"四个自信"）归根到底来自实践的成功，来源于"中国奇迹"。这种自信在此次新冠肺炎疫情防控中进一步得到确证。在此次疫情防控中，中国制度的优越性、中国共产党的领导力和中华民族的凝聚力得到了充分的展现。从"火神山医院"和"雷神山医院"的快速建成，我们看到了中国速度和中国力量；从海外华人华侨不断回国的人流中，我们看到了作为中国人的骄傲和自豪；从世界卫生组织和国际舆论的高度赞赏中，我们看到了中国影响力的不断提升。与此同时，我们从西方右翼政客不断的"甩锅"和媒体的污名化中，看到了前进道路的坎坷与艰辛。尽管如此，我们依然自信，因为我们相信正义是不可战胜的，中国价值观国际传播在短期内会遇到一些困难，但是从长远来看，面对全球性问题，中国方案和中国智慧终将得到世界的认可——如同新冠肺炎疫情防控中的"中国经验"受到世界的认可一样。

第四，中国价值观国际传播要谨防美国"碰瓷"。从大趋势来看，中国崛起的态势不可阻挡，但是具体到细节上，"四大风险"和"四大挑战"不可小觑。其中，外部最大的风险来自美国。从美国国内政治生态来看，"右翼保守主义"已占据主流，其对于中国的政策和态度已发生根本性转变，"打压中国"已经成为一种"政治正确"。未来中美之间的竞争将走向全面化、长期化和常态化。在此背景下，只要能扰乱中国的现代化进程，美国都将不择手段。在经贸领域的摩擦达不到预期成效的情况下，美国很可能会不惜践踏中国"红线"，从美国国内主流舆论来看，已经有这个趋势。比如在台海、南海等地区"碰瓷"就是其中之一。所谓"碰瓷"，就是主动惹事，然后反咬一口，进而把事态扩大，其目的是通过不法行为获得不正当利益。由是观之，"中美贸易战"只是美国发起的"遏制中国"战略的第一步。为此，要及早做好应对准备，不可掉以轻心。一是加强"自我体检"，提高维护国家总体安全的能力。二是要加强国际合作，建立最广泛的国际统一战线。继续传播构建"人类命运共同体"理念，最大限度团结一切可以团结的力量，拓展中国的国际生存空间。三是开展"精准外交"，影响美国国内政治生态。虽说目前美国国内政治生态对中国不利，但这种情况不是不可改变的，在美国国内还是有爱好和平和对中国友好的人士。从长远着手,要充分发挥公共外交的作用,加大与其中左派人士特别是与青年人的交流,增进彼此理解,打破"遏制中国"的思维怪圈,逐步从根本上化解阻碍中国发展的因素。四是强化战略储备,提高应对中美全面冲突的能力。要加强对民众的教育动员,特别是在国民教育体系中增加相关内容,增强全民族的忧患意识,在此基础上,开展常态化日常训练,提高应对和化解重大危机的能力。

主要参考文献

一、经典著作和重要文献

邓小平，1993. 邓小平文选：第3卷［M］. 北京：人民出版社.
邓小平，1994. 邓小平文选：第2卷［M］. 北京：人民出版社.
习近平，2014. 习近平谈治国理政［M］. 北京：外文出版社.
习近平，2017. 习近平谈治国理政：第2卷［M］. 北京：外文出版社.
习近平，2018. 习近平谈治国理政：第1卷［M］. 北京：外文出版社.
习近平，2020. 习近平谈治国理政：第3卷［M］. 北京：外文出版社.
中共中央马克思恩格斯列宁斯大林著作编译局，2012. 马克思恩格斯选集：第1卷［M］. 北京：人民出版社.
中共中央马克思恩格斯列宁斯大林著作编译局，2012. 马克思恩格斯选集：第2卷［M］. 北京：人民出版社.
中共中央马克思恩格斯列宁斯大林著作编译局，2012. 马克思恩格斯选集：第3卷［M］. 北京：人民出版社.
中共中央马克思恩格斯列宁斯大林著作编译局，2012. 马克思恩格斯选集：第4卷［M］. 北京：人民出版社.
中共中央文献研究室，2013. 习近平关于实现中华民族伟大复兴的中国梦论述摘编［M］. 北京：中央文献出版社.
中共中央宣传部，2009. 社会主义核心价值观学习读本［M］. 北京：学习出版社.
中共中央宣传部，2014. 习近平总书记系列重要讲话读本［M］. 北京：学习出版社.
中共中央宣传部，2016. 习近平总书记系列重要讲话读本［M］. 北京：学习出版社.

中华人民共和国国务院新闻办公室，2020. 抗击新冠肺炎疫情的中国行动[M]. 北京：人民出版社.

二、国内著作

北京大学"一带一路"五通指数研究课题组，2017. "一带一路"沿线国家五通指数报告[M]. 北京：经济日报出版社.

财新传媒编辑部，2015. "一带一路"引领中国[M]. 北京：中国文史出版社.

曹卫东，2016. 外国人眼中的"一带一路"[M]. 北京：人民出版社.

陈宪章，2009. 全球化与我国主导价值观的倡导[M]. 哈尔滨：黑龙江人民出版社.

戴木才，2011. 中国特色核心价值观的传统、现实与前景[M]. 南宁：广西人民出版社.

葛剑雄，胡鞍钢，林毅夫，等，2015. 改变世界经济地理的"一带一路"[M]. 上海：上海交通大学出版社.

公方彬，2013. 价值中国：当今社会价值观的深层思考[M]. 北京：中国工人出版社.

龚群，2012. 当代中国社会价值观调查研究[M]. 北京：北京师范大学出版社.

关世杰，2011. 跨文化交流与国际传播研究[M]. 北京：中国社会科学出版社.

郭长刚，2010. 全球化、价值观与多元主义：全球化时代宗教、信仰与文化变迁研究[M]. 上海：上海三联书店.

国家信息中心"一带一路"大数据中心，2016. "一带一路"大数据报告[M]. 北京：商务印书馆.

韩震，章伟文，等，2018. 中国的价值观[M]. 北京：中国社会科学出版社.

何锡蓉，2014. 当代中国的精神旗帜：社会主义核心价值观研究[M]. 上海：上海人民出版社.

黄凯锋，2013. 价值观研究：国际视野与地方探索[M]. 上海：学林出版社.

季明，2013. 核心价值观概论[M]. 北京：人民日报出版社.

江畅，2014. 论价值观与价值文化[M]. 北京：科学出版社.

江畅，2016. 论当代中国价值观[M]. 北京：科学出版社.

李君如,2014. 中国道路与中国梦 [M]. 北京:外文出版社.

李智,2013. 国际传播 [M]. 北京:中国人民大学出版社.

厉以宁,林毅夫,郑永年,2015. 读懂"一带一路" [M]. 北京:中信出版社.

林晖,2013. 断裂与共识:网络时代的中国主流媒体与主流价值观构建 [M]. 上海:复旦大学出版社.

刘继南,2006. 中国国家形象的国际传播现状与对策 [M]. 北京:中国传媒大学出版社.

刘燕南,史利,等,2011. 国际传播受众研究 [M]. 北京:中国传媒大学出版社.

龙永图,吴冰冰,于运,等,2017. "一带一路"案例实践与风险防范——文化篇 [M]. 北京:海洋出版社.

罗国杰,2013. 马克思主义价值观研究 [M]. 北京:人民出版社.

毛振华,2015. "一带一路"沿线国家主权信用风险报告 [M]. 北京:经济日报出版社.

裴德海,2013. 从一般价值到核心价值:社会主义核心价值观培育与践行的双重逻辑 [M]. 合肥:安徽教育出版社.

邱吉,2012. 轨迹:当代中国青年价值观变迁研究 [M]. 北京:人民出版社.

任孟山,2011. 国际传播与国家主权:传播全球化研究 [M]. 上海:上海交通大学出版社.

邵培仁,2017. 亚洲传播理论:国际传播研究中的亚洲主张 [M]. 杭州:浙江大学出版社.

宋惠昌,2010. 社会主义核心价值观专题解读 [M]. 北京:中共中央党校出版社.

孙超,2019. 各国大使眼中的"一带一路" [M]. 北京:中信出版社.

孙杰,2016. 当代中国社会主义核心价值观研究 [M]. 北京:人民出版社.

王庚年,2012. 新媒体国际传播研究 [M]. 北京:中国国际广播出版社.

王灵桂,2015. 国外智库看"一带一路" [M]. 北京:社会科学文献出版社.

王义桅,2015. "一带一路":机遇与挑战 [M]. 北京:人民出版社.

吴飞,2016. 国际传播的理论、现状和发展趋势研究 [M]. 北京:经济科学出版社.

吴新颖,2008. 当代青年价值观的构建 [M]. 长沙:湖南人民出版社.

吴瑛,2013. 孔子学院与中国文化的国际传播 [M]. 杭州:浙江大学出版社.

宇文利, 2012. 中国人的价值观 [M]. 北京: 中国人民大学出版社.

袁贵仁, 2013. 价值观的理论与实践: 价值观若干问题的思考 [M]. 北京: 北京师范大学出版社.

袁银传, 2014. 价值观 核心价值观 核心价值体系: 中国特色社会主义核心价值观 [M]. 武汉: 武汉大学出版社.

臧具林, 陈卫星, 2011. 国家传播战略 [M]. 北京: 中国传媒大学出版社.

张学森, 2014. 核心价值观的历史演进与当代构建 [M]. 北京: 人民出版社.

赵磊, 2015. 一带一路: 中国的文明型崛起 [M]. 北京: 中信出版社.

赵孟营, 2008. 跨入现代之门: 当代中国的社会价值观报告 [M]. 北京: 北京师范大学出版社.

郑洁, 2012. 网络媒体传播社会主义核心价值观研究 [M]. 北京: 中国社会科学出版社.

郑永年, 2016. 中国崛起 重估亚洲价值观 [M]. 北京: 东方出版社.

钟永圣, 2015. 传承与复兴: 社会主义核心价值观的中华传统文化解读 [M]. 北京: 中国青年出版社.

朱振明, 2013. 理解国际传播: 问题、视角和阐释 [M]. 北京: 中国广播电视出版社.

三、译著

弗兰科潘, 2016. 丝绸之路: 一部全新的世界史 [M]. 邵旭东, 孙芳, 译. 杭州: 浙江大学出版社.

伽摩利珀, 2003. 全球传播 [M]. 尹宏毅, 译. 北京: 清华大学出版社.

沟口雄三, 2011. 中国的冲击 [M]. 王瑞根, 译. 北京: 生活·读书·新知三联书店.

哈斯, 1999. "规制主义"——冷战后美国全球新战略 [M]. 陈遥遥, 荣凌, 译. 北京: 新华出版社.

亨廷顿, 2010. 文明的冲突与世界秩序的重建 [M]. 周琪, 刘绯, 张立平, 等译. 北京: 新华出版社.

兰塔能, 2013. 媒介与全球化 [M]. 章宏, 译. 北京: 中国传媒大学出版社.

雷默, 等, 2006. 中国形象: 外国学者眼里的中国 [M]. 沈晓雷, 等译. 北京: 社会科学文献出版社.

马特拉, 2001. 世界传播与文化霸权: 思想与战略的历史 [M]. 陈卫星, 译.

北京：中央编译出版社.

萨马迪，2016. 国际传播前沿理论［M］. 吴飞，黄超，译. 北京：中国传媒大学出版社.

萨默瓦，波特，2004. 跨文化传播（中文版）［M］. 闵惠泉，王纬，徐培喜，等译. 北京：中国人民大学出版社.

汤姆林森，2002. 全球化与文化［M］. 郭英剑，译，南京：南京大学出版社.

约瑟夫·奈，唐纳胡，2003. 全球化世界的治理［M］. 王勇，门洪华，王荣军，等译. 北京：世界知识出版社.

竹内郁郎，1989. 大众传播社会学［M］. 张国良，译. 上海：复旦大学出版社.

后　记

本书是我主持的国家社科基金重点项目"'一带一路'背景下中国价值观国际传播研究"（项目号：17AKS021）的最终成果，结项等级为良好。出版之际，打算"保持原作的丰姿"，主要原因是要把精力集中在现在的项目研究，同时想看看书中的文字到底有多久的生命力。

该项目是我在海南大学时申报成功的，也是受到一些领导、老师和同道者的启发。项目申报和研究过程中，得到了海南大学外国语学院院长金山教授，公共管理学院副院长周伟教授，马克思主义学院秦晓华副教授、邵鹏鸣博士、王一闳博士、陈招万博士等的热情支持，他们为本项目的完成提供了有价值的研究思路和研究资料，研究生张婕、于净源、李丹琪等参与了课题的资料收集和相关论文写作，博士生陈盼、张婕和魏倩倩参与了文本清样的校对。在此一并致谢。

该项目主要是在疫情期间完成的。2020 年春节期间，新冠肺炎疫情突然暴发，只能"待在家里为国家做贡献"，这也使得我有机会专心于课题的研究和写作。幸运的是，在此前申报的国家重大项目获得批准，并在疫情期间公布。这些都使得我对此次疫情有一种特殊的感受，对战胜疫情充满信心。

时间过得很快。从 2006 年博士毕业时算起，我在海南待了 13 年，培养的许多学生毕业之后也扎根海南，对海南的情感可想而知。一路走来，得到了许多领导、同事和朋友的关心、关爱、支持和帮助，特别是赵康太教授、李德芳教授、曹锡仁教授及其研究团队，他们的指导和帮助让我终身受益。闲暇之余，许多熟悉的面孔、欢笑的场景都历历在目。回想起来，常常心存感激，也颇为思念。

本书的出版得到了四川大学引进人才科研启动经费的支持，在此特表谢意。

李辽宁

于 **2021** 年夏日